BARCELONA

Thomas Schröder

Text und Recherche	Thomas Schröder
Lektorat	Anja Keul
Redaktion und Layout	Susanne Beigott
Fotos	Thomas Schröder
Karten	Hans-Joachim Bode, Judit Ladik, Gábor Sztrecska, Kim Vanselow,
Covergestaltung	Karl Serwotka
Coverfotos	oben: Montjuïc – Font Mágica unten: Eixample – Sagrada Família

Herzlichen Dank den vielen Leserinnen und Lesern, die mit Tipps und Beiträgen bei der Aktualisierung dieser Auflage geholfen haben:
Stefanie Braun, Matthias Hein, Michaela Janetzko, Sandra Hoermann, Stephanie Uhlig, Armin Paul Frank, Viola Kynast, Katja Selzer, Anja Grothe, Martin & Steffi Först, Boris Böttcher, Dr. H. Pütz-Hellweg, Martin Kljun, Sascha Kostrzewa, Rudi & Sigi Rittmueller, Cornelia Ganitta, Tanja Em, Claudia Kniep, Brigitte Springmann, Sabine & Gunter Klein, Carina Artmann, Helmut Böddeling, Christof & Susanne Schoppmann, Renate Carraro, E. Köpple, Hermine Hoffmann, Dietrich Scheiter, Dres. Nina & Felix Gora, Thomas Schröder, Sabine Gruber, Eva Assall, Anja Kranich & Hendrik Naumann, Ulrike Friemann, Wolfgang Moldaschl, Katja Hofmeister, Christiane Held, Hans-Holger Schröter, Uwe Schnakenberg, Carlos & Natascha Novoa, Karin Schmid, Gottfried Ströter, Ralf Diemann, Manfred Sauer, Andrea Gabbatsch, Ursel Bartsch, Hans-Jürgen Kleinmann, Dirk Bögemann, Sabine Dennemarck, Tanja Glatzeder und Yvonne Kade.

ISBN 978-3-89953-381-1

 Gedruckt von Wilhelm & Adam, Heusenstamm.

3. komplett überarbeitete und aktualisierte Auflage 2009

LUNA MORA
MAPFRE

Pedralbes & Sarrià
S. 209
Tibidado & Serra de Collserola
S. 203
Sarrià
Palau Reial de Pedralbes
Zona Universitària
Ciutat Universitària
Av. Diagonal
Palau Reial
Pl. Pius XII
Maria Cristina
Les Tres Torres
La Bonanova
Trav. de Dalt
Via Augusta
Muntaner
Av. Tibidabo
El Putxet
Pàdua
Balmes
Camp Nou (FC Barcelona)
Ronda General Mitre
Centre Comercial L'Illa
St. Gervasi
Gràcia
Trav. de les Corts
Collblanc
Les Corts
Pl. Francesc Macià
Trav. de Gràcia
Av. de Madrid
Gran Via de Carles III
Numancia
Berlin
Paris
Av. Josep Tarradellas
Badal
Pl. del Centre
Sants-Estació
Hospital Clinic
Diagonal
Estació de Sants
Entença
Brasil
Sants
Sta. Eulàlia
Mercat Nou
Pl. de Sants
Parc Espanya Industrial
Av. Roma
Provença
Comte d'Urgell
Aragó
Hostafrancs
Tarragona
Parc Joan Miró
Espanya
Universitat
Gran Via Corts Catalanes
Pl. Espanya
Urgell
Rocafort
Magòria La Campana
Ronda Sant Antoni
Pl. Catalunya
Catalunya
Poble Espanyol
Poble Sec
Palau Nacional
St. Antoni
Av. Para.lel
Torre de Calatrava
Palau Sant Jordi
Estadi Olímpic
El Raval
S. 111
Para.lel
Transbordador Aeri
Monument a Colom
Castell de Montjuïc
Telefèric
Estació Marítima
Torre de Jaume I
Maremàgnum
Montjuïc
S. 216/217
Ronda Litoral
World Trade Center
Torre de St. Sebastià
500 m
Der alte Hafen Port Vell
S. 159

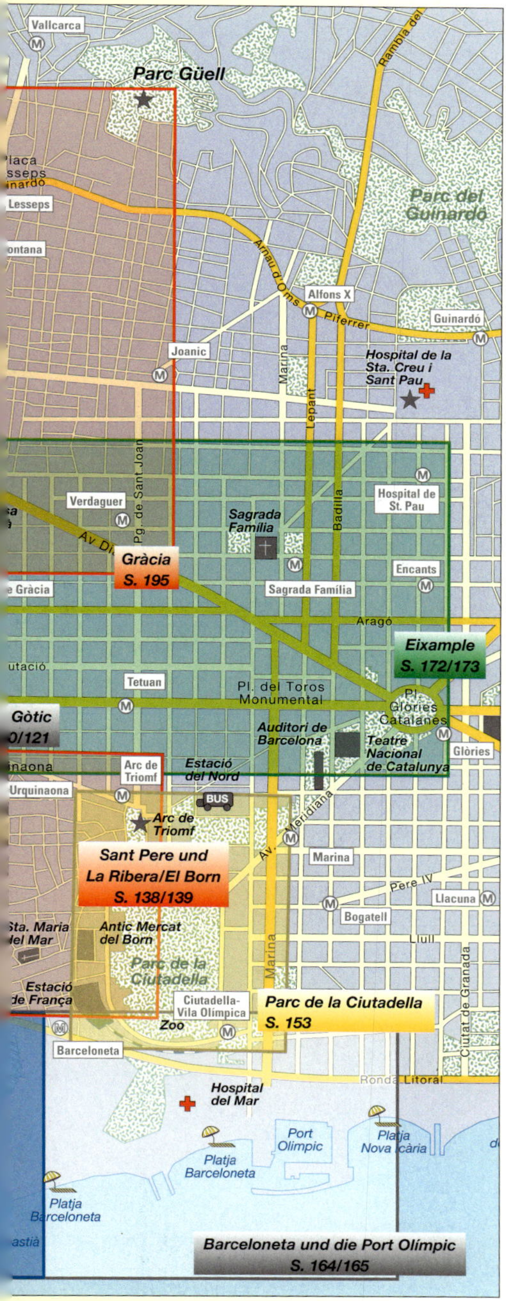
Vallcarca
Parc Güell
Lesseps
Rambla del
Parc del Guinardó
Arnau d'Oms
Alfons X
Piferrer
Guinardó
Joanic
Marina
Hospital de la Sta. Creu i Sant Pau
Lepant
Pg. de Sant Joan
Verdaguer
Hospital de St. Pau
Sagrada Família
Badalla
Gràcia S. 195
Encants
Sagrada Família
Aragó
Eixample S. 172/173
Tetuan
Pl. del Toros Monumental
Pl. Glòries Catalanes
Gòtic
Auditori de Barcelona
Teatre Nacional de Catalunya
Glòries
Arc de Triomf
Estació del Nord
Urquinaona
BUS
Arc de Triomf
Av. Meridiana
Sant Pere und La Ribera/El Born S. 138/139
Marina
Pere IV
Llacuna
Bogatell
Sta. Maria del Mar
Antic Mercat del Born
Llull
Parc de la Ciutadella
Estació de França
Ciutat de Granada
Ciutadella-Vila Olímpica
Parc de la Ciutadella S. 153
Zoo
Barceloneta
Ronda Litoral
Hospital del Mar
Port Olímpic
Platja Nova Icària
Platja Barceloneta
Platja Barceloneta
Barceloneta und die Port Olímpic S. 164/165

INHALT

Barcelona – Wissenswertes

Barcelona – praktische Infos

Alles im Kasten

Zeichenerklärung für die Karten und Pläne

- Autobahn
- Schnellstraße
- Hauptverkehrsstraße
- Nebenstraße
- Stadtrundgang
- Bebaute Fläche
- Grünanlage
- Gewässerfläche
- Flughafen
- Metro Haltestelle
- FGC
- Bushaltestelle
- Post
- Krankenhaus
- Information
- Museum
- Sehenswürdigkeit
- Kloster
- Kirche
- Aussichtspunkt
- Turm
- Badestrand
- Seilbahn

Was haben Sie entdeckt?

Haben Sie *die* Bar mit wundervollen Tapas gefunden, das freundliche Hotel, eine günstige Pension? Und welcher Tipp war nicht mehr so toll?

Wenn Sie Ergänzungen, Verbesserungen oder neue Informationen zum Barcelonabuch haben, lassen Sie es mich bitte wissen!
Ich freue mich über jede Zuschrift!

Thomas Schröder
– Stichwort Barcelona –
c/o Michael Müller Verlag/Gerberei 19/91054 Erlangen
E-Mail: thomas.schroeder@michael-mueller-verlag.de

Barcelona – Wissenswertes

Kulturelles Erbe …

Barcelona, immer wieder neu

Eine alte Stadt, gegründet von den Römern, deren Häuser und Werkstätten direkt unter dem Pflaster der Plaça del Rei liegen. Eine junge Stadt, die sich ständig neu erfindet und immer auf der Höhe der Zeit ist – oder ihr voraus.

Kataloniens Kapitale hat den Status als Geheimtipp unter den europäischen Städtezielen längst hinter sich gelassen, steht heute in einer Reihe mit Paris, London oder Berlin. Barcelona ist ein Fest für die Liebhaber extravaganter Architektur, avantgardistischen Designs und hochklassiger Museen, gleichzeitig ein Shoppingparadies par excellence. Barcelona glänzt mit einer historischen Altstadt, innovativen Restaurants und einem glitzernden Nachtleben, das seinesgleichen sucht. Und in welcher anderen Großstadt dieses Kalibers liegt schon der Mittelmeerstrand direkt vor der Tür?

Für Manuel Vázquez Montalbán war Barcelona „die südlichste aller Hauptstädte des Nordens und die nördlichste aller Hauptstädte des Südens". Die Mischung aus nördlicher Effektivität und südlicher Lebenslust darf tatsächlich als typisch für Barcelona gelten. Schließlich weisen die Katalanen selbst gerne und durchaus mit einem gewissem Stolz auf den Zwiespalt ihres Nationalcharakters hin, in dem sich *Seny i Rauxa* vereinen, Vernunft und Rausch.

Mit dieser Kombination aus Pragmatismus und Leidenschaft ist es der mediterranen Metropole gelungen, ihr Erbe der Vergangenheit zu bewahren und gleichzeitig die Gegenwart bewusst neu zu gestalten. Alte Viertel erwachen dadurch plötzlich zu ganz neuem Leben. Nur ein paar Schritte von den mittelalterlichen Palästen des Barri Gòtic tummelt sich eine bunte internationale Szene

... und skurrile Straßenkünstler

in den Musicbars um den modischen Passeig del Born. Gleich neben den Rambles macht sich das früher so verrufene Raval ebenfalls auf zu neuen Ufern. Und kaum hat sich Barcelona, so lange dem Meer abgewandt, mit neu gestaltetem Hafen und einer fünf Kilometer langen Uferpromenade zur See hin geöffnet, sind schon wieder die Stadtplaner zugange, reißen alte Industriegebiete ab und schaffen erneut Parks, Hotels, Freizeitzentren, Strände ... Diese Stadt kennt nur den Vorwärtsgang.

Den traditionellen Reizen Barcelonas konnten die vielen Veränderungen dennoch erstaunlich wenig anhaben. Im Barri Gòtic gibt es immer noch Geschäfte wie zu Großvaters Zeiten, der belebte Boulevard der Rambles hat seine kosmopolitische Atmosphäre nicht verloren, auf dem Hausberg Tibidabo dreht sich nach wie vor das Riesenrad des ältesten Vergnügungsparks Spaniens. Im unvergleichlichen Jugendstilviertel Eixample, berühmt für die exzentrischen Bauten von Gaudí und Kollegen, reihen sich postmoderne Designershops an Delikatessenläden aus dem vorletzten Jahrhundert. Groß wie eh und je ist die Zahl der Ausstellungen und kulturellen Veranstaltungen für jeden Geschmack. Die Eleganz und das rund um die Uhr sprühende Leben der Mittelmeermetropole sind ohnehin fast schon sprichwörtlich.

Das internationale Publikum hat die ungewöhnliche Attraktivität dieser Mixtur aus *Tradició* und *Modernitat* erkannt. Barcelona boomt. Innerhalb von nur einem Jahrzehnt haben sich die Übernachtungszahlen der Hotels verdoppelt, ist Barcelona zur beliebtesten Kreuzfahrerdestination im Mittelmeer aufgestiegen. Derzeit zählt die Stadt schon acht Millionen Besucher pro Jahr – seien Sie dabei: *Benvinguts a Barcelona*, Willkommen in Barcelona!

Barcelona für ...

... Kunstliebhaber

Eine Reise nach Barcelona ist vor allem eine Reise in die Gotik und die Zeit des Modernisme, zwei Architekturepochen, die die Stadt bis heute prägen. Im Mittelalter manifestierte sich Barcelonas machtvolle Stellung in prächtigen Bauten. Der katalanische Jugendstil Modernisme wiederum, seinerzeit Ausdruck eines wieder erwachten nationalen Selbstbewusstseins, ist heute sogar eine der Hauptattraktionen der Stadt. In der Unesco-Liste des Weltkulturerbes wird Barcelona gleich mit fünf Bauten (Weltrekord!) geführt; durchgehend handelt es sich um Werke des Modernisme, darunter allein drei Arbeiten von Antoni Gaudí. Ihren Platz im Stadtbild hat auch die zeitgenössische Architektur und Kunst, lässt sich die Verwaltung berühmte Namen doch gerne etwas kosten: Richard Meier, Norman Foster, Roy Lichtenstein, Arata Isozaki, Rafael Moneo, Santiago Calatrava, Frank Gehry, Jean Nouvel ... Die Liste ist lang und doch längst nicht komplett. Ebenso sehen lassen kann sich die Museumslandschaft der Stadt, in der von Picasso über Tàpies bis Miró, von der Romanik bis zur Postmoderne alles vertreten ist.

Kunst im Straßenbild: „Barcelona Head" von Roy Lichtenstein

... Nachtschwärmer

Barcelonas pulsierendes Nightlife genießt europaweit besten Ruf. Freunde verrauchter Absinthkneipen werden hier ebenso fündig wie Jazzliebhaber oder Fans hypermoderner Technotempel, Nostalgiker können immer noch auf den Spuren des ersten Designbooms in den Achtzigern wandeln. Generell beginnt das Nachtleben spät, steigert sich dann aber gewaltig und endet oft erst am Morgen, für manchen sogar erst mittags. Dementsprechend ist Kondition gefragt. Vor zwei oder drei Uhr lohnt sich das Clubbing kaum, will man nicht in einem leeren Lokal stehen. Die Zeit bis dahin überbrückt man leicht beim Bar-Hopping: „Ir de Copas" nennt sich das in Spanien, auf ein paar Gläser gehen. Music-Bars finden sich gebündelt in der Altstadt, zum Beispiel um die Plaça Reial im Barri Gòtic, um den Passeig del Born in La Ribera und im einstigen „Schmuddelviertel" El Raval. In der Stadterweiterung Eixample liegen die Treffpunkte verstreuter, von der Gay-Zone im „Gay-

Kurze Siesta, dann geht es weiter

xample“ zwischen der Plaça Universitat und dem Carrer d'Aragó einmal abgesehen. Die Clubs verteilen sich fast über die gesamte Stadt bis hin zum Montjuïc und zu den Hängen des Tibidabo.

... Gourmets

Die traditionsreiche und vielfältige katalanische Küche profitiert von der Nähe zum Meer, Liebhaber von Fisch und Meeresfrüchten kommen voll auf ihre Kosten. Die deftige Bergküche hat jedoch ebenfalls ihren festen Platz auf dem katalanischen Speisezettel. Mittlerweile ist eine ganze Generation junger Chefs angetreten, die überlieferten Rezepte modern und zeitgemäß leicht zu interpretieren. Einige sind Schüler des legendären Ferran Adrià und lernten ihre Kunst in dessen Küchenlaboratorium El Bulli bei Roses, alle aber eint die Lust an kulinarischen Experimenten. Und dann sind da noch die Tapas, die berühmten Appetithäppchen der spanischen Küche. In Barcelona spielten sie lange nur eine untergeordnete Rolle, doch hat sich das gründlich geändert: Ob als asiatisch angehauchte Designer-Tapa im Edelrestaurant oder als uriger Bissen in einer der vielen baskischen Bars, Tapas sind Trend. Als Begleitung empfiehlt sich zu fast allen Gerichten einer der hervorragenden regionalen Weine, zum Beispiel aus der renommierten D.O. Penedès südlich der Stadt. Von dort stammt auch der prickelnde Cava, der sich hinter Champagner nicht zu verstecken braucht.

... Kinder

Spanier gelten als sehr kinderfreundlich, die Barcelonesen machen da keine Ausnahme. Die lieben Kleinen dürfen fast alles und müssen anscheinend nie ins Bett, schreiende Rabauken im Restaurant quittiert der Kellner nur mit nachsichtigem Lächeln. Das Problem der späten Essenszeiten lässt sich am besten mit Hilfe der Tapas-Bars lösen. Für kleine und größere Kinder besitzt Barcelona eine ganze Reihe attraktiver Ziele, angefangen bei den Rambles mit ihren vielen „lebenden Statuen“, dem Wachsfigurenmuseum und dem angeschlossenen Märchen-Café El Bosc de les Fades. Das Aquarium und der Zoo begeistern ebenso wie ein Besuch im Schifffahrtsmuseum Museu Marítim, eine Seilbahntour auf den Montjuïc, eine Hafenrundfahrt mit den Golondrinas oder ein Ausflug zum niedlichen Drachen in Gaudís buntem Parc Güell. Und wie wäre es mit einem Abstecher ins Schokoladenmuseum Museu de la Xocolata oder ins Museu de la Ciència, in dem Wissenschaft zum Anfassen präsentiert wird? Etwas Aufwand verlangt die Anreise zum Parc Creueta de la Coll, wo die Kleinen im Sommer plantschen können, und zum Parc del Laberint (→ A–Z, Stichwort „Parks“) mit einem gewachsenen Irrgarten. Höhepunkt der Seligkeit ist sicherlich ein Ausflug in den Vergnügungspark des Tibidabo, ein Spaß, der freilich seinen Preis hat.

Bunt gemischt: Boutique im Barri Gòtic

... Shoppinglustige

Die Möglichkeiten zum Schaufensterbummel sind geradezu paradiesisch: Barcelona zählt 35.000 Geschäfte, und die Bandbreite ist enorm. Entlang der Avinguda Diagonal reihen sich die großen Shoppingcenter, Eixample ist besonders um den Passeig de Gràcia das Reich der Designshops und der Modegeschäfte. In den Altstadtvierteln finden sich noch uralte Läden, für die der Ausdruck Produktdiversifizierung nachgerade ein Schimpfwort darstellt: Sie suchen ein Fachgeschäft für getrockneten Kabeljau, für Textilien des 18. Jahrhunderts, für handgemachte Kerzen oder für Köstlichkeiten aus Klöstern? Auf ins Barri Gòtic! Oder sind Sie auf der Suche nach den neuesten Modetrends? Barcelona ist eine der Fashion-Metropolen Europas. Katalanische und spanische Designer haben längst den internationalen Modemarkt erobert, Namen wie Custo, Armand Basi, Adolfo Domínguez und Antonio Miró sind zum Begriff geworden. Dies gilt natürlich erst recht für die großen Ketten, die wie Zara, Mango oder die Schuhmarke Camper topaktuelle und gleichzeitig preiswerte Ware offerieren. Noch günstiger kleidet man sich nur zur Zeit der Schlussverkäufe „Rebaixes“ ein, die vom 7. Januar bis Anfang März sowie vom 1. Juli bis Ende August stattfinden. Ein Einkaufsvergnügen besonderer Art ist ein Spaziergang über die Märkte, seien es Flohmärkte wie Els Encants um die Plaça de les Glòries (Mo, Mi, Fr, Sa; Umzug jedoch möglich) oder die architektonisch ungemein reizvollen Markthallen Barcelonas.

Telefèric de Montjuïc

Stadtaufbau und Orientierung

Das Stadtgebiet von Barcelona zwängt sich in die Ebene zwischen dem Meer und dem Höhenzug der Serra de Collserola mit dem Berg **Tibidabo**. Umgeben ist es von einem Kranz eigenständiger Städte und neuer Trabantensiedlungen jenseits der Serra. Im Südwesten überragt ein weiterer Hügel die Stadt, der nahe des Hafens ansteigende **Montjuïc**.

Ciutat Vella: Barcelonas Altstadt besteht aus mehreren Vierteln. Begrenzt wird sie durch den Hafen, den Park La Ciutadella im Nordosten und die verschiedenen Rondas. Diese Straßenzüge, die Ronda Universitat und andere, folgen dem Verlauf der früheren Stadtmauern, die im 19. Jh. zugunsten einer Vergrößerung des Wohngebiets geschleift wurden. Quer durch die Ciutat Vella verläuft der ewige Lebensnerv Barcelonas – die knapp 1,2 Kilometer lange und von Platanen bestandene Flaniermeile der **Rambles** (span.: Ramblas) verbindet die zentrale Plaça Catalunya mit der Kolumbussäule am Hafen. Südwestlich der Rambles in Richtung Montjuïc liegt das Altstadtviertel **El Raval**, lange heruntergekommen und als Rotlichtdistrikt verrufen, mittlerweile jedoch im Aufwind. Ungefähr im geografischen Zentrum der Altstadt erstreckt sich rund um die mächtige Kathedrale das **Barri Gòtic** (Barrio Gótico), das mittelalterliche Herz Barcelonas und ein Gewirr engster Gassen und Gässchen. Nordöstlich, durch die neuzeitliche Verkehrsader Via Laietana getrennt, schließt sich das hübsche und lebendige Altstadtviertel **La Ribera** an, von dem, je nach Sichtweise, manchmal noch andere Gebiete wie El Born als eigene Viertel abgegrenzt werden. Landeinwärts davon liegt **Sant Pere**, auf den ersten Blick in manchen Ecken noch ziemlich heruntergekommen und Wohnstatt zahlreicher Immigranten, doch ebenfalls bereits im Visier der Modernisierer. Von der Stadtverwaltung ebenfalls zur Ciutat Vella gerechnet wird das ehemalige Fischerviertel **Barceloneta** an der Küste südlich von La Ribera, obwohl die jüngsten Häuser hier erst aus dem 18. Jh. stammen.

Die Küstenlinie: Das lange vernachlässigte Gebiet um den alten Hafen **Port Vell** und die sich nördlich anschließenden Zonen bis weit über Barceloneta hinaus hat seit Olympia die umfassendsten Veränderungen erfahren. Das Hafengebiet erhielt einen kompletten Umbau, hinter Barceloneta entstand der Olympiahafen **Port Olímpic**, die rund fünf Kilometer langen Strände wurden von Müll und Abwassereinleitungen befreit. Und ganz im Norden der Küstenlinie wuchs an der Stadtgrenze das völlig neue, hypermoderne Gebiet der **Diagonal Mar** und des **Fòrum 2004**.

Weltkulturerbe: Hospital de la Santa Creu i Sant Pau

Eixample: Die Stadterweiterung landeinwärts der Altstadt entstand ab 1859, kurz nach dem Abriss der Mauern. Ihr schachbrettartiger Aufbau aus sich rechtwinklig kreuzenden Straßen ist charakteristisch für Barcelona. Eixample besitzt neben dem Großteil der Jugendstilbauten des Modernisme auch die edelsten Geschäftsviertel der Stadt. Die beiden wichtigsten Verkehrsadern sind die **Gran Via de les Corts Catalanes** (kurz Gran Via genannt), die einen Block oberhalb der Plaça de Catalunya verläuft und die **Avinguda Diagonal**, die ihren Namen dem ausnahmsweise schräg zum Schachbrettmuster angelegten Verlauf verdankt. Beide Straßen treffen sich an der **Plaça de les Glòries Catalanes** und sind auf jeder besseren Regionalkarte Kataloniens leicht zu erkennen. Nördlich und östlich von Eixample erstrecken sich weitere, touristisch im Allgemeinen weniger interessante Distrikte wie Horta-Guinardó, Nou Barris, Sant Andreu und Sant Martí.

Gràcia, oberhalb der Diagonal gelegen und mit der Plaça de Catalunya durch den Passeig de Gràcia verbunden, gilt als traditionelle Arbeitergegend und ist eines jener Viertel, die ehemals selbstständige Dörfer waren, mit steigender Einwohnerzahl Barcelonas jedoch der Stadt zugeschlagen wurden. Weitere solche eingemeindeten Gebiete sind Sants, Les Corts, Pedralbes, Sarrià und Sant Gervasi. Letztere drei liegen jenseits der westlichen Avinguda Diagonal und werden auch unter dem Begriff der „Oberstadt“ zusammengefasst, der **Zona Alta**.

Barcelona-Highlights

Für Besucher mit weniger Zeit: Diese selbstverständlich subjektive und natürlich viel zu kurze Übersicht soll bei der Auswahl „Ihrer" Sehenswürdigkeiten helfen. Die Reihenfolge bedeutet keine Wertung.

Barri Gòtic

Das mittelalterliche Barcelona erstreckt sich rund um die gotische Kathedrale – ein lebendiges Viertel prachtvoller Paläste, engster Pflastergassen und hübscher kleiner Plätze. → S. 118

Rambles

Barcelonas weltberühmter Boulevard, eine Platanenallee voller Atmosphäre. Dank des bunten Publikums wird der Aufenthalt in den zahlreichen Cafés nie langweilig. → S. 100

Palau Güell

Gaudí konzipierte dieses Wohnhaus, das nur wenige Schritte abseits der Rambles liegt, für seinen Freund und Förderer, den Industriellen Güell. Besonders beeindruckend ist die bunte Dachlandschaft der Kamine. Weltkulturerbe. → S. 112

Drassanes/Museu Marítim

Die alten Werften am unteren Ende der Rambles erinnern an die goldenen Zeiten Barcelonas als Stadt des Seehandels und sind ein bedeutendes Monument gotischer Profanarchitektur. Heute beherbergen sie ein exquisites Schifffahrtsmuseum. → S. 157

Museu d'Història de la Ciutat

Besonders faszinierend am Museum für Stadtgeschichte ist dessen Tiefgeschoss: Neun Meter unterhalb des heutigen Straßenniveaus führen gläserne Stege über die Reste des römischen Barcelona. → S. 131

Palau de la Música Catalana

Ein Musikpalast des Modernisme-Architekten Domènech i Montaner, erbaut von den besten Kunsthandwerkern Kataloniens. Weltkulturerbe. → S. 143

Museu Picasso

Eines der meistbesuchten Museen der Stadt, präsentiert es zahlreiche Werke des genialen Künstlers, der zwar nicht in Barcelona geboren wurde, hier jedoch seine erste Ausstellung feierte. → S. 144

Port Vell und L'Aquàrium

Der umgestaltete Hafenbereich am unteren Ende der Rambles ist ein schönes Gebiet für Spaziergänge. Die hiesige Hauptattraktion bildet das moderne Aquarium, eines der größten Europas. → S. 155 und 159

Casa Battló und Casa Milà

Zwei Modernisme-Wohnhäuser im Viertel Eixample, gestaltet vom genialen Architekten Antoni Gaudí. Beide sind für Besucher geöffnet. Die Casa Milà ist Weltkulturerbe. → S. 179 und 180

La Sagrada Família

Gaudís wichtigstes Werk, das Wahrzeichen Barcelonas und der Besuchermagnet der Stadt. Die große Modernisme-Kirche ist bis heute unvollendet, lohnt einen Besuch aber auf jeden Fall. → S. 183

Hospital de la Santa Creu i Sant Pau

Nahe der Sagrada Família steht dieses herrliche Jugendstilhospital von Domènech i Montaner. Weltkulturerbe. → S. 186

Parc Güell

Und wieder einmal Gaudí. Am Rand des Viertels Gràcia verlegte der Meister sich auf die Gestaltung eines Parks, der überdeutlich Gaudís Vorliebe für naturnahe Formen zeigt. Weltkulturerbe. → S. 196

Museu Nacional d'Art de Catalunya

Das Museum auf dem Montjuïc ist in Bezug auf romanische und gotische Kunstwerke die vielleicht bedeutendste Ausstellung Europas. → S. 220

Fundació Joan Miró

Ebenfalls auf dem Montjuïc. Ein sehr reizvoll gestaltetes Museum, das neben Werken des katalanischen Meisters der Formen und Farben auch Arbeiten von Tàpies, Moore und Matisse zeigt. → 223

Die Hauptstadt Kataloniens

Barcelona ist Regierungssitz einer sehr selbstbewussten, wirtschaftlich erfolgreichen Region, die deutliche Unterschiede zum Rest Spaniens aufweist und sich seit jeher als eigene Nation versteht.

Die **Comunitat Autònoma de Catalunya** bildet eine der 17 Autonomen Gemeinschaften Spaniens, vergleichbar in etwa den deutschen Bundesländern. Sie erstreckt sich im Nordosten der Iberischen Halbinsel, von den Pyrenäen bis zum Ebre-Delta, und wird begrenzt von Frankreich sowie den Autonomen Gemeinschaften Aragón im Westen und Valencia im Süden. Gut sieben Millionen Menschen leben in den vier Provinzen, davon etwa 4,7 Millionen allein im Großraum Barcelona und 1,6 Millionen im eigentlichen Stadtgebiet. Katalonien verfügt über ein eigenes Parlament, den *Consell Executiu,* und über eine eigene Landesregierung, die *Generalitat de Catalunya.* Die Region besitzt auch eine eigenständige Sprache. Trotz jahrzehntelangem Verbots durch das Franco-Regime ist sie im Volk immer lebendig geblieben und wird von der katalanischen Landesregierung nach Kräften gefördert.

Katalanische Nationalsymbole

Flagge: *La Senyera,* vier waagrechte rote Streifen auf gelbem Grund, ein Motiv, das bis weit ins Mittelalter zurückgeht. Ebenso gefärbt ist das Wappen, bei dem die roten Streifen allerdings senkrecht stehen.

Hymne: *Els Segadors* (Die Schnitter), Ende des 19. Jh. komponiert, aber erst 1993 offiziell vom Parlament als Nationalhymne eingeführt. Der Text erinnert an den „Krieg der Schnitter“, einen Volksaufstand des 17. Jh. gegen die kastilische Zentralmacht.

Nationalfeiertag: *La Diada,* der 11. September, jener Tag des Jahres 1714, als der Bourbone Philipp V. in Barcelona einmarschierte und damit alle Hoffnungen auf Eigenständigkeit zerstörte. Man feiert nicht etwa die Niederlage, sondern den heimischen Widerstandswillen.

Català, Sprache der Katalanen: Català ist nicht etwa ein Dialekt des Spanischen, sondern tatsächlich eine völlig eigene, viele Jahrhunderte alte Sprache. Wie das Spanische, besser gesagt das Kastilische (castellano, „hochspanisch"), zählt Català zu den aus dem Vulgärlatein entstandenen romanischen Sprachen, ist aber dem Provençalischen näher verwandt. Wer etwas Italienisch, Latein oder Französisch beherrscht, wird viele verwandte Ausdrücke entdecken: „Si us plau" bedeutet z. B. erwartungsgemäß „bitte". Natürlich ähneln auch viele Bezeichnungen ihrem spanischen Pendant, wie man überhaupt mit Spanisch überall problemlos durchkommt – Ausländern wird der Gebrauch dieser „Fremdsprache" in der Regel verziehen.

Der Sprachraum des Català reicht bis hinunter nach Alicante in der Comunidad Valencia. Gesprochen und verstanden wird Katalanisch jedoch auch in Andorra, Teilen Aragóns, auf den Balearen, im französischen Roussillon jenseits der Pyrenäen und sogar in der sardischen Gemeinde Alghero, letzteres ein Erbe der hohen Zeit Kataloniens, als die Nation auch über Sardinien und Sizilien herrschte. Seit 1990 ist Català vom Europäischen Parlament als europäische Sprache anerkannt. Dies erfolgte reichlich spät, bedenkt man, dass rund sechs Millionen Menschen Katalanisch sprechen, etwa ebenso viele wie z. B. Dänisch. Seit den Neunzigern hat sich der Einfluss des Català noch verstärkt, wurde das Spanische weiter zurückgedrängt. Auf den ehemals zweisprachigen Wegweisern an Landstraßen muss die spanische Bezeichnung kaum noch von katalanischen Aktivisten übermalt werden: Sie fehlt mittlerweile fast überall. Dafür tauchen jedoch ganz neue Nationalitätskennzeichen im spanischen Straßenbild auf: Manche Autofahrer geben mit einem „CAT"-Schild zu erkennen, wem sie sich zugehörig fühlen. Auch im Internet stößt man immer häufiger auf diese Buchstabenkombination: 2006 hat die Internetverwaltung ICANN, sehr zum Ärger konservativer Kreise Restspaniens, die Domäne .cat freigegeben.

Die Katze, der Esel und der Stier

Wenn der Fahrer Pech hat, kann das Nationalitätenkürzel CAT am Auto schon mal Ärger mit der Polizei bescheren. Manch findiger Katalane weicht deshalb auf Tiersymbole aus. So steht eine stilisierte Katze (englisch: cat) ebenso für Katalonien wie das Bild eines Esels. Schließlich ist Katalonien die Heimat der größten Eselrasse der Welt, des katalanischen Riesenesels, der ein Stockmaß von bis über 160 cm besitzt. Der störrische, unbotmäßige Graukittel, der den Wünschen seines (spanischen) Herrn beharrlichen Widerstand entgegensetzt, bietet sich als Landessymbol natürlich an. Der „restspanische" Osborne-Stier findet seinen Weg hingegen nur selten auf katalanische Heckscheiben, und wenn, dann in der Abbildung einer kuriosen, die Arten (aber nicht Geschlechter ...) übergreifenden Kopulation mit dem katalanischen Esel. Wie die Rollen dabei verteilt sind, dürfte klar sein ...

„Catalunya no es Espanya" – Katalonien ist nicht Spanien: Nicht nur aus der eigenen Sprache leiten die Katalanen das Recht auf Eigenständigkeit ab. Schon immer war die Region eher dem Mittelmeerraum und übrigen Europa zugewandt als dem Inneren Spaniens. Jahrhundertelang rang sie um ihre Unabhängigkeit von der Zentralmacht Madrid. Längerfristige Erfolge wie der

Autonomiestatus und die Anerkennung des Català als Amtssprache, die auch in den Schulen gelehrt wird, stellten sich jedoch erst nach Francos Tod ein. Die Entscheidung für Barcelona als Austragungsort der olympischen Sommerspiele 1992 brachte dem Selbstbewusstsein der Katalanen einen weiteren Schub.

Ein anderer Eckpfeiler katalanischen Nationalstolzes ist das Gebiet der Wirtschaft, auf dem die Region im innerspanischen Vergleich hervorragend dasteht. Bei nur etwa 6 % der Landesfläche und 16 % der Einwohner Spaniens stellt sie rund 20 % des spanischen Bruttosozialprodukts. Etwa ein Viertel der spanischen Industrieproduktion wird hier erzeugt, an Textilien sogar gut drei Viertel. Barcelona ist die Verlags- und Designhauptstadt Spaniens, der Tourismus steuert ebenfalls ein nicht gerade geringes und stetig steigendes Scherflein zum Wohlstand bei. In den Augen Restspaniens gilt Katalonien deshalb als die „Schweiz" des Landes, seine Bewohner als geschäftstüchtig, bienenfleißig und dynamisch – ein Blickwinkel, der einer gewissen Portion Neid wie Argwohn nicht entbehrt.

In kultureller Hinsicht nimmt Katalonien gleichfalls eine Sonderstellung ein. Ein guter Teil der auch außerhalb Spaniens bekannten Künstler des 19. und 20. Jahrhunderts stammt aus dieser Region, darunter so illustre Persönlichkeiten wie Salvador Dalí oder Joan Miró. Katalonien war die Geburtsstätte des Modernisme, der spanischen Variante des Jugendstils, dessen berühmtester Vertreter, der Architekt und Bildhauer Antoni Gaudí, aus Reus in der Provinz Tarragona stammt. Künstler waren es auch, die ab den 60er-Jahren, selbstverständlich auf Katalanisch, immer lauter die Forderung nach Selbstbestimmung aussprachen. Besonders aktiv waren Sänger wie Lluis Llach, Pau Riba und Joan Manuel Serrat, deren musikalischer Protest, zusammengefasst in der Bewegung *nova cançó* („Neues Lied"), der Franco-Regierung gar unangenehm in den Ohren klang. Auch der Volkstanz *sardana* geriet zum politischen Ausdruck einer Nation, die sich zu Recht lange um ihre eigene Kultur betrogen sah.

Wirtschaftlich gefestigt und im Bewusstsein der eigenen Sprache und Kultur, treiben es die Katalanen mit ihrem „Wir-sind-eine-Nation-Fieber" nach Meinung vieler Spanier heute allerdings etwas weit. Allerorten prangt die rot-gelb gestreifte katalanische Flagge, ersetzen rein katalanische die alten, zweisprachigen Inschriften. Die Generalitat de Catalunya unterstützt den Trend nach Kräften, leistet sich unter anderem einen eigenen Sprachkommissar. 1999 wurde gar ein Gesetz verabschiedet, das die „Präferenz" des Català festlegt und dem Regionalfernsehen, den privaten Radios und den Kinos Katalanisch-Quoten vorschreibt. Das Gesetz bedroht auch alle Firmen mit Strafen, die ihre Offerten nicht „mindestens" in Català ausschreiben. Was den Katalanen recht sein kann, wirft für die starke Minderheit der vor allem aus Südspanien kommenden, *xarnegos* (spanisch: charnegos) genannten „Einwanderer" ernste Probleme auf. Immerhin sind etwa 40 Prozent der Einwohner Barcelonas Nicht-Katalanen. Ohne Kenntnis des Katalanischen bleibt ihnen z. B. die Anstellung im öffentlichen Dienst verwehrt.

„Ich bin nur'n armer Murcianer, n'ungebildeter charnego, und ich bin den Katalanen ja so dankbar, dass ich hier arbeiten kann und anständich leben, in euerm reichen und schönen Katalonien ..."

(Juan Marsé, „Der zweisprachige Liebhaber")

Römisches Barcelona: die „Drei Grazien" im Archäologischen Museum

Stadtgeschichte

Aus dem Dunkel der Geschichte tritt Barcelona mit der Ankunft der Römer. Im 10. Jh. liegt die Geburtsstunde der katalanischen Nation. Die nächsten Jahrhunderte sehen den Aufstieg Barcelonas zu einer mächtigen Mittelmeermetropole, gefolgt von einem langen Niedergang, der erst im 19. Jahrhundert endet. Im 20. Jahrhundert erlebt die Stadt nach der Schreckenszeit des Franco-Regimes einen fulminanten Aufschwung.

Als die ersten bekannten Siedler im heutigen Stadgebiet gelten Iberer vom Stamm der Laietans bzw. Layetanos, die sich auf dem Montjuïc niedergelassen hatten. Ob der antike Name *Barcino* nun schon von ihnen, den Karthagern oder doch erst den Römern stammt, ist strittig. Das Verdienst der eigentlichen Stadtgründung wird allerdings den Römern zugeschrieben.

Ab dem 1. Jh. v. Chr.: Rom regiert

Im Zweiten Punischen Krieg (218–201 v. Chr.) gegen Karthago hatten die Römer den Kampf um das westliche Mittelmeer für sich entschieden. Fortan sollten ihre Sprache, Gesetzgebung und letztlich auch Religion Spanien nachhaltig prägen. Während der Regierungszeit von Kaiser Augustus, etwa um 15–10 v. Chr., gründeten die Römer auf dem Mont Taber, dem höchsten Punkt der Altstadt, eine mit Mauern gesicherte Kolonie, die schon ungefähr den Umrissen des heutigen Barri Gòtic entsprach. Reste der Stadtmauern und einige Säulen eines Augustus-Tempels erinnern noch an die römische Epoche, und erst vor wenigen Jahren legten Arbeiter bei Grabungen an den Rambles zufällig ein römisches Grab frei. Unter dem Pflaster der Plaça del Rei, zugänglich durch das Museum für Stadtgeschichte, erstreckt sich sogar noch ein ganzes Römerviertel mit Werkstätten, Häusern und frühen Kirchen. Freilich war das römische Barcino eine kleine Siedlung von wohl nicht mehr als tausend Einwohnern, nicht zu vergleichen mit dem glanzvollen Tarraco (Tarragona), der mächtigen Hauptstadt der weitläufigen römischen Spanienprovinz Hispania Citerior bzw. Tarraconensis.

Mit blutiger Hand gezeichnet: Kataloniens Wappen

5.–8. Jh.: Westgoten und Mauren

Über Jahrhunderte hinweg hatte sich Barcelona im römischen Frieden Pax Romana gesonnt, hatte mit Rom das Christentum angenommen und den langsamen Niedergang geteilt. Jetzt, Anfang des 5. Jh., standen neue, hungrige Erobererscharen bereit: Die Zeit der Völkerwanderung war gekommen. Als militärisch stärkstes der vielen rivalisierenden Germanenvölker erwiesen sich die Westgoten, die Barcelona 415 kurzfristig zur Hauptstadt machten, bevor sie diese nach Toledo verlegten. Hatten sie zunächst Distanz zur einheimischen Bevölkerung gewahrt, erfolgte dann doch eine allmähliche Verschmelzung, in deren Verlauf die Goten romanisiert wurden und die lateinische Sprache annahmen. Obwohl ihr Königreich bis ins 8. Jh. Bestand haben sollte, beeinflussten sie die Kultur Kataloniens kaum. Ähnliches gilt für die Araber- und Berberstämme der so genannten Mauren, die ab 711 binnen sieben Jahren fast die gesamte Iberische Halbinsel überrollt hatten, aus dem Norden Kataloniens jedoch schon wenige Jahrzehnte später wieder vertrieben wurden. Dort blieb es fortan bei gelegentlichen Überfällen wie der Attacke von Almansor auf Barcelona 985, bei der eine Vorläuferin der heutigen Kathedrale zerstört wurde.

9.–11. Jh.: Franken als Geburtshelfer der Nation

785 übernahmen die Franken unter Karl dem Großen das Zepter in Girona, 801 eroberten sie Barcelona. Die von ihnen regierte *Spanische Mark* sollte mitteleuropäisches Bollwerk gegen den Islam sein. Die Spanische Mark gilt als die Keimzelle der katalanischen Nation, deren enge Anbindung an das Europa jenseits der Pyrenäen wiederum auf die fränkische Zeit zurückgeführt wird. Einer der fränkischen Grafen, nämlich Wilfried der Behaarte (Guifré el Pilós), war es auch, der ab 870 erstmals mehrere Grafschaften (darunter auch Barcelona) unter sich vereinigen konnte und so einen Vorläufer des heutigen Katalonien schuf. Er hinterließ das Reich seinen Söhnen und gründete so eine Herrscherdynastie, die bis ins frühe 15. Jh. Bestand hatte und Barcelona den bis heute gebräuchlichen Beinamen *Ciutat Comtal* (Gräfliche Stadt) verschaffte. Als Geburtsjahr ihrer Nation sieht die katalanische Regierung aller-

dings erst das Jahr 988, als unter Barcelonas Graf Borell II. auch politisch die Unabhängigkeit von den Franken erreicht wurde. Schon wenig später tauchte erstmals der Begriff „Katalonien" auf, wehte die bis heute existierende Nationalflagge Senyera. Damals entwickelte sich auch eine ritterliche Adelskaste, die den Boden und die Bauern kontrollierte und immer wieder in Konflikt mit den Grafen geriet. Häufige Aufstände erschütterten Barcelona und andere Regionen. 1070 gelang es Ramon Berenguer I., mit militärischer Macht, aber auch mit politischen Zugeständnissen, die Revolten zu beenden.

12.–14. Jh.: Barcelona auf der Höhe seiner Macht

Einen gewaltigen Sprung nach oben machte die junge Nation im Jahr 1137, als *Ramón Berenguer IV.* durch seine Heirat Katalonien mit dem westlichen Königreich Aragón vereinigte. Er war „nur" ein Graf gewesen, sein Sohn und Nachfolger Alfons I. erhielt 1162 jedoch auch den Titel eines Königs von Aragón. Das neue Königreich, die „Krone von Aragón", gelüstete es nach Expansion. Besonders erfolgreich agierte *Jaume I. der Eroberer,* der mehr als sechs Jahrzehnte lang herrschte. Unter ihm erkämpfte sich Katalonien zwischen 1229 und 1238 die bis dahin noch von den Mauren besetzten Regionen der Balearen und Valencias. 1262 kam Sizilien, 1323 Sardinien zum Reich. Das vereinigte Königreich Katalonien und Aragón stand in voller Blüte und beherrschte das westliche Mittelmeer fast nach Belieben. Regiert wurde das florierende Reich nicht allein vom Königshaus: Mit der Einsetzung der Räteversammlung *Corts Catalans,* deren Einspruch auch die Könige teilweise unterworfen waren, sicherten sich der Adel, die Kirche und später auch die Handwerkszünfte Einfluss auf politische Entscheidungen.

Nicht nur Eroberung, auch der Handel im Mittelmeergebiet brachte Reichtum. Die Städte, allen voran Barcelona, profitierten besonders davon. Die Werften Drassanes konnten kaum so schnell neue Schiffe produzieren, wie sie gebraucht wurden. Der Bau großer Kirchen wie der Kathedrale und Santa Maria del Mar spiegeln den damaligen Reichtum und Optimismus, ebenso die Errichtung der prächtigen Handelsbörse La Llotja. Gestützt auf Sicherheit und Wirtschaftskraft konnten sich auch Kunst und Wissenschaften entfalten. Barcelona erhielt eine eigene Administration: 1249 gewährte Jaume I. die ersten Privilegien für eine teilweise Selbstverwaltung der Stadt, 1265 installierte er den Stadtrat *Consell de Cent,* den „Rat der Hundert", der ab 1373 im Rathaus Casa de la Ciutat an der heutigen Plaça Sant Jaume residierte. Barcelona leuchtete – und wuchs: Die Stadtmauern, zuletzt Ende des 13. Jh. erweitert,

Großer Feldherr: Jaume I.

Heroisch dargestellt: „Krieg der Schnitter" im Museum katalanischer Geschichte

um auch das wohlhabende Vorortviertel La Ribera zu umschließen, mussten schon im 14. Jh. erneut vergrößert werden und gaben nun auch der Vorstadt Raval Schutz.

Es waren jedoch nicht nur Blütejahre. Auf dem Land kam es zu Aufständen der ausgebeuteten Bevölkerung gegen die Feudalherren. In der zweiten Hälfte des 14. Jh. wütete mehrfach die Pest, Ende des 14. Jh. hatte der „schwarze Tod" die Bevölkerung um die Hälfte dezimiert. Die Pest und andere Seuchen blieben nicht die einzige Katastrophe: Am 5. August 1391 löschte ein Pogrom Barcelonas Judenviertel El Call aus.

15.–18. Jh.: Niedergang unter Kastiliens Knute

Die Zeiten in Katalonien wurden schlechter, als mit Martin dem Menschlichen 1410 das letzte Mitglied der alten Grafen-Dynastie starb. Aragón bekam Übergewicht in der bis dahin so erfolgreichen Zweierbeziehung. 1462–1472 erschütterte ein schwerer Bürgerkrieg gegen die neuen Herrscher aus Aragón die Region.

Doch es sollte noch dicker kommen. 1469 veränderte die Heirat König Ferdinands II. von Aragón mit der Thronfolgerin Isabella von Kastilien die Landkarte Spaniens und beförderte Katalonien ins politische Abseits. Die „Katholischen Könige" *Reyes Católicos* sicherten Kastilien hinfort die Führung und ließen es zur alles beherrschenden Zentralmacht aufsteigen. Katalonien wurde zur Provinz, die glorreiche Hauptstadt Barcelona spielte nur mehr eine untergeordnete Rolle. Kastilien setzte in Katalonien eine eigene Führungsschicht ein, sicherte sich so die Herrschaft und zwang gleichzeitig den Katalanen die kastilische Sprache auf. Ab 1487 wütete die Inquisition in Barcelona. 1492 wurde Amerika entdeckt, und als Folge verlagerte sich der Handel von den mittelmeerischen Küsten an den Atlantik.

Gleichzeitig wurden aus ganz Spanien die Juden vertrieben oder zur Taufe gezwungen. Ab 1640 wagte die unter schwerer Steuerlast leidende Region einen von Frankreich unterstützten Volksaufstand, den sich zum Unabhängigkeitskrieg entwickelnden *Guerra dels Segadors.* Aus diesem „Krieg der Schnitter" stammt die katalanische Nationalhymne „Els Segadors"; er scheiterte jedoch am Militär der kastilischen Zentralmacht, das 1652 Barcelona besetzte.

Der *Spanische Erbfolgekrieg* (1701–1714) sah österreichische Habsburger, unterstützt von der „Haager Allianz" europäischer Staaten auf der einen, das französische Haus Bourbon auf der anderen Seite. Katalonien setzte auf Habsburg, erhoffte sich von Österreich bessere Chancen auf die Wiederherstellung der nationalen Identität – und verlor. Der Bourbone Philipp V. eroberte am 11. September 1714 die Stadt, die sich am längsten seinen Ansprüchen verwehrt hatte: Barcelona. Heute wird am 11. September der katalanische Nationalfeiertag *La Diada* begangen – die Katalanen feiern damit nicht etwa eine Niederlage, sondern wollen ihr Recht auf Eigenständigkeit klarstellen. Philipp V. revanchierte sich für den Widerstand mit schwersten Repressionen. Für seine neue, zur Kontrolle Barcelonas errichtete Zitadelle ließ er ein ganzes Wohnviertel abreißen, er schaffte mit dem Dekret der *Nueva Planta* („Neuer Plan") alle katalanischen Institutionen einschließlich des Consell de Cent ab und verbot sogar die katalanische Sprache. Die 1450 gegründete Universität Barcelonas musste schließen und wurde abgerissen. Katalonien stand völlig unter dem Diktat Kastiliens.

Ab 1808 versuchte Napoleon, seinen Bruder Joseph Bonaparte gegen den Widerstand der Spanier auf den Thron zu hieven. Bis zu dessen Rückzug 1812 erschütterte eine Reihe von Aufständen gegen die Franzosen auch Katalonien. Französische Soldaten zerstörten Unwiederbringliches, darunter die alten Bauten des Klosters Montserrat.

19. Jh.: Industrieller und kultureller Aufschwung

Sinnigerweise fällt in die späten Jahrhunderte der politischen Bedeutungslosigkeit gleichzeitig ein erneuter wirtschaftlicher Aufschwung Barcelonas. Schon ab 1741 hatte eine erste Industrialisierung besonders der Textilproduktion eingesetzt, zu einer Zeit, als der Rest Spaniens noch ausschließlich landwirtschaftlich strukturiert war. Auch der Schiffsbau florierte. 1778 gewährte Madrid sogar gnädig den Zugang zu den wichtigen Märkten in Amerika: Ganz neue Handelsmöglichkeiten taten sich auf. Gleichzeitig emigrierten nun viele Barcelonesen in die Kolonien und sandten von dort Geld nach Hause: Kapital, das investiert werden wollte und den Industrialisierungsprozess anheizte.

Anfangs verlief die Industrialisierung noch relativ langsam, ab etwa 1840 jedoch steigerte sich die Geschwindigkeit. Barcelona wurde als „Klein-Manchester" gefeiert. Während der Rest Spaniens in überkommenen Formen der Landwirtschaft verharrte, ratterten hier die Webstühle, keuchten die Dampfmaschinen. 1842 wurde Gasbeleuchtung installiert, 1848 die erste Bahnlinie Spaniens eröffnet, die von Barcelona nach Mataró führte. Durch Zuzug vom Land wuchs Barcelona rasant, innerhalb von sechs Jahrzehnten vervierfachte sich die Bevölkerungszahl. In der dicht gedrängten, durch ihre Mauern eingeschnürten Stadt brachen immer wieder Epidemien aus – 1834 forderte die Cholera 3500 Tote, 1854 waren es über 5600 Opfer. Im selben Jahr gab Madrid endlich die Erlaubnis, die Stadtmauern niederzureißen. 1859 begann man mit dem Bau der Stadterweiterung Eixample.

Mit dem ökonomischen Erfolg erholte sich auch das angeschlagene Nationalgefühl. 1859 wurden die mittelalterlichen Dichterwettkämpfe Jocs Florals, die „Blumenspiele", erneut aufgenommen; in Katalanisch, versteht sich. Sie leiteten die kulturelle und sprachliche Wiedergeburt *Renaixença* ein. Einer der Preisträger war Jacint Verdaguer (1845–1902), durch sein Epos „L'Atlàntida" bis heute der wohl bekannteste katalanische Poet.

Das frisch gewonnene Selbstbewusstsein der Katalanen artikulierte sich 1892 im Entwurf der regionalen Verfassung Bases de Manresa und verwirklichte sich 1914 in der Gründung der provinzübergreifenden *Mancomunitat*: Von der kastilischen Zentralmacht eigentlich nur als Verwaltungsgemeinschaft zugelassen, gelang es der Mancomunitat, sich durch geschicktes Taktieren als Defacto-Regionalregierung zu etablieren. In dem von ihr ausgebauten Schulsystem wurde wieder Català gelehrt, während sich das neu gegründete Institut d'Estudis Catalans der Auffrischung und Pflege der katalanischen Kultur widmete. Katalonien focht klug und beherrscht für seine Eigenständigkeit. Und auch Barcelona entwickelte sich weiter. Neben der traditionellen Textilindustrie wuchs die Chemiesparte, Kraftwerke wurden gebaut, die ersten elektrischen Straßenbahnen verkehrten. Freilich hatten nicht alle Bevölkerungsschichten gleichermaßen Anteil am Fortschritt: Noch 1900 waren 40 Prozent der Einwohner Barcelonas Analphabeten.

Unruhige Jahrzehnte

Erstmals im 19. Jh. hatte sich Spanien in Demokratie versucht, doch war die Erste Republik (1873–75) schnell gescheitert. Um die Jahrhundertwende stürzte der verlorene amerikanisch-

Die erste Weltausstellung 1888

„Was die können, das können wir schon lange", hatten sich die hohen Herren Barcelonas wohl gedacht, als sie, angeregt durch einen gewissen Don Eugenio Serrano de Casanova, darüber nachdachten, in Barcelona eine Weltausstellung abzuhalten. Die erste Expo war 1851 in London organisiert worden, Paris folgte 1855. Beide Städte hatten jetzt schon ihre zweite Ausstellung hinter sich, und wo blieb Barcelona? Der tatkräftige Bürgermeister Don Francesc de Paula Rius i Taulet machte die Angelegenheit zur Chefsache. Es waren Barcelonas Jahre des Goldfiebers, des Febre d'Or, und so sollte doch eigentlich genug Kapital zur Verfügung stehen ... Ganz so einfach lief es dann doch nicht, Barcelona musste sich für das Großereignis schwer verschulden. Die Bevölkerung freilich war schnell für den Plan gewonnen, insbesondere dank der bestechenden Vorstellung, Madrid dadurch eins auszuwischen, dass man die erste Weltausstellung auf spanischem Boden eben nicht in der Hauptstadt abhielt. Und so wurde die „Exposició Universal de 1888" letztlich ein voller Erfolg. Vom 8. April bis 9. Dezember hatten mehr als zwei Millionen Menschen eine Eintrittskarte (für eine Peseta) oder ein Abonnement (für 25 Pesetas) zum Expo-Gelände im Ciutadella-Park erstanden. Zu bewundern waren hier, neben den vielen frischen technischen Errungenschaften jener Zeit, auch Gebäude in einem neuen, ungewöhnlichen Stil, den man später als „Modernisme" bezeichnen sollte. Barcelona wiederum konnte sich als Stadt der „Modernitat" zeigen und beweisen, dass es mit Madrid mithalten konnte.

Es war einmal: nostalgische Ansicht des alten Hafens Port Vell

spanische Krieg und der damit verbundene Verlust der Philippinen, Kubas und Puerto Ricos Spanien in eine tiefe politische Krise. Zeitgleich kam es in Barcelona zu ersten Zusammenschlüssen der Arbeiterbewegung.

Im Juli 1909 löste die Aushebung von Soldaten für den Einsatz in Marokko die *Setmana Tràgica* aus, die „Tragische Woche". Die wütende Arbeiterschaft von Barcelona errichtete Barrikaden und zerstörte in ihrer Wut auf den obrigkeitshörigen Klerus Kirchen und Klöster. Es kam zu hunderten Toten und immensen Verlusten an wertvollen Kulturgütern. Bald nach der blutigen militärischen Niederschlagung des Aufstands gründete sich die Confederación Nacional de Trabajo (CNT), eine Art Dachgewerkschaft für die verschiedenen Verbände der einzelnen Arbeitergruppen.

Im Ersten Weltkrieg blieb Spanien neutral, für Barcelonas Wirtschaft ein Wettbewerbsvorteil, den man nach Kräften nutzte. Ein erneuter Rückschlag war der Staatsstreich von General Primo de Rivera 1923, der in eine Militärdiktatur mündete. Die Mancomunitat wurde aufgelöst, katalanische Sprache und Kultur erneut unterdrückt – kein Wunder, dass die Weltausstellung von 1929 in bedrückterer Stimmung verlief als ihre Vorgängerin. Nach seiner Abdankung gründete Primo de Rivera 1933 die Falange Española, eine rechtsextreme Partei, deren Programm während und nach dem Bürgerkrieg eine prägende Rolle spielen sollte.

Nach dem Sturz der Diktatur und der Ausrufung der Zweiten Republik 1931 kam es zu antiklerikalen Ausschreitungen, denen erneut Kirchen und Klöster zum Opfer fielen. 1932 erhielt Katalonien ein fast vollständiges Autonomiestatut mit eigenem Parlament, konnte sich jedoch nicht lange daran freuen. Zwischen 1934 und 1936 schlitterte Spanien von einer politischen Krise in die nächste. Den Rechtsruck nach den Parlamentswahlen vom Oktober '34 quittierten die Gewerkschaften mit Generalstreiks. Kurz darauf scheiterte der Versuch des katalanischen Präsidenten *Lluís Companys,* die völlige Unabhängigkeit

Nachgestellt im Museum katalanischer Geschichte: typische Küche zu Anfang des 20. Jh.

Kataloniens auszurufen. Die Aberkennung der Autonomie war die Folge. Auch nach dem Wahlsieg der Volksfront im Mai '36 beruhigte sich die Lage nicht, verschärfte sich sogar noch. Streiks überfluteten das Land, die Rechte antwortete mit Mord, die Linke gab mit gleicher Münze zurück – Spanien im Chaos. Im Juli 1936 sollte in Barcelona die antifaschistische „Volksolympiade" stattfinden, ein Gegenstück zu den Spielen im Berlin der Nazis. Doch es kam anders: Die Ermordung des rechten Abgeordneten Calvo Sotelo am 13. Juli 1936 wurde zum Auslöser eines Militärputsches, der in den Spanischen Bürgerkrieg mündete.

Bürgerkrieg und Franco-Regime: Barcelona am Boden

Bis heute ist der *Spanische Bürgerkrieg* (1936–39), dem über eine halbe Million Menschen zum Opfer fielen, ein Trauma für das Land geblieben, zumindest für ältere Menschen. „Bürgerkrieg" ist eigentlich nicht der richtige Ausdruck für diesen dreijährigen Kampf: Auf der einen, der letztlich siegreichen Seite der „Nationalen", stand eine Clique von gut ausgerüsteten, antidemokratischen Militärs; auf der anderen, der der „Republikaner", der Großteil der Bevölkerung.

Ab dem 28. Juli flogen Truppenverbände aus Spanisch-Marokko nach Südspanien ein. Den Oberbefehl hatte General Franco, die Flugzeuge wurden teilweise aus Hitler-Deutschland ausgeliehen. Italien, Portugal und Deutschland unterstützten den Putsch, die berüchtigte deutsche Flugzeugstaffel „Legion Condor" bombte unter anderen das baskische Städtchen Gernika (Guernica) in Schutt und Asche, eine Schandtat, die von Pablo Picasso im gleichnamigen Gemälde verewigt wurde. Die Republikaner erhielten dagegen nur sehr bescheidene Hilfen von Russland, Frankreich und Mexiko.

Barcelona stellte sich mehrheitlich sofort auf die Seite der Republik. Nach zwei blutigen Tagen des Kampfes gegen das Militär war die Stadt in der Hand

Francisco Franco Bahamonde

Geboren am 4. 12. 1892 im galicischen El Ferrol, wurde der „Caudillo“ und „Generalísimo“ zum spanischen Alptraum des 20. Jahrhunderts. Grundprinzipien seines diktatorischen Regimes waren die Unterstützung durch Militär, Kirche und die Falange, absolute Autorität des Staates und Unterdrückung aller abweichenden Auffassungen. Demokratische Ansätze wurden durch passende Gesetze nur vorgetäuscht, nie verwirklicht. Staatsform war eine „Monarchie ohne König“, die allein dem Staatsführer Franco das Recht zugestand, seinen – dann königlichen – Nachfolger zu ernennen.

Während des Zweiten Weltkriegs blieb Spanien neutral. Versuchsweise Annäherungen an Hitler-Deutschland erstickte der wirtschaftliche Druck der Alliierten. Nach dem Krieg zunächst politisch isoliert, wurde Spanien im diplomatischen Verkehr bald wieder halbwegs salonfähig: 1959 befürwortete Adenauer vergeblich die Aufnahme in die NATO. Innenpolitisch jedoch hielt die harte Linie an. Ab den Sechzigern mehrten sich Proteste, Unruhen und Terroranschläge der baskischen Befreiungsbewegung ETA. Am 20. November 1975 starb Franco – und nicht nur in Barcelona knallten die Sektkorken.

von Arbeiterkomitees, organisiert vor allem in der Gewerkschaft CNT. Barcelona erlebte den *Sommer der Anarchie*, die Stadt wurde zur „Rose aus Feuer“. Doch bröckelte die Einheitsfront nur zu rasch, die Linke befehdete sich selbst. Im Mai 1937 kämpften in Barcelonas Straßen orthodoxe Kommunisten gegen Anarchisten – blanker Irrwitz angesichts der faschistischen Bedrohung. Am 26. Januar 1939 schließlich marschierten die Truppen Francos in Barcelona ein.

Für Katalonien erwies sich das Franco-Regime als die wohl schlimmste Etappe in der Landesgeschichte. Nach der Eroberung Barcelonas begannen Todeskommandos mit der Abschlachtung der „Aufständischen“. Die katalanische Führungsschicht, so sie nicht ins Exil gegangen war, wurde größtenteils ermordet, so auch der ehemalige Präsident Lluís Companys, der sich nach Frankreich geflüchtet hatte und 1940 von der Gestapo an Spanien ausgeliefert worden war. Es folgten Jahrzehnte der systematischen politischen und kulturellen Unterdrückung. Der Gebrauch des Català stand fast im Rang eines Staatsverbrechens.

Nur ganz langsam konnten sich die Katalanen wenigstens auf kulturellem Gebiet wieder einige Zugeständnisse geradezu erschleichen. Weit gingen diese kleinen Fortschritte ohnehin nicht. Noch 1960 musste *Jordi Pujol*, später langjähriger Präsident der Generalitat, zweieinhalb Jahre ins Gefängnis: Er hatte bei einem Besuch Francos die katalanische Hymne gesungen. Wirtschaftlich nahm Katalonien ab den Sechzigern einen deutlichen Aufschwung, die erwirtschafteten Steuergelder flossen jedoch weitgehend nach Madrid.

Der Weg in die Demokratie

Der Todestag Francos sah Barcelona gut gerüstet für die „Zeit danach“. Finanziell ging es der Stadt nicht schlecht, Kandidaten für die politische Führung fanden sich schnell in den Reihen der bis dahin illegalen nationalistischen Bewegung. Die katalanische Kultur war allen Verboten zum Trotz ohnehin immer lebendig geblieben.

Francos Nachfolger wurde der vom „Caudillo“ selbst erwählte König Juan Carlos I., ein Bourbone. Zunächst zaghaft, dann tatkräftig mit Hilfe des von ihm ernannten Ministerpräsidenten Adolfo Suárez González, bereitete Juan Carlos die Demokratie vor. 1977 fanden die ersten demokratischen Wahlen seit über 40 Jahren statt.

Katalonien brachte die Demokratie zunächst eine vorläufige Autonomie. Die damit verbundene Möglichkeit, nach vielen Jahren erstmals wieder den Nationalfeiertag „La Diada" zu begehen, nutzten die Barcelonesen nach Kräften. Es wurde ein rauschendes Fest: Rund eineinhalb Millionen Menschen feierten in Barcelona, die Rambles und die Plaça Catalunya verschwanden unter einem Meer gelb-roter Fahnen. Mancher Beobachter sprach von der „größten Demonstration, die Europa je erlebt hat." 1979 erhielt die Region die gegenwärtig gültige Autonomieregelung zuerkannt, mit offiziell anerkannter Zweisprachigkeit und zumindest teilweiser Selbstbestimmung in Verwaltungs- und Rechtsangelegenheiten. Schon die ersten Regionalwahlen gewann die konservative Koalition Convergència i Unió (CiU) unter Jordi Pujol, der bis über das Millenium hinaus Präsident der Generalitat blieb. Barcelona freilich wählte links und Narcís Serra zum ersten Bürgermeister in der Demokratie.

„Barcelona, Stadt in Umgestaltung"

Barcelona im Aufwind

1982 wurde der Sozialist *Pasqual Maragall* erstmals zum Bürgermeister der Stadt gewählt. Er behielt dieses Amt rund eineinhalb Jahrzehnte lang, ein Zeitraum, in dem Barcelona einen gewaltigen Sprung nach vorne machte. Nach der „armseligen Stadtplanung" (Maragall) der vordemokratischen Jahrzehnte galt es dringend, verlorenen Boden gutzumachen. Schnell startete die Stadtverwaltung eine Vielzahl von Projekten zur infrastrukturellen, architektonischen und künstlerischen Neugestaltung des städtischen Raums. Olympia 1992 wurde, wie schon die Weltausstellungen von 1888 und 1929, bewusst als beschleunigender Faktor in diesem Prozess des planvollen und oft in Zusammenarbeit mit privaten Investoren erfolgten Stadtumbaus eingesetzt. Auch nach den – höchst erfolgreich verlaufenen – Spielen legte man keine Ruhepause ein. In kaum mehr als einem Jahrzehnt verschönte sich Barcelona radikal. Renommierte internationale Architekten schufen nicht nur eine Vielzahl neuer Bauten wie den Fernsehturm, den Flughafen oder das Nationaltheater. Sie veränderten das ganze Gesicht der Stadt und öffneten Barcelona zum Meer hin. Mit der gleichen Gründlichkeit verwandelten die Stadtplaner ein altes Industrieareal in das Olympische Dorf Vila Olímpica und den angeschlossenen Olympiahafen Port Olímpic. Ein weiterer, diesmal postolympischer Streich der Architekten war der Ausbau der Hafenmole Moll d'Espanya. Belohnt wurden die Anstrengungen mit stetig steigenden Besucherzahlen und dem schmeichelhaften Ruf einer europäischen Vorzeige-Metropole. 1999 erhielt Barcelona vom renommierten „Royal Institute of British Architects" den Architekturpreis RIBA-Award, der das erste Mal an eine Stadt und nicht an einen einzelnen Architekten vergeben wurde.

Heutige politische Situation

Bei den katalanischen Regionalwahlen von 2003 wurde die konservative CiU, bis dahin 24 Jahre ununterbrochen an der Macht, von einer linksgerichteten Koalition abgelöst, die sich aus der sozialistischen PSC (dem katalanischen Ableger der PSOE), den katalanischen Regionalisten der ERC und den Ökosozialisten der ICV zusammensetzte; Präsident der Generalitat de Catalunya wurde Barcelonas ehemaliger Bürgermeister Pasqual Maragall. Im Sommer 2006 zerbrach dieses Bündnis über der Frage des neuen katalanischen Autonomiestatuts, das Katalonien zwar mehr Selbstbestimmung und einen höheren Steueranteil bringt, der ERC aber dennoch nicht weit genug ging. Es kam zu vorgezogenen Neuwahlen, an deren Ende aber nach zähen Verhandlungen doch wieder die alte Koalition aus PSC, ERC und ICV stand. Angeführt wird sie vom Sozialisten *José Montilla*, seines Zeichens ehemaliger spanischer Industrieminister, gebürtiger Andalusier und der erste Präsident der Generalitat, der nicht aus Katalonien stammt.

Eindeutig stellt sich die Lage in Barcelona selbst dar. Hier wird schon traditionell überwiegend links gewählt, und so erhielt Bürgermeister *Joan Clos* von der PSC, seit 1997 Nachfolger von Pasqual Maragall, auch bei den Wahlen 2003 erwartungsgemäß wieder die Mehrheit der Stimmen. 2006 trat Clos ab, um Spaniens Industrieminster zu werden. Sein Nachfolger *Jordi Hereu* (putzig: Hereu bedeutet übersetzt „der Erbe"), obwohl von vielen Kommentatoren als blass eingestuft, gewann der PSC im Mai 2007 erneut das Bürgermeisteramt.

Erfolgreiches „Modell Barcelona"?

Mit den Erfolgen der Vergangenheit gibt sich Barcelona nicht zufrieden. Die erste, unter Maragall begonnene Phase der Stadterneuerung gilt als beendet, jetzt geht es an einen weiteren großen Umwandlungsprozess. Der Flughafen ist in Ausbau, der Bahnhof Sants wurde bereits, wenn auch mit einiger Verzögerung, im Februar 2008 ans Netz der Hochgeschwindigkeitszüge AVE angeschlossen. Die Station Sagrera wird zu einem „Intermodal" aus Bahnhof und Busbahnhof ausgebaut, das Nahverkehrszüge, Metro, Busse sowie die Züge der aus Richtung Frankreich geplanten Hochgeschwindigkeitslinie bündeln und unterirdisch mit Sants verbunden sein soll; sie wird dann faktisch einen zweiten Hauptbahnhof darstellen. Eine komplette, 600 Millionen Euro teure Umgestaltung erfährt demnächst auch die Plaça de les Glòries Catalanes, deren Verkehrsflüsse unter die Oberfläche verlegt werden, um Platz für mehr Grün, aber auch für den Bau eines neuen Designzentrums sowie zahlreicher Wohnungen zu schaffen. Und nach dem Abschluss der Arbeiten an dem weit im Norden Barcelonas gelegenen Küstengelände des Fòrum 2004 und der benachbarten Diagonal Mar steht nun das angrenzende Viertel Poblenou im Zentrum des Interesses. Unter dem Signet

22@ (der modische Name ist von der Bezeichnung alter Industriegebiete in einem Stadtentwicklungsplan der Siebziger abgeleitet) sollen im Lauf der nächsten zehn bis fünfzehn Jahre weite Teile des Viertels komplett umgebaut werden und in der Folge Medienunternehmen und High-Tech-Firmen anziehen. Auch in anderen, meist in der Peripherie gelegenen Stadtteilen sind ausgedehnte Bauvorhaben anberaumt. Wieder einmal große Pläne also ...

Unumstritten ist das viel gepriesene „Modell Barcelona" trotz aller Erfolge freilich nicht. Bei der Metamorphose in eine Stadt der Reichen und Schönen bleiben die ärmeren Schichten der Bevölkerung nämlich oft genug auf der Strecke, darunter viele vor allem aus Andalusien kommende Zuwanderer, die mit der Ausbreitung des ihnen fremden Català schon Probleme genug haben. Armut stört im Antlitz einer Stadt des dritten Jahrtausends, also wird sie in die uninteressanten Bezirke abgeschoben. Das Verfahren ist einfach: Abriss und Neubau oder Luxussanierung der Häuser in den entsprechenden Vierteln, verbunden mit einem Anstieg der Immobilienpreise und Mieten. Ein Teil des lange im Verfall begriffenen Barri Gòtic hat sich längst in Yuppie-Gebiet verwandelt; Galerien und Boutiquen haben Handwerk und Kleingewerbe verdrängt, Mietwohnungen wurden in weit profitablere Kurzzeit-Apartments für Touristen umgewandelt. Ähnlich verhielt es sich in La Ribera und Teilen von El Raval. Doch nicht nur die Altstadt ist betroffen, auch die Bevölkerung von Poblenou und im Umfeld des Fòrum 2004 fürchtet – wohl nicht zu Unrecht – ganz ähnliche Entwicklungen. Bei aller Kritik muss andererseits aber auch gesehen werden, dass die einschneidenden Veränderungen durchaus dem Geist Barcelonas entsprechen, quasi eine schlüssige Fortsetzung der Stadtgeschichte sind.

Noch ist Platz für Subkulturen: Punks auf der Plaça Reial

Prachtvoll: romanisches Fresko aus dem Vall de Boí

Architektur und Kunst

Barcelonas größter Schatz ist seine Architektur, das bauliche Erbe spannt sich über zwei Jahrtausende. Prägend für die Stadt waren insbesondere die Gotik und der Modernisme.

Manch andere Epoche hinterließ hingegen kaum Spuren. Ursache ist die wechselvolle Geschichte Barcelonas. Blühten in guten Zeiten die Kunst und die Architektur, so erlebte die Stadt auch lange Jahrhunderte des Niedergangs, der Zerstörung und Unterdrückung. Und wer ums Überleben kämpft, mag sich eben kaum den schönen Künsten widmen ...

Sehenswertes – Römer und Westgoten

Vor allem durch ihre Lage und Präsentation absolut beeindruckend sind die Reste römischer Wohn- und Geschäftsviertel direkt unter der Plaça del Rei, zu erreichen durch das *Museum für Stadtgeschichte*. Römische und westgotische Grabbeigaben und andere Ausgrabungsfunde sind im *Archäologischen Museum* auf dem Montjuïc ausgestellt.

Römer und Westgoten

Die Römer zählen zu den Kulturen, die Spanien bis heute beeinflussen. Auch in ihrer Gründung Barcelona hinterließen sie eine Reihe von Relikten, die jedoch weniger eindrucksvoll ausfallen als beispielsweise im damals mächtigeren Tarragona. Es sind vor allem Nutzbauten, die hier an ihre Herrschaft gemahnen, darunter Reste der Stadtmauern und eines Aquädukts. Was an Grabbeigaben auftauchte, ist größtenteils ohne überragenden künstlerischen Wert, oft handelt es sich um Kopien von Kunstwerken aus anderen Regionen des römischen Reichs. Die Westgoten verwendeten meist die römischen Bauten weiter und traten kunstgeschichtlich insgesamt wenig in Erscheinung.

Mauren

Obwohl sie in kürzester Zeit fast die gesamte Iberische Halbinsel unter ihre Kontrolle gebracht hatten, konnten sich die Mauren in Barcelona nicht lange behaupten und wurden schon sehr bald wieder vertrieben. Anders als weiter südlich, wo sie vor allem in Andalusien Beeindruckendes schufen, erinnert in Barcelona deshalb nichts mehr an die Araber- und Berberstämme. Erst die Modernisme-Architekten nahmen den von maurischen Baumeistern unter christlicher Herrschaft geschaffenen Mudéjar-Stil als Zitat wieder auf.

Romanik

Die erste länderübergreifende Kunst des christlichen Europa entwickelte sich im 11. und 12. Jh. Ihren Namen trägt die romanische Architektur wegen der Verwendung römischer Formelemente wie Pfeiler, Säule und Rundbogen; weitere Kennzeichen des fast ausschließlich in Sakralbauten überlieferten Stils sind der Grundriss des lateinischen Kreuzes und die Gewölbe des Kreuzgrat-, Kreuzrippen- oder Tonnengewölbes. Ihren Höhepunkt jedoch erreichte die romanische Kunst in der Skulptur: Auf Portalen, Kapitellen, Friesen und Altären tummeln sich Fabelwesen, Musikanten, Heilige, Tiere und Teufel von immensem Ausdruck und frappierender Lebendigkeit, ein bunter Bilderbogen des Mittelalters.

Gotik

Die Gotik (13.–15. Jh.) bestimmt das Bild der Altstadt von Barcelona. Wohlstand und wirtschaftliches Wachstum als Folge des Handels und militärischer Expansion bildeten den Hintergrund für einen wahren Boom an sakralen, aber auch profanen Bauten. Im Gegensatz zu den gedrungenen Formen der Romanik wirken gotische Gebäude wesentlich schlanker; der elegante Spitzbogen löste den Rundbogen ab. Das Gefühl des Raums wurde verstärkt als Stilmittel eingesetzt.

In Katalonien entwickelte sich eine eigenständige Form der Gotik, die deutliche Unterschiede zur mitteleuropäischen Architektur aufweist. Die katalanischen Baumeister geben der Horizontale den Vorrang vor der Vertikale und bevorzugen statt überbordenden Dekors schlichte, schmucklose Oberflächen. Bei mehrschiffigen Kirchen werden die Seitenschiffe fast so hoch gebaut wie das Hauptschiff, die Säulen im Inneren möglichst weit ausein-

Sehenswertes – Romanik

Die Klosterkirche *Sant Pau del Camp* im Viertel El Raval ist ein besonders schönes (und praktisch das einzig unveränderte) Beispiel der romanischen Architektur in Barcelona. Über einen wahren Schatz romanischer Gemälde und Holzschnitzereien verfügt das *Museu Nacional d'Art de Catalunya* auf dem Montjuïc; manche der Arbeiten hier stammen aus Barcelona selbst (z. B. die Dekoration der romanischen Vorläuferin der Kathedrale), viele aber auch aus dem Pyrenäental Vall de Boí, dessen Kirchen in die Unesco-Liste des Welterbes aufgenommen wurden. Beeindruckende romanische Skulpturen besitzt auch das *Museu Frederic Marès* im Barri Gòtic nahe der Kathedrale.

Musterbeispiel katalanischer Gotik: Santa Maria del Mar

ander gestellt, was den Effekt eines weiten, lichten Raums hervorruft. Ebenso typisch sind die achteckigen, meist flach abschließenden Glockentürme.

Die gotische Malerei, aber auch die Bildhauerei, zeigt den internationalen Einfluss, dem die weltoffene Nation ausgesetzt war. Für die Schnitzereien der Kirchen holte man sich gerne deutsche Künstler, die Gemälde des 14. Jh. von *Ferrer Bassa* im Kloster Monestir de Pedralbes sind italienisch inspiriert, während das Dreigestirn des 15. Jh., *Bernard Martorell*, *Luis Dalmau* und *Jaume Huguet* viele europäische Einflüsse vereint, darunter auch den flämischen.

Sehenswertes – Gotik

Glanzstücke der sakralen gotischen Architektur Barcelonas sind die *Kathedrale*, der Kreuzgang des Klosters *Monestir de Pedralbes* und, allen voran, die schlicht-elegante Kirche *Santa Maria del Mar* im Viertel La Ribera, die als schönster Bau der katalanischen Gotik überhaupt gilt. Auch die profane Architektur hat Bedeutendes vorzuweisen, darunter den weit gespannten *Saló de Tinell* im Königspalast Palau del Rei oder die Werften *Drassanes* am Hafen. Der Adel und die reichen Handelsherren ließen sich prachtvolle Paläste bauen, gekennzeichnet durch einen großen zentralen Innenhof, von dem eine monumentale Außentreppe zum ersten Stock führt, der „Planta Noble". Die schönsten dieser Paläste, heute vielfach Sitz von Museen wie dem Museu Picasso, liegen in La Ribera entlang des *Carrer Montcada*. Freunde gotischer Skulptur werden im *Museu Frederic Marès* fündig, vor allem aber im *Museu d'Art de Catalunya*, das auch eine exzellente Sammlung gotischer Malerei besitzt.

Renaissance und Barock

Die Zeit vom 16. bis ins 18. Jh. war eine dunkle Periode in Kataloniens Geschichte. Die Übermacht des kastilischen Zentralstaats erdrückte die Nation, die Wirtschaft lag am Boden, immer wieder aufflackernde Aufstände und Kriege taten ein Übriges. Geld für Prachtbauten hatte man deshalb kaum, stattdessen andere Sorgen. Die Künstler, die Katalonien dennoch hervorbrachte, gingen häufig ins Ausland. Als Konsequenz gibt es aus diesen Zeiten nichts wirklich Spektakuläres zu sehen. Einzelne Beispiele der Renaissance sind die Casa de l'Ardiaca bei der Kathedrale, die Fassade des Palau de la Generalitat und der Palau del Lloctinent an der Plaça del Rei; aus dem Barock stammen die Església de Betlem an den Rambles sowie die Kirchen Església de la Mercè und Sant Felip Neri im Barri Gòtic. Auch der Klassizismus brachte kaum Bemerkenswertes hervor, erwähnenswert vielleicht das Parlament Kataloniens im Ciutadella-Park sowie der Palau de la Virreina und der gegenüber liegende Palau Moja an den Rambles.

Modernisme

Im 19. Jh. wurden die Zeiten wieder besser für Barcelona, zumal auf wirtschaftlichem Gebiet. 1859 begann man mit der Stadterweiterung Eixample. Die Industrialisierung hatte eingesetzt, der Glaube an den Fortschritt manifestierte sich in Zweckbauten wie den herrlichen Markthallen Barcelonas, die wie der Mercat del Born (1873) mit neuartigen Eisenkonstruktionen errichtet wurden.

Stärker noch von vorwärtsdrängendem Optimismus geprägt waren die Jahrzehnte um die Wende des 19. zum 20. Jh. Etwa zeitgleich entwickelte sich damals in vielen westlichen Ländern eine Kunstform, die sich nicht mehr mit der Nachahmung bestehender Stile begnügen wollte, sie jedoch gern genüsslich und etwas schräg zitierte und mischte. Besonders auf dem Gebiet der Architektur und der angewandten Kunst eröffneten sich durch die Verbindung junger Techniken und Materialien mit alter Handwerkskunst Möglichkeiten neuen künstlerischen Ausdrucks. In Deutschland entstand der Jugendstil, in Frankreich die Art Nouveau, England und USA erlebten die Geburt des Modern Style, in Italien feierte der Liberty und in Österreich die Sezession Triumphe.

Unterscheidendes Merkmal des katalanischen Modernisme zu all diesen verwandten Stilen ist vor allem seine Betonung der nationalen Elemente. Es war die Zeit der kulturellen Wiedergeburt Kataloniens, der *Renaixença*, und so grüßt der Schutzpatron Sant Jordi von zahlreichen Erkern, präsentieren viele Gebäude stolz die katalanische Flagge. Bezeichnend sind auch die Aktivitäten einiger großer Modernisme-Architekten in der katalanischen Regionalpolitik. Als Ausgangspunkt des katalanischen Modernisme gilt die befreiende Weltausstellung von 1888, um 1910 endete die Strömung bereits wieder.

Bekanntester Vertreter der katalanischen Garde von Modernisme-Baumeistern ist sicherlich Antoni Gaudí. Das große Interesse am Schöpfer der Sagrada Família lässt leicht übersehen, dass neben ihm noch zahlreiche weitere Architekten arbeiteten, allen voran Domènech i Montaner und Puig i Cadafalch. Übrigens war selbst Gaudí zwischenzeitlich schon fast vergessen: Noch bis in die 50er-Jahre tauchte sein Name weder in der Kunst- noch in der Architekturgeschichte auf. Auch die Modernismegebäude, die heute nachgerade als Barcelonas Hauptattraktion gelten, wurden lange missachtet, vieles verfiel. Erst Anfang der Achtziger besann sich die Stadt auf dieses reiche architektonische Erbe und begann zu retten, was noch zu retten war.

Gaudí pur: Detail der Ostfassade der Sagrada Família

Antoni Gaudí (1852–1926) wurde in Reus in der Provinz Tarragona als Sohn eines Schmieds geboren und studierte ab 1874 Architektur in Barcelona. Noch während seiner Studienzeit assistierte er Josep Fontserè bei den Arbeiten an der Cascada im Ciutadella-Park, im Jahr seines Abschlusses gewann er einen Wettbewerb zur Gestaltung der heute noch bestehenden Laternen an der Plaça Reial. Auch in den folgenden Jahrzehnten arbeitete er überwiegend in Barcelona, ab 1876 finanziell gefördert vom Industriellen Eusebi Güell. Sein Werk umfasst eine Vielzahl von Gebäuden, die Gestaltung des Parc Güell und, als wichtigstes Bauwerk des Modernisme überhaupt, die Kirche Sagrada Família. Schon 1883 hatte Gaudí die architektonische Leitung auf der Baustelle dieser Monumentalkirche übernommen, ab 1911 widmete er sein Leben völlig diesem Projekt, das seiner tiefen Religiosität entsprach. Allmählich überholte ihn dabei die Realität – schon damals galt der Modernisme als passé, und nur drei Jahre nach Gaudís Tod wurde auf der Weltausstellung von 1929 Mies van der Rohes wegweisend minimalistischer Pavillon vorgestellt. In seinen letzten Jahren, die er fast nur auf der Baustelle verbrachte, muss Gaudí ein wunderlicher Kauz gewesen sein, der in zeitgenössischen Karikaturen verspottet wurde: „Das alte Genie litt, aber nicht in der Stille; im Lauf der Jahre hatte sich sein Gemüt getrübt, und er wurde ein Eigenbrötler; jetzt lebte er allein in der Krypta der Sagrada Familia, die eine provisorische Werkstatt geworden war, inmitten von kolossalen Statuen, Steinrosen und Ornamenten, die wegen fehlender Mittel nicht am ihnen zugedachten Ort angebracht werden konnten. Dort schlief er, ohne seine Alltagskleidung auszuziehen, die ihm wie Lumpen am Leib hing, und atmete zement- und gipsgeschwängerte Luft" (Eduardo Mendoza). Als Gaudí an der Kreuzung des Carrer Bailén mit der

Gran Vía von einer Straßenbahn überfahren worden war, erkannte niemand in dem ärmlich gekleideten alten Mann den berühmten Architekten. Gaudí starb am 10. 6. 1926 an den Folgen des Unfalls. Bei der Beerdigung folgten Tausende dem Sarg.

Gaudí gilt als bedeutendster Vertreter des Modernisme, obwohl dieser Begriff bei weitem nicht ausreicht, sein Schaffen einzugrenzen. Typisch für seine Werke sind die von der Natur inspirierten, weichen und fließenden Formen; zu den von ihm bevorzugten Materialien zählten besonders Metalle (Familienerbe?) und „Trencadís", farbenprächtige Bruchstückkeramik. Gaudí war auch Kunsthandwerker, gestaltete viele Elemente der Innenräume selbst: Möbel, Mosaike, Buntglasfenster, Keramik, Schmiedeeisen ... Der 150. Geburtstag des Künstlers im Jahr 2002 machte ihn noch populärer, als er es ohnehin schon war, und wurde für Barcelona zu einem ganzjährigen Gaudí-Fest. Seine Seligsprechung durch den Vatikan ist wohl nur noch eine Frage der Zeit. Vorangetrieben wird sie durch eine eigene Gesellschaft, die in ihrer über tausendseitigen Antragsschrift auch von Beweisen für eine Beteiligung Gaudís an unerklärlichen Heilungen wissen will.

Naturnahe Architektur: Gaudís Casa Battlò

Lluís Domènech i Montaner (auch: Muntaner; 1850–1923): Der in Barcelona geborene Architekt, Zeichner, Historiker und spätere Direktor der Universität für Architektur war auch in der katalanischen Unabhängigkeitsbewegung stark engagiert und, durch seine Werke für die Weltausstellung berühmt geworden, damals weit bekannter als Gaudí. Wie dieser arbeitete Domènech i Montaner als Universalist, der in enger Zusammenarbeit mit Künstlern und Kunsthandwerkern nicht nur das Äußere seiner Bauten gestaltete, sondern sich ebenso dem Inneren widmete und Bodenbeläge, Kassettendecken und Möbel entwarf. Er gilt als „Rationalist" unter den Modernisten, was sich weniger auf die Form seiner Werke als auf die Anwendung neuer Technologien und Materialien bezieht.

Josep Puig i Cadafalch (1867–1957): Fast eine Generation jünger als seine Kollegen, zählte er zu den späten Vertretern des Modernisme. Er entsagte der überschäumenden Dekorationslust und orientierte sich nach dem Ersten Weltkrieg noch deutlicher zur Sachlichkeit hin. Puig i Cadafalchs Entwürfe sind geprägt von gotischen Zitaten, hierarchisch gestaffelten Giebelfeldern und plastischem Blumenschmuck. Die Innenräume, obwohl in Materialien, Farben und Ornamentik noch charakteristisch für den Modernisme, zeigen sich in einer strengeren Geometrie. Puig i Cadafalch war auch politisch aktiv, amtierte zwischen 1917 und 1923 als Präsident der Mancomunitat de Catalunya.

Sehenswertes – Modernisme

Ganz Eixample steht im Zeichen des Modernisme, insbesondere das „Goldene Quadrat" Quadrat d'Or zwischen den Rondas und der Avinguda Diagonal sowie zwischen Carrer Aribau und Passeig de Sant Joan bildet ein einzigartiges Freilichtmuseum dieses Baustils. Gaudís bedeutendste Arbeiten neben der Sagrada Família sind sicherlich der *Palau Güell* nahe der Rambles, die *Casa Batlló* und die *Casa Milà* am Pg. de Gràcia sowie der *Parc Güell*. Domènech i Montaner erreichte seinen Schaffenshöhepunkt mit dem nahe der Sagrada Família gelegenen Krankenhaus *Hospital de la Santa Creu i Sant Pau* und dem Musikpalast *Palau de la Música Catalana* im Viertel Sant Pere; Puig i Cadafalch schuf u. a. die *Casa Amatller* am Pg. de Gràcia, die *Casa Terrades* an der Av. Diagonal, die *Casa Macaya* am Pg. de Sant Joan sowie das ehemalige Fabrikgebäude *Casaramona* am Fuß des Montjuïc, heute Sitz der Kulturstiftung Caixaforum. Wird der Modernisme an den zahlreichen Gebäuden vor allem in Eixample besonders augenfällig, so war er doch keineswegs auf die Architektur beschränkt. Schöne Beispiele auf dem Gebiet der angewandten Kunst wie auch der Skulpur (*Eusebi Arnau, Miquel Blay*) und der Malerei (*Santiago Rusiñol, Ramón Casas*) beherbergt das *Museu Nacional d'Art de Catalunya* auf dem Montjuïc.

La Ruta del Modernisme: Ein Rabattsystem für Modernisme-Liebhaber, siehe Kapitel „A-Z", Stichwort „Ermäßigungen".

Das 20. Jahrhundert

Noucentisme: Dem Modernisme folgte ab etwa 1910 der katalanische Noucentisme. War der Modernisme verspielt und romantisch, so gab sich diese Kunst des neuen Jahrhunderts sachlich, rational und skeptisch; späte Arbeiten von Puig i Cadafalch weisen bereits in diese Richtung. Einen Gegenpol bildete der wenig erfreuliche, historisierende und monumentale Stil, in dem unter der Diktatur von Primo de Rivera die meisten Bauten der Weltausstellung von 1929 errichtet wurden – strahlende Ausnahme natürlich Mies van der Rohes Pavillon. Dass sich die Architektur im Bürgerkrieg und unter der Franco-Herrschaft kaum zum Besseren entwickelte, bedarf wohl keiner näheren Erläuterung.

Avantgarde – Picasso, Dalí und Miró: Es sind vor allem diese drei berühmten Künstler des 20. Jh., die fast stets in einem Atemzug mit Barcelona genannt werden – nicht durchgängig zu Recht. Bei *Pablo Ruíz Picasso* (1881–1973) ist diese Zuordnung besonders fraglich, war er doch gebürtiger Andalusier und wirkte nur wenige Jahre in Barcelona. Dass der Begründer des Kubismus dennoch von manchem für einen waschechten Barcelonesen gehalten wird, liegt zum einen sicher am exzellenten Picasso-Museum, zum anderen wohl auch an der geschickten PR der Stadtverwaltung ... Der Surrealist und geniale Selbstdarsteller *Salvador Dalí* (1904–1982) wiederum war immerhin gebürtiger Katalane und gab zeitlebens seine Residenz bei Cadaqués an der Costa

Brava nicht auf, besuchte auch Barcelona immer wieder. *Joan Miró* (1893–1983) schließlich wurde tatsächlich in Barcelona geboren, lebte später jedoch hauptsächlich in Paris und auf Mallorca. Dennoch war der vielseitige Künstler, dessen Wirken sich nicht allein auf den Surrealismus reduzieren lässt, häufig in seiner Heimatstadt und ist auch im Stadtbild mehrfach vertreten.

Sehenswertes – Avantgarde

Das *Picasso-Museum* im Carrer Montcada besitzt die spanienweit größte Sammlung des Genies und zählt nicht umsonst zu den meistbesuchten Museen der Stadt. Auf dem Montjuïc bietet die *Fundació Miró* nicht nur einen hervorragenden Überblick über das Werk Mirós – gestaltet von Josep Lluís Sert, ist sie gleichzeitig die Visitenkarte des bekanntesten Vertreters der architektonischen Avantgarde Kataloniens. Ebenfalls von Miró stammen das Pflaster an der *Pla de la Boqueria* an den Rambles sowie die Skulptur *Donna i Ocell* im Parc de Joan Miró. Salvador Dalí ist, zumindest was permanente Ausstellungen angeht, in Barcelona leider nur schwach vertreten; seine Fans müssen sich schon in das *Dalí-Dreieck* Figueres, Portlligat und Púbol im Gebiet der Costa Brava begeben.

Zweite Avantgarde: Die Jahrzehnte der Franco-Diktatur waren auch Jahrzehnte der Unterdrückung der katalanischen Kunst. Ab 1948 trat dennoch eine so genannte Zweite Avantgarde in Erscheinung, manifestiert durch die heimliche Herausgabe der Künstlerzeitschrift „Dau al Set“ (Siebenaugiger Würfel). Prominentestes Mitglied der Herausgeberrunde war der 1923 geborene Maler und Grafiker *Antoni Tàpies*, heute wohl Spaniens berühmtester lebender Künstler. Tàpies Werke, anfangs noch von Paul Klee und Joan Miró beeinflusst, werden im Lauf der Zeit düsterer. In seiner „Material Art“, einer Form des abstrakten Expressionismus, verzichtet der Künstler weitgehend auf Primärfarben und setzt seine Werke oft aus organischen Substanzen wie Erde, Stroh, Holz oder Schnüren zusammen. Als bedeutendster Vertreter der Bildhauerei in der Zweiten Avantgarde gilt *Josep Maria Subirachs*, 1927 in Barcelona geboren.

Sehenswertes – Zweite Avantgarde

Die *Fundació Tàpies* im Eixample, gegründet 1984 und überragt von einer Tàpies-Skulptur aus drei Kilometern Aluminiumdraht, besitzt eine der weltweit größten Sammlungen des Künstlers und eine herausragende Kunstbibliothek. Einen anschaulichen Eindruck der (in diesem Umfeld nicht unumstrittenen) Arbeit von Subirachs vermittelt die *Westfassade der Sagrada Família.*

Architektur heute: Nach dem Tod Francos wehte wieder ein frischerer Wind durch die Architekturbüros von Barcelona. Anfangs beschränkte man sich darauf, ein Netz aus Grünflächen zu schaffen und Straßen und Plätze aufzuwerten. Mit Olympia als Katalysator leitete Stadtplaner *Oriol Bohigas* dann ab den späten Achtzigern eine umfassende Erneuerung ein. Dem Konzept seines Büros MBM verdankt Barcelona an die hundert neu gestaltete Plätze, viele mit moderner Kunst geschmückt. Die Mehrzahl liegt in den Vororten, doch stößt man auch beim Strandspaziergang auf Werke von Rebecca Horn und Frank Gehry oder mitten in der Stadt auf eine Skulptur von Roy Lichtenstein. Beim Bau der Sportstätten und der neuen Infrastruktur mischten spanische, aber auch zahlreiche internationale Architekten mit: Die Sporthalle Palau Jordi auf dem Montjuïc schuf der Japaner Arata Isozaki, den nahen Telekommunikationsturm der Spanier Santiago Calatrava, das Velodrom in Horta der Katalane Esteve Bonell, den Fernsehturm auf dem Tibidabo der Brite Norman Foster. Der Impuls der architektonischen Erneuerung setzte sich bis in die Details fort, Design wurde zur Devise.

Bis heute dauert der Prozess der urbanen Umgestaltung an. Ende der Neunziger eröffneten das neoklassische Katalanische Nationaltheater von Ricardo Bofill und das äußerlich eher unscheinbare, innen jedoch spektakuläre Auditorium von Rafael Moneo. Das tiefblaue Edifici Fòrum auf dem Gelände des Fòrum 2004 stammt von den Schweizer Architekten Herzog und De Meuron. Auch ungewöhnliche Hochhäuser entstanden, darunter die runde, 142 Meter hohe Torre Agbar nahe der Plaça de les Glòries, die 2006 den internationalen Hochhauspreis erhielt. Das Werk von Jean Nouvel (Pritzker-Preisträger von 2008) soll mit der naturnahen Form, der gläsernen Kuppel und der Hülle aus bunt schillernden Glaslamellen eine Verbeugung vor Antoni Gaudí darstellen.

Feste, Feiertage und Folklore

Festes, die oft uralten Volksfeste, haben ihren festen Platz im Kalender Barcelonas. Wer die Gelegenheit hat, eine dieser vor Lebensfreude überschäumenden Feiern zu besuchen, sollte sie nicht verpassen. Gefeiert wird gern und oft, begeht doch schon jedes Stadtviertel einmal jährlich sein eigenes Fest. Festprogramme und Veranstaltungskalender sind bei den örtlichen Fremdenverkehrsämtern erhältlich.

Feste und Feiertage

Cap d'any: *Neujahr*; Feiertag.

Festa dels Reis, *5. Januar*, Fest der Heiligen Drei Könige. Am 5. Januar findet die Boots-Einfahrt der Hl. Drei Könige in den Hafen statt, begrüßt von den Stadtoberen und umjubelt von Scharen von Kindern, gefolgt von einer Prozession durch die Stadt. Der Tag der Hl. Drei Könige (und nicht Weihnachten) ist auch der Tag der Geschenke. Der 6. ist Feiertag.

Carnestoltes *(Karneval, Fasching)*, war unter Franco verboten und wird jetzt umso toller gefeiert. Halb Barcelona ist dann in Sitges, wo wirklich die Post abgeht.

Semana Santa, die *Karwoche* bis Ostern: Sie wird nicht ganz so aufwändig begangen wie z. B. in Andalusien, ist aber dennoch ein großes Fest. Karfreitag und Ostermontag sind Feiertage.

Feria de Abril, beim Fòrum 2004. Ein Riesenfest der andalusischen Einwanderer, komplett mit Sherry und Flamenco – erlebenswert. Wechselnde Termine *Ende April/Anfang Mai*, Infos bei den Fremdenverkehrsämtern.

Sant Jordi, *23. April*, Fest des Nationalheiligen Kataloniens. Seit dem 13. Jh. traditioneller Austausch von Rosen und Büchern, letzteres nicht ganz so traditionell, da erst seit 1923. Die Unesco hat den 23. zum Tag des Buchs erklärt. Verkaufsstände vor allem auf den Rambles und am Passeig de Gràcia.

Dia del Treball, *1. Mai*, Tag der Arbeit. Ähnlich wie bei uns; Feiertag.

Sant Ponç, *11. Mai*, im Carrer Hospital, einer Seitenstraße der Rambles, Verkaufsstände für Kuchen, Gewürze, Honig und Ähnliches.

Sant Joan, *Nacht des 23. zum 24. Juni*, Riesenfeuerwerke zu Ehren des Heiligen Johannes am Montjuïc, Tibidabo und am Strand, Verspeisen des Traditionskuchens „Coca".

L'Assumpció, *15. August*, Mariä Himmelfahrt, wie in allen katholischen Ländern des Mittelmeers enthusiastisch begangen. Feiertag.

Beschwingt: Sardana-Denkmal auf dem Montjuïc

Festa Major de Gràcia, *15. August* und die folgende Woche. Musik, Tanz und Trubel im ganzen Viertel.

La Diada, *11. September*, der katalanische Nationalfeiertag. Man feiert nicht etwa die Niederlage, also den Einmarsch Philips V. 1714 in Barcelona, sondern den heimischen Widerstandswillen. Katalanische Flaggen hängen aus den Fenstern und leuchten als Dekoration auf Kuchen. Katalanische Extremisten benutzen den Gedenktag gelegentlich auch für (in der Regel unblutige) Anschläge.

Festes de la Mercè, in der Woche um den *24. September*. Seit 1977 sind sie die Neuauflage der früheren Festa Mayor von Barcelona. Gewaltiges Programm in der ganzen Stadt, Straßenmusik, Gratis-Konzerte, außerdem „Ball de Gegants“ und „Correfocs“. Am 24. sind viele Geschäfte etc. geschlossen.

Festa Major de Barceloneta, *Ende September/Anfang Oktober*, das bunte Fest des ehemaligen Fischerviertels.

„Tag der Hispanidad“, *12. Oktober*, spanischer Nationalfeiertag. In Barcelona kein echter Festtag, sondern eher Anlass zu handfesten Auseinandersetzungen mit Befürwortern der spanischen Nation.

Tots Sants, *1. November*, Allerheiligen. Auf den Straßen stehen oft Stände mit Naschwerk und Esskastanien. Feiertag.

Dia de la Constitució, am *6. Dezember*, der Tag der Verfassung, offizieller Feiertag.

La Inmaculada, *8. Dezember*, Mariä unbefleckte Empfängnis, auch offizieller Feiertag.

Fira de Santa Llúcia, *ab Ende November*, großer Weihnachtsmarkt mit Hunderten von Ständen um die Kathedrale.

Nadal, *24./25./26. Dezember*, Weihnachten. Gefeiert wird nur im engen Familienkreis. Der 25./26. sind Feiertage.

Revetlla de Cap d'Any, *31. Dezember*, Silvester, ähnlich wie bei uns. Um Mitternacht wird zu jedem Glockenschlag eine Weintraube verzehrt – schnell schlucken, wer es nicht schafft, hat Unglück im nächsten Jahr!

Castells, Gegants und Cap-Grossos

Castells, sind charakteristisch für Katalonien. Ihre Tradition geht bis ins späte 18. Jh. zurück und entstammt den ländlichen Regionen der Provinz Tarragona, doch sind sie längst auch bei Barcelonas Festen zu sehen. Es handelt sich um mehrstöckige Menschentürme, deren Errichtung von den Teilnehmern akrobatische Leistungen verlangt. Am Sockel ganz unten, der „Pinya“, stehen die kräftigsten und schwersten Erwachsenen, dann folgt der "Tronc" (Stamm);

die Spitze, "Pom de dalt" (obere Kuppel) genannt, besteht aus Kindern. Oft bilden Dutzende von Menschen diese Türme, die häufig bis zu sechs Etagen erreichen; der Rekord liegt heute gar bei neun „Stockwerken". Wie es heißt, sollen die Castellers die Stabilität und Solidarität der katalanischen Nation symbolisieren. Nähere Infos zu Terminen etc.finden sich unter www.castellersdebarcelona.cat.

Gegants und **Cap-Grossos** sind auf Festen häufig vertreten. Die „Giganten" sind grotesk wirkende, weit überlebensgroße Riesenfiguren, die gelegentlich auch Tänze aufführen. Die „Groß-Köpfe" wiederum bestehen ihrem Namen gemäß praktisch nur aus einem überdimensionalen Kopf. Beide Figurengruppen werden aus Pappmaché hergestellt. Ergänzt wird das Ensemble oft noch mit den „Lauf-Feuern" Correfocs sowie Feuer speienden Drachen und anderen Monstren.

Sardana

Die Sardana, ein typisch mediterraner Reigentanz, ist der katalanische Nationaltanz schlechthin. Unter Franco war sie Ausdruck des Widerstandswillens und zeitweilig sogar verboten. Heute gilt sie deshalb als Symbol für nationale Identität. Getanzt wird im Kreis, während man sich an den Händen fasst; Mittanzen darf jeder, die Schrittfolge ist allerdings nicht unkompliziert. Wichtig dabei ist es, keine Pärchen zu trennen: der Mann tanzt links von seiner Partnerin. Die Sardana-Kapelle **Cobla** besteht traditionell aus elf Musikern, die mehrere Arten von Blasinstrumenten spielen, darunter die lange Flöte „Flabillo". Für den Rhythmus sorgen Kontrabass und „Tambori" (Tamburin). Sardanas kann man sonntags zu festen Zeiten vor der Kathedrale erleben, ansonsten auf jedem Volksfest.

- *Sardanas in Barcelona* **Plaça de la Seu**, Vorplatz der Kathedrale, So 12–14 Uhr.
- *Flamenco* Dieser Tanz ist absolut untypisch für Katalonien, Heimat des Flamenco ist Andalusien. Aufgrund der regen Nachfrage durch den Fremdenverkehr finden in Barcelona trotzdem Flamenco-Abende statt, die aber sehr auf Touristen zugeschnitten sind; Infos bei den Fremdenverkehrsämtern.

Stierkampffreie Stadt Barcelona

Die *corrida de toros*, der „Lauf der Stiere", war in Katalonien nie populär, die Kämpfe in der Plaza de Toros Monumental wurden in erster Linie von der Fangemeinde der älteren südspanischen Einwanderer und von Touristen besucht. Im April 2004 erklärte sich Barcelona mit einer Gesetzesvorlage sogar zur stierkampffreien Stadt, ein in Sapanien geradezu revolutionärer Entschluss. Eingebracht wurde der Gesetzentwurf durch den stellvertretenden Bürgermeister Jordi Portabella, 21 Abgeordnete stimmten mit „Ja", 15 mit „Nein", zwei enthielten sich. Die städtische Gesetzesvorlage hatte allerdings eher symbolische Bedeutung – Stierkampf ist Ländersache, nur das katalanische Parlament könnte seine Abschaffung veranlassen. Nun verschwindet der Stierkampf wohl ganz ohne gesetzlichen Eingriff aus Barcelona: Die Nachfrage wurde zu gering, für die Veranstalter bedeutete jede Corrida einen empfindlichen finanziellen Verlust von 24.000 Euro. Fraglich, was aus der Modernisme-Arena künftig wird; in der Diskussion ist beispielsweise, den Flohmarkts Els Encants von der Plaça de les Glòries dorthin zu verlegen oder den Bau für Konzerte zu nutzen.

Barcelona – praktische Infos

Schneller geht's nicht: In zwei Flugstunden ist man da

Anreise

Von Berlin bis Barcelona sind rund 1850 Kilometer zurückzulegen, ab Wien mehr als 1750 Kilometer. Und auch von Zürich sind es bis Barcelona immerhin noch über 1000 Kilometer.

Anreise mit dem Flugzeug

Dank preiswerter Low-Cost-Airlines und ermäßigter Linientarife muss der Flug in den Süden gar nicht einmal so teuer sein. Wegen der starken Nachfrage sind günstige Flüge oft sehr schnell ausgebucht, man muss sich also rechtzeitig um das Ticket bemühen. Für Barcelona kommen drei Flughäfen in Frage, nämlich die Hauptstadt selbst, Girona und Reus.

Flughäfen

• *Flughafen Barcelona* Aeroport Internacional Barcelona (BCN), auch bekannt als Aeroport del Prat, etwa 15 Kilometer südlich des Zentrums. Drei Terminals (A, B, C), ein viertes soll noch 2009 fertiggestellt sein. Ankömmlinge finden alles Nötige inklusive Infostellen, Geldautomaten etc. Info-Telefon ✆ 902 404704. www.aena.es.

Verbindungen: Ein **Taxi** ins Zentrum darf rund 25 € kosten, deutlich mehr könnte nur bei sehr ungünstigen Verkehrsverhältnissen auf der Uhr stehen. Die Fahrzeit ins Zentrum beträgt 30–45 Minuten.

Nahverkehrszüge (Cercanías/Rodalies, Linie C 10) der Bahngesellschaft RENFE sind eine preiswerte Alternative und bleiben nicht im Stau stecken. Sie verkehren halbstündlich zwischen ungefähr 6 und 23 Uhr (Zusatzzug um 23.44 Uhr) zum Bahnhof Sants, Passeig de Gràcia (Eixample) und zur Estació França, letztere günstig gelegen fürs Born-Viertel/La Ribera. Am Übergang zwischen Terminal B und A vom Obergeschoss dem Zugsymbol über die lange

„Röhren"-Brücke folgen, Fahrzeit nach Sants ca. 20 Minuten. Fahrkarten an Automaten, RENFE-Einzelticket etwa 2,60 €, mit einem Streifen des ohnehin zu empfehlenden städtischen Zehnertickets T-10 (→ „Unterwegs in Barcelona") kostet die Fahrt im ATM-Verbund (Renfe, Metro, Bus) sogar nicht einmal 80 Cents. – Die für etwa 2012 avisierte Metro-Linie L 9 wird nicht in die Innenstadt fahren, sondern im Bogen um sie herum.

Busverbindung: „Aerobus" fährt von und zur Plaça de Catalunya. Zwischenstopps bei der Hinfahrt sind Plaça Espanya (Doppeltürme), Gran Vía/Ecke Comte d'Urgell und Plaça Universitat, bei der Rückfahrt Passeig de Gràcia/Ecke Diputació, Av. Roma/Ecke Comte d'Urgell, Bahnhof Sants und Plaça Espanya/Ecke Creu Coberta. Im Bus und besonders beim Aussteigen sollte man gut auf seine Sachen aufpassen. Abfahrten vor den Terminals zwischen etwa 6 und 1 Uhr alle 6 bis 15 Minuten; die Fahrt kommt mit rund 4 € teurer als der Zug; Tickets im Bus. Es gibt auch Mehrtages-Kombitickets mit Metro und Bus (nicht: FGC). Nachts fährt bis etwa 5 Uhr der Nachtbus N 17 von/zur Plaça Catalunya.

• *Flughafen Girona* Aeroport Girona (GRO), im Hinterland der Costa Brava, knapp 80 Kilometer nordöstlich von Barcelona. Lowcost- und Charterflüge. Gute Infostelle, ✆ 972 186708, Flughafeninfo ✆ 972 186600. www.aena.es.

Busverbindung nach Barcelona mit „Barcelona Bus" (✆ 902 361550), die recht häufigen Abfahrten sind auf die Fluganküfte abgestimmt, Zeiten unter www.sagales.com. Fahrtdauer etwa 70 min., Fahrpreis 12 €, hin und zurück 21 €. Es besteht auch eine stündliche Busverbindung (2,20 €) zum Bahnhof/Busbahnhof in Girona-Zentrum.

• *Flughafen Reus* Aeroport Reus (REU), in der Provinz Tarragona, etwa 85 Kilometer südwestlich von Barcelona. Bislang vorwiegend von Lowcost-Airlines angeflogen. Flughafeninfo ✆ 977 779832. www.aena.es.

Busverbindung nach Barcelona mit „Hispano Igualadina" (✆ 938 044451), die Abfahrtszeiten (siehe www.igualadina.com) sind auf die Ankunft der Flüge abgestimmt. Fahrtdauer etwa 75 Minuten, Fahrpeis 11 €, Rückfahrticket 18 €, Fahrscheine im Bus. Haltestellen in Barcelona sind die Plaça Reina Maria Cristina (obere Av. Diagonal) und Bahnhof Sants. Alternativ mit einem der Stadtbusse L 50 (3 €) ins Zentrum von Reus zum Bahnhof/Busbahnhof und von dort weiter nach Barcelona.

• *Preisvergleiche* bieten Internetseiten wie www.swoodoo.de, www.billig-flieger-vergleich.de und www.low-cost-fluege.de. Am preisgünstigsten ist freilich meist die Buchung bei der Airline selbst.

• *Mitnahme von Fahrrad und Sportgepäck im Flugzeug* Der Transport von Fahrrädern und Sportartikeln ist bei Lowcost-Carriern relativ preisgünstig (ca. 20-25 € für ein Fahrrad oder Surfboard). Bei Liniengesellschaften wird Sportgepäck meist nach Gewicht berechnet. In jedem Fall ist es ratsam, entsprechende Wünsche gleich bei der Flugbuchung anzugeben und auch Instruktionen über die nötige Transportverpackung einzuholen.

Anreise mit dem eigenen Fahrzeug

Eines vorweg: Für einen Stadtbesuch von Barcelona ist die Mitnahme eines Fahrzeugs unnötig, das Auto nur ein Klotz am Bein und ohne realistische Chance auf einen gebührenfreien Parkplatz. In Parkgaragen sind Preise von 20–25 Euro pro Tag völlig normal. Lohnend ist die Anreise mit dem eigenen Gefährt deshalb höchstens, wenn man auch noch andere Regionen Kataloniens oder Spaniens besuchen möchte. Die kürzeste Anreise erfolgt, gleichgültig, ob von Hamburg, Berlin oder München, auf der Rhônetalautobahn über Valence, Nîmes, Montpellier und Perpignan bis zur spanischen Grenze und weiter nach Barcelona. Bis Lyon, eventuell auch Valence, scheiden sich jedoch die Geister: Bayern und Österreicher fahren am schnellsten über die Schweiz, der Westen der Republik am besten via Luxemburg beziehungsweise Saarbrücken und Metz; für die meisten anderen Abfahrtsorte ist die Strecke über die Rheintalautobahn zum Grenzübergang Mulhouse (Mühlhausen) die günstigste Wahl.

Allgemeine Hinweise für Autofahrer

- *Notrufnummer* ✆ **112**, eine einheitliche Rufnummer für Feuerwehr, Ambulanz und Polizei.
- *ADAC-Notrufstationen* **Deutschland** (rund um die Uhr): ✆ 0049 89 222222. **Barcelona**: ✆ 935 082828.
- *Abschleppwagen/Werkstatt* **La Grúa** heißt der Abschleppwagen, die Werkstatt nennt sich **Taller de reparaciones**.
- *Pannenhilfe* **(Auxilio en carretera)**: ✆ 902 300505. Ansprechpartner ist der spanische Automobilclub RACE. Büro in Barcelona: Carrer Muntaner 81, ✆ 934 511551.
- *Diebstahl* Der Pkw selbst ist nicht gefährdeter als bei uns. Autoaufbrüche dagegen sind eine echte Plage! Deshalb nichts, aber auch gar nichts im Auto lassen: Radio, Navi und CD-Player raus, Handschuhfach und, wo vorhanden, die Heckablage öffnen – die Chancen auf eine eingeschlagene Fensterscheibe stehen sonst gut.
- *Diebstahl auf der Autobahn* Seit einigen Jahren in den Schlagzeilen sind Banden, die vor allem auf der AP 7 von der Grenze nach Barcelona (z.T. auch schon in Südfrankreich) Urlauber überfallen. Das System ist immer das gleiche: Durch aufgeregte Handzeichen werden Urlauber auf einen angeblichen Defekt am Fahrzeug aufmerksam gemacht und an den Pannenstreifen gelockt. Steht der Wagen erst einmal, haben die Diebe leichtes Spiel. Seien Sie in solchen Fällen also misstrauisch, halten Sie nicht an und überprüfen Sie Ihr Fahrzeug lieber erst an der nächsten Raststätte.
- *Besonderheiten* An **Fahrzeugpapieren** benötigt man Führer- und Fahrzeugschein; die Grüne Versicherungskarte wird dringend empfohlen.

Autobahnen sind überwiegend gebührenpflichtig, bezahlt wird an den Mautstellen.

Kreisverkehre sind in Spanien viel häufiger als bei uns. Der Kreisverkehr hat immer Vorfahrt.

Linksabbiegen von Fernstraßen: Auf Überlandstraßen muss zum Linksabbiegen oft erst nach rechts abgebogen und die gerade verlassene Straße dann hinter einem Stoppschild auf direktem Weg überquert werden.

Linkseinbiegen in Fernstraßen: Ebenso ungewohnt – vielfach gibt es nach dem Linkseinbiegen zunächst eine Beschleunigungsspur, die links (!) von der eigentlichen Fahrspur verläuft. Durchgezogene Linien nicht überfahren!

- *Tanken* Die Benzinpreise an Tankstellen differieren wenig. Diesel nennt sich „gasoleo", Bleifrei mit 95 Oktan „gasolina sin plomo" und ist flächendeckend verfügbar.
- *Verkehrsverstöße/Strafen* Die Strafen für Verkehrsvergehen liegen in Spanien weit höher als bei uns. So kostet Halten auf der Fahrbahn außerorts rund 200–400 €, eine Geschwindigkeitsüberschreitung um 20 km/h mindestens 90 € usw. Die Strafen sind sofort zu zahlen, andernfalls wird der Wagen sichergestellt. Jeder Unfallbeteiligte ist verpflichtet, sich einem Alkohol- und Drogentest zu unterziehen. Das Fahren mit Kopfhörern (Walkman etc.) ist verboten, ebenso die Benutzung von Handys während der Fahrt – Ausnahme: „echte" Freisprechanlagen (keine Headsets etc.), die keine elektromagnetischen Störungen verursachen. Für Kinder unter drei Jahren sind Babysitze vorgeschrieben. Bei Unfällen, Pannen etc. außerorts muss beim Verlassen des Fahrzeugs eine reflektierende Warnweste getragen werden, beim Tanken müssen Motor, Licht, Musikanlage und auch das Handy ausgeschaltet sein.

Promillegrenze: 0,5; für Berufskraftfahrer und für Fahranfänger, deren Führerschein noch keine zwei Jahre alt ist, gilt sogar 0,3. Die Kontrollen sind strikt, die Strafen hoch.

Höchstgeschwindigkeiten für Pkw: Innerorts 50 km/h, außerorts 90 km/h, auf autobahnähnlichen Straßen 100 km/h, Autobahnen 120 km/h. WoMos oder Pkw mit Anhänger auf Landstraßen 70 km/h, auf autobahnähnlichen Straßen 80 km/h und auf Autobahnen 90 km/h.

Überholverbot: 100 m vor Kuppen und auf Straßen, die nicht mindestens auf 200 m zu überblicken sind.

Abschleppen durch Privatfahrzeuge ist verboten!

Gurtpflicht/Helmpflicht besteht sowohl inner- wie außerorts.

Reservekanister im Auto sind verboten.

Warndreiecke: Ausländische Fahrzeuge benötigen nur ein Warndreieck, Autos mit einheimischen Kennzeichen jedoch zwei – das gilt auch für Mietwagen!

Der ehemalige Hauptbahnhof der Stadt: Estació de França

Anreise mit der Bahn

Die Reise mit der Bahn ist umweltfreundlich, aber aufwändig und oft zeitraubend. Spartarife helfen den sonst recht hohen Fahrpreis zu senken. Bahnreisen nach Barcelona (Ankunftsbahnhof ist meist die Estació de Sants) sind in aller Regel mit ein- oder mehrmaligem Umsteigen verbunden. Die preisgünstigsten Verbindungen nehmen je nach Abfahrtsort unterschiedliche Streckenführungen – mit ein Grund, weshalb die Fahrzeiten ganz erheblich schwanken. Ab dem Norden Deutschlands kann man jedoch schon bis zur spanischen Grenze ohne weiteres 24 Stunden und mehr unterwegs sein.

• *Information* An allen Bahnhöfen, alternativ in den Büros des DER/ABR, in denen es auch Fahrkarten gibt. Manche Reisebüros verlangen mittlerweile eine Auskunftsgebühr. **Info-Telefon der DB**: ✆ 11861 (gebührenpflichtig), im **Internet**: www.bahn.de.

• *Preise/Sondertarife* Der sehr häufigen Änderungen unterworfene Tarifdschungel der Bahnen im In- und Ausland ist im Rahmen dieses Handbuchs unmöglich darzustellen. Sparangebote gibt es unter anderem für weite Distanzen innerhalb Deutschlands und Frankreichs, für bestimmte Abfahrtstage, für Kinder, Jugendliche unter 26 Jahren, Familien, kleine und größere Gruppen, Senioren etc. Am Bahnschalter werden einem diese Sondertarife nicht unbedingt aufgedrängt, es lohnt sich also sehr, gezielt danach zu fragen.

• *Schlaf- oder Liegewagen* Angesichts der recht langen Anreise eine feine Sache. Die Zuschläge auf den Fahrpreis halten sich besonders beim Liegewagen in engen Grenzen. Reservierungen, auch für Frankreich und Spanien, bei allen größeren Bahnhöfen. Für Schweizer interessant sein können die komfortablen Direktverbindungen ab Zürich mit den „Hotelzügen" von Trenhotel Elipsos (www.elipsos.com); mit dieser spanisch-französischen Gesellschaft bestehen auch Verbindungen ab Paris und Mailand.

• *Platzkarten* Wo nicht ohnehin Pflicht, dringend zu empfehlen; Reservierungen auch für Züge in Frankreich oder der Schweiz sind von jedem größeren Bahnhof in Deutschland problemlos möglich.

• *Fahrradtransport* Das Fahrrad nach Spanien als Reisegepäck aufzugeben, ist nicht möglich. Informationen zu aktuellen Änderungen bei der **Radfahrer-Hotline** der DB (✆ 01805/151415) oder beim Allgemeinen Deutschen Fahrradclub **ADFC**, ✆ 0421/3462 90, ✆ 0421/3462950, www.adfc.de.

• *Bahnhöfe in Barcelona* Alle besitzen Metro-Anschluss. Auskünfte über den RENFE-Fahrplan sind in Spanien erhältlich unter ✆ 902 240202 oder unter www. renfe.es.

Estació de Sants ist der moderne Hauptbahnhof von Barcelona, westlich des Zentrums zwischen Avinguda Diagonal und Plaça d'Espanya gelegen, Metro-Station Sants Estació, Linien L3/L5. Hier starten oder stoppen fast alle Nah- und Fernverkehrszüge, ebenso die meisten grenzüberschreitenden Züge (Talgo etc.) aus Richtung Frankreich. Es besteht Zusteigemöglichkeit zu Cercanías-Nahverkehrszügen. Neben einer RENFE-Information, einem Fremdenverkehrsamt der Stadt und Schließfächern gibt es auch eine Wechselstube, Autoverleih, eine Hotelvermittlung etc.

Estació de França, Barcelonas nostalgischer und schön renovierter Nobelbahnhof, liegt altstadtnah südlich des Ciutadella-Parks. Metro-Station Barceloneta, Linie L4, dann noch ein Stück zu Fuß.

Estació Sant Andreu Comtal, ein kleinerer Bahnhof im Norden der Stadt, ans Netz der Metro (L1) und der Renfe-Cercanías (C2) angeschlossen.

Estació La Sagrera, ein Bahnhof speziell für die aus Frankreich kommende Hochgeschwindigkeitslinie, die aber erst in einigen Jahren fertig gestellt sein wird. Mit der künftigen L9 soll er ans Metro-Netz angeschlossen werden. Der Verlauf der AVE-Gleisverbindung quer durch die Stadt zum Bahnhof Sants ist ein derzeit sehr kontrovers diskutiertes Thema.

Estació Passeig de Gràcia, ein untergeordneter, aber zentral gelegener Bahnhof, an dem manche Züge aus Richtung Norden zum Bahnhof Sant halten. Zusteigemöglichkeit zur Cercanías-Linie C2, die von Maçanes kommt und die südliche Küste Richtung Sitges bedient.

Anreise mit dem Bus

Rund ums Jahr ist Barcelona auch mit dem Linienbus zu erreichen. Der Bahn gegenüber kann der Bus den Vorteil ins Feld führen, oft etwas preiswerter zu sein. Die Busse sind durchaus komfortabel ausgestattet, die reine Erholung ist eine Busfahrt über deutlich mehr als tausend Kilometer aber natürlich kaum.

• *Linienbusse* Die Busse der „Europäischen Fernlinienverkehre" (Eurolines, Europabus) verbinden Barcelona und das restliche Spanien mit vielen Städten Deutschlands. Ansprechpartner in Deutschland ist die Deutsche Touring, Ankunft in Barcelona am Busbahnhof Estació del Nord (siehe unten) und am Hauptbahnhof Sants.

Preisbeispiel: Die Strecke Frankfurt-Barcelona (22 Stunden Fahrt) kostet im Normaltarif einfach etwa 100 €, für Hin- und Rückfahrt gibt es je nach Buchungsdatum gestaffelte, z.T. recht interessante Ermäßigungen. Reisende bis 26 oder über 60 Jahre sowie Studenten erhalten 10 %, Kinder bis 12 Jahre nach Alter 50–80 % Rabatt. **Modalitäten**: Zwei Gepäckstücke sind frei, Übergepäck gegen Aufpreis und nur, falls genug Platz ist.

• *Fahrradtransport* In den Linienbussen nicht möglich. Über mögliche Spezialveranstalter für Fahrradreisen nach Spanien informiert der ADFC, siehe „Anreise mit der Bahn".

• *Information, Buchungen* **Service-Center Frankfurt**, Deutsche Touring GmbH, Am Römerhof 17, 60486 Frankfurt/Main. **Servicehotline** ✆ 069 7903501. Büros in vielen Städten, zu finden über die Website **www.touring.de**.

• *Busbahnhof Barcelona* **Estació del Nord**, Carrer Alí Bei 80, ein paar Blocks oberhalb des Ciutadella-Parks, nahe Avinguda Vilanova. Info-✆ 902 260606. Die Metro-Station Arc de Triomf (Linie L1) liegt in der Nähe. www.barcelonanord.com.

Fährt auch abgelegene Sehenswürdigkeiten an: Bus turístic

Unterwegs in Barcelona

Mit ihren relativ überschaubaren Dimensionen ist Barcelona eine Stadt für Fußgänger: Nach einer Umfrage fühlen sich fast vier Fünftel der Einwohner eher als Fußgänger denn als Autofahrer. Gleichzeitig besitzt Barcelona ein sehr effektives Nahverkehrsnetz, das es leicht macht, die Stadt mit öffentlichen Verkehrsmitteln zu entdecken – bei einem europaweiten Test des ADAC erhielt der Stadtverkehr von Barcelona noch vor Brüssel und London die besten Noten. Die Gratis-Broschüre „Información sobre el transporte público en Barcelona" enthält einen Plan mit Metro- und Buslinien. Erhältlich ist sie bei den Touristeninformationen oder den Info-Büros der Verkehrswerke, unter anderem im Untergeschoss der Plaça de la Universitat; Infotelefon: 010, www.tmb.net.

Tarife im Nahverkehr

Das gesamte Stadtgebiet von Barcelona bildet eine einzige Tarifzone. Einzelfahrten mit Metro, FGC, Bus, Tram und Renfe-Cercanías/Rodalies im Stadtbereich kosten etwa 1,30 €. Tickets gibt es an den Metro- und FGC-Eingängen, viele Varianten (nicht alle) auch in Zeitschriften- und Tabakgeschäften etc. Entwertet werden müssen alle Tickets an den Drehkreuzen zum Untergrund, im Bus am gelben Kasten beim Fahrer.

T-Dia: Nur für den, der sehr viel mit öffentlichen Verkehrsmitteln unterwegs ist, lohnt sich eventuell das Tagesticket „T-Dia": ein Tag freie Fahrt im Stadtgebiet in Metro, FGC, Bussen und den Cercanías/Rodalies für knapp 6 €; es gibt auch Mehrtageskarten und Monatskarten.

Für beide Ticketformen existieren darüber hinaus auch Varianten, die über mehrere Tarifzonen reichen, aber für Barcelona selbst nicht relevant sind.

Barcelona Card: Eine Mehrzweck-Karte, die neben freier Fahrt im öffentlichen Stadtverkehr auch Rabatte oder freien Eintritt bei vielen Museen, Seilbahnen, Geschäften etc. gewährt. Erhältlich für 2–5 Tage, Preis für zwei Tage 25 €, für fünf Tage 40 €. Ob sich das Ticket wirklich lohnt, hängt in erster Linie davon ab, wieviele (und welche) Aktivitäten man in den entsprechenden Zeitraum quetscht; die reine Fortbewegung im Stadtverkehr ist weit billiger zu haben. Details und Verkauf z. B. in allen Infostellen des Turisme de Barcelona (→ A–Z, Information; bei Kauf im Netz 10% Rabatt) und in Filialen des Kaufhauses Corte Inglés.

Unser Tipp – T-10: Für den normalen Städtetrip meist die beste Option sind die Sammeltickets „Targetes", insbesondere das Zehnerticket „T-10" (gesprochen „Te-Deu"). Es kann auch von mehreren Personen (pro Person einen Streifen entwerten) benutzt werden, gilt für Metro, FGC, Busse, Tram und die Renfe-Nahverkehrszüge Cercanías bzw. Rodalies und kostet für eine Zone (also das gesamte Stadtgebiet Barcelona) etwa 7,50 €. Nach dem Entwerten hat man eineinviertel Stunden Zeit, um mit den genannten Verkehrsmitteln das Ziel zu erreichen; bis zu viermal Umsteigen ist in dieser Zeit möglich (beim erneuten Einführen des Tickets in den Entwerter wird dann kein weiterer Streifen abgestempelt). Weitere Formen der „Targetes" sind T-50/30 (50 Fahrten in 30 Tagen, Achtung: gilt nur für eine Person!) für etwa 30 € sowie T-Familiar 70/30 (70 Fahrten in 30 Tagen, auch für mehrere Personen) für etwa 45 €.

Metro/FGC/Tram/Cercanías

Schnell, effektiv und leicht zu durchschauen ist das Verkehrsnetz der Untergrundbahnen. Nachteil: Vom Geschehen an der Oberfläche bekommt man nichts mit. Anders auf den neuen Straßenbahnlinien, deren Linienführung für den Städtetouristen bislang aber nur begrenzten Nutzen hat.

Metro: Sechs Linien (L 1–5 sowie die Vorortlinie L 11, auf Plänen und Wegweisern auch durch unterschiedliche Farben hervorgehoben) erschließen Barcelona; mit der bogenförmig im Inland verlaufenden, vollautomatisierten L 9 (Stationen u. a. Airport, Messe, Maria Cristina, Sagrera) und ihrem Ableger L 10 sollen ab frühestens 2012 zwei weitere Linien eröffnen. Für eine Reihe von Linien sind zudem Verlängerungen geplant (z.B. für die L5 von Horta Richtung Carmel und Teixonera/Coll in Vall d'Hebron), doch wird es in all diesen Fällen bis zur Fertigstellung noch eine Weile dauern; für den Reisenden sind diese Projekte zudem von geringem Belang. Fahrzeiten der Metro: So–Do 5–24 Uhr, Fr 5–2 Uhr, Sa durchgehend, Feiertage 6–23 Uhr. Infostellen der TMB u. a. im Untergeschoss der Pl. Universitat, nur Mo–Fr 8-20 Uhr geöffnet, ✆ 933 18 7074, sowie im Bhf. Sants (Mo–Fr 7-21 Uhr, Sa 9-19 Uhr, So 9-14 Uhr). www.tmb.net.

Ferrocarrils de la Generalitat FGC: Im Stadtverkehr sind die Nahverkehrszüge (eine Art S-Bahn) vor allem als Verbindung zum Tibidabo, zur Serra de Collserola und nach Sarrià interessant. Eine zentrale Station für die FGC-Linien Richtung Tibidabo, Sarrià und Serra de Collserola ist die Plaça de Catalunya, Abfahrtsstelle für die Linie nach Montserrat ist die Plaça d'Espanya. Infostellen in den FGC-Bahnhöfen an der Plaça Catalunya (Mo-Fr 7-21 Uhr) und an der Plaça Espanya (Mo-Fr (9-14, 16-19 Uhr); Info-✆ jeweils 932 051515. www.fgc.cat.

Tram: Neben der nostalgischen Tramvia Blau zum Tibidabo (→ dort) besitzt Barcelona mehrere moderne Linien. Die Linien T1–3 fahren von der Pl. Francesc Macià entlang der Av. Diagonal in die westlich angrenzenden Nachbarstädte wie L'Hospitalet de Llobregat. Interessanter ist die Linie T4, die von der Haltestelle Ciutadella/Villa Olímpica über die Plaça Glòries zum Fòrum 2004 und weiter in den Nachbarort Sant Adrià de Besòs fährt; landeinwärts etwa parallel bis zur Station Gorg verläuft die Schwesterlinie T5. Infostellen wie Metro.

Cercanías (Rodalies): Die Nahverkehrszüge der RENFE sind vor allem für Ausflügler z. B. nach Sitges von Bedeutung. Zu den wichtigen Zusteigestellen zählen die Plaça de Catalunya und der Bahnhof Sants. Fahrscheine sind auch aus Automaten in den Bahnhöfen (für die günstigen und auch von mehreren Personen nutzbaren 10er-Tickets den Knopf „Bonotren" drücken) erhältlich. Die Rodalies sind dem städtischen Nahverkehr angeschlossen, weshalb es auch Kombikarten mit dessen Angeboten (z. B. T-Dia oder T-10) gibt.

Busse

Naturgemäß ist der Bus deutlich langsamer als die Metro, doch erschließt sich die Anlage der Stadt auf Busfahrten wesentlich besser als im Untergrund.

Stadtbus: Auf den ersten Blick verwirrendes Linien-Geflecht; die Infobroschüre der Verkehrsbetriebe ist sehr hilfreich. Die Betriebszeiten der Busse schwanken je nach Linie, Richtwert 5 Uhr bis 22.30 Uhr. Sa sind die Frequenzen etwas eingeschränkt, So deutlicher bis hin zum Komplettausfall mancher Linien. Eingestiegen werden darf nur beim Fahrer, Ausstieg Mitte oder hinten. Nachts verkehren auf einigen Strecken Nachtbusse (Extra-Tickets), die fast alle über die Plaça de Catalunya fahren. Infostellen wie Metro.

Tomb-Bus: Sehr komfortabel mit Aircondition und Musik ausgestattet ist der „Shopping-Shuttle" Tomb-Bus, der Mo–Fr 7.30–21.30 Uhr, Sa 9.10–21.20 Uhr von der Pl. Catalunya zur Pl. Pius XII. (Av. Diagonal) die wichtigsten Einkaufsreviere der Stadt anfährt. Jede Fahrt kostet 1,50 €, andere Tickets sind nicht gültig.

Barcelona per Bus entdecken: Bus Turístic & Barcelona Tours

Eine reizvolle und bei richtiger Nutzung preiswerte Angelegenheit – Stadtrundfahrt auf eigene Faust. Kein Wunder, dass der Bus Turístic zuletzt fast zwei Millionen Fahrgäste pro Jahr zählte.

Die Busse fahren auf mehreren Routen („Blau" im Süden, „Rot" im Norden, von etwa Ostern bis September auch „Grün" zum Fòrum 2004) zahlreiche Sehenswürdigkeiten ab, die sonst oft nur umständlich zu erreichen sind, darunter die Sagrada Familia, der Parc Güell und der Montjuïc. Zusteigen kann man z. B. an der Kolumbussäule am Hafen, der Pl. Catalunya und beim Bhf. Sants. Betrieb ganzjährig außer am 25. Dezember und 1. Januar, von etwa April bis Oktober 9–20 Uhr, sonst 9–19 Uhr. Preise pro Tag 20 €, Kinder von 4–12 J. 12 €; zwei Tage 26 bzw. 16 €; bei Reservierung unter www.barcelonaturisme.cat gibt es 10% Rabatt. Von etwa Mitte Mai bis September verkehrt ab der Pl. Catalunya auf einer Sonderroute auch ein Nachtbus („Barcelona Bus Turístic Nit", Abfahrt nur Fr-So um 21.30 Uhr); p.P. 16 €, Kinder 10 €. Für Besitzer aller Tickets werden eine Reihe von Ermäßigungen auf Eintrittskarten etc. gewährt, die auch nach dem Fahrtag in Anspruch genommen werden können. Tickets gibt es im Bus, in den TMB-Infostellen und bei den Fremdenverkehrsämtern an der Pl. Catalunya und im Bhf. Sants. Eher *ungünstige Tage*: Am Sonntag sind die Busse oft sehr voll (einheimische Besucher), außerdem haben am Nachmittag viele Museen zu; am Montag sind fast alle Museen ganztägig geschlossen. Und noch ein Tipp: Achten Sie auf dem offenen Oberdeck auf ausreichenden Sonnenschutz (Mütze), denn durch den Fahrtwind spürt man die Sonneneinstrahlung kaum.

Barcelona Tours: Die Konkurrenz zum Bus Turístic – Route ähnlich (keine Fòrumslinie), Preise eine Winzigkeit höher. Vorteile: oft weniger voll, deutschsprachige Erläuterungen per Kopfhörer; Nachteile: Haltestellen (z. B. Pl. Catalunya Nähe Hard Rock Café oder am Monument a Colom) nicht gekennzeichnet, geringere Frequenzen, keine Rabatte auf Eintrittskarten.

Taxi

Barcelona besitzt weit über 10.000 Taxis. Sie sind in der ganzen Stadt präsent und am schwarz-gelben Design leicht zu erkennen. Ein leuchtendes grünes Dachlicht signalisiert „frei".

Tarife: Im Stadtgebiet gibt es zwei Tarife. Der günstigere T-2 kommt Mo–Fr 8–20 Uhr zur Anwendung, der etwas teurere T-1 nachts und an Wochenenden und Feiertagen. Insgesamt sind die Preise relativ moderat; die Grundgebühr kostet in beiden Tarifen knapp 2 € (Fr/Sa von Mitternacht bis sechs Uhr 4 €), der Kilometer etwa 0,85-1,05 €. Zuschläge freilich gibt es in breiter Zahl; sie werden z.B. bei telefonischer Anforderung, an „Nits especials" (besondere Nächte: Weihnachten etc.), für Gepäck, Hunde sowie Fahrten von/zum Flughafen oder Bahnhof erhoben.

Allzeit bereit: Barcelonas Taxis

Bestellungen/Reservierungen: Es gibt keine Leitstelle, sondern mehrere Unternehmen, z. B. „Ràdio-Taxi Metropolitana" ✆ 93 2 250000, „Servi-Taxi" ✆ 933 300300 oder „Ràdio Taxi 033", ✆ 933 033033. Behindertengerechte Taxis bei „Taxi Amic", ✆ 934 208 088. www. taxibarcelona.com.

Mit dem Auto oder Scooter

Wenn es sich machen lässt, verzichte man besser auf Stadtfahrten mit dem Auto. An den hektischen Verkehr auf bis zu sieben oder acht Fahrspuren in einer Richtung kann man sich vielleicht gewöhnen, auch an die vielen Motorrad- und Vespafahrer, die sich mit Todesverachtung und unverminderter Geschwindigkeit zwischen den Fahrzeugen durchschlängeln – allein, es gibt kaum freie Parkplätze.

• *Parken* Schon aus Sicherheitsgründen ist das Parken in Parkhäusern oder auf bewachten Parkplätzen geraten. Eine feine Sache für Stadtbesucher mit eigenem Pkw ist der *Aparcament B:SM Plaça Fòrum*. Er liegt an der Plaça d'Ernest Lluch i Martín auf dem küstennahen, z.B. mit der Metrolinie L4 gut ans Nahverkehrsnetz angebundenen Gelände des Fòrum 2004 (siehe auch Tour 8) im Nordosten der Stadt, und bietet mit der „Targeta P-8 dies Plaça Fòrum" zum Pauschalpreis von 45 € (Ticketverkauf nur Mo–Fr 8–22 Uhr) Parkmöglichkeit für bis zu acht Tage am Stück. Kleine Einschränkung: Das Fahrzeug darf das Parkgelände nicht verlassen, sonst verfällt die Gebühr. Internet-Info: www.bsmsa.es/mobilitat.

Die Parkhäuser im Zentrum verlangen hingegen Tarife von bis zu 2,50 € pro Stunde und 25 € pro Tag – Achtung, nicht alle sind rund um die Uhr geöffnet. Die Preise derjenigen Hotels, die über eigene oder assoziierte Garagen verfügen, liegen manchmal, aber nicht immer unter den genannten Tarifen. Zentrale Parkgaragen finden sich z. B. entlang den Rondas, der Gran Via und der Plaça de Catalunya. Wer eine Parkgelegenheit für eine bestimmte Straße sucht, kann auch im Internet, leider ohne Preisangaben, nach einer Garage forschen: www.onaparcar.bcn.cat.

Gelb markierte Bordsteine: Parkverbot, alternativ (oder gleichzeitig) auch durch die bei uns üblichen Schilder angezeigt.

Blau markierte Bordsteine: Gebührenpflichtige Parkzone. An der nächsten Ecke steht ein Automat, den man je nach vorgesehener Parkdauer mit Münzen füttert; die Quittung gehört für den Parkwächter gut sichtbar unter die Windschutzscheibe. Auf dem Automaten stehen auch die Zeiten, in denen bezahlt werden muss; gebührenfrei parkt man sonntags, nachts und zur Siesta-Zeit.

Grün markierte Bordsteine: Parken nur für Anwohner mit Ausweis gestattet.

La Grúa, der spanienweit gefürchtete Abschleppwagen, kommt schnell im Parkverbot und, bei längerer Überschreitung der Parkzeit, auch in den blauen Zonen. Wer einen Strafzettel an der Scheibe findet, kann die Bezahlung dafür nicht mehr „vergessen": Geldbußen über 70 € sollen bereits 2009 EU-weit eingetrieben werden können. Und die spanischen Tarife sind hoch: Verbotenes Parken kann bis zu 90 € kosten.

• *Mietwagen* Für den Stadtverkehr sind Mietwagen ebensowenig ratsam wie der eigene Pkw, interessant dagegen für Ausflüge. Am günstigsten ist in der Regel die Anmietung bereits ab der Heimat, bei der Miete vor Ort lohnt sich ein Preisvergleich. Dabei immer auf das Kleingedruckte achten, nur selten werden Endpreise angeboten! Die meisten Prospekte und Verträge werden zweisprachig, in Spanisch und Englisch, abgefasst. Achtung: Zu den von den Vermietern genannten Preisen ist fast immer noch die spanische Mehrwertsteuer IVA zu addieren, im Fall Mietwagen 16 %.

Versicherung („Seguro"): Im Preis meist enthalten sind Haftpflicht („seguro obligatorio", auf Deckungssummen achten), Kautionsgebühren und ein gewisser spanischer Rechtsschutz sowie Diebstahl- und Feuerversicherung. Extra zu zahlen, jedoch nicht obligatorisch, sind Vollkasko- und Insassenversicherung.

Weitere Bedingungen: Bei Pkw-Vermietung üblicherweise Mindestalter 21 Jahre,

Führerschein mindestens ein Jahr alt. Kaution („Deposito") in Höhe von 20 % der Mietsumme. Bei Zahlung mit Kreditkarte ist in der Regel keine Kaution nötig.

Einige Anbieter: Am Flughafen sind eine Reihe von Agenturen vertreten, ebenso am Bahnhof Sants. Innerhalb des Stadtgebietes kann man sich die Wagen meist zum Hotel bringen und von dort auch wieder abholen lassen. ATESA, C. Muntaner 45, ✆ 933 230701, AVIS, C. Còrsega 293, ✆ 932 37 5680; EUROPCAR, Gran Via de les Corts Catalans 680, ✆ 933 020543; HERTZ, Carrer Tuset 10, ✆ 932 178076. VANGUARD, Carrer Viladomat 297, ✆ 934 393880, vermietet auch **Mopeds**.

Vermittler: www.billiger-mietwagen.de vergleicht die Preise von Vermittlern wie holidayautos.de, cardelmar.com etc. Alle vermitteln sie vorab Mietverträge, die dann mit einem lokalen Vermieter abgeschlossen werden; die Preise liegen dabei in aller Regel deutlich unter denen einer Direktmiete. Beim Vergleich auch auf Details wie Gerichtsstand, Tankregelung (Rückgabe mit vollem Tank ist günstiger als der Ankauf einer Tankfüllung bei Anmietung und Abgabe mit leerem Tank), Selbstbehalt der Vollkaskoversicherung usw. achten.

• *Scooterverleih*: Scooter sind eine feine Sache im Stadtverkehr Barcelonas – wendig, flott, keine Parkplatzsorgen. Fahrpraxis auf motorisierten Zweirädern ist jedoch dringend angebracht, will man in der fast allgegenwärtigen Hektik nicht im Wortsinn „unter die Räder kommen". Beide genannten Agenturen veranstalten auch geführte Scooter-Touren.

Motoloco, Passeig Joan de Borbó 80-84, in Barceloneta, strandnah kurz vor dem Transbordador Aeri, ✆ 932 213452. Der Schweizer Besitzer Roberto weist sorgfältig auf Deutsch ein. Eintagesmiete für 125er-Scooter inkl. Versicherung und Mwst. etwa 38 €, zur NS und bei Langzeitmiete etwas günstiger. Autoführerschein reicht, Bedingungen: Mindestalter 21 Jahre, Führerschein mindestens zwei Jahre alt. www.motoloco.es.

Cooltra, gleich nebenan. Hier neben 125ern auch 50er, die man bereits ab 18 Jahren mieten darf. Passeig Joan de Borbó 80-84, ✆ 932 214070, www.cooltra.com.

Fahrrad

In den letzten Jahren sind die „Bicis" für immer mehr Einwohner Barcelonas zur Alternative geworden. Im Hafenbereich und auch auch an einigen Hauptverkehrsadern insbesondere in Eixample (darunter der Großteil der Av. Diagonal) wurden auch bereits eine Reihe von Radwegen angelegt. Stadtdurchquerungen per Bike verlangen angesichts des herben Autoverkehrs jedoch immer noch eine gewisse Umsicht. Spaß bereitet eine Fahrradtour entlang der Strandpromenade.

Fahrradverleih für Gäste: Hotel Casa Camper im Viertel Raval

• *Fahrradverleih* Mieträder sind nicht ganz billig, bei Langzeitmiete gibt es allerdings meistens Rabatt.

Bicing: Im Stadtverkehr schier omnipräsent sind die rot-weißen Räder dieses dezentralen Verleihsystems, die mit einer Benutzerkarte an zahlreichen Stationen angemietet und wieder abgegeben werden können. Leider ist die Registrierung nur für gemeldete Einwohner (natürlich auch für Residenten) der Stadt Barcelona möglich, also nicht für Touristen. www.bicing.com.

Un Cotxe Menys vermietet Tourenräder, ein Tag 15 €, eine Woche 65 €. Der Name bedeutet übrigens „Ein Auto weniger". Carrer Esparteria 3, La Ribera, nahe Passeig del Born (Metro L 4, Station Jaume I.), ✆ 932 682105, Mo–Sa 10–19 Uhr, So 10–14 Uhr; www.bicicletabarcelona.com.

Budget Bikes, mit zwei Filialen: Carrer Marquès de Barberà (El Raval, nicht weit von der Metro Liceu), ✆ 933 041885, und Carrer General Castaños 6 (La Ribera, nahe Estació de França), ✆ 933 041885. Preise ähnlich wie oben, geöffnet täglich 10–20 Uhr. www.budgetbikes.eu.

Barcelona Bici, ein Service vom städtischen Büro Turisme de Barcelona. Verleih an der Plaça Portal de la Pau, im „Sockel" der Kolumbusstatue am unteren Ende der Rambles. Klappräder pro Tag 15 €, Woche 56 €. Die sog. „Targeta Ciclo 10", mit der zehn Mietstunden auf mehrere Anmietungen verteilt werden können, kostet 15 €. Täglich 10–20 Uhr, Nov. bis April nur bis 18 Uhr. ✆ 932 853832.

Biciclot ist ein weiterer Anbieter; Stammsitz etwas abgelegen am Carrer de la Verneda 16-22, ✆ 933 077475. Die Strand-Filiale am Passeig Marítim 33 (kurz vor dem Olympiahafen) ist im Sommer täglich geöffnet, sonst nur am Wochenende oder gar nicht. ✆ 932 219778; www.biciclot.net.

Barceloneta Bikes, im gleichnamigen Stadtteil, günstig gelegen für eine Radtour an der Standpromenade. Klein und freundlich, keine festen Öffnungszeiten. Carrer Mestrança 49, beim Rebecca-Horn-Kunstwerk „Verletzter Stern" von der Strandpromenade landeinwärts, Mobil-✆ 600 673796.

• *Geführte Fahrradtouren* Mehrere Anbieter offerieren Stadttouren per Bike, darunter auch Un Cotxe Menys und Budget Bikes. Dauer etwa 2-4 Stunden, Preis um die 20–25 € pro Person.

Zu Fuß

Weite Teile Barcelonas erschließen sich am schönsten zu Fuß. Die Entfernungen halten sich in Grenzen; selbst zwischen der Plaça Catalunya und dem Viertel Gràcia, das früher eine eigenständige Siedlung war, läuft man nur etwa eine halbe Stunde. Altstadtviertel wie das Barri Gòtic oder La Ribera sind vielfach ohnehin verkehrsberuhigt, ebenso die Uferzonen. Die in diesem Handbuch vorgestellten 14 Touren sind ebenfalls weitgehend für Fußgänger konzipiert; einzige Ausnahme ist der Montjuïc mit seinen weiten Entfernungen. Seien Sie jedoch vorsichtig beim Überqueren von Straßen. Zebrastreifen werden von den Autofahrern fast grundsätzlich missachtet, und der Versuch, eine Fußgängerampel noch schnell bei bereits blinkendem Grünlicht zu überqueren, ist garantiert zum Scheitern verurteilt: Barcelonas Auto- und erst recht Motorradfahrer starten innerhalb der ersten Hundertstelsekunde, in der die Fußgängerampel auf Rot steht, wenn nicht früher.

• *Geführte Stadttouren zu Fuß* Die „**Walking Tours**" des Fremdenverkehrsamts Turisme de Barcelona werden zu verschiedenen Themen angeboten. Führungen auf Englisch: „*Barri Gòtic*" (1,5 Std.; 11 €) tägl. 10 Uhr, „*Picasso*" (1,5 Std.; 15 € inkl. Museum) Di-So 10.30 Uhr, „*Modernisme*" (2 Std.; 11 €) Fr/Sa 16 Uhr (Juni bis September 18 Uhr), „*Gourmet*" (2 Std.; 15 € inkl. zwei Degustationen) Fr/Sa 11 Uhr. Reservierung ratsam, möglich in allen Infobüros von Turisme de Barcelona (→ A–Z, Information). Start ist im Büro an der Plaça Catalunya.

Paseo Barcelona veranstaltet deutschsprachige Stadtspaziergänge zu den Themen „Gòtico", „Raval" und „Modernisme"; im Angebot ist auch eine Tour „Der Schatten des Windes" auf den Spuren des Bestsellers von Carlos Ruiz Zafón. Dauer jeweils etwa 1,5 bis 2,5 Stunden, Preis für bis zu drei Personen pauschal 50 €, ab vier Personen 15 € p.P. www.paseo-barcelona.de.

Sonstige Verkehrsmittel

Barcelona verfügt noch über eine Reihe reizvoller und ungewöhnlicher Transportmittel: Kleine Schiffe und Katamarane durchqueren den Hafen, Zahnrad- und Standseilbahnen verbinden die Stadt mit ihren beiden Hausbergen, dem Tibidabo und dem Montjuïc. Näheres finden Sie unter den jeweiligen Stadttouren.

Eines der „Leading Hotels of the World“: Hotel Palace, früher Ritz

Übernachten

Barcelona verfügt über eine große Auswahl an Unterkünften aller Kategorien. Das Angebot wurde, insbesondere in der gehobenen Klasse, in den letzten Jahren zudem kräftig erweitert. Aufgrund der hohen Nachfrage sind die empfehlenswerteren Hotels und Pensionen dennoch oft voll belegt. Rechtzeitige Reservierung bringt Sicherheit – buchen Sie deshalb so früh wie möglich!

Die Buchung vorab ist für viele Hotels (nur selten für Pensionen) auch bei den verschiedenen Reiseveranstaltern möglich und kommt dann, insbesondere in den höheren Kategorien, oft erheblich günstiger als private Reservierung. Die Preise in Barcelona sind in steter Aufwärtsentwicklung begriffen und liegen deutlich über dem katalanischen Durchschnitt, von billigen Pensionen sollte man sich also nicht zuviel Komfort erwarten. Vor allem in Zeiten hoher Nachfrage wie zu Weihnachten, Ostern, verlängerten Wochenenden („puentes“) und Messen ziehen die Tarife nochmals an – unsere Angaben beziehen sich auf den Normalfall, nicht auf absolute Spitzentermine. Bei den Fremdenverkehrsämtern des Turisme de Barcelona erhältlich sind Preislisten der Hotels und Pensionen, die in den unteren Klassen jedoch nicht unbedingt vollständig sind.

Ein wichtiges Kriterium bei der Wahl des Quartiers ist sein Standort. Nicht jeder wird beispielsweise mit einem Hotel in abgelegeneren Zonen von Eixample glücklich werden. Günstig erscheint hingegen die Altstadt, in der praktisch alles zu Fuß zu erreichen ist und Bars und Restaurants direkt vor der Tür liegen. Die genaue Lage der hier beschriebenen Unterkünfte finden Sie auf den jeweiligen Stadtplänen verzeichnet.

Preisangaben: Die in diesem Handbuch genannten Preise beziehen sich auf die Übernachtung für zwei Personen im Doppelzimmer (DZ) und sind wegen der häufigen Änderungen als Anhaltspunkt zu verstehen. Sie beinhalten die Mehrwertsteuer IVA und orientieren sich an den offiziellen Angaben, was nicht ausschließt, dass Internetangebote vor allem in höherklassigen Quartieren (die ihre Preise oft aktuell je nach Nachfrage festlegen, wobei es zu starken Schwankungen kommt) schon mal günstiger ausfallen können und mancher Pensionswirt bei längerem Aufenthalt oder ausnahmsweise sehr schwachem Publikumsinteresse mit sich handeln lässt oder sogar von sich aus weniger fordert. Bei besonderen Ereignissen und bekannten Festen ist dagegen oft mit weit erhöhten Preisen zu rechnen!

Hotel-, Apartment- und Zimmervermittlung

Wer ganz ohne Reservierung nach Barcelona kommt (wovon wir dringend abraten), kann sich an die Informationsstellen von Turisme de Barcelona im Flughafen und an der Plaça Catalunya wenden, → Kapitel A–Z, Stichwort „Information“. Beide Büros vermitteln freie Hotelzimmer, allerdings nicht telefonisch, sondern nur bei persönlichem Erscheinen.

Apartments und **Ferienwohnungen** sind, nicht nur für Familien oder kleinere Gruppen, sondern auch schon für zwei Personen, durchaus eine Alternative zu Hotels. Je mehr Personen sich zusammentun, desto günstiger wird die Anmietung pro Kopf. Die Mindestmietdauer schwankt in der Regel zwischen drei und sieben Tagen. Aufgrund der hohen Nachfrage, die besonders in der Altstadt zu Verdrängungseffekten gegenüber Wohnraum führte, hat die Stadtverwaltung jüngst regulierend eingegriffen, die Zahl der Lizenzen begrenzt und hunderte Ferienapartments geschlossen, die den gesetzlichen Vorgaben nicht entsprachen. Inwiefern sich dies auf die Preise auswirkt, bleibt abzuwarten.

• *Reservierungszentralen* **Barcelona online** vermittelt via Internet und Telefon Hotels, Pensionen und Apartments. Suchmaschine mit diversen Optionen, Last-Minute-Funktion etc. Englischsprachig. ✆ 933 437993, innerhalb Spaniens auch ✆ 902 8870 17, www.barcelona-on-line.es.

• *Hotelbuchungsportale* wie **www.hotel.de**, **www.hrs.de** und **www.booking.com** bieten einen guten Überblick über die aktuelle Marktsituation und manchmal auch günstigere Preise als bei Direktbuchung.

• *Agenturen für Apartments und Zimmer* **Citysiesta**, Vermittlung von Apartments und Zimmern in Barcelona für kurz- und mittelfristige Nutzung. Man spricht Deutsch, guter Service. Carrer Carme 40, Principal 1a. ✆ 933 425670, ✆ 933 426494. www.citysiesta.com

oh-barcelona, eine Agentur, die ebenfalls Apartments und Zimmer vermittelt, außerdem Mitwohnmöglichkeiten, Gastfamilien sowie Sprachkurse. Deutschsprachig. Portal de l'Àngel 42, 4 B, (nahe Plaça Catalunya), ✆ 933 040567, in D und ab dort günstiger: 0180 50041665, ✆ 933 040566, www.oh-barcelona.com.

Destination BCN, hübsch gestaltete Apartments in den Vierteln Barri Gòtic und La Ribera. Die vielsprachigen Besitzer Anne Nijstad und Miklós vermieten selbst und vermitteln; wegen der geringen Zahl an Quartieren ist persönliche Betreuung garantiert. Zwei Personen zahlen je nach Apartment etwa 100–130 €. Carrer Diputació 337, Entlo. A, ✆ 935 141950, ✆ 932 651841, www.destinationbcn.com.

Einige weitere Apartment-Websites: www.gobcn.com, www.touristways.com, www.desigbarcelona.com, www.inside-barcelona.com, www.apartmentsbcn.net, www.barce

lona-lodge.com, www.friendlyrentals.com

Habit Servei, Agentur für mittel- und längerfristige Vermittlung von Apartments, Mitwohngelegenheiten und Privatzimmern auf „Bed & Breakfast"-Basis. Carrer Muntaner 200 (Eixample), 2n 3a, ✆ 932 405023, 📠 934 145425, www.habitservei.com.

Barcelona Allotjament, gleiche Dienste wie oben, in erster Linie für (Sprach-) Studenten gedacht. Carrer Pelai 12, Principal B, unweit der Plaça Universitat, ✆/📠 932 684357, www.barcelona-allotjament.com.

www.loquo.com, ein Kleinanzeigenportal, in dem u. a. Wohnungen und Zimmer von privat (oft zur Untermiete, meist länger- aber auch kurzfristig) angeboten werden. Die Mehrzahl der Anzeigen ist auf Spanisch, jedoch gibt es auch englischsprachige Offerten. Ganz ohne Risiko sind Anmietungen von privat natürlich nicht.

Michael Müller Verlag/Spanien, das Spanienforum unseres Verlags. Hier werden nicht selten Privatzimmer in Barcelona angeboten. Schauen Sie doch einmal hinein: auf Reise-Infos, dann auf Reise-Forum klicken und erst „Spanien", dann „Unterkunft" auswählen. www.michael-mueller-verlag.de.

Hotels und Pensionen

Die Einstufung der spanischen Unterkünfte wird von den örtlichen Behörden vorgenommen. Nicht unbedingt aussagekräftig ist die Zahl der Sterne, die sich vorallem an bestimmten Ausstattungsdetails orientiert, also z. B. an der Frage, ob ein Zimmer Radio und Fernseher besitzt oder ob ein Aufzug vorhanden ist. Davon abgesehen, kann ein Einsternhotel ohne weiteres besser möbliert, moderner und freundlicher geführt sein als der Nachbar in der Dreisterneklasse.

Hotel/Hotel-Residencia (H/HR): Die Ausstattung und der Komfort der Hotels in Barcelona entspricht in etwa den unseren. Hotel-Residencias sind Garni-Hotels, die mangels zugehörigem Restaurant nur Frühstück, aber keine Hauptmahlzeiten anbieten. Die Klassifizierungsspanne liegt in Spanien zwischen einem und fünf Sternen, letztere nach oben noch durch den Zusatz GL (Grand Luxe) erweitert.

Pensió: Eine offizielle Bezeichnung, die in Katalonien und anderen Regionen Spaniens das alte „Hostal" abgelöst hat; als Namenszusatz und in der Bevölkerung wird der Begriff des Hostals jedoch sicher noch lange lebendig bleiben. Vom Komfort liegen Pensionen in der Regel unter Hotels der Einsternklasse, sind mit unseren Gasthöfen zu vergleichen. Spanne zwischen einem und (selten) drei Sternen.

Lauschige Lage unweit der Rambles: Pensió Jardí

Übernachtungs-Tipps

Kostenlose Unterkunftsverzeichnisse („Hotels, Campings, Apartamentos") für die Provinz Barcelona sind bei den Informationsstellen in Deutschland erhältlich, mit etwas Glück auch vor Ort. In der Regel handelt es sich um Auszüge aus der spanienweiten „Guíade Hoteles", die mit Adressen- und Preisangabe zwar alle Hotels verzeichnet, Pensionen jedoch nur ab der Zweisterneklasse.

Hotels de Catalunya, ein ausführlicher, von der Generalitat jährlich herausgegebener Hotelführer, der auch Einsternpensionen verzeichnet und zudem mit 6 € auch recht preiswert ist. Erhältlich ist er leider nur vor Ort, z. B. in größeren Buchhandlungen.

Preise: Die *Mehrwertsteuer* IVA (7 %) ist besonders in den Hotels nur selten inklusive („incluido"), sondern wird oft erst beim Erstellen der Rechnung aufgeschlagen. Juli und August gelten übrigens in vielen höherklassigen Unterkünften Barcelonas als Nebensaison, insbesondere Business-Hotels werben in dieser Zeit oft mit „ofertas" (Sonderangeboten).

Reservierung im Reisebüro: Vor allem Häuser der Dreisternklasse aufwärts sind oft günstiger, wenn sie in einem Reisebüro beziehungsweise über einen Reiseveranstalter gebucht werden.

Reservierung auf eigene Faust: Sehr ratsam, alle Details schriftlich zu fixieren, entweder per Fax oder per Mail (Internet-Adressen sind bei den Hotel beschreibungen angegeben). Manche Hotels verlangen eine Anzahlung per Scheck, andere geben sich mit einer Kreditkartennummer zufrieden.

Beschwerden: Jeder Beherbergungsbetrieb muss Beschwerdeformulare („Hojas de Reclamación") zur Verfügung stellen; meist verhilft schon die Frage danach zur gütlichen Einigung. Falls nicht: Die Beschwerdeformulare dürfen auch auf Deutsch ausgefüllt werden. Der Wirt erhält nur den rosa Durchschlag, das weiße Original kann z.B. im Fremdenverkehrsamt abgegeben werden, den grünen Durchschlag behält der Reisende. Die Drohung mit dem Gang zum Fremdenverkehrsamt, z. B. bei überhöhten Preisen, zieht auch fast immer; andernfalls sollte man sich keineswegs scheuen, sie auch auszuführen.

Singles haben es manchmal schwer in Spanien: Nicht jedes Quartier verfügt über Einzelzimmer (habitación in dividual). Wo vorhanden, muss man in etwa mit 70 % des Doppelzimmerpreises rechnen. Ob DZ verbilligt als EZ abgegeben werden, steht im Ermessen des Hoteliers – gelegentlich ist auch der volle Preis zu zahlen.

Doppelzimmer: Meist sogenannte „dobles", worunter man zwei Einzelbetten zu verstehen hat. Pärchen werden „matrimonios" („Ehe-Zimmer") vorziehen, mit Doppelbett oder französischem Bett, die aber manchmal von der Fläche her kleiner ausfallen als die „dobles".

Außen- und Innenzimmer: Eine bedeutsame Unterscheidung. Außenzimmer (habitación exterior) besitzen Fenster zur Straße, was sie heller, luftiger und oft leider auch lauter macht. Innenzimmer (habitación interior) gehen auf einen Lichtschacht oder im günstigeren und selteneren Fall auf einen Innenhof; sie sind in aller Regel dunkler, gleichzeitig oft auch ruhiger.

Frühstück: In Spanien ist man mit wenig zufrieden. Ein Croissant bzw. Brioche oder Süßgebäck und ein Kaffee reichen auch den meisten Katalanen völlig aus. Entsprechend langweilig (und überteuert) gestaltet sich vor allem in den unteren Kategorien manchmal das Hotelfrühstück – zwei Brötchen, Butter, Marmelade, das war's oft schon. Da geht man besser in die nächste Bar.

Im Winter braucht man auch in Barcelona eine gute Heizung (calefacción). Die feuchte Kälte, die in schlecht geheizten Quartieren herrscht, kann sehr unangenehm werden.

An den Rambles

(→ Karte S. 101)

Zentraler als an Barcelonas Flaniermeile kann man nicht wohnen. Zimmer mit Balkon zu den Rambles sind natürlich erste Wahl. Allerdings herrscht auf dem Boulevard Betrieb bis spät in die Nacht, für empfindliche Ohren mitunter kein Vergnügen.

***** **Hotel Le Meridien Barcelona (6)**, erste Klasse an den Rambles, beliebt auch bei zahlreichen Prominenten. Jeder Komfort ist selbstverständlich. Wenn's also die Rambles sein sollen und das Kleingeld nicht fehlt, ist man hier richtig. Garage. DZ offiziell ab rund 480 €, bei Internetbuchung aber oft günstiger. Natürlich gibt es auch diverse Suiten. Rambles 111, ✆ 933 186200, 📠 933 017776, www.lemeridien-barcelona.com.

**** **Hotel 1898 (10)**, ein noch recht junges, ebenfalls sehr stilvolles Quartier. Untergebracht ist es in der ehemaligen, 1881 errichteten „Compañia de Tabacos de Filipinas"; wohl deshalb zielen Einrichtung und Ambiente auch ein wenig in Richtung Nostalgie und Kolonialstil. Dachterrasse mit Bar und Liegen sowie schöner Wellnessbereich, beides mit Pool. Standard-DZ („Classic") etwa 200–300 €, man kann aber auch noch deutlich mehr ausgeben. Rambles 109, ✆ 935 529552, 📠 935 529550, www.hotel1898.com.

**** **Hotel Rivoli-Ramblas (7)**, ein charmanter und sehr schön renovierter Bau, eingerichtet im Stil des Art Déco der Dreißiger. Feines Interieur, schicke Zimmer, aller moderner Komfort und exzellenter Service; Dachterrasse mit Blick, Garage. DZ nach Ausstattung offiziell um die 310–360 €, mit Internetangeboten auch darunter. Suiten kosten dagegen natürlich eine Kleinigkeit mehr. Rambla 128, ✆ 933 026643, 📠 933 175053, www.rivolihotels.com.

*** **Hotel Montecarlo (8)**, nobles Quartier in einem stilvollen Bau des 19. Jh, früher Sitz einer Künstlervereinigung und Verlagshaus, als Hotel bereits seit 1945 in Betrieb. Feine Mischung aus Moderne und Klassik, imposantes Foyer, Dachterrasse, Garage. DZ etwa 220–260 €, im Netz oft günstiger. Auch Suiten. Rambles 124, ✆ 934 120404, 📠 933 187323, www.montecarlobcn.com.

*** **Hotel Oriente (16)**, der Jugendstil-Klassiker der Rambles – eine Reihe von Zimmern geht mit kleinen Balkonen direkt auf den Boulevard. Der bildschöne Salon besitzt eine ganz besondere Atmosphäre, die Zimmer fallen unterschiedlich und bislang zum Teil noch relativ schlicht aus, doch wird das Haus gegenwärtig (und wohl noch einige Jahre) Zug um Zug renoviert, bleibt dabei aber geöffnet. Mitglied der Husa-Hotelkette. Weite Preisspanne: DZ etwa 100–270 €. Rambles 45/47. ✆ 933 022558, 📠 934 123819. www.husa.es.

** **Hotel Internacional (14)**, ebenfalls der Husa-Kette angeschlossen, Zimmer relativ schlicht ausgestattet, aber gepflegt. Ungefähr ein Drittel der Räume geht mit einem kleinen Balkon auf die Rambles, ein idealer Aussichtsposten; klar jedoch, dass die Zimmer nach hinten ruhiger ausfallen. Zuletzt in Umbau vom Ein- zum Zweisterner, die bis dato relativ günstigen Preise dürften dadurch etwas steigen. Rambles 78–80, ✆ 933 022566, 📠 933 176190, www.husa.es.

* **Hotel Toledano (4)**, bereits 1914 gegründet. Ein schlichtes, aber recht solides Hotel der unteren Mittelklasse mit gepflegten Gemeinschaftsräumen und Zimmern. DZ nach Größe etwa 60–75 €. Rambles 138. ✆ 933 010872, 📠 934 123142. www.hoteltoledano.com.

** **Pensió Capitol (4)**, im selben Haus und unter derselben Führung wie das Hotel Toledano, in seiner Kategorie eine ordentliche Adresse. Es gibt auch Drei- und Vierbettzimmer. DZ/Du (WC auf dem Flur) etwa 60 €, DZ ohne Dusche rund 50 €. Rambles 138. ✆ 933 010872, 📠 934 123142. www.hoteltoledano.com.

El Raval

(→ Karte S. 111)

Ein Viertel im Umbruch vom Rotlichtquartier zum Szenetreff, für vorsichtige Gemüter besonders im südlicheren Bereich vielleicht noch nicht die richtige Adresse. Die Preise liegen hier dafür oft etwas niedriger als beispielsweise an den Rambles, und die Auswahl an interessanten Bars, Clubs und Restaurants ist vielfältig.

**** **Hotel Casa Camper (17)**, um die Ecke vom Kunstmuseum MACBA. Ein ultraschickes Quartier der Kult-Schuhmarke Camper, die sich auch in Hotellerie und Gastronomie („Dos Palillos" gleich nebenan) versucht. Nur 25 Zimmer bzw. Suiten, gestylt in Zusammenarbeit mit Fernando Amat vom bekannten Designgeschäft Vinçon und jeweils aufgeteilt in einen Ruhe- und einen Aufenthaltsraum, ausgestattet mit exklusiven Features wie Plasmabildschirm und Hängematten. Ökologisch orientiert, Trinkgelder ablehnend und Nichtraucher. Fahrradverleih (Gebühr) für Gäste, rund um die Uhr zugängliches Gratis-Buffet. DZ bzw. Suiten nach Saison etwa 270–350 €. Carrer Elisabets 11, ✆ 933 426280, 📠 933 427563. www.casacamper.com.

*** **Hotel Sant Agustí (38)**, nicht weit von den Rambles. Das älteste Hotel Barcelonas, 1840 gegründet, in einem ehemaligen Augustinerkloster untergebracht und gründlich renoviert. Komfortable Zimmer, Parkmöglichkeit in der Nähe. DZ etwa 120–175 €, Frühstück inklusive. Die besonders schönen DZ unter dem Dach (Ático) kosten etwa 140–185 €. Plaça Sant Agustí 3, ✆ 933 181658, 📠 933 172928. www.hotelsa.com.

*** **Hotel Ciutat Vella (2)**, in guter Lage nahe der Plaça de la Universitat. Erst wenige Jahre altes, modern konzipiertes Hotel mit 40 ordentlich ausgestatteten Zimmern (manche haben Stockbetten), die bis zu sechs Personen unterbringen können. Vorwiegend junges Publikum, Terrasse mit Jacuzzi. DZ nach Auslastung etwa 100–200 €. Carrer Tallers 66, ✆ 934 813799, 📠 934 813805, www.hotelciutatvella.com.

*** **Market Hotel (9)**, schon knapp außerhalb des eigentlichen Raval, jenseits der Rondas und gleich oberhalb des Markts Sant Antoni. Betrieben von einer kleinen Gastronomiekette, zu der auch das „Quinze Nits" und „La Fonda" im Barri Gòtic gehören; auch hier ist ein beliebtes und günstiges Restaurant angeschlossen. Modern gestaltete, recht komfortable (wenn auch nicht besonders große) Zimmer zu einem vergleichsweise günstigen Preis, der die nicht mehr ganz zentrale Lage verschmerzen lässt. DZ mit gutem Frühstück ganzjährig 100 €. Passatge Sant Antoni Abat 10, Ecke Comte Borrell 68, ✆ 933 251205, 📠 934 242965, www.markethotel.com.es.

** **Hotel Mesón de Castilla (3)**, eine gute Adresse ganz in der Nähe des Hotels Ciutat Vella, im Charakter jedoch völlig anders als dieses: Gesellschaftsräume mit Tendenz zur Tradition, dunkles Holz und viele Antiquitäten. Zimmer der Marke solide-bürgerlich, eigene Garage. DZ mit Frühstück nach Saison und Ausstattung 120–170 €. Carrer Valldoncella 5, eine Seitenstraße der Ronda Sant Antonio, Nähe Carrer Tallers, ✆ 933 182182, 📠 934 124020, www.mesoncastilla.com.

** **Hotel d'Espanya (44)**, nur ein paar Schritte von den Rambles. Ein Hotel für Liebhaber des Jugendstils, der Speisesaal des angeschlossenen Restaurants wurde von Domènech i Montaner gestaltet. Auch sonst ein schönes, nostalgisches Quartier; die Zimmer selbst fallen unterschiedlich und nüchterner aus, sind aber angenehm geräumig. Zuletzt in Renovierung, die bis ins Jahr 2010 hinein andauern soll; die Preise (bis dato: DZ etwa 120 €) dürften danach steigen. Carrer Sant Pau 9/11, ✆ 933 181758, 📠 933 171134, www.hotelespanya.com.

* **Hotel Curious (28)**, nicht weit von den Rambles. Erst 2007 eröffnetes und dementsprechend jugendfrisches Haus, das ein ordentliches Preis-Leistungs-Verhältnis bietet. Nette Rezeption, funktionell-freundliche Zimmer, die zwar – wie in dieser Kategorie üblich – nicht allzu groß, aber mit allem Nötigen ausgestattet sind. DZ/F nach Saison 85–105 €. Carrer Carme 25, ✆ 933 014484, 📠 933 021172, www.hotelcurious.com.

* **Hotel Peninsular (42)**, freundliches, architektonisch sehr reizvolles Quartier, das um einen hellen Innenhof herum erbaut wurde. Die Zimmer fallen etwas unterschiedlich aus (evtl. vorher ansehen), ganz oben im Ático gibt es sechs neuere Räume. Die Betten sind in Ordnung, Aircondition ist vorhanden. Insgesamt ein Hotel, aus dem sich mit behutsamer Renovierung einiges machen ließe. DZ 80 €, Frühstück inbegriffen; Sondertarife für Schülergruppen. Carrer Sant Pau 34, eine Seitenstraße der Rambles, ✆ 933 023138, 📠 934 123699, www.hpeninsular.com.

** **Pensió Hostería Grau (5)**, gepflegte Pension in guter Lage unweit der Rambles und der Plaça Catalunya; Parkmöglichkeit in der Nähe. Hübsches Interieur, solide und freundliche Zimmer, angeschlossen eine Café-Bar. Die Besitzer vermieten auch Apartments. Die Preise haben leider in letzter Zeit erheblich angezogen: DZ/Bad nach Saison etwa 75–115 €, ohne Bad 60–80 €. Carrer Ramelleres 27. ✆ 933 018135, 📠 933 176825. www.hostalgrau.com.

** **Pensió Hostal Chic & Basic Tallers (1)**, ganz oben im Raval. Ein Ableger des gleichnamigen, wenn auch in einer ganz anderen

Kategorie angesiedelten Hotels im Born-Viertel; auch hier in der 14 Zimmer umfassenden Etagenpension sind die Räume stylish Weiß in Weiß gehalten. Zimmer unterschiedlicher Größe, von „Medium" (klein) über „Large" (etwas größer) bis „X-Large"; die Bäder fallen durchwegs eng bis sehr eng aus. 24-Stunden-Selfservice-Frühstück inbegriffen. DZ/Bad nach Größe knapp 85–105 €, am Wochenende 10 € Aufschlag. Carrer Tallers 82, ✆ 933 025183, ✆ 933 021096, www.chicandbasic.com.

** **Pensió Gat Xino (27)**, ein Schwesterquartier der Pension Gat Raval, das ebenfalls komplett durchdesigned wurde: Das puristische Interieur beider „Katzen" (Gat= Katze) ist bis hinein in die Badezimmer vollständig in Weiß und Limonengrün gehalten. 35 (eher kleine) Zimmer bzw. Suiten, alle mit Bad, TV, Heizung und Klimaanlage. DZ etwa 75–95 €, Suite 100–140 €, Terrassensuite für max. 3–4 Personen 130–150 €; Frühstücksbuffet jeweils inklusive. Carrer Hospital 155, ✆ 933 248833, ✆ 933 248834, www.gatrooms.com.

* **Pensió Gat Raval (6)**, nicht weit vom MACBA-Museum, unscheinbarer Eingang. Wie das Gat Xino eine schicke Pension, die vor allem Szenegänger anzieht. Von den 24 Zimmern haben allerdings nur sechs ein eigenes Bad, doch besitzen immerhin alle Räume TV und Klimaanlage. Solide Betten. Gut gepflegt und informativ geführt, Internet-Zugang. DZ ohne Bad rund 65–90 €, mit Bad 75–100 €. Carrer Joaquin Costa 44. ✆ 934 816670, ✆ 933426697, www.gatrooms.com.

* **Pensió Òpera (41)**, nur ein paar Schritte von den Rambles entfernt gegenüber dem Gran Teatre de Liceu. Große, hotelähnliche Pension mit fast siebzig funktional-komfortablen Zimmern, die sogar über Klimaanlagen verfügen. DZ/Bad rund 70–90 €. Carrer Sant Pau 20. ✆ 933 188201, www.hostalopera.com.

* **Pensió Hostal La Terrassa (39)**, in seiner Preisklasse eine Empfehlung. Mit über 40 Zimmern recht groß, freundliche und teilweise fremdsprachige Rezeption, Aufenthaltsraum, Getränkeautomat und die namensgebende, große und sonnige Terrasse im Innenhof. Gut in Schuss gehalten, zuletzt wurden gerade Klimaanlagen eingebaut. Zur Saison ist Reservierung ratsam. Preisrahmen zwischen etwa 55 und 80 €, je nach Größe (die „Standard"-Zimmer sind größer als die „Basic" genannten Räume)

Hotel Peninsular in El Raval

und Lage (innen/außen). Die beiden hübschen Zimmer in einem Ex-Kloster hinter dem Hof kosten 90 €. Carrer Junta de Comerç 11, ✆ 93 3025174, ✆ 93 3012188, www.laterrassa-barcelona.com.

Barri Gòtic

(→ Karte S. 120/121)

Zentrale Lage, romantische Winkel und große Auswahl an Bars und Restaurants, zudem viel Leben gleich vor der Tür – was will man mehr? Allzu düstere Gassen sollte man beim nächtlichen Heimweg aber besser immer noch meiden.

**** **Hotel Colón (14)**, ein Klassiker in sehr zentraler und dabei recht ruhiger Lage direkt gegenüber der Kathedrale, bereits 1951 eröffnet. Hübsche Dekoration, noble Räumlichkeiten; die Zimmer selbst sind komfortabel, fallen aber je nach Lage im Gebäude unterschiedlich aus, auch Superiorzimmer und Suiten. DZ nach Lage etwa 255–280 €

(im Internet auch schon mal günstiger), es gibt auch Superior-Zimmer und Suiten. Avinguda Catedral 7, ✆ 933 011404, ✆ 933 172915, www.hotelcolon.es.

**** **Hotel Neri (21)**, 2003 eröffnetes Quartier mit viel Charme, dessen nur 22 Zimmer bzw. Suiten sich über einen Stadtpalast des 18. Jh. verteilen. Die Ausstattung ist exklusiv, das Interieur kombiniert geschickt Tradition mit Moderne. Gutes Restaurant. Standard-DZ etwa 220–330 €, Suiten 300–400 €. Carrer Sant Sever 5, ✆ 933 040655, ✆ 933 040337, www.hotelneri.com.

*** **Hotel Catalonia Albinoni (4)**, direkt in der Einkaufszone des Portal de l'Àngel. Eleganter, schön renovierter und 1998 als Hotel eröffneter Bau. Moderne und geschmackvoll eingerichtete, allerdings nicht durchgängig geräumige Zimmer, Bar-Cafeteria im überdachten Patio. DZ offiziell etwa 205 €, mit Internet-Angeboten oft günstiger. Portal de l'Àngel 17, ✆ 933 184141, ✆ 933 012 631, www.hoteles-catalonia.com.es.

*** **Hotel Nouvel (3)**, heimelige Herberge in einer ruhigen Einkaufs- und Fußgängerzone unweit der Plaça Catalunya. Geschnitzte Holzdecken, Spiegel, Marmor – Tradition seit 1917. Geräumige Zimmer, DZ offiziell etwa 145–245 €, per Internet geht es auch hier schon mal für weniger. Carrer Santa Ana 18/20. ✆ 933 018274, ✆ 933 018370. www.hotelnouvel.com.

* **Hotel Roma Reial (47)**, an der auch nachts sehr lebendigen Plaça Reial und seit deren verstärkter Überwachung durch die Polizei auch wieder zu empfehlen, speziell des Balkonblicks mancher Zimmer auf selbigen Platz wegen. Etwas nüchterne, aber ordentliche Zimmer. DZ etwa 75–90 €. Plaça Reial 11, ✆ 933 020366, ✆ 933 011839, www.hotel-romareial.com.

* **Hotel Call (28)**, im Gebiet zwischen Plaça Sant Jaume und den Rambles, ein kleineres, gut geführtes Hotel in ruhiger Lage. Recht einfach möblierte, aber gepflegte und durchaus brauchbare Zimmer mit Klimaanlage und Heizung, auch Drei- und Vierbettzimmer. DZ/Bad etwa 60 €. Arc de Sant Ramón del Call 4, ✆ 933 021123, ✆ 933 013486, www.hotelcall.es.

** **Pensió Jardí (17)**, sehr reizvoll an einem der schönsten kleinen Plätze der Altstadt geegen. Im Erdgeschoss liegt eine ausgesprochen beliebte Bar. Leider fallen die Zimmer sehr unterschiedlich aus; den ungeteilten Beifall unserer Leser fand nur die teuerste Kategorie, während die günstigeren Zimmer eng und teilweise nahezu fensterlos sind, es gibt auch Dreibett-Zimmer. DZ/Bad nach Lage (innen/außen) und Ausstattung etwa 75–100 €. Plaça Sant Josep Oriol 1, von den Rambles über den Carrer Cardenal Casañas zu erreichen. ✆ 933 015900, ✆ 933 183664. www.hoteljardi-barcelona.com.

** **Pensió Layetana (23)**, in günstiger Lage an der Via Laietana am Rand des Barri Gòtic. Das verwinkelte Haus der vorletzten Jahrhundertwende besitzt große Zimmer mit Deckenstuck, allerdings auch weniger schöne kleine Räume. Diejenigen zur Via Laietana hin sind sehr laut. DZ/Bad etwa 65–70 €, ohne Bad um die 50–55 €. Plaça Ramon Berenguer el Gran. ✆/✆ 933 192012. www.hostallayetana.com.

** **Pensió Hostal-Albergue Fernando (35)**, recht große Pension unweit der Rambles, die neben Zimmern auch Unterkunft in Stockbetten offeriert. Freundliche, jugendlich-internationale Atmosphäre, schlicht möblierte, aber gepflegte Zimmer, z. T. sogar mit TV, gute Bäder. DZ/Bad etwa 55–70 €, Stockbett im Fünfpersonenzimmer 17–24 €. Carrer Ferran 31. ✆ 933 017993, ✆ 935 112150. www.hfernando.com.

** **Pensió Hostal Rembrandt (8)**, von den Rambles Richtung Kathedrale und in seiner Kategorie eine ordentliche Adresse. Die insgesamt 28 Zimmer fallen unterschiedlich aus, manche besitzen sogar einen Balkon oder Patio. Zugehörig die von Leser Stefan Leiers gelobten „Apartamentos Rembrandt" im Carrer Canuda 13 (Tel. 933 013 157). DZ/Bad etwa 60 €, ohne Bad um die 50 €. Apartamentos Rembrandt für 2 Pers. etwa 85 €. Carrer Portaferrissa 23. ✆/✆ 933 181011. www.hostalrembrandt.com.

** **Pensió Dalí (27)**, in einer Seitenstraße, die etwa in der Mitte der Rambles abzweigt. In guter Lage; bei mehr als 50 Zimmern bestehen auch in Zeiten hoher Nachfrage Chancen auf eine Unterkunft. Mit nicht immer leisen Jugendgruppen ist laut einer Leserzuschrift zu rechnen. Zuletzt war das Gebäude in Umbau, die Pension sollte aber wieder eröffnen. Carrer Boqueria 12, ✆ 933 185580, ✆ 933 424868, www.pensiondali.com.

Sant Pere & La Ribera/El Born

(→ Karte S. 138/139)

Das Altstadtviertel La Ribera/El Born ist ein ausgesprochen beliebter Ausgehbezirk mit zahlreichen Bars und Restaurants, Sant Pere zeigt sich weit bodenständiger. Beide werden vom Barri Gòtic nur durch die Verkehrsader der Via Laietana getrennt.

**** **Grand Hotel Central (3)**, direkt an der Via Laietana, 2006 eröffnet. Das puristische Design der Einrichtung kontrastiert prächtig mit dem üppigen Interieur des ehemaligen Bürogebäudes der Zwanzigerjahre, der Dachterrassenpool mit Fernblick ist ein Traum. Standard-DZ je nach Nachfrage 165–310 €, in der Regel im Bereich 190–210 €. Natürlich gibt es auch Suiten. Via Laietana 30, ✆ 932 957900, ℻ 932 681215, www.grandhotelcentral.com.

*** **Hotel Banys Orientals (14)**, 2002 eröffnetes, schön gestaltetes Design-Hotel in guter Lage. Edles Interieur, direkter Zugang zum zugehörigen und sehr empfehlenswerten Restaurant „Senyor Parellada". Die 43 Zimmer fallen nicht allzu groß aus, sind aber komfortabel und stilvoll eingerichtet. DZ ganzjährig etwa 130 €, Frühstück inklusive; Suiten sind ebenfalls im Angebot. Carrer de l'Argenteria 37, ✆ 932 688460, ℻ 932 688461, www.hotelbanysorientals.com.

*** **Hotel Catalonia Princesa (1)**, im Viertel Sant Pere. Funktionelles Hotel der Catalonia-Kette, 2002 eröffnet. Immerhin 90 Zimmer, solide ausgestattet. Richtwert fürs DZ etwa 160 €, mit Internetangeboten je nach Nachfrage auch schon mal deutlich günstiger. Carrer Rec Comtal 16–18. ✆ 932 688600, ℻ 932 688491. www.hoteles-catalonia.es.

*** **Park Hotel (44)**, schräg gegenüber der Estació de França. In den Fünfzigern eröffnet, galt seine Architektur damals als richtungsweisend; beachtenswert besonders der Treppenaufgang und die Bar. Komplett renoviert. DZ etwa 150–230 €, Frühstück inklusive. Avinguda Marqués de l'Argentera 11. ✆ 933 196000, ℻ 933 194519. www.parkhotelbarcelona.com.

*** **Hotel Chic and Basic Born (8)**, originelles Quartier am Rand des Bornviertels, untergebracht in einem Stadtpalast des 19 Jh. mit beeindruckender Innentreppe. Ein wenig anders als die anderen: Vorhänge vor den Türen; Zimmer Weiß in Weiß, deren wechselnde Farben und Stimmungen durch die Beleuchtung erreicht werden, freistehende Glasduschen (Vorhänge vorhanden) – ein Hotel für Designliebhaber. DZ nach Größe (von „Medium" über „Large" bis „X-Large") und Saison etwa 120–200 €. Carrer de la Princesa 50, ✆ 932 954652, ℻ 932 954653, www.chicandbasic.com.

*** **Hotel Ciutat Barcelona (7)**, freundliches, im Jahr 2006 eröffnetes Hotel in guter Lage, nur einen Steinwurf vom Picasso-Museum. Mit 78 Zimmern relativ groß; modernes, frisches Design, nette Rezeption und eine Dachterrasse mit kleinem Pool. DZ je nach Nachfrage zwischen etwa 90 und 200 €. Carrer Princesa 35, ✆ 932 697475, ℻ 932 697476, www.ciutatbarcelona.com.

* **Pensió Francia (45)**, nur ein paar Schritte vom Passeig del Born. Gepflegte, familiäre Pension über zwei Etagen; besonders stolz ist die Wirtin auf die Ausstattung aller Zimmer mit Satelliten-TV. Die Zimmer zur Straße besitzen Balkon, können aber manchmal etwas laut sein. DZ nach Ausstattung (ohne/mit Bad), Größe und Saison etwa 50–65 €. Carrer Rera Palau 4. ✆ 933 190376.

* **Pensió Lourdes (9)**, an der Grenze zwischen Sant Pere und La Ribera. Schlicht und etwas eng, aber sauber, die Zimmer zur Straße sind nachts nicht unbedingt ruhig. Insgesamt jedoch eine ganz passable und recht zentrale Unterkunft – im Zweifel ist wohl dennoch die Pension Francia vorzuziehen. Auch Dreibett-Zimmer. DZ/Bad etwa 55 €, ohne Bad 45 €. Carrer de la Princesa 14. ✆ 933 193372.

Hafen Port Vell

(→ Karte S. 159)

Recht zentrale Lage nur einen Katzensprung von den Rambles und dabei doch etwas abseits vom Trubel.

***** **GL Eurostars Grand Marina Hotel (6)**, elegantes, 2002 eröffnetes Quartier im World Trade Center auf dem Kai Moll de Barcelona. Ein Highlight ist der leider nur im Sommer geöffnete Dachterrassenpool mit Hafen- und Stadtblick im achten Stock. Geräumige Zimmer mit allem Komfort. Standard-DZ etwa 175–235 €, die Superior-Zimmer und Suiten kommen natürlich noch eine „Kleinigkeit" teurer. Moll de Barcelona s/n, ✆ 936 039000, ℻ 936 039090, www.grandmarinahotel.com.

Barceloneta und Port Olímpic

(→ Karte S. 164/165)

Strandnah gelegen, vom Zentrum allerdings teilweise doch ein Stück entfernt.

Im äußersten Süden des Gebiets, vorbei am Club Natació Barcelona, entsteht derzeit das avantgardistische, fast 500 Zimmer umfassende „W Hotel" der Starwood-Kette, konzipiert von Meisterarchitekt Ricardo Bofill.

***** **GL Hotel Arts Barcelona (8)**, in einem der beiden Wolkenkratzer am Olympiahafen. 1994 als erstes europäisches Hotel der US-Kette Ritz-Carlton eröffnet, eines der feinsten Quartiere der Stadt. Gekonntes Design, hervorragender Service und jeder denkbare Komfort. 482 Zimmer mit weiter Aussicht auf die Stadt und/oder das Meer, mehrere sehr gute Bars und Restaurants, ein (allerdings für die Größe des Hotels etwas kleiner) Pool mit Blick auf den Gehry-Fisch. Viel Prominenz unter den Besuchern. DZ etwa 420–550 €; die Suiten, die „Club"-Räume in den oberen Etagen und die Apartments ganz oben noch jeweils eine ganze Stange mehr. Marina 19–21, ✆ 932 211000, 📠 932 211070, www.ritzcarlton.com.

*** **Hotel 54 (19)**, direkt am Passeig Joan de Borbó, 2007 eröffnet. Die Räume zur Hafenseite (etwa die Hälfte der insgesamt 26 Zimmer) bieten nicht nur ein schönes Panorama, sie sind auch größer und insgesamt reizvoller als die Zimmer nach hinten. Dachterrasse mit weitem Blick. DZ nach Lage und Saison 130–205 €. Passeig Joan de Borbó 54, ✆/📠 932 250054, www.hotel54barceloneta.com.

* **Hotel Marina Folch (5)**, gleich hinter dem Passeig Joan de Borbó. Die Fassade und auch das Treppenhaus lassen nichts Gutes ahnen, innen präsentiert sich das einfache kleine Hotel aber gepflegt und funktional. Zehn nicht übermäßig große Zimmer, vier davon mit Balkon. Infos auch im Restaurant Perú am Passeig Borbó. DZ/Bad etwa 65 €. Carrer del Mar 16, ✆ 933 103709, 📠 933 105327.

Eixample

(→ Karte S. 172/173)

Die Häuserblocks an den breiten Boulevards beherbergen neben noblen Geschäften auch die feudalsten Hotels der Stadt. Relativ schwach vertreten sind die preisgünstigen Kategorien; wo vorhanden, glänzen aber auch sie meist mit herrschaftlichen Eingängen, marmornen Treppenhäusern und Stuck.

***** **GL Hotel Palace (49)**, das ehemalige „Ritz" und immer noch eine der ersten Adressen der Stadt, Mitglied der „Leading Hotels of the World". Dies trotz aufkommender Konkurrenz, die die hiesige Grandezza jedoch wohl nie erreichen wird – immerhin besitzt das Hotel eine Tradition, die bis 1919 zurückreicht. Zuletzt in Komplettrenovierung, Wiedereröffnung voraussichtlich noch 2009. Gran Via 668, ✆ 935 101130, 📠 933 180148, www.hotelpalacebarcelona.com.

***** **GL Hotel Claris (25)**, eines der besten Hotels Barcelonas. Der Stadtpalast von 1882 glänzt mit ultramodernem Interieur und zahlreichen Kunstwerken. Neben stilvoller Atmosphäre bietet das Claris alle denkbaren Annehmlichkeiten inklusive Swimmingpool und Restaurant auf der Dachterrasse. Einzigartig ist die Privatsammlung ägyptischer Kunst. Standard-DZ etwa 175–325 €, Superiorzimmer und Suiten deutlich mehr. Carrer Pau Claris 150, ✆ 934 876262, 📠 932 157970. www.derbyhotels.es.

**** **Hotel Omm (7)**, superbes Designhotel, 2003 eröffnet und ein Kind der Tragaluz-Gastronomiekette. Bereits die ungewöhnliche Fassade des katalanischen Architekten Juli Capella beeindruckt, innen setzt sich die Designorgie fort. Mit Cocktail- und Weinbar, dem gefragten, michelinbesternten Restaurant „Moo" und der Nightbar „Omm Session" hat sich das Omm zum innerstädtischen Treffpunkt entwickelt. Auch auf der Dachterrasse mit Blick und (kleinem) Pool gibt es eine Bar. Spa, Parkgarage. Standard-DZ etwa 250–310 €, am Wochenende oft Spezialangebote. Carrer Rosselló 265. ✆ 934 454000, 📠 934 454004. www.hotelomm.es.

**** **Hotel Condes de Barcelona (22)**, ganz in der Nähe von Gaudís Casa Milà. Das Hotel und seine über 180 Zimmer verteilen sich auf zwei Stadtpaläste des 19. Jh., die beiderseits des Carrer Mallorca liegen und 2002 komplett renoviert wurden. Elegantes Ambiente, Zimmer mit allen Annehmlichkeiten, auf einem der Dächer ein kleiner Pool. Im gleichen Gebäude das Michelinstern-Restaurant „Lasarte". DZ etwa 160–330 €, auch Suiten. Passeig de Gràcia 73 und 75. ✆ 934 450000, 📠 934 453232. www.condesdebarcelona.com.

**** **Hotel Cram (30)**, Designhotel in einem Modernismebau von 1892; im „linken" Eixample, dabei jedoch immer noch recht zentral gelegen. Die Zimmer sind leider nicht die größten, aber komfortabel und mit High-Tech ausgestattet. Im Haus das Michelinstern-Restaurant „Gaig". DZ etwa 175–360 €. Carrer Aribau 54, ☏ 932 167700, ℻ 932 167707, www.hotelcram.com.

**** **Hotel Pulitzer (57)**, in sehr zentraler Lage fast direkt an der Plaça Catalunya. Schön gestyltes Interieur; 92 komfortable, wenn auch in der Mehrzahl nicht allzu geräumige Zimmer. Beliebte Bar im Erdgeschoss, Dachterrasse, aufmerksamer Service. Weite Preisspanne, je nach Nachfrage: DZ etwa 120–330 €. Carrer Bergara 8, ☏ 934 816767, www. hotelpulitzer.es.

*** **Hotel Jazz (51)**, schickes Quartier, das ebenfalls nur einen Katzensprung von der Plaça Catalunya und den Rambles liegt. 108 hübsche, gut ausgestattete und für die Kategorie recht geräumige Zimmer, Dachterrasse mit kleinem Pool und weiter Sicht. Nichtraucher. Freundliche Rezeption. DZ 120–330 €. Carrer Pelai 3, ☏ 935 529696, ℻ 935 529697, www.hoteljazz.com.

*** **Hotel Axel (35)**, ein Hotel, das sich explizit an die schwule Klientel wendet (dabei jedoch durchaus „heterofriendly" ist) und folgerichtig im Herzen des „Gayxample" untergebracht liegt. Sehr hübsche Gestaltung, Wellnessbereich, Fitness, Boutique, Dachterrasse mit Pool. Ausgesprochen komfortabel ausgestattete Zimmer. DZ nach Saison und Lage (innen/außen) 155–220 €, auch Superiorzimmer und Suiten. Carrer Aribau 33. ☏ 933 239393, ℻ 933 239394. www.axelhotels.com.

*** **Hotel Granvia (48)**, das „Palace für den kleinen Geldbeutel". Im Ernst: Ebensoviel Charme hat das nostalgische kleine Hotel sicher, bei der Ausstattung und dem Erhaltungszustand der geschmackvollen Zimmer sind aber im Vergleich zur Fünfsternekategorie natürlich gewisse Abstriche zu machen. DZ etwa 130–150 €. Gran Via 642. ☏ 933 181900, ℻ 933 189997. www.nnhotels.es.

** **Pensió Hostal Girona (56)**, familiär geführte Pension einige Blocks nordöstlich des Passeig de Gràcia. Geräumige und nett dekorierte Zimmer mit TV, zum Teil mit Balkon. DZ nach Saison, Lage (innen/außen) und Ausstattung (ohne/mit komplettem Bad) etwa 65–90 €. Carrer Girona 24. ☏ 932 650259, ℻ 932 658532. www.hostalgirona.com.

** **Pensió Hostal Edén (32)**, Ende der Neunziger renovierte Altbaupension mit gewissem Flair und vorwiegend jungem Publikum. Die Zimmer fallen unterschiedlich aus, auch vom Komfort her; Spontanbucher sollten versuchen, sie sich vorher anzusehen. Die Räume zur Straße sind nicht gerade leise. DZ/Bad nach Saison rund 50–70 €, ohne Bad günstiger. Carrer Balmes 55. ☏ 934 547363, ℻ 933 502702.

Gràcia

(→ Karte S. 195)

Traditionelle Arbeitergegend mit alternativem Einschlag. Sie liegt etwas vom Schuss, bietet dafür jedoch viel Lokalkolorit.

***** **GL Hotel Monument Casa Fuster (18)**, das erste als „Hotel Monument" ausgezeichnete Quartier der Stadt. Untergebracht ist es in der Casa Fuster von Domènech i Montaner, aller Komfort inklusive Schwimmbad, Panoramaterrasse etc. selbstverständlich. 96 Zimmer und Suiten. Standard-DZ etwa 520 €, Deluxe-DZ 680 €, Suiten bis zu 2250 €. Passeig de Gràcia 132, ☏ 932 553000, ℻ 932 553002, www.hotelescenter.es.

Aparthotel Silver (4), für Selbstversorger eine Überlegung wert, 49 solide ausgestattete Studios mit französischem Bett und Kochecke. Zwei Personen zahlen im „Standard"-Zimmer etwa 95 €, es gibt auch teurere Räume mit Terrasse sowie etwas günstigere Interior-Zimmer ohne Tageslicht. Eigene und relativ preisgünstige Parkgarage (13 €) mit 22 Stellplätzen, die man leider nicht reservieren kann. Carrer Bretón de los Herreros 26 (Metro: Fontana), ☏ 932 189100, ℻ 934 161447, www.hotelsilver.com.

** **Pensió Hostal Lesseps (3)**, mit geräumigen und hübsch gestalteten Zimmern, die großteils nach hinten liegen und so vom Verkehrslärm verschont bleiben, freundliche Vermieterin. DZ/Bad rund 65 €. Gran de Gràcia 239 (Metro: Lesseps), ☏ 932 184434, www.hostallesseps.com.

** **Pensió Hostal San Medín (7)**, etwas zentrumsnäher gelegen. Familiäre Atmosphäre und gute Zimmereinrichtung; die zur Straße hin liegenden Räume sind allerdings nicht ganz ruhig. Oft belegt, Reservierung ratsam. DZ/Bad etwa 65–70 €, ohne Bad 55–60 €. Gran de Gràcia 125 (Metro: Fontana). ☏ 932 173068, ℻ 934 154410. www.sanmedin.com.

Traveller-Treff in Barceloneta: Albergue Sea Point

Jugendherbergen und Hostels

In Barcelona existieren gleich mehrere Herbergen des Internationalen Jugendherbergs-Verbands IYHF. Der JH-Ausweis ist nicht überall nötig, Mitglieder zahlen jedoch weniger. Der Aufenthalt ist meist auf drei bis fünf Tage beschränkt, für Nichtmitglieder manchmal verkürzt. Die Rezeption ist oft nicht durchgehend geöffnet, Reservierung aber ohnehin ratsam. Neben diesen „offiziellen" Quartieren gibt es zahlreiche private Albergues, deren Preise allerdings manchmal etwas höher liegen.

Albergue Mare de Déu de Montserrat (1), → Karte S. **195**, (IYHF), ein ganzes Stück außerhalb der City, noch oberhalb des Parc Güell. Andererseits in sehr schöner Lage, nah auch zum Park Creueta del Coll. Untergebracht in einer „neomaurischen" Villa – trotz der Abgeschiedenheit eine gute Wahl. Nur mit JH-Ausweis, maximale Aufenthaltsdauer drei Tage. Ü/F etwa 15–21 €, für über 25-Jährige 17–25 €. Passeig Mare de Déu dell Coll 41–51. Metro: L3, Vallcarca. ☎ 932 105151, 📠 932 100798. www.xanascat.cat.

Albergue Pere Tarrès (8), → Karte S. **209**, (IYHF), im Viertel Les Corts, also etwas abgelegen. Ü/F im 4- bis 6-Bett-Zimmer p. Pers. etwa 24 €, über 25-Jährige zahlen 28 €. Es gibt auch Doppelzimmer. Carrer Numància 149–151, ☎ 934 301606, 📠 934 196268. www.peretarres.org.

Albergue Gothic Point (12), → Karte S. **138/139**, in günstiger Lage im Viertel La Ribera nahe der Via Laietana. Komfortabel, mit freiem Internetzugang und generell gut konzipiert. Ü/F p. P. 17,50–23 €. Carrer Vigatans 5. ☎ 932 687808, 📠 933 107755. www.gothicpoint.com, www. equity-point.com.

Barcelona Mar Youth Hostel (45), → Karte S. **111**, mit etwas verwirrender Namensgebung, da nicht am Meer, sondern im Viertel El Raval gelegen, einem zwar nachts recht lebendigen, aber auch etwas unsicheren Gebiet. Ü/F nach Saison und Größe 16–27 €. Carrer Sant Pau 80. ☎ 933 248530, 📠 933 248531. info@barcelonamar.com, www.youthostel.com.

Albergue Sea Point (21), → Karte S. **164/165**, praktisch direkt am Strand von Barceloneta gelegen, im Sommer sicher eine interessante Option. Ü/F nach Saison 16–23 €. Plaça del Mar 4. ☏ 932 247075, 📠 932 461552. www.seapointhostel.com, www.equity-point.com.

Albergue-Hostel Itaca (9), → Karte S. **120/121**, direkt im Gotischen Viertel unweit der Kathedrale. Angenehmes Ambiente, gute Ausstattung. Übernachtung nach Saison 20–26 €; Frühstück geht extra. Auch fünf DZ ohne Bad à 50–65 €. Carrer Ripoll 21. ☏ 933 019751. www.itacahostel.com.

Albergue Palau (55), → Karte S. **120/121**, kleine Herberge nahe der Plaça Sant Jaume, mitten im Barri Gòtic. Freundliche Atmosphäre, moderne Ausstattung, sehr gute Lage. Kochmöglichkeit und Internetzugang. Eine Filiale („Hostel New York", Tel. 933 150 304) liegt im Carrer Gignàs 6, Nähe Post. Übernachtung p. Pers. 16–24 €. Carrer Palau 6, am besten vom Carrer Ferràn aus anzusteuern., ☏ 934 125080, 📠 943 195325, www.bcnalberg.com.

Albergue Kabul (51), → Karte S. **120/121**, im Herzen der Stadt, direkt neben den Rambles. Sehr lebendige (für manchen vielleicht allzu lebendige) Atmosphäre. Rund um die Uhr geöffnet. Übernachtung nach Saison und Zimmergröße etwa 20–31 €. Plaça Reial 17, ☏ 933 185190, www.kabul.es.

Camping

Die stadtnächsten Plätze liegen an der nordöstlichen Küste bei El Masnou und südwestlich von Barcelona am Meer bei Gavà, jeweils etwa 15 Kilometer vom Zentrum entfernt. Ergänzende Infos gibt es unter www.campingsbcn.com.

• *Im Norden* **Masnou**, 2. Kat., mit komfortabler Zuganbindung bei El Masnou nordöstlich von Barcelona. Hanggelände, Wiesenboden, die unteren Regionen wegen der nahen Küstenstraße laut. In der Hauptsaison Swimmingpool, Bar/Rest. Einkaufsmöglichkeit, in der NS alles geschlossen. Zu erreichen per Cercanías-Bahnlinie C1 Richtung Mataró-Maçanet, ab Bahnhof Sants oder Plaça Catalunya, Fahrzeit ca. 30 Minuten. Ab Bhf. El Masnou zu Fuß entlang der Küstenstraße zurück, ca. 500 Meter. Autofahrer nehmen die Küstenstraße oder die Ausfahrt Nr. 5 der Autobahn von Mataró. Ganzjährig geöffnet. Pro Pers., Auto, Zelt je etwa 8 €, zur NS günstiger. Camil Fabra 33, ☏ 935 551503, masnou@campingsonline.es.

• *Im Süden* **3 Estrellas**, 1. Kat., großer, gut ausgestatteter Platz bei Gavà, am Sandstrand, mit Pool. Vermietung von Mobil-Homes. Starker Fluglärm. Anfahrt per Bus mit Linie L95 ab Ronda de Universitat, Ecke Rambla de Catalunya; mit dem Auto über die C-31 Richtung Castelldefels, Ausfahrt 13, dann wieder etwa 500 Meter zurück in Richtung Barcelona. Geöffnet etwa Mitte März bis Mitte Oktober. Pro Person 8 €, Auto, Zelt je 9 €, zur NS deutlich günstiger. Carretera C-31 (Autovía de Castelldefels), km. 186,2 , ☏ 936 330637, 📠 936 331525, www.camping3estrellas.com.

Parallel zum Strand: Radweg am Passeig Marítim

La cuina catalana, die katalanische Küche

Das älteste Rezeptbuch Spaniens stammt aus dem Mittelalter und wurde in Katalonien verfasst. An Tradition besteht also kein Mangel.

Gerät man an den richtigen Koch, dann ist auch der kulinarische Einfluss von Frankreich und Italien nicht zu überschmecken; bedingt ist er durch die gemeinsame Geschichte. Klar, dass in einer Hafenstadt wie Barcelona Fisch und Meeresfrüchte die Grundlage des Speisezettels bilden. Zu wahrer Hochform laufen katalanische Köche jedoch auch dann auf, wenn sich die Küchen der Küste und des Gebirges treffen: *Mar i Muntanya* heißt das Zauberwort, unter dem beispielsweise Huhn mit Languste serviert wird – fremdartig, aber köstlich. Diese Kombination von Krustentieren und Geflügel soll übrigens bis auf die Römer zurückgehen.

Obwohl Katalonien also durchaus eine eigene Küchenkultur besitzt, ist es auch auf kulinarischem Gebiet ebenso ein Teil Spaniens. Längst nicht überall sind die Speisekarten nur in katalanischer Sprache gehalten. Bei spanienweit vertretenen Gerichten verwenden wir deshalb auch die spanische (kastilische) Bezeichnung, rein katalanische Spezialitäten werden in der Landessprache benannt. Meist ist der Unterschied übrigens gar nicht so groß, so dass man sich nach einer Weile gut zurechtfindet.

Lokale

Bars: In Spanien praktisch die Kneipe ums Eck. Außer allen möglichen Getränken gibt es zumindest in den auf Einheimische ausgerichteten Bars fast immer auch kleine Gerichte. Hier nimmt man vor dem Gang ins Büro sein

Katalanisch	Spanisch	Deutsch
Tapes	Tapas	*„Häppchen"*
Olives	Aceitunas	*Oliven*
Mandoguilles	Albóndigas	*Fleischbällchen*
Anxova	Anchoas	*Sardellen*
Seitons	Boquerones	*„Fischchen"*
Tripes	Callos	*Kutteln*
Cargols	Caracoles	*Schnecken*
Xampinyons	Champiñones	*Champignons*
Ensalada russa	Ensaladilla rusa	*Russischer Salat*
Empanades	Empanadas	*Gefüllter Fladen*
Faves	Habas	*Bohnen*
Patatas bravas	Patatas bravas	*Kartoffeln scharf*
Truita	Tortilla	*Omelettstück*
Bocatas	Bocadillos	*Sandwichs*
Tonyina	Atún	*Thunfisch (meist Dose)*
Botifarró	Butifarra	*Blutwurst*
Sobrassada	Sobrasada	*Paprikawurst*
Pernil serrà	Jamón serrano	*Schinken (roh)*
Pernil York	Jamón York	*Schinken (gekocht)*
Llomo	Lomo	*warmer Kochschinken*
Formatge	Queso	*Käse*
Salchichon	Salchichón	*Art Salami*

schnelles Frühstück und einen Kaffee und isst vielleicht auch nachmittags noch eine oder zwei Tapas. Sonderformen der Bars sind z. B. **Vinyaterias** (Schwerpunkt auf Wein), **Xampanyerias** (Cava, also Sekt) und **Cerveserias** (Bier).

• *Essen in Bars* **Tapas**, katalanisch **Tapes**, sind leckere Kleinigkeiten aller Art. Oliven, ein Häppchen Schinken, frittierte Fischchen, ein Stück Tortilla – die Auswahl ist bestechend. Früher wurden sie oft gratis zum Getränk serviert, doch ist diese Praxis selten geworden. Eine einfache Tapa kostet je nach Lokal ab etwa zwei Euro, wer sich auf Meeresgetier kapriziert, kann auch wesentlich mehr los werden. Eine „Ración" meint eine Art Über-Tapa, nämlich eine ganze Portion vom Gleichen.

Bocadillos, katalanisch Bocatas: Belegte Weißbrote ohne Butter, etwa in der Art von Baguettes. Sie sind ideal für den sättigenden Imbiss zwischendurch und nur in den einfacheren Bars zu haben. Die Auswahl ist ähnlich breit wie bei Tapas, reicht von Wurst und Schinken über Käse bis hin zu Sardellen und Tortilla.

Pa amb tomàquet: Eine einfache Sommerspeise und katalanische Spezialität – reife Tomaten werden auf Weißbrot zerrieben und mit Olivenöl beträufelt.

Torrades sind geröstetes Weißbrot, das mit Beilagen nach Wahl serviert wird, z. B. mit Schinken, Käse oder gegrilltem Fleisch, manchmal auch als „vegetal" mit Gemüse. Manche Torrades fallen so üppig aus, dass sie eine komplette Mahlzeit ersetzen.

Restaurantes: Ein komplettes Essen besteht in ganz Spanien mindestens aus Vorspeise (primero), Hauptgericht (segundo) und Dessert (postre). Anders als in Italien ist der Wirt jedoch nicht böse, wenn man es z. B. bei Salat und Hauptgericht belässt. Im Inneren von Restaurantes verweist oft ein Schild auf den *comedor*: Es zeigt den Weg zum Speisesaal, der manchmal im ersten Stock liegt.

Baskische Kneipenkultur in Barcelona

Barcelona hat die Tapa, eigentlich keine katalanische Spezialität, neu entdeckt. Das Fremdenverkehrsamt spricht in diesem Zusammenhang sogar von der „vielleicht einzigen Kulturrevolution, die die Stadt in den letzten hundert Jahren erlebt hat". Tapas sind en vogue, kaum ein neu eröffnetes Luxusrestaurant, das sich nicht der großen Kunst der kleinen Portionen widmet. Vorreiter der Bewegung waren jedoch die vielen baskischen Lokale Barcelonas – baskisch ist im Zweifel alles, was ein „Euskal" im Namen trägt. Die baskische Tapa-Variante heißt *Pintxos* (gesprochen: „Pintschos"), leckere Kleinigkeiten, die mit einem Zahnstocher auf einem Stück Weißbrot befestigt sind, und die man sich im Selbstbedienungsverfahren auf den vom Barkeeper ausgegebenen Teller packt. Die Zahnstocher dienen auch der Abrechnung, zeigen sie doch die Anzahl der verzehrten Pintxos: Ehrlichkeit steht also hoch im Kurs. Als passende Begleitung empfiehlt sich beispielsweise der nordspanische Apfelwein *Sidra*, der vom Kellner auf artistische Weise von hoch oben eingeschenkt wird, damit er schön schäumt, alternativ auch ein Gläschen („Txikito") Wein, zum Beispiel vom spritzigen baskischen *Txakolí*. Beim Fassbier heißt das kleinste baskische Quantum „Zurito".

• *Einige Tipps zum Thema „Essengehen"*

Essenszeiten: Sie beginnen in Barcelona viel später als bei uns, das Mittagessen keinesfalls vor 13 Uhr, meist sogar erst um 14 Uhr oder danach; zum Abendessen braucht man nicht vor 21 Uhr anzutreten.

Platz nehmen: In ganz Spanien gilt es als ausgesprochen unhöflich, sich zu einem Fremden an den Tisch zu setzen. In den meisten Restaurants wird man aber ohnehin vom Kellner platziert, setzt sich also nicht einfach an einen freien Tisch. In besseren Restaurants ist es grundsätzlich ratsam, zu reservieren.

Zahlen: Die Rechnung verlangt man mit „el compte, si us plau", auf spanisch „la cuenta, por favor". Der Umgang mit der Mehrwertsteuer IVA wird unterschiedlich gehandhabt. Vor allem in teureren Restaurants wird die Mehrwertsteuer manchmal erst beim Zahlen auf den Gesamtbetrag aufgeschlagen. Getrenntes Zahlen ist absolut unüblich. Einer am Tisch begleicht die Rechnung und die anderen geben ihm ihren Anteil oder übernehmen die nächste Runde.

Trinkgeld: Beim Bezahlen lässt man sich zunächst das Wechselgeld herausgeben und dann, je nach Zufriedenheit, einen gewissen Betrag auf dem Tellerchen liegen. Die übliche Zehn-Prozent-Regelung wird in Spanien nicht so eng gesehen.

Menú del Dia: Das „Tagesmenü", meist nur zur Mittagszeit an Werktagen angeboten, ist ein Festpreismenü, das oft sehr günstig Vorspeise, Hauptgericht, Dessert und wahlweise Wasser oder ein Viertel Wein beinhaltet. In Lokalen, in denen Einheimische die Gästemehrheit bilden, ist es fast grundsätzlich gut und reichhaltig.

Katalanische und spanische Spezialitäten

Typisch für die katalanische Küche ist die Verwendung zweier Fette: Schweineschmalz als Bratfett für Fleisch und Olivenöl für alles andere.

Vorspeisen und Salate: Auffällig ist der reichliche Gebrauch von Gemüse in vielen Variationen. Auch Salate sind beliebt, Suppen werden eher im Winter gegessen.

• *Katalanische Vorspeisen* **Escalivada**: Auf dem Holzkohlengrill geröstete Paprika, Zwiebeln und Auberginen; angemacht mit einer Mischung aus Knoblauch und Olivenöl. Eine Köstlichkeit, die man probiert haben sollte.

Katalanisch	Spanisch	Deutsch
Pa	Pan	*Brot*
Mantega	Mantequilla	*Butter*
Oli	Aceite	*Öl*
Vinagre	Vinagre	*Essig*
Sal	Sal	*Salz*
Pebre	Pimienta	*Pfeffer*
All	Ajo	*Knoblauch*
Amanida	Ensalada	*Salat*
d'arròs	de arroz	*Reissalat*
de marisc	de marisco	*Meeresfrüchtesalat*
del temps	del tiempo	*nach Saison*
Verda	Verde	*grüner Salat*
Trempó	Trampó	*Tomaten, Paprika, Zwiebeln*

Esqueixada: Salat aus Tomaten, Paprika, Zwiebeln, Oliven und dem Stockfisch Bacallà. Schmeckt besser, als es für manchen vielleicht klingt.

Calçots, auf dem Holzkohlengrill geröstete Frühlingszwiebeln, werden mit der pikanten, „salbitixada" genannten Sauce serviert, sind aber nur von etwa Januar bis in den Mai erhältlich und auch dies längst nicht überall.

Saucen: Gemeinsam ist vielen katalanischen Gerichten die Verwendung gewisser Grund-Saucen, alle auf Gemüsebasis. Ihre Kenntnis bildet geradezu den Schlüssel zur katalanischen Küche.

Sofregit besteht nur aus in Öl gedünstetem Knoblauch, Zwiebeln und Tomaten und ist Grundbestandteil vieler Gerichte.

Picada: Ein damit gewürztes Gericht verspricht mit einer Mischung aus zerstoßenen Mandeln, Knoblauch, Petersilie und geröstetem Brot ungeahnte Geschmackserlebnisse; gelegentlich sind noch zerriebene Haselnüsse oder Pinienkerne mit von der Partie.

Romesco: Ähnlich der Picada, doch mit dem Zusatz von Tomaten und „Romesco" genannten Peperoni aus der Provinz Tarragona. Romescos werden, kalt oder warm, meist zu Fischgerichten serviert.

Samfaina: Eine Art Ratatouille aus Paprika, Auberginen, Zucchini, Tomaten, Zwiebeln und Knoblauch; gegessen als Beilage oder püriert als Sauce.

Allioli ist als Beilage zu Grillfleisch und manchen Fischgerichten in unseren Breiten schon recht bekannt. Es handelt sich eigentlich um eine Mischung nur aus Knoblauch und Olivenöl; die mit Eigelb versetzte mayonnaiseartige Version gilt als nicht original, wird aber ebenso gern gegessen.

Eiergerichte (Ous/Huevos): In Spanien als *Tortilla* einer der Klassiker überhaupt, werden Omeletts als Vorspeise wie als Hauptgericht gegessen. Auf katalanisch heißen sie *Truita* und bergen so eine Verwechslungsgefahr zur gleichnamigen Forelle in sich. Enthalten kann so eine Truita alles mögliche, von Kartoffeln bis Garnelen.

Reisgerichte (Arrossos/Arroces): Reisgerichte, weltberühmt die *Paella* aus Valencia, haben ihren katalanischen Ursprung in der Provinz Tarragona, genauer gesagt im Gebiet des Ebre-Delta, wo der Reis angebaut wird, sind aber natürlich auch in Barcelona breit vertreten.

• *Katalanische Reisspezialitäten* **Arròs a banda** ist ein Reisgericht mit Meeresgetier. Der Reis und die Beilagen werden separat serviert.

Arròs negre: Der schwarz gefärbte Reis wirkt auf den ersten Blick ungewöhnlich. Die dunkle Tönung rührt von der mitgekochten Tinte des Tintenfischs her.

Rossejat: Ein traditionelles und sehr beliebtes Reisgericht, das im Ofen überbacken wird; auch mit Nudeln statt Reis erhältlich.

Paella: Valencia, die Heimat der Paella, zählt zum Sprachraum des Català, weshalb die Paella noch fast als katalanische Spezialität durchgehen kann. Es gibt sie in mehreren Variationen, als „Mixta" bzw. „Valenciana" mit Fleisch und Meeresfrüchten, als „de Marisco" nur mit Meeresfrüchten etc. Eine anständige Paella wird über offenem Feuer frisch zubereitet, sollte also nicht aus der „Sammelpfanne" kommen, wie bei

Katalanisch	Spanisch	Deutsch
Carn	Carnes	*Fleisch*
Bistec	Bistec	*Beefsteak*
Costella	Chuletas	*Koteletts*
Escalopa	Escalope	*Schnitzel*
Filet	Solomillo	*Filet*
Cabrit	Cabrito	*Zicklein*
Porc	Cerdo	*Schwein*
Conill	Conejo	*Kaninchen*
Xai	Cordero	*Lamm*
Guatlle	Cordoniz	*Wachtel*
Faisà	Faisán	*Fasan*
Fetge	Hígado	*Leber*
Perdiu	Perdiz	*Rebhuhn*
Pollastre	Pollo	*Huhn*
Ronyons	Riñones	*Nieren*
Vedella	Ternera	*Kalb*
Vaca	Vaca	*Rind*

manchen Billigangeboten üblich. Sie benötigt daher ihre Zeit (ca. 30 min.) und wird auch nur für mindestens zwei Personen angeboten. Leider ersetzt heute manchmal Lebensmittelfarbe den eigentlich für die goldfarbene Tönung zuständigen Safran.

Schneller Happen in der Bar ums Eck

Nudelgerichte (Pastes/Pastas): Ein Erbe aus der Vergangenheit, als Katalonien im Verein mit Aragón Sizilien und Sardinien regierte.

• *Katalanische Nudelspezialitäten* **Canelons**, gefüllte Nudelröhren nach Art der italienischen Canneloni. In vielen Variationen erhältlich: gefüllt mit Spinat, mit Käse überbacken etc. Am 26. Dezember sind sie das traditionelle Essen.

Fideuà: Eine Art „Nudelpaella" mit Meeresfrüchten, nämlich ein Pfannengericht aus gebratenen Nudeln und Fisch, Tintenfisch oder Garnelen.

Fleischgerichte: Rindfleisch ist natürlich auch erhältlich, Huhn ohnehin, doch gebühren die Küchenmeriten den zahllosen Zubereitungsarten von Schwein, Lamm und Zicklein. Köstlich sind die katalanischen Würste.

• *Katalanische Fleischspezialitäten* **Escudella i carn d'olla**: Das katalanische Nationalgericht, ein Fleisch-Gemüse-Eintopf, der neben „Botifarra"-Würsten auch die „Pilota" genannten Fleischklöße enthält und in zwei Gängen serviert wird: zuerst Suppe, dann das Fleisch. Eine typische Winterspeise, leider selten im Restaurant erhältlich.

Conill amb allioli: Kaninchen, meist „a la plancha" zubereitet, also vom heißen Blech. Serviert mit der schon bekannten Knoblauchmayonnaise – wunderbar.

Zubereitungsarten für Fleisch und Fisch

Katalanisch	Spanisch	Deutsch
a la brasa	a la brasa	*vom Grill*
a la planxa	a la plancha	*vom heißen Blech*
a l'ast	al ast	*vom Drehspieß*
a la cassola	a la cazuela	*in der Kasserolle*
a la marinera	a la marinera	*nach „Seemannsart"*
al forn	al horno	*im Backofen*
bullit/cuit	cocido	*gekocht*

Pollastre amb Llagosta: Huhn mit Languste, ein typisches Gericht des „Mar i Muntanya". Alternativ zur Languste wird Huhn auch mit Gambas kombiniert.

Fisch und Meeresfrüchte: Die Überfischung des Mittelmeers ist auch in Barcelona spürbar – Maritimes kostet meist mehr als Fleisch. Die Auswahl ist dennoch riesig. Für uns ungewöhnlich, aber für Katalonien typisch ist *bacallà*, getrockneter Kabeljau. Im Schaufenster sehen die dünnen, weißen Stücke nicht allzu appetitlich aus; sie munden aber,

Katalanisch	Spanisch	Deutsch
Peix	Pescados	*Fisch*
Tonyina	Atún	*Thunfisch*
Bacallà	Bacalao	*Stockfisch*
Besuc	Besugo	*Seebrasse*
Bonítol	Bonito	*kl. Thunfisch*
Déntol	Dentón	*Zahnbrasse*
Orada	Dorada	*Goldbrasse*
Llenguado	Lenguado	*Seezunge*
Lluç	Merluza	*„Seehecht"*
Mero	Mero	*Zackenbarsch*
Rap	Rape	*Seeteufel*
Salmó	Salmón	*Lachs*
Sardines	Sardinas	*Sardinen*
Marisc	Mariscos	*Meeresfrüchte*
Cloïsses	Almejas	*Venusmuscheln*
Escopinyes	Berberechos	*Herzmuscheln*
Llamàntol	Bogavante	*Hummer*
Calamars	Calamares	*Tintenfisch (klein)*
Calamarsons	Chipirones	*Tintenfisch (noch kleiner)*
Gambes	Gambas	*Garnelen*
Llagosta	Langosta	*Languste*
Llagostins	Langostino	*Hummerkrabben*
Musclos	Mejillones	*Miesmuscheln*
Sèpia	Sepia	*Tintenfisch (groß)*

Katalanisch	Spanisch	Deutsch
Postres	Postre	*Nachtisch*
Flam	Flan	*Karamelpudding*
Pastís	Pastel	*Gebäck*
Gelat	Helado	*Eis*
Formatge	Queso	*Käse*
Mel i mató	Miel y mató	*Frischkäse mit Honig*
Fruita	Fruta	*Obst*
Maduixes	Fresas	*Erdbeeren*
Poma	Manzana	*Apfel*
Préssec	Melocotón	*Pfirsich*
Meló	Melón	*Melone*
Taronja	Naranja	*Orange*
Pera	Pera	*Birne*
Pinya	Piña	*Ananas*
Aranja	Pomelo	*Grapefruit*
Raïm	Uva	*Trauben*
Codonys	Membrillos	*Quitten*
Suc de fruta	Zumo de Fruta	*Fruchtsaft*

nach dem Einweichen in Wasser und zu einer der vielen Bacallà-Spezialitäten verarbeitet, ganz hervorragend.

• *Katalanische Fischspezialitäten* **Sarsuela**: Eine köstliche Erfindung aus Barcelona ist dieser „Singspiel" genannte Eintopf aus Meeresfrüchten und Fisch in Tomaten-Weinsauce. Eine gute Sarsuela hat ihren Preis.

Suquet de peix: Im Prinzip ähnlich, doch wird überwiegend Fisch verwandt. Suquets gibt es in Barcelona annähernd soviele, wie es Köche gibt.

Süßspeisen: Viele traditionelle Süßigkeiten werden besonders an einem bestimmten Festtag gegessen, sind aber meist das ganze Jahr erhältlich. Eine herrliche Erfrischung an heißen Sommertagen ist natürlich Obst – wie wäre es z. B. mit einer kühlen Scheibe Wassermelone (*Sandía*)?

• *Katalanische Süßspeisen* **Crema catalana** ist das klassische Dessert Kataloniens, eine Creme aus Ei, Milch und karamelisiertem Zucker – Pflicht am Josefstag, dem 19. März.

Bunyols, ein leichtes Fettgebäck, ist als Nachtisch zur Fastenzeit beliebt.

Coca, ein flaches Hefegebäck. Coca gibt es vor allem am Johannistag, genauer gesagt in der feuerwerksblitzenden Johannisnacht des 23. zum 24. Juni.

Getränke

Wein

Der bekannteste Wein Spaniens kommt sicherlich aus der Region La Rioja; wer ihn bestellt, geht nie fehl. Doch sollte man in Katalonien den vorzüglichen heimischen Qualitätsweinen eine Chance geben, man wird nicht enttäuscht werden. Auch die einfacheren Weine ohne Qualitätsbezeichnung („Vi/Vino de la Casa" oder „del país") sind in aller Regel durchaus trinkbar.

Katalanische Weinbaugebiete: Wie alle spanischen Weinregionen sind auch

Cava aus Katalonien

Schon seit dem Mittelalter produziert Katalonien ganz hervorragenden Schaumwein, der sich mit Champagner durchaus messen kann. Die Cavas („Keller") stammen vorwiegend aus dem Gebiet Penedès westlich von Barcelona, und hier wiederum vor allem aus Sant Sadurní d'Anoia, der „Hauptstadt der Cavas". Cava dürfen sich nur solche Schaumweine nennen, die nach der auch in Katalonien traditionellen Méthode Champenoise in der Flasche reifen. Die Giganten des Marktes sind Codorníu und Freixenet, beide durch verstärkte Marketing-Offensiven auch in Mitteleuropa gut bekannt. Klassifiziert wird Cava nach der Zuckermenge, die vor der Gärung hinzugefügt wird und die Süße des Ergebnisses bestimmt: *Brut* (trocken), *Sec* („trocken": manchem schon zu süß), *Semisec* („halbtrocken": süß), *Dolç* („süß": Zuckerwasser). Die ideale Trinktemperatur für Cava liegt bei 6–8 Grad Celsius. Vom echten Cava zu unterscheiden sind die *granvas*, die ihre Gärung in Tanks oder großen Fässern durchmachen. Das Ergebnis muss nicht zwangsläufig schlechter sein. Bedenklich wird es bei den *gaseosos*, die ihre Sprudelbläschen dem Zusatz von Kohlensäure verdanken und meist wirklich kopfwehsüß sind.

Kataloniens Weinbaugebiete unter der Herkunftsbezeichnung D.O. (Denominació d'Origen) geschützt. In Spanien sind sie wohlbekannt, in Mitteleuropa dagegen bislang weniger – zu Unrecht, wie viele meinen.

D.O. Empordà-Costa Brava, das Weinbaugebiet der Costa Brava, gleich hinter der französischen Grenze. Es ist die Heimat fruchtiger Rosés mit leichter Säure, aber auch kräftigerer Rotweine.

D.O. Alella, kurz vor Barcelona. Hier keltert man vor allem herbere, geschmacksreiche Weißweine, bemüht sich aber, die Palette um leichtere Sorten zu erweitern. Sie sollten sehr jung getrunken werden.

D.O. Penedès, westlich von Barcelona. Das bedeutendste und qualitativ herausragende der katalanischen Weinbaugebiete. Die Region ist vor allem berühmt für ihre Schaumweine, produziert aber auch hervorragende, leichte Weiß-, Rot- und Roséweine.

D.O. Pla de Bages: Nördlich des Penedés, empfehlenswert die Weine der Bodega S.A.T. Masies d'Avinyó.

D.O. Tarragona, Conca de Barbera, Terra Alta, Priorat, Montsant: Sie alle schließen sich südlich oder westlich an Penedès an. Hervorzuheben sind besonders die D.O. Priorat mit ihren tiefdunklen und schweren (wenn auch häufg überteuerten) Rotweinen und die D.O. Tarragona mit dem legendären Falset.

D.O. Costers del Segre: Ein nördlicher Nachbar der D.O. Conca de Barbera. Gute Produzenten von Rotweinen sind hier die Kellereien Raimat und Castell del Remei.

D.O. Catalunya, eine erst 2001 eingeführte Bezeichnung. Sie umfasst rund 350 Gemeinden in der gesamten Region, die nicht zu den anderen katalanischen D.O. gezählt werden können.

Bier: Bier (*Cervesa*, span. Cerveza) gibt es in zahlreichen deutschen Sorten, doch ist der einheimische Gerstensaft auch durchaus trinkbar und zudem preisgünstiger. Ein Glas vom Fass bestellt man mit „una caña", eine Flasche (Botella) schlicht mit „una cervesa". Eine traditionsreiche Marke (gegründet 1856) aus Barcelona, die jahrzehntelang verschwunden war, in jüngster Zeit jedoch wiedererweckt wurde, ist „Moritz". Alkoholfreies Bier (Cervesa sin alcohol) gibt es fast überall in kleinen Flaschen.

Härtere Alkoholika: Sie sind in Spanien immer noch sehr preisgünstig, leider auch ein Urlaubsanreiz für trinkfeste Zeitgenossen aus dem Norden, die zunehmend Barcelona überschwemmen. Dem will die Stadtverwaltung entgegentreten: Alkoholkonsum auf der Straße (das gilt auch schon für Bier) wurde verboten und mit deftigen Geldbußen bedroht.

Sangría: Die angeblich so „typisch spanische" Mischung aus Rotwein, Brandy, Orangen- oder Pfirsichsaft und Zucker wird von Spaniern selbst nur selten getrunken. Sie wissen warum, der Kopfschmerz am nächsten Tag kann fürchterlich sein.

Sherry: Ein Aperitif- oder Likörwein mit Stärkegraden zwischen etwa 15 und 18 Prozent Alkohol. Keine katalanische Spezialität, sondern heimisch in Andalusien, allerdings in ganz Spanien gern getrunken. Aufgrund der Reifung nach der „Solera-Methode" gibt es bei Sherry (spanisch: Jerez) keine Jahrgangsweine, die Qualität bleibt immer gleich. Sorten von trocken bis süß: Fino, Amontillado, Oloroso, „Cream Sherry", ein verschnittener Oloroso.

Brandy: Fälschlicherweise, aber geschmacklich relativ treffend auch als „Coñac" bezeichnet. Ein Weinbrand, dessen beste Sorten aus Andalusien kommen. Dort reifen sie in alten Sherry-Fässern, was ihnen den speziellen Geschmack und die besondere Färbung verleiht.

Aguardientes: „Feuerwasser", Sammelbezeichnung für alle Arten von Schnaps.

Alkoholfreies: Erfrischungsgetränke gibt es im üblichen internationalen Angebot. *Granizados* sind dagegen etwas Besonderes, eine Art halbflüssiges Wassereis, meist in den Geschmacksrichtungen *café* oder *limón* (Zitrone).

Kaffee bedeutet in Spanien immer etwas in der Art von Espresso. *Café solo* ist schwarz, *Café cortado* enthält etwas Milch, während *Café con leche* aus einem Tässchen Espresso mit sehr viel Milch besteht, optimal fürs Frühstück. Noch mehr Milch enthält die *Leche manchada*. Ein *Carajillo* ist ein Kaffee mit „Schuss", wahlweise mit Brandy, Whisky oder anderen Alkoholika.

Xocolate/Chocolate ist eine ganz unglaublich dicke flüssige Schokolade. Zum Frühstück allein schon fast sättigend, wird sie meist mit dem Fettgebäck Xurros (Churros) serviert.

Horchata de chufa: Süße Erdmandelmilch, die aus der Region Valencia kommt, aber auch in Barcelona zu haben ist. Sie sollte frisch hergestellt sein, industrielle Horchata schmeckt mäßig.

Gute Stimmung: baskische Bar im Born

Immer im Trend: Barcelonas Boutiquen

Wissenswertes von A bis Z

Ärztliche Versorgung

Prinzipiell übernehmen die gesetzlichen Krankenkassen die Kosten ärztlicher Behandlungen im EU-Ausland. Erkundigen Sie sich jedoch vorab bei Ihrer Kasse über die aktuelle Verfahrensweise und den benötigten Versicherungsnachweis. Um der Bürokratie aus dem Weg zu gehen und vor unangenehmen Überraschungen sicher zu sein, ist die *Urlaubs-Krankenversicherung*, die z. B. im Gegensatz zu fast allen anderen Versicherungen auch medizinisch notwendige Krankenrücktransporte einschließt, in jedem Fall eine sinnvolle Ergänzung. Zu erhalten ist sie zu sehr günstigen Tarifen bei manchen Automobilclubs und bei fast allen Krankenversicherungen, natürlich auch für Mitglieder gesetzlicher Kassen.

Bester Ansprechpartner im akuten Notfall ist die Notaufnahme *Urgències* eines Krankenhauses (Hospital); sie ist rund um die Uhr geöffnet und behandelt mit gesetzlichem Versicherungsnachweis kostenlos. Bei niedergelassenen Ärzten muss man in aller Regel bar bezahlen, lässt sich dann unbedingt eine genaue Rechnung mit Diagnose und Aufstellung der ärztlichen Leistungen geben und reicht diese beim Versicherer zur Rückerstattung ein. Gesetzliche Kassen erstatten in diesem Fall nur die heimischen Gebührensätze.

Notruf (Urgencia): ✆ *112*. Diese Notrufnummer für Polizei, Ambulanz und Feuerwehr funktioniert landesweit. Polizeinotruf ✆ *091* (Policia Nacional), Ambulanz ✆ *061*.

Apotheken *(farmàcies)* können bei kleineren Wehwechen oftmals den Arzt ersetzen. Die spanischen Apotheker dürfen auch manche Medikamente abgeben, die daheim rezeptpflichtig sind.

Nacht- und Sonntagsdienste (farmàcies de guardia) sind an jeder Apotheke angeschlagen.

• *Krankenhäuser mit Notaufnahme* **Hospital Clínic**, das Hauptkrankenhaus der Stadt, Carrer Villaroel 170 (Eixample), ✆ 932 275400; Metro: Hospital Clinic.

Hospital del Mar, Passeig Marítim 23–31 (Barceloneta), ✆ 932 483011. Metro: Ciutadella-Vila Olímpica.

Urgències Perecamps, vor allem für minder schwere Fälle, Verletzungen etc. Avinguda Drassanes 13–15 (Raval, unweit Rambles), ✆ 934 410600. Metro: Drassanes oder Paral.lel.

• *Deutschsprachige Ärzte* Eine umfangreiche Liste (z. B. auch zum Ausdrucken vor der Reise) von deutschsprachigen Allgemein- und Fachärzten findet sich auf den Seiten des Deutschen Generalkonsulats: www.barcelona.diplo.de/Vertretung/barcelona/de/Downloadbereich.html.

Deutsche Ärztegemeinschaft DÄG, unter anderem mit deutschsprachigem Allgemeinarzt und Internisten, in der Clínica del Remedio, Carrer Escorial 148 (Gràcia), ✆ 666 688311, Metro: Joanic. www.dagbcn.com.

Dr. Karola Benning, Praxis für Innere Medizin und Rheumatologie, Diagonal 499, 1/1, am Rand von Eixample, ✆ 933 631104.

• *Deutschsprachige Zahnklinik* **Dental Clinic Center**, Passeig de Gracia 8, 2/2ª, in Eixample, ✆ 934 121695, www.dentalcliniccenter.com.

• *Infos über Nacht- und Sonntagsdienste von Apotheken* ✆ 010 oder www.farmaciesdeguardia.com.

• *24-Stunden-Apotheken* Beide liegen zentral und sind rund um die Uhr geöffnet. **Farmàcia Clapés**, Rambles 98, ✆ 933 012843. Metro: Liceu.

Farmàcia Castells Soler, Passeig de Gràcia 90, Nähe Casa Milà, ✆ 934 876145, Metro: Passeig de Gràcia.

Drogen

Spanien zählt zu den europäischen Ländern mit relativ liberalen Drogengesetzen. Der Besitz kleiner Mengen für den eigenen Gebrauch gilt nicht als Straftat. Auf Handel stehen hingegen harte Freiheitsstrafen, und der Besitz oder Konsum von Drogen in der Öffentlichkeit können als Ordnungswidrigkeit mit einer Geldbuße belegt werden. Dennoch wird in Barcelona teilweise recht offen „Chocolate" (Haschisch) geraucht. Interessenten sei gesagt, dass die Polizei immer Mittel und Wege findet, den Ertappten Probleme zu bereiten, und dass die spanischen Gefängnisse nicht gerade zu den komfortableren Europas zählen. Bei der weichen Droge „Chocolate" mag das polizeiliche Interesse sich je nach Sachlage in Grenzen halten. Verlassen sollte man sich darauf vor allem als Fremder jedoch besser nicht. Wer als Ausländer mit harten Drogen erwischt wird, bekommt in jedem Fall gewaltigen Ärger.

Einkaufen

Einkaufen in Barcelona kann zur Sucht werden, das Angebot ist riesig. Billig ist die Stadt freilich nicht, auch wenn sich, beispielsweise bei Schuhen und Kleidung, gelegentlich echte Schnäppchen machen lassen. Besonders wahrscheinlich ist das zur Zeit des saisonalen Schlussverkaufs vom 7. Januar bis Anfang März sowie vom 1. Juli bis Ende August: Achten Sie auf das Schild „Rebaixes" (span.: Rebajas), das herabgesetzte Preise signalisiert.

• *Einkaufszonen* **Altstadt**: Preisgünstigere Boutiquen und Schuhgeschäfte finden sich vor allem an der Avinguda Portal de l'Angel, am Carrer Portaferrissa, Carrer de la Palla, Carrer del Pi und am Carrer Pelai. Junge, innovative Shops um den Carrer d'Avinyó sowie um den Passeig del Born im Ribera-Viertel, z. T. auch in El Raval, traditionelle Geschäfte besonders um die Kathedrale und die Plaça del Pi.

Eixample, mit den Rondas und der Plaça de Catalunya, vor allem aber dem Passeig de Gràcia und der Rambla de Catalunya sowie den oberen, nahe der Diagonal gelegenen Bereichen des Carrer Balmes und des Carrer Muntaner, ist das Gebiet der internationalen Ketten, großen Modelabels und Designerläden.

Diagonal, hier reihen sich vor allem die großen Shoppingcenter, die zahlreiche Geschäfte unter einem Dach vereinen.

Außerhalb: „La Roca Village", ein Outlet nahe der Autobahn AP-7 Richtung Girona, Ausfahrt 12 Cardedeu. Empfohlen von Leserin Dörte Hecker: „Interessante Architektur, gute Angebote". Viele bekannte Marken. Offen Mo–Fr 10–21 Uhr (Winter 11–20.30 Uhr), Sa 10–22 Uhr, So geschlossen. www.larocavillage.com.

• *Floh- und Sammlermärkte* **Els Encants**, an der Plaça de les Glòries; Mo, Mi, Fr, Sa, tagsüber; am meisten Betrieb herrscht zwischen 7 und 15 Uhr. Sehr lebendiger Flohmarkt für Kleidung, Schmuck und Trödel. Über einen Umzug (eventuell in die Arena Plaza de Toros Monumental) wird seit Jahren spekuliert.

Antik-Markt, jeden Do außer im August, am Platz vor der Kathedrale, von 9–20 Uhr.

Antik-Markt, jeden Sa/So von 11–21 Uhr, am Hafen, Nähe Kolumbusdenkmal.

Briefmarken & Münzen, jeden So von 9 bis 14.30 Uhr an der Plaça Reial.

Bücher & Münzen, jeden So von 9 bis 14 Uhr am Mercat Sant Antoni hinter dem Viertel El Raval. Auch Comics.

Gemälde, jeden Sa 11–20.30 Uhr und So 10–15 Uhr an der Plaça Sant Josep Oriol.

• *Souvenirs* Eine nette Erinnerung sind kulinarische Souvenirs. Wie wäre es mit ein paar Flaschen Cava, Wein oder Coñac? Alles ausgesprochen preiswert. Ebenfalls deutlich günstiger als bei uns sind kubanische Zigarren.

• *Estancos* Die Tabakläden, kenntlich an dem braunen Schild mit der orangen Aufschrift „Tabacos", sind immer noch eine Institution in Spanien. Im Estanco, auf katalanisch Estanc genannt, gibt es nicht nur Zigaretten, Zigarren und Tabak in breiter Auswahl, Feuerzeuge und anderes Raucherzubehör: Hier sind ebenso Briefmarken und Telefonkarten erhältlich, oft auch Zehnerkarten für die Metro etc.

Ermäßigungen

Ermäßigungen für Museen, Kulturzentren etc. gibt es i.d.R. für Kinder, Studenten mit Ausweis und oft auch über 65-Jährige. Am ersten Sonntag und/oder Mittwoch im Monat ist in manchen Museen der Eintritt frei.

Barcelona Card: Eine Art Scheckkarte, die neben freier Fahrt in öffentlichen Verkehrsmitteln auch Rabatte oder freien Eintritt beim Besuch vieler Sehenswürdigkeiten, in

Zugang auch mit „Articket": Fundació Miró

manchen Restaurants etc. bringt. Zwei Tage kosten 25 €, fünf Tage 40 €. Ob sie sich lohnt, hängt von der Intensität der Nutzung ab. Infos und Verkauf z. B. in allen Infostellen des Turisme de Barcelona (→ A–Z, Information; bei Internetkauf 10% Rabatt) und in Filialen des Kaufhauses Corte Inglés.

Articket: Ein „Kunst-Pass" für sieben Ausstellungsgebäude und Museen, Preis 20 €, Gültigkeit sechs Monate. Angeschlossene Einrichtungen (hier auch Verkauf): Museum für zeitgenössische Kunst (MACBA), Zentrum zeitgenössischer Kultur (CCCB), Picasso-Museum, Fundació Joan Miró, Nationalmuseum katalanischer Kunst (MNAC), Fundació Antoni Tàpies und Fundació Caixa Catalunya (Casa Mila). Erhältlich auch bei allen Infostellen von Turisme de Barcelona.

Arqueoticket, ein ähnliches Sammelticket, diesmal für Freunde der Archäologie und Geschichte. Gültig für fünf Museen: Museu Marítim, Museu d'Historia de la Ciutat, Museu

Barbier-Mueller, Museu Egipci de Barcelona und Museu d'Arqueologia de Catalunya. Preis 18 €, erhältlich in den Museen und bei den Infostellen von Turisme de Barcelona.

Ruta del Modernisme: Ein Sightseeing- und Rabattsystem, das sich an ausgesprochene Modernisme-Liebhaber wendet. Mit dem zuvor erworbenen Buch „Ruta del Modernisme" (12 €, im Buchhandel oder den Modernisme-Centern selbst) erhält man in einem der drei „Modernisme-Center" (Infostelle Plaça de Catalunya, Hospital de la Santa Creu i Sant Pau und Pavellons Güell) Gratisgutscheine, die dem Besitzer beim Besuch vieler Monumente und Museen etc. Rabatte von bis zu 50 % gewähren; für Begleitpersonen kosten die Voucher 5 €, unter 18 J. gratis. Weitere Infos unter www.rutadelmodernisme.com.

Geld

Gleich das ganze Bargeld für die Reise mitzuschleppen ist nicht ohne Risiko. Es gibt sicherere Alternativen.

Geldautomaten („Bancomat"): Wohl mit die beste und bequemste Lösung, bei einer Filiale der heimischen Bank sogar umsonst. Bei *Verlust* der Magnetkarte sofort das Konto sperren lassen, ebenso dann, wenn der Automat sie einbehalten hat, da Bancomaten gelegentlich von Betrügern manipuliert werden. Vorsicht beim nächtlichen Abheben im Freien; besser (ohne fremde Gesellschaft) den Vorraum einer Bank aufsuchen.

Sperrnummer für Bank- und Kreditkarten: 0049 116116. Diese einheitliche Sperrnummer gilt mittlerweile für die Mehrzahl der deutschen Bankkunden. Aus dem Ausland ist sie zusätzlich unter 0049 30 4050 4050 anwählbar. www.sperr-notruf.de.

Kreditkarten: Die gängigen Karten werden von fast allen größeren Hotels, teureren Restaurants etc. akzeptiert. Auch Geldabheben vom Automaten ist möglich.

Reiseschecks: Beim Kauf von Reiseschecks wird eine Gebühr inklusive Versicherungsprämie fällig. Trotzdem werden in Spanien auch von der einwechselnden Bank noch teilweise recht horrende Gebühren einbehalten – vor dem Wechseln nach der Höhe der *comisión* fragen! Öffnungszeiten der Banken: Mo–Fr 8.30–14 Uhr, von Oktober bis April vielfach auch Sa bis 13 Uhr.

Postsparbuch: Mit der „Postbank SparCard 3000 plus" sind zehn Abhebungen an Visa/Plus-Automaten im Jahr kostenlos. Weitere Details in den Filialen der Postbank.

Schnelles Geld: Bei finanziellen Nöten, die sofortige Überweisungen aus der Heimat nötig machen, ist die Geldüberweisung mit Western Union die flotteste Methode. Der zu überweisende Betrag wird auf dem heimischen Postamt eingezahlt und trifft wenig später auf der spanischen Post ein. Mit saftigen Gebühren ist allerdings zu rechnen.

Haustiere

Ein ernstgemeinter Rat: Lassen Sie Ihren Hund nach Möglichkeit zu Hause. Zum einen ist die Anreise per Flugzeug vor allem für größere Hunde traumatisch, da sie in einer Transportbox im lauten und dunklen Frachtraum untergebracht werden müssen. Zum anderen ist das Reisen mit den vierbeinigen Freunden immer noch großen Beschränkungen unterworfen. Die Mehrzahl der Hotels akzeptiert keine Hunde, auch an vielen Türen von Restaurants ist das Schild „No Gossos" beziehungsweise „Perros No!" zu lesen. Strände sind für Hunde ebenso gesperrt wie die öffentlichen Verkehrsmittel.

EU-Pass: Die EU hat einen für Hunde, Katzen und Frettchen (ja!) obligatorischen „Reisepass" eingeführt, durch den die Identität des Tiers nachgewiesen und attestiert wird, dass es gegen Tollwut geimpft ist. Über Details informiert der Tierarzt.

Information

Spanisches Fremdenverkehrsamt: Informationsstellen der spanischen Tourismusbehörde gibt es in Deutschland, Österreich und der Schweiz. Um die Büros zu entlasten, wurde für die Bestellung von Prospekten eine separate, für ganz Deutschland zuständige Serviceleitung geschaffen.

• *Deutschland* **Serviceleitung**: ✆ 06123 991 34, 📠 06123 9915134. Die richtige Telefonnummer für die Anforderung von Broschüren, Hotelverzeichnissen, Festkalendern etc.

Fremdenverkehrsämter: 10707 **Berlin**, Kurfürstendamm 63, ✆ 030 8826541, ✆ (030) 8826 661. berlin@tourspain.es.

40237 **Düsseldorf**, Grafenberger Allee 100; ✆ (0211) 6803981, ✆ (0211) 6803985. dusseldorf @tourspain.es.

60323 **Frankfurt/Main**, Myliusstraße 14; ✆ (069) 725038, ✆ (069) 725313. frankfurt@ tourspain.es.

80051 **München**, Postfach 151940/Schubert str. 10, ✆ (089) 5307460, ✆ (089) 53074620. munich@tourspain.es.

• Österreich 1010 **Wien**, Walfischgasse 8, ✆ (01) 5129580, ✆ (01) 5129581. viena@tour spain.es.

• Schweiz 8008 **Zürich**, Seefeldstraße 19; ✆ (01)2536050, ✆ (01) 2526204. zurich@tour spain.es.

Fremdenverkehrsämter in Barcelona: Bei allen Auskunftsstellen sind Stadtpläne, Broschüren zu Sehenswürdigkeiten, Hotelverzeichnisse und Ähnliches erhältlich, oft auch nützliche allgemeine Publikationen, die mehrsprachig über zahllose Details informieren. Ein Besuch lohnt sich.

• Fremdenverkehrsämter **Turisme de Barcelona**, Plaça de Catalunya 17, im Tiefgeschoss, zentrale Telefonnummer 932 853834 (nur Mo–Fr 9–20 Uhr), ✆ 932 853831. Sehr zentrales und gut ausgestattetes Büro der Stadt. Neben Broschüren und Auskünften auch Geldwechsel und Souvenirverkauf, bei persönlichem Erscheinen ist Hotelreservierung möglich. Oft sehr voll. Geöffnet täglich 9–21 Uhr.

Zweigstelle an der zentralen Plaça Sant Jaume im Barri Gòtic. Weniger Andrang, freundliches Personal. Geöffnet Mo–Fr 9–20 Uhr, Sa 10–20 Uhr, So 10–14 Uhr. Wie auch in den folgenden Büros sind keine telefonischen Anfragen möglich.

Zweigstelle im Bahnhof Estaciò Sants, geöffnet Mo–Fr 8–20 Uhr, Sa/So 8–14 Uhr, zur Hochsaison (24.6.-24.9.) tägl. 8–20 Uhr.

Zweigstelle im Palau de Congressos auf dem Messegelände, nur während größerer Messen geöffnet, dann Mo–Sa 10–20 Uhr, So 10–14 Uhr.

Flughafen-Zweigstellen, Aeroport de Barcelona; Terminal A und Terminal B; beide geöffnet 9–21 Uhr.

Cabines d'informació, Infokioske, die an strategischen oder touristisch interessanten Punkten im Stadtgebiet verteilt sind, z.B. an

Hoch über der Stadt: Parc Güell

der Kolumbusstatue, der Sagrada Família, der Plaça Espanya, dem Busbahnhof oder dem Passeig Joan de Borbó von Barceloneta. Unterschiedliche, auch saisonal wechselnde Öffnungszeiten.

Centre d'Informació Turística de Catalunya, im Palau Robert, Passeig de Gràcia 107, an der Kreuzung mit der Avinguda Diagonal; Metro 3 und 5, Station Diagonal; ✆ 932 388091-93, ✆ 932 384010. Das Büro der Generalitat, zuständig für die Stadt und ganz Katalonien. Viele Broschüren und Pläne, computergestützte „Self-Info", Ausstellungen etc. Öffnungszeiten: Mo–Sa 10–19 Uhr, So 10–14 Uhr, an Feiertagen geschlossen.

Internet

Auch das Internet bietet gute Möglichkeiten, sich vorab über Barcelona zu informieren und Quartiere zu buchen, aktuelle Bahnverbindungen abzurufen etc. Im Folgenden einige interessante Sites, weitere Adressen sind unter den jeweiligen Themenbereichen aufgeführt. Und dann gibt es – für aktuelle Infos nach Redaktionsschluss, aber auch für das schnelle Senden stets gern gesehener Lesertipps – natürlich noch die Seite unseres Verlags ...

• *Internet-Cafés* Breite Auswahl, hier nur einige zentrale Adressen: **easyeverything**, Rambles 31 und Ronda de la Universitat 35; rund um die Uhr geöffnet. Der Preis richtet sich nach der Nachfrage und ist bei wenig Andrang sehr günstig. Vorsicht, eine Leserin warnte dringend vor Diebstählen, also gut auf die Habseligkeiten aufpassen.

Bornet, in La Ribera (El Born), gleich beim Picasso-Museum. Entspanntes Netz-Café, geöffnet Mo–Sa 10–22 Uhr, So 13–22 Uhr. Carrer Barra de Ferro 3.

• *Interessante Sites* **www.bcn.cat**, die Seite der Stadtverwaltung. Eine wahre Fundgrube zu praktisch allen Themen rund um Barcelona, englischsprachig.

www.barcelonaturisme.cat, die ebenfalls recht umfangreiche Site des Fremdenverkehrsamts der Stadt. Englisch. Bei Reservierung im „Shop" der Seite erhält man für eine Reihe von Produkten (Barcelona Card, Bus Turístic etc.) Rabatte.

www.gencat.cat: Site der katalanischen Landesregierung, vor allem allgemeine Infos zu ganz Katalonien. Englisch.

www.spain.info: Das offizielle Spanien-Portal von Turespaña, dem Spanischen Fremdenverkehrsamt, das von der Site als „Jahrhundertprojekt" schwärmt. Deutschsprachig.

www.barcelona-online.com, gigantische Linksammlung zu schier allen erdenklichen Themen rund um Barcelona. Guter Veranstaltungskalender. Englisch.

www.extraguide.de, umfangreiche Site mit vielen Infos rund um das Thema „Arbeiten und Leben in Barcelona". Leider nicht (mehr) durchgängig aktualisiert, trotzdem sehenswert. Deutschsprachig.

www.deutsche-in-spanien.de, aufs ganze Land bezogen, Forum und viele Links, zu finden unter „Suchmaschine".

www.loschicles.com, mit Tipps und Infos für Studenten in Barcelona. Nicht brandaktuell, aber dennoch sehr nützlich.

www.barcelonareporter.com, englischsprachige Site, die Neuigkeiten (insbes. aus Politik und Wirtschaft) zu Barcelona und Katalonien aus vielen Quellen zusammenträgt und übersetzt.

www.barcelona-metropolitan.com, ebenfalls auf Englisch, mit guten Hintergrundartikeln zum Stadtleben, aber auch vielen nützlichen Alltagsinformationen.

www.bcnweek.com, „Barcelona's Alternative Newsweekly", aus einer Printzeitung hervorgegangen. Kolumnen, Kritiken, Veranstaltungen, Links ... Hübsch gemacht.

www.enciclopedia.cat, eine „Hiperenciclopèdia" zu Katalonien. Funktioniert prima mit Eigennamen, geografischen Begriffen etc. Die Vorgängerseite gab es auch in englischer Sprache, diese zuletzt nur auf Katalanisch, Englisch dürfte jedoch folgen.

www.aena.es, die Site der spanischen Flughäfen, auch mit Details zur Anreise.

www.tmb.net, die Site der städtischen Verkehrsbetriebe Barcelonas, mit Infos zu Metro, Bus, Sammeltickets etc. Auch in Englisch. Das Pendant der FGC findet sich unter **www.fgc.net**.

www.renfe.es, die Site der spanischen Staatsbahn, teilweise englischsprachig. Infos zu Nahverkehrszügen gibt es unter www.renfe.es/cercanias.

www.gaudiallgaudi.com, rund um den Modernisme – nicht nur Gaudí. Englisch.

www.guiadelociobcn.es, vielfältige Site zum Thema „Ausgehen in Barcelona": Clubs, Bars, Festivals, Theater etc. Nur in Spanisch. Ganz ähnliche Sites sind beispielsweise www.bcn-nightlife.com und www.barceloca.com.

www.drinkbarcelona.blogspot.com, mit reichlich Anregungen für Barhopper, Auswahl nach Gebieten möglich. Englisch.

www.michael-mueller-verlag.de: Unsere Site, auch mit Reiselinks, aktuellen Informationen zu Barcelona (siehe Reiseinfos), die sich erst nach Redaktionsschluss ergeben haben, und einem Spanienforum – schauen Sie doch mal rein!

Klima und Reisezeit

Eine mediterrane Stadt: „Ihr Klima ist gemäßigt und ausgeglichen: Der Himmel ist für gewöhnlich klar und hell und zeigt nur selten Wolken, und wenn, dann sind auch sie weiß; der Luftdruck ist konstant, und es regnet wenig, mitunter allerdings heimtückisch und wolkenbruchartig" (Eduardo Mendoza). In der Tat beschert die Lage am Mittelmeer Barcelona trockene Sommer und gemäßigte, aber feuchte Winter.

Reisesaison für Barcelona ist prinzipiell das ganze Jahr. Im Winter ist der Andrang, von den Feiertagen abgesehen,

Klimadaten von Barcelona

Monate	Jan	Feb	Mrz	Apr	Mai	Jun	Jul	Aug	Sep	Okt	Nov	Dez
Ø Max. Lufttemp. (°C)	12,7	13,6	15,7	18,2	21,3	25,1	27,9	27,7	25,0	20,6	16,4	13,0
Ø Min. Lufttemp. (°C)	6,4	7,1	9,0	11,0	14,0	18,0	20,7	20,9	18,8	14,6	10,6	7,5
Ø Wassertemp. (°C)	13	12	13	14	16	19	22	24	22	20	16	14
Ø Anzahl der Regentage*	5	5	8	9	8	6	4	6	7	9	6	6

*Tage mit mehr als 0,1 mm Niederschlag

naturgemäß ein wenig geringer. Dann fällt in manchen Jahren auch schon mal Schnee, ein seltenes, von der Lokalpresse gebührend gefeiertes Ereignis. Es gibt aber auch Wintertage, die so warm sind, dass man bei Sonnenschein mittags im Freien essen kann: Glückssache. Klimatisch meist angenehm und gleichzeitig reich an Festen und Veranstaltungen sind die Monate April bis Juni sowie September und Oktober. Im Juli und August kann es heiß werden. Der August ist zwar der Monat mit den höchsten Besucherzahlen, gleichzeitig aber auch der Monat, in dem die Einwohner ihre Metropole verlassen: Wer es sich leisten kann, macht Urlaub in den Bergen oder am Meer, viele Restaurants und Geschäfte sind geschlossen.

Kriminalität

Barcelonas Ruf in Sachen widerrechtlicher Eigentumsübertragung ist nicht der Beste. Hauptursachen für die hohe Kriminalität sind Drogenabhängigkeit und die sich verbreiternde Kluft zwischen Arm und Reich. Etwas Umsicht scheint also durchaus angebracht. Dies gilt insbesondere für die Altstadtbezirke. Zu den neuralgischen Zonen dort gehören die (ehemaligen) Rotlichtviertel beiderseits der unteren Rambles, abgelegene Ecken im Barri Gòtic, nicht zuletzt auch die Rambles selbst, an denen – nicht nur im Umfeld der „lebenden Statuen" – vornehmlich Taschen- und Trickdiebe ihrer Tätigkeit nachgehen: Sollte man hier angesprochen werden oder auch ganz „harmlos" nur eine Nelke ins Knopfloch gesteckt bekommen, darf man ruhig mal etwas misstrauischer sein als sonst. Beliebt bei Ganoven sind auch öffentliche Verkehrsmittel und die Bahnhöfe. Die Polizei bemüht sich, durch verstärkte Anwesenheit Sicherheit zu gewährleisten. Der Ausgang dieses Rennens bleibt jedoch bislang offen, also: Wertsachen unsichtbar am Körper tragen statt in der Handtasche (besser noch: im Hotelsafe lassen), Fotoapparate und andere teure Geräte dezent transportieren, düstere Ecken in später Nacht und während der Siesta meiden. Autofahrern kann man nicht oft genug raten, ausschließlich auf bewachten Plätzen zu parken. Aber auch dort gilt: Grundsätzlich nichts im geparkten Wagen lassen, Radio raus, Handschuhfach öffnen.

Literatur

Barcelona ist Thema oder zumindest Schauplatz einer ganzen Reihe von Büchern. Hier eine kleine Auswahl, vom Klassiker bis zur Reportagen-Sammlung.

George Orwell: **Mein Katalonien**, die Schilderung von Orwells Erlebnissen im Spanischen Bürgerkrieg, insbesondere der selbstzerfleischenden Kämpfe innerhalb der Linken.

Max Aub: **Das magische Labyrinth**, sechsbändiger Romanzyklus des deutsch-französischen Autors über den Spanischen

Bunt: Werbung im Waschsalon

Bürgerkrieg, lange nahezu vergessen, seit einigen Jahren wieder entdeckt.

Manuel Vázquez Montalbán: Schöpfer der berühmten kulinarischen Kriminalromane um den Barceloneser Privatdektiv **Pepe Carvalho**. Montalbán, im Oktober 2003 verstorben, schrieb aber auch das aphrodisiakische Kochbuch „Unmoralische Rezepte" und „Die Lustigen Jungs von Atzavara", eine spöttische Bestandsaufnahme der persönlichen Problemchen katalanischer Bourgeoisie nach dem Tod Francos.

Eduardo Mendoza: **Die Stadt der Wunder**, der Aufstieg eines Machtmenschen im Barcelona der Jahre 1888 bis 1929, also zwischen den beiden Weltausstellungen. Unterhaltsam und spannend. Genauso lesenswert ist der ironische Krimi „Die Wahrheit über den Fall Savolta", der ebenfalls in Barcelona spielt.

Juan Marsé: **Stimmen in der Schlucht**, ein Roman aus dem Barcelona von 1945, erzählt von einem Embryo. Humorvolle und spannende Geschichtsbewältigung, 2001 mit dem Nationalen Literaturpreis ausgezeichnet. Den katalanisch-spanischen Identitätskonflikt behandelt humorvoll „Der zweisprachige Liebhaber".

Carlos Ruiz Zafón: **Der Schatten des Windes**, fantasievoller Roman um ein geheimnisvolles Buch und seinen mysteriösen Autor. Hintergrund ist das triste Barcelona der Franco-Zeit. Ein Bestseller, von Spaniens Buchhändlern zum „Buch des Jahres 2002" gewählt. Auf den Spuren dieser Geschichte wandelt der Suhrkamp-Reiseführer „Mit Carlos Ruiz Zafón durch Barcelona".

Ildefonso Falcones: **Die Kathedrale des Meeres**, jüngeren Datums, aber ebenfalls bereits ein Megaseller ist diese Geschichte des Bauernsohns Arnau Estanyol, der vor der Leibeigenschaft nach Barcelona flieht und es beim Bau der Kirche Santa Maria del Mar zu Wohlstand bringt. Ein teilweise drastischer, farbig erzählter Mittelalterroman.

Pablo Tusset: **Das Beste was einem Croissant passieren kann**, kurioser Krimi, der vor allem von seiner frechen Hauptfigur lebt, dem dicklichen, den Tag mit Joints beginnenden, wodkatrinkenden Nuttenliebhaber und Internetphilosophen Pablo „Balu" Miralles. Rasant geschrieben, 2003 in Spanien verfilmt.

Andreu Martín, bekannt durch die Jugendkrimis der **Flanagan**-Reihe, aber auch durch Kriminalromane für Erwachsene, darunter beispielsweise „Barcelona Connection". Martín ist auch Comic-Autor.

Josep M. Huertas Claveria: **50 times Barcelona**, herausgegeben von der Stadtverwaltung Ajuntament de Barcelona. Für alle, die es ganz genau wissen wollen: Stadtviertel für Stadtviertel beschreibt der Journalist Claveria „sein" Barcelona bis in kleine Details. Englisch.

Markus Jakob: **Die Zähmung der tosenden Stadt**, ironische und kenntnisreiche Reportagen aus dem zeitgenössischen Barcelona zu Themen wie „Der Rausch der Vernunft", „Ein Barrio wird umgebaut" und „Vergessene Orte". Amüsant zu lesen und lehrreich zugleich.

Merten Worthmann: Gebrauchsanweisung für Barcelona, aus der bekannten Reihe. Witziges und Wissenswertes zum Wesen und den Eigenheiten Kataloniens, Barcelonas und seiner Bewohner.

Nachtleben

Zwischen Donnerstag und Samstag liegen die Hauptausgehzeiten. Vor Mitternacht ist aber nur wenig los, in den Clubs beginnt der echte Betrieb erst ab zwei Uhr morgens. Die Skala an Nightspots reicht von der Cocktailbar und dem verräucherten Jazz-Schuppen über die Standard-Disco bis zum durchgestylten Multiespacio („Viel-Raum") mit Garten und Swimmingpool.

Türsteher/Eintrittsgelder: Leidige Themen. Gezieltes Styling kann sicher nicht schaden. Eintrittsgelder, so sie gefordert werden, variieren häufig, je nach Uhrzeit, Wochentag, Live- oder Konservenmusik, manchmal gar nach dem Eindruck, den man auf den Türhüter macht. Als oberer Richtwert sind etwa 12–15 € zu rechnen, wer einen Flyer ergattert, kommt etwas billiger davon. Auf den Geldbeutel schlagen auch die Getränkepreise; falls das Eintrittsticket eine „consumición" beinhaltet, ist wenigstens der erste Drink frei.

Guía del Ocio: Das wöchentlich erscheinende Blättchen ist eine gute Informationsquelle zum Thema. Es birgt Hunderte von Adressen, Angaben zu Öffnungszeiten und Kino-, Theater- und Konzertprogramm und ist für 1 € an jedem Kiosk erhältlich.

Nützliche Adressen

- *Notruf* ✆ 112 (mehrsprachig)
- *Ambulanz* Notfälle unter ✆ 061
- *Fundbüro* **Oficina de Troballes**, Plaça Carles Pi i Sunyer 8–10, im Barri Gòtic nahe Portal de l'Àngel, ✆ 010. Geöffnet Mo–Fr 9–14 Uhr.
- *Konsulate* Sie sind Ansprechpartner im akuten Notfall, zuviel erwarten sollte man allerdings nicht.

Deutsches Konsulat: Passeig de Gràcia 111 (Eixample), ganz oben jenseits der Diagonal, ✆ 932 921000.

Österreichisches Konsulat: Carrer Marià Cubí 7, 1r-2a (Gràcia), ✆ 933 686003.

Schweizer Konsulat Gran Via Carlos III. 94 (Eixample), ✆ 934 090650.

- *Post* **Hauptpost** an der Plaça Antoni López, in Hafennähe fast am Ende der Via Laietana. Öffnungszeiten: Mo–Sa 8.30–21.30 Uhr. Hierhin kann man sich auch Briefe schicken lassen (Lista de Correos), zu adressieren nach folgendem Muster: Name, Vorname/Lista de Correos/08070 Barcelona/Spanien. Kein „Herr" oder „Frau" davor schreiben, da der Brief sonst falsch abgelegt wird.
- *Waschsalons* In der Regel gibt man seine Wäsche ab und erhält sie getrocknet und zusammengelegt zurück.

Lavomatic, Carrer Consolat del Mar 43–45 (La Ribera) und Plaça Joaquim Xirau 1 (Barri Gòtic, hafenwärts Carrer Escudellers).

Wash'n dry, Carrer Nou de la Rambla 19 (El Raval), in einer Seitenstraße der Rambles etwa auf Höhe der Plaça Reial. Weitere Filialen im Stadtgebiet: www.washndry.net.

Öffnungszeiten

Die spanische Nachmittagsruhe *Siesta*, die etwa von zwei Uhr bis fünf Uhr dauert, ist auch in Barcelona heilig. Abends bleibt dafür länger geöffnet, als in unseren Breiten üblich. Wenn Öffnungszeiten saisonal verschieden sind, wird nur nach Sommer und Winter getrennt; jenseits der Pyrenäen kennt man da nur zwei Jahreszeiten.

Läden: Kleinere Geschäfte öffnen in der Regel Mo–Sa 9/10–13/14 Uhr und 16.30/17–20/21 Uhr; Sa-Nachmittag ist teilweise geschlossen. Kaufhäuser und Supermärkte sind oft durchgehend Mo–Sa bis 21 Uhr offen. Märkte öffnen meist schon um 8 Uhr oder noch früher, die Mehrzahl schließt aber bereits gegen 14 Uhr. Das Ladenschlussgesetz wurde liberalisiert, weshalb auch abweichende Öffnungszeiten möglich sind.

Museen: Die Regelungen sind hier verschieden. Jeweilige Öffnungszeiten werden im Text angegeben, können sich aber schnell ändern. Es gibt jedoch zwei Faustregeln: Fast überall ist am Montag geschlossen; wer dagegen dienstags bis freitags am Vormittag kommt, geht fast nie fehl.

Kirchen: Offen sind sie theoretisch meist von etwa 7 bis 12 Uhr, nachmittags von 17 bis 20 Uhr. Dies liegt allerdings völlig im Ermessen des Zuständigen, die besten Chancen bestehen vormittags.

Parks

Barcelona besitzt mehr als 60 Parks. Viele davon werden, wie der Stadtpark Parc de la Ciutadella oder Gaudís märchenhafter Parc Güell, in diesem Buch noch näher vorgestellt. Hier nur einige originelle, in den Stadttouren nicht gesondert aufgeführte Anlagen.

Beim Bahnhof Sants: Parc de l'Espanya Industrial

Parc de l'Espanya Industrial: Südlich des Bahnhofs Sants verwandelte der Architekt Luis Peña Ganchegui in den 80er-Jahren ein altes Fabrikgelände in einen modernistischen „Park" von extravagantem Design. Leuchtende Türme, ein See mit Wasserfall, Treppen und zahlreiche Skulpturen ließen ihn schnell zu einem Set für Modeaufnahmen werden. Der beste Zeitpunkt für einen Besuch ist der Lichteffekte wegen bei Dunkelheit. zuletzt war der Park aber leider „trockengelegt". Metro: Sants.

Parc de Joan Miró: Ein Stück weiter Richtung Montjuïc, schon nahe der Plaça d'Espanya, liegt diese Anlage, von deren berühmtem Namen man sich nicht allzuviel versprechen sollte. Zwar wird ein Platz tatsächlich von der riesigen Miró-Skulptur „Donna i Ocell" (Frau und Vogel) geschmückt, der Rest besteht jedoch aus einem normalen und nicht übermäßig gepflegten Park aus Palmen und Pinien. Für eine Rast mag's angehen. Metro: Tarragona.

Parc La Creueta del Coll: Nordwestlich des Parc Güell und wie dieser planmäßig angelegt, wenngleich auch erst anlässlich von Olympia. Hauptattraktionen des regelrecht „gestylten" Parks sind ein künstlicher See mit Bademöglichkeit für Kinder sowie die Skulptur „Elogia del Agua", gestaltet von Eduardo Chillida und im üblichen Großformat des im August 2002 verstorbenen Meisters. Metro: Penitents oder Vallcarca.

Parc del Laberint: Ein ehemaliges Landgut im Viertel Horta, etwa nördlich des Parcs Creueta del Coll. In seinem großen, verwunschenen Park lockt ein im 18. Jh. aus Zypressen gestutztes Labyrinth zu vergnüglichem Verirren. Geöffnet ist je nach Jahreszeit täglich 10–18, 19, 20 oder 21 Uhr, die Eintrittsgebühr beträgt rund 2 Euro, So und Mi gratis. Metro: Mundet.

Polizei

Katalonien besitzt vier verschiedene Polizeiorganisationen, was auf den ersten Blick etwas verwirrend sein kann. Prinzipiell kann man sich im Notfall (dann am besten Tel. 112 wählen) natürlich an jede wenden, doch ist es sinnvoll, die Unterschiede zu kennen. Die *Guàrdia Urbana*, meist mit gelb fluoreszierenden (oder auch hellblauen) Hemden oder Jacken gekleidet, küm-

Kataloniens autonome Polizei: Mossos d'Esquadra

mert sich u. a. um die lokale Verkehrsüberwachung und ist Ansprechpartner bei kleineren Schwierigkeiten, z.B. dem abgeschleppten Fahrzeug, verlorenen Gegenständen etc. Als „Botschafter" ihrer Stadt reagieren diese Beamten meist auch am freundlichsten, wenn sie beispielsweise nach dem Weg gefragt werden. Die *Mossos d'Esquadra* (etwa: „Trupp junger Burschen") sind Kataloniens autonome Polizeitruppe, in deren Aufgabengebiet nach einer jahrelangen Phase der Umstrukturierung nun die meisten Delikte fallen; in jüngerer Zeit hat eine Reihe wenig erfreulicher Vorfälle dem Ruf der Mossos nicht gerade genützt. Die paramilitärische *Guardia Civil* und die ebenfalls spanienweit tätige *Policía Nacional* haben in Katalonien den Großteil ihrer Kompetenzen an die Mossos abtreten müssen und sind jetzt nur noch für Delikte wie Terrorismus oder illegale Immigration zuständig.

- *Polizeiliche Unterstützung* **Turisme Atenció**, ein Dienst der Guàrdia Urbana in Zusammenarbeit mit dem Fremdenverkehrsamt; Hilfe bei Unfällen, Überfällen, verlorenen Papieren etc; Dolmetscherservice. Rambles 43, ✆ 932 562430.
- *Guàrdia Urbana* ✆ 092
- *Mossos d'Esquadra* ✆ 088
- *Policia Nacional* ✆ 091

Rauchverbote

Am 1. Januar 2006 trat in ganz Spanien ein neues Anti-Tabak-Gesetz in Kraft. Rauchen am Arbeitsplatz und in allen öffentlichen Gebäuden ist tabu, Tabakwaren gibt es nur noch im Estanco (oder am Zigarettenautomaten in der Kneipe, der aus Jugendschutzgründen per Fernbedienung kontrolliert werden muss), nicht mehr am Kiosk oder der Tankstelle. Größere Bars und Gaststätten müssen separate Raucherzonen ausweisen. Bei Lokalen bis 100 Quadratmeter Fläche darf jedoch der Wirt entscheiden, ob sie als Nichtraucher- oder als Raucherlokal gelten sollen. Dies betrifft den Großteil der Gaststätten, wobei es schon erstaunt, wieviele Kneipen laut ihren Eigentümern exakt 99 Quadratmeter Fläche messen ... Meist gibt ein Schild am Eingang Auskunft darüber, ob es sich um ein Raucher- oder ein Nichtraucherlokal handelt.

Reisedokumente

Trotz des Schengener Abkommens ist weiterhin ein gültiger Personalausweis oder Reisepass Pflicht; wer auf dem Landweg ein- und ausreist, muss ohnehin trotz Schengen weiterhin mit Kontrollen vor allem französischer Zöllner rechnen. Anzuraten ist, von allen wichtigen Papieren *Fotokopien* anzufertigen. Dies beschleunigt bei Verlust die Ausstellung von Ersatz erheblich, Ansprechpartner ist dann die örtliche Polizei oder das heimische Konsulat. Bei Personenkontrollen akzeptiert die spanische Polizei Fotokopien der Dokumente meist ebenso wie das Original.

Viel Platz für Sport: Platja Bogatell im Winter

Sport und Wellness

Barcelona bietet zahlreiche Sportmöglichkeiten, für die man sich zum Teil aber weit hinaus in die Vororte bemühen muss. Ein großes Plus für Sportler sind natürlich die Strände und die sie begleitende Promenade.

- *Fahrrad* Siehe den entsprechenden Abschnitt im Kapitel „Unterwegs in Barcelona".
- *Golf* **Club de Golf Sant Cugat**, beim Ort Sant Cugat (FGC-Verbindung ab Pl. Catalunya), Carrer Villa s/n, ✆ 936 743908, 📠 936 755152. Voranmeldung sehr ratsam. www.golfsantcugat.com.
- *Jogging* Beliebt bei Joggern sind das Hafengebiet und besonders die Uferpromenade nördlich von Barceloneta, auch wenn hier oft reichlich Betrieb herrscht; hinter dem Olympiahafen wird es ruhiger. An Wochenenden empfehlen sich trotzdem die frühen Morgenstunden. Vielfältige Möglichkeiten bieten sich auf dem Montjuïc, beispielsweise eine fast zwei Kilometer lange und fast ebene Runde um das Kastell.
- *Skating* Auch die Fans des Inline-Skatings (patinaje en línea) zieht es natürlich auf die Hafenpromenade und den Passeig Marítim von Barceloneta bis weit über den Olympiahafen hinaus; Rollerblades verleiht die Rollervermietung „Cooltra" an Barcelonetas Passeig Joan de Borbó 80-84, ✆ 932 214070, www.cooltra.com. Beliebtester Treffpunkt für die artistische Zunft auf Rollen ist der Platz vor dem MACBA im Viertel Raval, auf dem sich oft Dutzende von Skatern tummeln.
- *Schwimmen* Details zu den Stränden von Barceloneta und weiter nördlich siehe dort. Wer seine Runden lieber im Schwimmbad dreht: **Club de Natació Atlètic Barceloneta**, mit Hallen- und Freibecken direkt am Strand von Barceloneta. Plaça del Mar s/n, ✆ 932 210010; www.cnab.org.

  Piscines Bernat Picornell, die Olympiaanlage mit Hallen- und Freibädern auf dem Montjuïc. Avenida de l'Estadi 30–40, ✆ 934 234041, www.picornell.com.
- *Tennis* **Centre Municipal de Tennis**, im Vorort Vall d'Hebron, Passeig de la Vall d'Hebron 178 (Metro: Montbau); ✆ 934 276500. Über 20 Courts, auch für Nicht-Mitglieder.
- *Wassersport* **Base Nàutica de la Mar Bella**, beim gleichnamigen Strand nördlich von Barceloneta. Verleih und Kurse auf Windsurfboards, Kajaks, Katamaren und

Segelbooten. Täglich geöffnet. ✆ 932 210432, www.basenautica.org.

Barcelona Mar, ein Angebot des städtischen Fremdenverkehrsamts: eine Einführung in den Segelsport, verbunden mit einer Tour entlang von Barcelonas Küste. Betriebszeit etwa April bis Oktober, Abfahrten zuletzt Mi 17 Uhr, So 11.30 und 14 Uhr; Dauer zwei Stunden, Preis p.P. 29 €, Kinder von 7–14 Jahren 16 €. Start ist im Centre Municipal de Vela, Moll de Gregal im Port Olímpic; Infos und Verkauf (das Ticket gilt auch für das Museu Marítim) bei allen Büros von Turisme de Barcelona.

Circuit de Catalunya: Liebling der Formel 1

Barcelonas Rennstrecke, etwa 20 Kilometer nordöstlich der Stadt gelegen, ist nicht nur alljährlich Schauplatz für den „Großen Preis von Spanien" (April oder Mai) sowie weiterer Rennen; der 4,73 Kilometer lange Parcours dient außerhalb der Saison auch als beliebteste Teststrecke der Formel-1-Teams. Der Wechsel aus langsamen und schnellen Kurven sowie die auch mal heftiger wehenden Böen fordern Fahrer und Material, die gute Erreichbarkeit des Kurses ist ebenfalls ein Argument für die mitteleuropäischen Teams. „Was ein Auto taugt, zeigt sich hier meist nach dem ersten Herausfahren aus der Box", heißt es im Rennsportportal www.formel1.de. Der Circuit liegt bei Montmeló (zu erreichen mit Renfe-Nahverkehrszügen der Linie C2). Karten für den Großen Preis von Spanien lassen sich z.B. unter www.servicaixa.com bestellen. An bestimmten Tagen finden auch Führungen statt, Details und einen Kalender dazu gibt es unter www.circuitcat.com, Stichwort „Services".

• *Wellness* **Masajes a Mil**, eine kleine Kette von Beauty-Centern, in denen nach Ticketsystem abgerechnet wird. Ein Ticket kostet 4,50 € und berechtigt zu fünf Minuten Massage, die Fußmassage „pies felices" (glückliche Füße) ist für zwei Tickets zu haben. Eine günstig gelegene Filiale findet sich z. B. am Carrer Mallorca 233, Ecke Carrer Balmes (Eixample), ✆ 932 2158585, www.masajesa1000.net. Täglich 8–1 Uhr geöffnet.

Poliesportiu Marítim, Wellnesszentrum am Strand von Barceloneta, Nähe Port Olímpic und Fahrradverleih Biciclot. Thalassotherapie in acht unterschiedlich temperierten, meist mit Salzwasser gefüllten Becken, Hydromassage, Sauna, Dampfbad, Fitness- und Strandbereich etc. Geöffnet Mo–Fr 7–24 Uhr, Sa 8–21 Uhr, So 8–17 Uhr; Einzeleintritt Mo–Fr 14,50 €, Sa/So 17 €, Fünferticket etwa 60 €. Passeig Marítim 33–35, ✆ 932 240440, www.claror.cat/maritim.htm.

Sprachkurse

Barcelona ist eine beliebte Stadt für Spanisch-Sprachkurse. Dies trotz der Tatsache, dass die Mischung aus Kastilisch („Spanisch") und Katalanisch gerade bei Anfängern natürlich für Verwirrung sorgen kann.

• *Sprachkurse der Uni* **Estudios Hispánicos** der Universitat de Barcelona, mehr als „nur" diverse Sprachkurse in Spanisch und Katalanisch, können hier doch auch Geschichte, Kultur etc. des Landes studiert werden. Quartiervermittlung. Gran Via de les Corts Catalanes 585, ✆ 934 035519, 📠 934 035433, www.eh.ub.es.

• *Private Schulen* Breites Angebot, wobei die meisten Schulen auch für Unterkunft sorgen können. Eine Auswahl gibt es z. B. auf der Website des Apartmentvermittlers www.oh-barcelona.com.

www.cervantes.es: Die Website des spanischen Sprach- und Kulturinstituts Cervantes verzeichnet zahlreiche Sprachschulen, auf „Aprender español en España" klicken. Wer lieber in der Heimat lernen möchte, findet Kurse unter **www.cervantes.de**.

Telefonieren

Spanien hat die Vorwahlen de facto abgeschafft bzw. den jeweiligen, seitdem neunstelligen Teilnehmernummern zugeschlagen. Innerhalb der Provinz Barcelona beginnen alle Teilnehmernummern mit 93. Aus dem Ausland ist keine Vorwahl nötig, stattdessen wird nach der Landesvorwahl 0034 die komplette neunstellige Teilnehmernummer gewählt. Ab Spanien gilt die 00 als Einwahl ins internationale Netz.

Vorwahlen

Nach **Deutschland** 0049, nach **Österreich** 0043, in die **Schweiz** 0041.
Immer gilt: die Null der Ortsvorwahl weglassen.

Nach Spanien ab Deutschland, Österreich und der Schweiz: Vorwahl 0034, Teilnehmernummer (Beispiel: 0034/931 234567).

Gebühren: Von Calling Cards etc. abgesehen, ist es im Normalfall billiger, sich von der Heimat aus anrufen zu lassen – die spanischen Normaltarife für Auslandsgespräche sind höher als bei uns.

Telefongesellschaften: Der Telekommunikationsmarkt ist viel zu schnelllebig, um hier Informationen über die günstigsten Anbieter für Gespräche Richtung Spanien zu geben. Das gilt auch in der Gegenrichtung.

Telefonzellen werden immer seltener. Sie akzeptieren nicht nur Münzen, sondern meist auch Telefon- und sogar Kreditkarten.

Telefonkarten: Die „Tarjetas telefónicas", in praktisch jeder Telefonzelle anwendbar, bedeuten bei Ferngesprächen großen Komfortgewinn. Es gibt sie im Tabakgeschäft (Estanco) oder bei der Post.

Calling Cards: Eigentlich nur eine Merkhilfe für eine Netzzugangsnummer, mit der man sich zu einem meist sehr günstigen Tarif bei der jeweiligen Telefongesellschaft einwählt. Abgerechnet wird über das Girokonto oder prepaid, also per Vorauszahlung.

Handys: Die ganz große Abzocke ist vorbei: Durch eine EU-Verordnung wurden die Minutenpreise bei Auslandsanrufen auf maximal 43 Cent, bei angenommenen Gesprächen auf 19 Cent gedeckelt, jeweils zzgl. Mehrwertsteuer. Das ist erheblich weniger als früher. Für Vieltelefonierer geht es aber noch günstiger, beispielsweise durch die Buchung eines speziellen Auslandstarifs oder die Anschaffung einer internationalen oder spanischen Prepaid-Karte. Letztere gibt es in jedem spanischen Telefonladen, in Einkaufszentren etc. oder bereits vorab z.B. bei www.gsm-webshop.com.

www.teltarif.de/reise: Nützliche Seite mit aktuellen Infos und Tipps zum Thema „Telefonieren im Ausland".

Telefonieren ohne Geld: Der „Deutschland Direkt-Dienst" ist ein Service der Telekom, nützlich z. B., um nach Verlust der Barschaft von zuhause telegrafischen Nachschub (siehe „Geld") anzufordern – die Gebühr zahlt der Angerufene.
Telefonnummer ab Spanien, ohne jede Vorwahl: **900 99 0049**
Eine Zentrale verbindet weiter. Die Tarife liegen in erträglichem Rahmen: pro Verbindung 2,50 €, zusätzlich pro Minute 0,51 €. Der Service funktioniert nur zu Festnetzanschlüssen, Details im Internet: www.detecardservice.de.

Theater, Kino, Konzerte und Festivals

Das Kulturprogramm Barcelonas ist riesig und hier nicht annähernd aufzuführen. Aktuelle Informationen bieten die Fremdenverkehrsämter und die Auskunftsstelle im Palau de la Virreina, eine weitere Informationsquelle ist die am Kiosk erhältliche Guía del Ocio.

• *Information* **Oficina d'Informació Cultural**, Palau de la Virreina, Rambles 99; ✆ 933 017775. Umfangreiche Informationen zu Konzerten, Theater etc.

Guía del Ocio, Wochenblättchen mit Infos zu Rockkonzerten, Independent Theater etc., für 1 € an jedem Kiosk.

• *Tickets* Verkaufsstelle auch im Palau de la Virreina, siehe oben.

Servi-Caixa, Ticketverkauf per Maschine in den Bankfilialen von La Caixa, via ✆ 902 332211 oder per Internet: www.servicaixa. com.

Telentrada, ähnliches Angebot, hier an den Schaltern der Bank Caixa de Catalunya, per ✆ 902 101212 oder www.telentrada.com.

FNAC, im Einkaufszentrum El Triangle (→ Rambles) an der Plaça Catalunya, hat neben Musik etc. auch einen Ticketverkauf.

• *Theater* Es lohnt sich, auf Aufführungen einiger bekannter katalanischer Ensembles zu achten. Mittlerweile europaweit berühmt sind *Els Fura del Baus* (frei übersetzt: „Abschaum der Gosse") mit ihren früher sehr drastischen, mittlerweile jedoch etwas gemäßigteren Performances. *Els Comediants* amüsieren nicht nur mit modernen Formen der Komödie, sondern haben auch schon ihre erste Oper vorgestellt; *Els Joglars* ätzen mit politisch-satirischen Aufführungen.

Teatre Nacional de Catalunya (TNC), ein 1997 eröffneter, klassisch-moderner Bau

Engagement auch ohne Publikum: Probe in der Ciutat del Teatre

von Stararchitekt Ricardo Bofill. Plaça de les Arts 1 (Plaça de les Glòries), ✆ 933 065700, www.tnc.cat.

Ciutat del Teatre, eine „Theaterstadt" an den Hängen des Montjuïc. Sie besteht aus mehreren Gebäuden, die sich um die Plaça Margarida Xirgu gruppieren: dem modernen Lehr- und Dokumentationsgebäude des Institut del Teatre, dem renovierten Mercat de les Flors, der als Aufführungsort dient, und dem zur Weltausstellung von 1929 errichteten Palau de l'Agricultura, als „Espai Lliure" eine der Spielstätten des Teatre Lliure, siehe auch unten. Angegliedert in der Nachbarschaft sind der Palau dels Esports am Carrer Lleida 40 und das Teatre Grec, siehe unten. ✆ 932 892770, www.mercatflors.org.

Teatre Lliure, ein avantgardistisches Theater, das sich einen exzellenten Ruf erworben hat. Neben den Sälen in der Ciutat del Teatre wurde auch das Stammhaus im Carrer Montseny 47 in Gràcia beibehalten, das zuletzt allerdings wegen Renovierung geschlossen war. ✆ 932 892770, www.teatrelliure.com.

Teatre Grec, ein Festival, das mit Theater, Tanz und Performances etwa von Ende Juni bis Anfang August nicht nur im gleichnamigen Amphitheater auf dem Montjuïc stattfindet. www.barcelonafestival.com.

• *Kino* Die Eintrittspreise liegen etwas niedriger als bei uns, viele Kinos offerieren jeweils an einem Wochentag (meist Mo) vergünstigte Tickets. Originalfilme mit spanischen Untertiteln sind am Kürzel „VO" (Versión original) zu erkennen.

Filmoteca de la Generalitat, das ambitionierte Kino der Regionalregierung. Interessantes Programm, vielfach im Original. Günstige Eintrittspreise. Bislang an der Avinguda de Sarrià 33 (Eixample), der Umzug in die „Illa de la Rambla del Raval" an der Rambla von El Raval ist jedoch bereits avisiert. Im August geschlossen.

Cines Verdi, die beiden Programmkinos Verdi (Carrer Verdi 32, ✆ 932 387990) und Verdi Park (Carrer Torrijos 49, ✆ 932 387990) im Viertel Gràcia, die häufig ausländische Filme in Originalton zeigen. Metrostation: Fontana. www.cines-verdi.com.

IMAX, am Hafen, mit mehreren Großleinwänden und 3D-Projektion. Moll d'Espanya, hinter dem Maremàgnum-Center.

Sala Montjuïc: Von etwa Anfang Juli bis Anfang August finden auf dem Gelände des Montjuïc-Kastells jeden Mo, Mi und Fr um 20.30 Uhr Freilicht-Kinoaufführungen statt, Details unter www.salamontjuic.com.

• *Konzerte* **Auditorium**, Barcelonas neues Konzertgebäude von Architekt Rafael Moneo. Ausgerichtet für alle Arten von Konzerten, dient es doch hauptsächlich als Heimstätte des berühmten „Orquestra Simfónica de Barcelona i Nacional de Catalunya". Plaça de les Arts, gegenüber des Teatre Nacional de Catalunya, Karten z. B. bei jeder Filiale der Bank Caixa de Catalunya. www.auditori.com.

Gran Teatre del Liceu, das fantastische Opernhaus an den Rambles (→ dort), brannte 1994 ab, wurde aber wieder restauriert. www.liceubarcelona.com.

Palau de la Música Catalana, ein weiterer wunderbarer Bau, diesmal im Viertel Sant Pere (→ dort), der ebenfalls einen würdigen Rahmen für Sinfoniekonzerte bildet, durch das Auditorium aber eine gewisse Konkurrenz bekommen hat. www.palaumusica.org.

Rock- und Popkonzerte internationaler Stars finden im Stadion Camp Nou, im Olympiastadion und anderen Sportarenen statt, Tickets z. B. im FNAC. Örtliche und spanische Größen sind auch in vielen Clubs zu hören, siehe im Kapitel zum Nachtleben.

• *Festivals* Nur eine kleine Auswahl ...

Festival de Guitarra, eigentlich eine Konzertreihe, die sich über rund drei Monate von Anfang April bis Anfang Juni erstreckt und 2009 zwanzigjähriges Jubiläum feiert. www.theproject.cat.

Primavera Sound, an drei Tagen etwa Ende Mai auf dem Gelände des Fòrum 2004. Gigantisches Festival mit bekannten und weniger bekannten Künstlern. www.primaverasound.com.

Sónar, großes Festival elektronischer Musik, etwa Mitte Juni, www.sonar.es.

B-estival, „El Festival de Ritmos", mit Soul, Blues, lateinamerikanischen Klängen, Rhythm and Blues etc. Im Lauf des Juli im Poble Espanyol. www.b-estival.com.

Summercase, zwei Indie-Festival-Tage auf dem Gelände des Fòrum 2004, etwa Mitte Juli. Im Herbst findet, zuletzt im Razzmatazz, das Pendant „Wintercase" statt. Details unter www.summercase.com bzw. www.wintercase.com.

Barcelona Internacional Jazz Festival, von etwa Ende Oktober bis Anfang Dezember. Eines der bedeutendsten seiner Art weltweit, begründet 1968. Programm unter www.theproject.cat.

Zeit

Auch in Spanien gilt die Mitteleuropäische Zeit (MEZ), wie bei uns werden die Uhren auf Sommer- und Winterzeit umgestellt. Da Barcelona jedoch innerhalb unserer Zeitzone ein Stück weiter westlich liegt, geht die Sonne dort etwas später auf und unter.

Zeitungen

Deutsche, österreichische und Schweizer Zeitungen und Zeitschriften sind in breitem Angebot an den Kiosken der Rambles und des Passeig de Gràcia erhältlich. Für Spanisch- und/oder Katalanischkundige gerade auch wegen ihrer Kultur- und Veranstaltungsteile interessant sind z.B. die Zeitungen *El País* (führende Zeitung Spaniens), *El Periódico* (regional, erhältlich in Spanisch und Katalanisch) und *La Vanguardia* (regional) letztere mit einem umfangreichen Kleinanzeigen- und Veranstaltungsteil am Sonntag sowie der Freitags-Beilage „Què fem?", die Freizeit- und Kulturhinweise für die kommende Woche beinhaltet. *Catalonia Today* ist eine englischsprachige Wochenzeitung, die u. a. Hintergrundberichte zu Politik und Wirtschaft der Region liefert.

Zoll

Waren zum privaten Verbrauch dürfen im Reiseverkehr innerhalb der EU, also auch zwischen Deutschland, Frankreich und Spanien, unbegrenzt mitgeführt werden. Beim Transit durch die Schweiz gelten geringere Freimengen.

Richtmengen: Zur Unterscheidung zwischen privater und gewerblicher Verwendung wurden folgende Richtmengen festgelegt: 800 Zigaretten, 400 Zigarillos, 200 Zigarren, 1 kg Rauchtabak.10 Liter Spirituosen, 20 Liter sogenannte Zwischenerzeugnisse, 90 Liter Wein, davon maximal 60 Liter Sekt, und 110 Liter Bier. Auch die Mitnahme höherer Mengen ist möglich, sofern sie dem eigenen Verbrauch dienen, was bei eventuellen Kontrollen dem Zoll allerdings glaubhaft zu machen wäre.

Geschaffen vom jungen Gaudí: Laterne an der Plaça Reial

Barcelona – Stadttouren und Ausflüge

Kosmopolitische Flaniermeile: Barcelonas Rambles

Rambles

Es ist wohl nicht übertrieben, diesen prächtigen Boulevard als den berühmtesten Kilometer Spaniens (genauer: 1,2 km) zu bezeichnen, gleichermaßen heiß geliebt von Touristen wie den Einwohnern selbst.

Rambla, abgeleitet vom arabischen Wort „ramla" (sandiger Boden) bedeutet im ganzen Land eigentlich ein im Sommer ausgetrocknetes Flussbett, das als Weg benutzt wird; und genau das waren die Rambles früher auch. Bis ins 18. Jh. lagen sie außerhalb der Stadtmauern. Mit deren Abriss entstanden am Rand der Rambles die ersten Adelspaläste, im 19. Jh. wurden schließlich die Platanen gepflanzt, die so viel zur heiteren Atmosphäre der Flaniermeile beitragen. Bleibt die selbst in Barcelona offene Frage, ob es auf Català nun die Rambles oder die Rambla heißen muss. Wir verwenden den Plural, da es sich um eine Folge mehrerer Abschnitte handelt: von der Plaça de Catalunya aus gesehen nacheinander die Rambla Canaletes, Rambla dels Estudis, Rambla Sant Josep, Rambla dels Caputxins und Rambla Santa Mónica.

Die Rambles sind Reich der Fußgänger, Autos müssen mit den schmalen Fahrstreifen links und rechts der platanenbestandenen Pflasterzone vorlieb nehmen. Auf dieser geben eine ganze Reihe von Zeitschriftenkiosken, Blumenständen und Vogelverkäufern den Rahmen für ein Volkstheater besonderer Art, in dem die Zuschauer gleichzeitig auch Akteure sind. Vom Morgen bis nach Mitternacht versammeln sich hier Jongleure und Pantomimen, Schuhputzer und Karikaturisten, Feuerschlucker, Bettler, Musikanten, Wahrsager und jede Menge „lebende Statuen". Man flaniert oder sitzt in einem der Cafés und lässt flanieren. Zu einem wahren Hexenkessel werden die Rambles, wenn der Fußballklub FC Barcelona ein wichtiges Spiel gewonnen hat, vorzugsweise gegen die Rivalen aus Madrid. Dann fließt der Cava in Strömen, kreist stundenlang ein ohrenbetäubend hupender Corso von Autos, aus deren Fenstern die blau-roten Fahnen des Vereins und die rot-gelben Kataloniens flattern.

In den ganz späten Stunden gehören die Rambles dann nicht nur in Hafennähe den Huren und Transvestiten, den Pennern und Gestrandeten. Seit der Hafen an Attraktivität gewonnen hat, spazieren jedoch verstärkt auch auf den unteren Rambles Pärchen und Grüppchen von Flaneuren. Vielleicht noch ein letzter Kaffee im Pinotxo, dessen Tresen im Markt Boqueria ab sechs Uhr öffnet, dann ist die Nacht unwiderruflich vorbei ...

Tour 1: Entlang der Rambles zum Meer

Startplatz zu einem Rambles-Bummel ist die **Plaça de Catalunya** (Infostelle, Metrostation), ein wichtiger Verkehrsknotenpunkt und die Grenze zwischen Altstadt und der Stadterweiterung Eixample. Lange wird sich hier niemand aufhalten wollen: Zu hektisch wimmeln die Massen, zu ungemütlich wirkt der weite, erst 1927 fertig gestellte Platz, der fast die selben Ausmaße besitzt wie der Petersplatz in Rom.

Der erste Abschnitt der Rambles, die **Rambla Canaletes**, verdankt seinen Namen der eisernen Wasserstelle Font de Canaletes aus dem 19. Jh., seit den Zwanzigerjahren des letzten Jahrhunderts traditionell mittäglicher Treffpunkt der diskutierfreudigen Rentner unter den Fans des FC Barcelona. Wer das Wasser des Brunnens trinkt, soll für immer in Barcelona bleiben, so die Legende. Die Stühle in diesem Bereich ermöglichen es auch Ärmeren, bequem und ohne Verzehrzwang dem quirligen

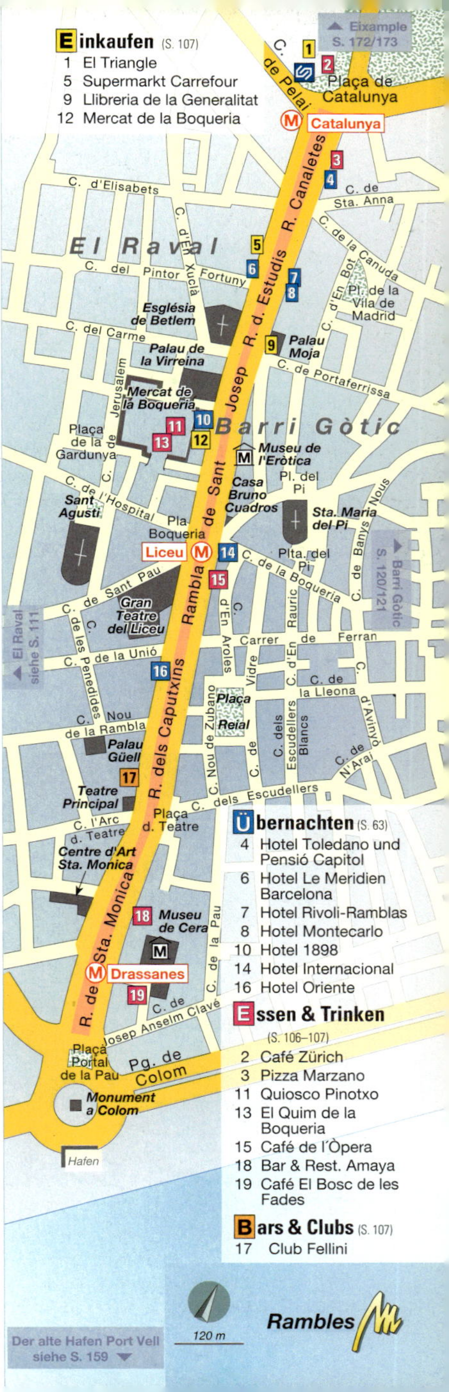

Leben zuzusehen. Die sich an die Rambla Canaletes anschließende **Rambla dels Estudis** ist nach der früher hier ansässigen Universität benannt. Treffender ist heute der ebenfalls gebräuchliche Name Rambla dels Ocells, „Vogel-Rambla", verkaufen hier doch zahlreiche Stände die gefiederten Sänger, außerdem auch Meerschweinchen, Fische, Schildkröten und junge Hunde; für Tierfreunde ist dies nicht immer nett anzusehen. Am Ende dieses Abschnitts steht rechts, an der Ecke zum Carrer Carme, die gotisch-barocke Jesuitenkirche **Església de Betlem**, nach einem Brand 1680 neu errichtet, und auf der anderen Seite der Rambla der restaurierte **Palau Moja**. Der Adelspalast des 18. Jh., benannt nach seiner Besitzerfamilie, dient gelegentlich als Ausstellungsort; der Eingang liegt um die Ecke.

Die folgende **Rambla Sant Josep** wird auch Rambla dels Flors genannt, nach den zahlreichen Blumenständen, die hier die Vogelverkäufer ablösen; diese

An der Rambla Canaletes: Sitzplatz mit Aussicht

haben eine lange Tradition, gehen sie doch bis ins Jahr 1853 zurück. Gleich zu Beginn der Rambla liegt rechts, direkt gegenüber der Betlem-Kirche, der **Palau de la Virreina**. Dieser Palast wurde um 1775 für den Vizekönig von Peru erbaut, der allerdings vor der Fertigstellung starb; seine Witwe jedoch lebte später in dem Gebäude, das deshalb „Palast der Vizekönigin" heißt. Heute beherbergt es neben einem kulturellen Info-Zentrum wechselnde Ausstellungen meist zeitgenössischer Kunst. Ganz anderer Natur sind die „Sehenswürdigkeiten" im Markt → **Mercat de la Boqueria** ein Stück weiter, etwas zurückversetzt von den Rambles. Ein Blick hinein auf das bunte, schier überreiche Angebot lohnt sich auch ohne Kaufabsicht, sollte aber wegen der teilweise gewöhnungsbedürftigen Geruchskulisse besser nicht mit leerem Magen unternommen werden. Etwa gegenüber dem Eingang zur Boqueria liegt auf Hausnummer 96 das kleine → **Museu de l'Eròtica**, laut Eigenwerbung das einzige Erotikmuseum in Spanien. Meerwärts gleich nebenan steht der moderne Palau Nou de la Rambla, 1992 errichtet und so gestaltet, dass die Fassade einen Durchblick zur Kirche Santa María del Pi gewährt; er beherbergt unter anderem auch ein automatisiertes High-Tech-Parkhaus mit elf Ebenen. Den Abschluss der Rambla Sant Josep bildet die **Pla de la Boqueria**, ein kleiner, auch Pla de l'Os genannter Platz, dessen buntes Pflaster 1976 von Joan Miró entworfen wurde. In seinem Umfeld finden sich links wie rechts der Rambles interessante Fassaden des Modernisme, z. B. die **Casa Bruno Cuadros** (1885), dekoriert mit Regenschirmen und chinesischem Drachen, und gegenüber auf Nummer 83 die mit reichlich Buntglas versehene **Casa Figueres** (1902), Sitz der Konditorei Escribà.

Die **Rambla dels Caputxins** (Rambla der Kapuzinermönche), auch Rambla del Centre genannt, erstreckt sich meerwärts der Pla de la Boqueria und ist vor allem die Rambla der Boulevard-Cafés, darunter auf Nr. 79 das berühmte **Café de l'Òpera**, bereits 1929 gegründet und eines der ältesten der Stadt. Vor allem auf diesem Abschnitt der Rambla, dem ersten, der seinerzeit zu einer Promenade ausgebaut worden war, treffen sich die von Zuschauern umdrängten Freiluftartisten, um ihre mehr oder weniger spektakulären Kunststückchen vorzuführen – und in ihrem Gefolge die Taschendiebe. Auf der rechten Seite der Rambla erhebt sich eines der schönsten Opernhäuser Spaniens, das → **Gran Teatre del Liceu**, erbaut 1847. Wenige Schritte weiter liegt das elegante Hotel Oriente aus dem Jahr 1882, vormals ein Kloster des 17. Jh. Meerwärts öffnet sich hinter einem leicht zu übersehenden Durchgang links der Rambles der wohl schönste Platz Barcelonas, die **Plaça Reial** (→ Barri Gòtic), die einen kleinen Abstecher allemal lohnt; von der Südecke des Platzes führt die pittoreske Passatge Bacardí zurück zu den Rambles. Ebenfalls den winzigen Umweg wert ist der von Gaudí gestaltete Palast **Palau Güell** (→ El Raval) im Carrer Nou de la Rambla 3, von der Passatge Bacardí aus etwas landeinwärts und jenseits der Rambles.

Die **Rambla de Santa Mónica**, der letzte Abschnitt des Boulevards und unmittelbar vor dem Hafen, beginnt an der Plaça del Teatre, benannt nach dem gegenüber liegenden (und zuletzt geschlossenen) **Teatre Principal**, einem der ältesten ganz Spaniens: Die erste Vorführung hier fand 1597 statt. Diese Rambla lässt, ebenso wie die hier abzweigende, schmale „Töpferstraße" Carrer dels Escudellers, immer noch ein wenig den früheren Rotlicht-Charakter erahnen. Nicht nur abends lauern an den Seiten gelegentlich eindeutig gekleidete Damen, die nicht immer wirklich weiblichen Geschlechts sind, und der Menschenstrom der oberen Rambles scheint zu manchen Zeiten plötzlich irgendwo versickert zu sein. Der Ausbau der Hafengegend, die seitdem verstärkt Besucher anzieht, hat aber auch diese untersten Rambles zumindest teilweise wieder belebt; an Wochenenden wird hier ein Kunstgewerbemarkt abgehalten. Auf der in Richtung Meer gesehen rechten Seite ist auf Hausnummer 7 in einem ehemaligen Konvent des 17. Jh. das Kunstzentrum **Centre d'Art Santa Mònica** untergebracht, in dem wechselnde Ausstellungen stattfinden. Schräg gegenüber liegt in einer winzigen Seitengasse der Rambles das Wachsfiguren-Museum → **Museu de Cera**. Von hier ist man in ein paar Schritten bei der Kolumbussäule *Monument a Colom* (→ Port Vell) am Hafenbereich **Port Vell**.

Sehenswertes

Mercat de la Boqueria: Zwar hat sich die Bezeichnung Boqueria längst eingebürgert, doch eigentlich heißt Barcelonas größter und feinster Markt Mercat de Sant Josep. Der Name stammt von einem Kloster, in dessen Umgebung bereits seit dem Mittelalter ein Markt abgehalten wurde. 1835 wurde das Kloster abgerissen und wich zunächst einem offenen Marktplatz. Am Josefstag des Jahres 1840 wurde der Grundstein für die Halle gelegt; die heutige stählerne Dachkonstruktion entstand jedoch erst 1914. Das Angebot im Inneren ist überwältigend, immerhin beherbergt die Boqueria auf ihren 6000 Quadratmetern Fläche mehrere hundert Stände. Gleich am Eingang finden sich Stände mit frischen Fruchtsäften und Obstsalaten, das Zentrum besetzt der Fischmarkt Illa del Peix, außen herum gibt es Fleisch, Schinken, Wurst, allerlei Käse, kunstvoll zu Pyramiden aufgeschichtete Gemüse, getrocknete Pilze, Kräuter und

Barcelona und seine Markthallen

An die 40 Markthallen zählt Barcelona, jede das kulinarische Zentrum ihres Viertels und ein Hort der Tradition: Oft sind die Marktstände schon in der dritten oder vierten Generation im Besitz derselben Familie. Die große Zeit der Hallen begann etwa Mitte des 19. Jh.; vorher hatte der Handel vornehmlich auf Plätzen unter freiem Himmel stattgefunden. In den folgenden, durch Industrialisierung, Dynamik und Wachstum geprägten Jahrzehnten wurden die Markthallen zum Wahrzeichen des Fortschritts. Imposante, weitläufige Konstruktionen aus Stahl und Glas entstanden, überwölbt von mächtigen Kuppeln – Kathedralen der modernen Zeit. Zu den beeindruckendsten Beispielen dieser kraftvollen und doch lichten Architektur zählen neben der Boqueria auch der riesige Antic Mercat del Born (1876) im Viertel El Born und der Mercat de Sant Antoni (1882) jenseits von El Raval. Doch gehen die Jahre auch an den Markthallen nicht spurlos vorüber: Eine ganze Reihe der Märkte Barcelonas ist dringend restaurierungsbedürftig oder wird (wie der Markt von Gràcia) gegenwärtig renoviert. Andere finden einen völlig neuen Verwendungszweck, darunter der Antic Mercat del Born, der zu einem Kultur- und Geschichtszentrum umgebaut werden soll.

liebevoll dekorierte Früchte in einer derartigen Fülle und Qualität, dass selbst verwöhnten Gourmets Augen und Nase übergehen. Nicht umsonst zählen viele renommierte Chefköche zu den Kunden der Boqueria. Gaumenkitzel versprechen auch die dicht umdrängten Bar-Stände der Boqueria, darunter der berühmte Quiosco Pinotxo, an deren Theken vielerlei marktfrische Köstlichkeiten angeboten werden.

Museu de l'Eròtica: Die kunterbunte Sammlung zeigt neben erotischer Kunst aus Asien, Afrika und Europa auch eher dubiose Exponate wie einen „Lust-Stuhl" oder die „Sadomasochistische Szenerie des 18. Jh."; in einem winzigen, der Pornographie gewidmeten Raum flimmert das seinerzeit umstrittene Video von „Pam" Anderson. Sehenswert ist auf jeden Fall die kleine Ausstellung zur goldenen Zeit des Barri Xinés in den 30er-Jahren.

Öffnungszeiten Juni bis September tägl. 10–22 Uhr, sonst tägl. 11–21 Uhr; Eintritt 7,50 €, www.erotica-museum.com.

Gran Teatre del Liceu: Eines der berühmtesten Opernhäuser des Landes, von außen unscheinbar, innen jedoch voll goldener und samtener Pracht, ist wieder auferstanden. Am 31. Januar 1994 war das Liceu durch einen Großbrand zerstört worden; ein Vorhang hatte bei Schweißarbeiten Feuer gefangen. Es war nicht der erste Brand in der Geschichte des 1847 errichteten, 2292 Plätze bietenden Gebäudes, aber der bei weitem folgenreichste. Die finanziellen Mittel zur Wiederherstellung der von den Einwohnern heiß geliebten Oper waren mit Hilfe von Sammlungen und Benefizkonzerten schnell aufgetrieben; dennoch gelang es der Stadt nicht, die Restaurierungsarbeiten wie geplant zum 150-jährigen Jubiläum zu beenden. Im Herbst 1999 wurde das Liceu jedoch wieder eröffnet und im Untergeschoss etwas meerwärts des Haupteingangs bald auch der *Espai Liceu* eingerichtet, eine Einkaufszone für Musikprodukte und Kunstgewerbe samt beliebtem Café und Mediothek.

Der größte und lebendigste Markt der Stadt: Mercat de la Boqueria

Pitahaya
12,90

Modernisme an den Rambles: Casa Bruno Cuadros

• *Führungen* Anmeldung und Ticketkauf für die „Visites" im Souvenirladen gleich neben dem Haupteingang; Zugang dann durch Espai Liceu. Führungen täglich um 10 Uhr; Dauer eine Stunde, Eintrittsgebühr 8,50 €. Sie beinhalten auch einen Besuch des „Cercle del Liceu", in dem u. a. Werke von Ramon Casas zu sehen sind.

• *Besichtigungen ohne Führung* Täglich 11.30, 12, 12.30, 13 Uhr, Dauer 20 Minuten, Eintritt 4 €. www.liceubarcelona.com. Aus technischen oder künstlerischen Gründen können Teile oder das gesamte Theater gelegentlich gesperrt sein.

Museu de Cera: Das 1973 gegründete Museum, untergebracht in einem eleganten Gebäude des 19. Jh. in einer winzigen Seitengasse der Rambla Santa Mònica, zeigt in sehr edlem Ambiente etwa 300 Wachsfiguren, die reale Personen, aber auch fiktive Gestalten etwa aus Literatur und Kino nachbilden. Zum Museum gehört auch das märchenhafte Café El Bosc de les Fades (→ „Essen & Trinken").

Öffnungszeiten Von etwa Juli bis September täglich 10–22 Uhr, sonst Mo–Fr 10–13.30, 16–19.30 Uhr, Sa/So 11–14, 16.30–20.30 Uhr. Eintrittsgebühr 7,50 €.

Praktische Infos

Essen & Trinken

In punkto empfehlenswerte Restaurants ist direkt an den Rambles selbst nicht besonders viel geboten, die benachbarten Stadtviertel Raval und Barri Gòtic (→ jeweils dort) verfügen jedoch über breite Auswahl.

Bar & Restaurant Amaya (18), an den unteren Rambles. Gegründet 1941 und in dritter Generation von der Familie Torralba geführt. Flotter Service, gute baskische Küche, sehr umfangreiches Weinangebot. Spezialität ist Meeresgetier. Menü ab etwa 35 € weit aufwärts, am günstigsten kommen die Tapas an der Bartheke. Täglich geöffnet. Rambles 20–24.

Pizza Marzano (3), ganz oben an den Rambles, Teil einer kleinen Kette. Ein Lesertipp von Carina Artmann: „Der Service und das Essen waren ausgezeichnet, die Preise relativ günstig." Rambles 140.

Café de l'Òpera (15), sehr traditionsreiches und bis spät in die Nacht geöffnetes Jugendstil-Café mit Tischen auch an den Rambles selbst. Bunt gemischtes, interessantes Publikum vom ehemaligen Opernsänger über den Durchschnittstouristen bis zum Edel-Freak. Rambles 74.

Café Zürich (2), ebenfalls eine Institution. Das alte Gebäude wurde zwar in den späten Neunzigern abgerissen, im Neubau hat das

„Zürich" jedoch seinen angestammten Platz wieder gefunden. Das Innere imitiert die ehemalige Einrichtung (die Toiletten des alten Zürich wird ohnehin niemand vermissen), die Tische im Freien sind wieder dicht belagert. Ein internationaler Treffpunkt – die Lage macht's wohl, nämlich direkt an der Plaça de Catalunya, Ecke Rambles.

Quiosco Pinotxo (11), legendärer Imbiss im Markt Boqueria an den Rambles. Morgens ab 6 Uhr eine Mischung aus Marktleuten und letzten Nachtschwärmern beim Kaffee, mittags göttliche Tapas und Tagesgerichte. Stand 466, gleich hinter dem Eingang.

El Quim de la Boqueria (13), eine weitere berühmte Bar des Marktes. Stand 584, vom Quiosco Pinotxo schräg nach links halten. Mo geschlossen.

Café El Bosc de les Fades (19), an den unteren Rambles. Der Name bedeutet „Wald der Feen", und genau so märchenhaft sieht es im düsteren Inneren auch wirklich aus – Liebhaber von Zwergen und Waldgeistern dürften begeistert sein. Geöffnet bis zehn Uhr abends. Passatge de la Banca, ganz in der Nähe des Wachsfigurenmuseums.

Bars & Clubs

Club Fellini (17), ein Ableger der Night Sun Group, die auch das legendäre Terrrazza auf dem Montjuïc betreibt; Qualität ist also garantiert. Insgesamt drei Räume: „Der Spiegelsaal" El Salón de los Espejos (von Techno bis House), The Red Room (Disco & Funk) und The Bad Room (Punk, Rock). Geöffnet Mo–Sa 0.30 bis 5 Uhr; im Winter nur Do–Sa. Rambles 27. www.clubfellini.com.

Einkaufen

Lebensmittel/Shoppingcenter: *Mercat de la Boqueria (12)*, Treffpunkt der Feinschmecker und Einkaufsquelle qualitätsbewusster Wirte ... Nicht billig, Vorsicht bei Ständen ohne Preisschilder. Rambles 85–89, geöffnet Mo–Sa 8–20.30 Uhr. www.boqueria.info.

Carrefour Express (5), ein großer Supermarkt mit breiter Auswahl direkt an den Rambles, geöffnet Mo–Do 9–20 Uhr, Fr/Sa bis 21 Uhr. Rambles 113.

El Triangle (1), direkt an der Plaça Catalunya. Neben dem großen Buch-, Musik- und Fotogeschäft FNAC gibt es hier auch Boutiquen, Parfüm-, Uhren- und Optikgeschäfte etc. sowie eine Filiale der Trendschuhmarke Camper. Plaça de Catalunya 4, www.eltriangle.es.

Bücher, Landkarten: *Llibreria de la Generalitat (9)*, die Buchhandlung der Regionalregierung im Palau Moja mit guter Auswahl an Landkarten sowie Literatur zu Katalonien. Rambles 118.

Rambles Karte Seite 101

Stets dicht belagert: Quiosco Pinotxo

Glanzlicht im Viertel: Richard Meiers MACBA

El Raval

Früher verrufenes Rotlichtviertel, heute Spielwiese der Stadtplaner, Sitz des Museums moderner Kunst und einer der Brennpunkte des Nachtlebens: Ein Streifzug durch El Raval macht deutlich, wie sich Barcelona immer wieder selbst erfindet.

El Raval erstreckt sich, von der Plaça Catalunya Richtung Hafen gesehen, im Gebiet rechts der Rambles. Sein hafennaher Bereich ist auch auch als Barri Xinés bekannt, als „Chinesisches Viertel". Chinesen wird man hier allerdings kaum finden – nach einer der vielen Deutungen soll der Name von Seeleuten stammen, die sich an ähnliche (und dann wirklich von Chinesen bewohnte) Viertel in Übersee erinnert fühlten. Eine andere sieht den katalanischen Journalisten Àngel Marsà als Urheber, der in den 20er-Jahren des letzten Jahrhunderts auf die drangvolle, eben „chinesische" Enge hinwies, in der die Menschen dieses damals vorwiegend industriell genutzten Gebiets lebten. Ihren Höhepunkt hatte die Industrialisierung des Raval im 19. Jh. erlebt, und da sich die Arbeiter damals möglichst nah bei den Fabriken niederließen, erreichte die Bevölkerungsdichte ungeahnte Ausmaße: El Raval bildete das am dichtesten besiedelte Stadtviertel Europas; zeitweise lebten hier mehr als 100.000 Einwohner pro Quadratkilometer.

Viele Jahrzehnte lang war das Chinesenviertel, das meerwärts des Carrer Santa Pau beginnt, als Rotlicht-Distrikt verrufen, ein Attribut, das auch heute noch teilweise zutrifft. Dabei kannte man Raval, einst die außerhalb der Stadtmauern gelegene „Vorstadt" Barcelonas, im ausgehenden Mittelalter noch als „Viertel der Klöster", von denen es hier an die zwanzig gab.

Wie auch in den anderen Gebieten der Altstadt Ciutat Vella hat sich die Stadtverwaltung bemüht, mit einer Reihe von Maßnahmen das schlecht angesehene Gebiet aufzupolieren und es als Wohnviertel auch anderen, wohlhabenderen Bevölkerungsschichten schmackhaft zu machen. Im Norden des Viertels ist dies auch recht gut gelungen. Üble Spelunken und Absteigen wurden geschlossen, Gebäude renoviert, allzu heruntergekommene Blocks abgerissen und an ihrer Stelle neue Häuser, Schulen und Museen errichtet.

Ein gewisser Rest an Rotlichtcharakter ist El Raval besonders im südlichen Bereich des Viertels dennoch geblieben. Zwischen den Junkies, Huren, Sex- und Spielclubs, die tagsüber alle nicht so auffällig in Erscheinung treten, hat sich aber auch ein kleinbürgerlicher Mikrokosmos erhalten, der auf gewisse Weise rührend wirkt: kleine Schänken, die Flaschenbier direkt auf die Straße verkaufen, urige Kneipen der derberen Sorte, alle Arten winziger Handwerksläden, außerdem zahlreiche Geschäfte und Metzgereien islamischer Einwanderer: El Raval besitzt einen selbst für Barcelona außergewöhnlich hohen Anteil an Immigranten insbesondere aus Nordafrika, aber auch aus Indien, Pakistan und anderen Teilen Asiens.

Tour 2: Durch ein Viertel im Umbruch

Achtung – trotz aller Anstrengungen, und obwohl El Raval mittlerweile auch als Szeneviertel eine gewisse Anziehungskraft ausübt, ist der Ruf der Region immer noch nicht der beste. Generell sind die südlichen Zonen des Gebiets deutlich unangenehmer als die weiter nördlich gelegenen, die schon seit jeher „bürgerlicher" waren und auch am meisten von der Modernisierung profitierten. Mit etwas Aufmerksamkeit kann tagsüber eigentlich wenig passieren. Die beste Zeit für einen Rundgang ist sicher der Vormittag, die menschenleere Siesta-Zeit sollte man jedoch besser meiden. Auch abends können Abenteuerlustige unter Berücksichtigung der üblichen Vorsichtsregeln durchaus einen Streifzug wagen; ratsam allerdings, dunkle Seitengassen zu meiden, den Touristen nicht schon per Kleidung oder Fotoapparat raushängen zu lassen und wenig Bares mitzunehmen. Wirklich gefährlich sind höchstens die späten Nacht- und frühen Morgenstunden.

Unser Spaziergang beginnt an der Rambla de Canaletes, Ecke Carrer Tallers. Hier geht es in den **Carrer dels Tallers**, benannt nach den Metzgern (kat. „taller" = schneiden), die im Mittelalter in diesem Gebiet arbeiteten. Heute erweist sich der Carrer dels Tallers als solide Einkaufsstraße mit einem besonders großen Angebot an Plattenläden, in denen sich manche Rarität finden lässt. Über den Carrer Valdonzella und den Carrer Montalegre erreicht man das → **Centre de Cultura Contemporània de Barcelona** (CCCB), eine gelungene Symbiose aus der 1802 errichteten Casa de la Caritat (früher ein Hospital) und einem erst 1994 fertig gestellten Neubau; besonders reizvoll präsentiert sich das Ensemble, wenn man es vom Innenhof Pati de les Dones (Hof der Frauen) aus betrachtet. Wenige Schritte weiter liegt das → **Museu d'Art Contemporani de Barcelona** (MACBA), ebenfalls ein Neubau in beachtlicher Architektur. Die weite, sonnige Plaça dels Àngels vor dem Museum ist ein beliebter Treffpunkt der Skaterszene und war auch schon Schauplatz vieler diesbezüglicher Werbespots. Südlich des Platzes steht das 1566 errichtete ehemalige Kloster **Convent dels Àngels**, nach jahrzehntelanger Renovierung

Sitz des Designzentrums FAD (Foment de les Arts Decoratives), das auch ein gutes Cafeteria-Restaurant besitzt.

Von hier ließe sich über das Shoppinggässchen Carrer d'Elisabets ein Abstecher zur hübschen, schattigen und mit mehreren Cafés versehenen **Plaça Bonsuccés** machen, zusammen mit der benachbarten **Plaça de Vicenç Martorell** ein beliebter Treffpunkt.

Wieder zurück, führt der Carrer dels Àngels zum Carrer del Carme, einer der belebtesten Straßen im Raval. Hier links und sich gleich wieder rechts wendend, erreicht man durch einen Durchgang den Komplex des → **Antic Hospital de la Santa Creu**, heute Sitz verschiedener kultureller Institutionen, darunter auch die Biblioteca de Catalunya, deren schöner gotischer Lesesaal leider nicht besichtigt werden kann. Trotz der noblen Umgebung trifft man im hübschen Garten, einer der wenigen Grünflächen in diesem Viertel, wahrscheinlich gleich mehrere Grüppchen an, die sich schon am frühen Vormittag an großen Weinflaschen laben – auch das ist eben El Raval ...

Reine Romanik: Sant Pau del Camp

Über den Carrer de l'Hospital erreicht man die breite **Rambla del Raval**, deren Bau im Jahr 2000 gleich ganze Gassenzüge und mehrere Dutzend Gebäude weichen mussten. Ein kleiner Teil des Umfelds war zuletzt immer noch Baustelle. In diesem Block, genannt „L'Illa de la Rambla del Raval" (oder auch „Illa del Robador") entsteht ein großer Komplex, der u. a. ein Hotel der Oberklasse beherbergen wird, ebenso die beiden Kinosäle der neuen *Filmoteca de la Generalitat*; die Tage des bisherigen Kinos der Regionalregierung in Eixample sind also gezählt. Heute wirkt die Rambla nicht mehr ganz so steril wie kurz nach ihrer Entstehung, wurde auch von der nahen Einwohnerschaft als Flanierzone angenommen. An Wochenenden (außer im August) findet hier ein Straßenmarkt statt, der „Mercat obert Rambla del Raval". Am unteren Ende der Rambla lohnt sich unbedingt ein Abstecher nach rechts über den Carrer de Sant Pau zur romanischen Kirche → **Sant Pau del Camp**, auch wenn er wegen der häufig wechselnden und generell recht schmal bemessenen Öffnungszeiten das Risiko beinhaltet, das schöne alte Kirchlein geschlossen vorzufinden.

Von der Kirche hält man sich wieder stadteinwärts über den Carrer de Sant Pau, biegt aber gleich hinter der Grünanlage (der einsame Schornstein hier erinnert noch an die industriellen Zeiten

ars & Clubs (S. 115–117)
La Paloma
Almirall
Caribbean Club
JazzSí Club
Boadas
Muy Buenas
Zentraus
Marsella
Guru
London Bar
Sala Apolo
Moog
Pastís
E inkaufen (S. 117)
8 Casa Boada
10 Revolver
11 Mercat Sant Antoni
13 Discos Castelló
30 Edison´s
33 Mies & Felj
ssen & Trinken (S. 113–115)
Bar-Rest. Elisabets
Dos Palillos
Bodega El Celler d'en Frank Peterssein
Pizza Ravalo
Bar Mam i Teca
Rest. Bio-Center
Granja Viader
Café-Rest. Carmelitas
Bar-Rest. Dos Trece
Bar-Rest. Iposa
Bar Ra
Rest. La Palmera
Rest. Au Port de la Luna
Pizzeria La Verònica
Bar-Rest. Candela Raval
Rest. Casa Leopoldo
Rest. Organic
Ü bernachten (S. 63–65 & 70)
1 Pensió Hostal Chic & Basic Tallers
2 Hotel Ciutat Vella
3 Hotel Mesón de Castilla
5 Pensió Hostería Grau
6 Pensió Gat Raval
9 Market Hotel
17 Hotel Casa Camper
27 Pensió Gat Xino
28 Hotel Curious
38 Hotel Sant Agustí
39 Pensió Hostal Terrassa
41 Pensió Òpera
42 Hotel Peninsular
44 Hotel d'Espanya
45 Barcelona Mar Youth Hostel
Eixample siehe S. 172/173
Ramblas siehe S. 101
Barri Gòtic siehe S. 120/121
Der alte Hafen Port Vell siehe S. 159
Plaça de la Universitat
Plaça de Castella
S. Sever i Carles Boromeo
Centre de Cultura Contemporània de Barcelona
Museu d'Art Contemporani de Barcelona
Plaça de Catalunya
Catalunya
Plaça de Vicenç Martorell
Plaça Bonsuccés
Ronda de Sant Antoni
Ronda de Sant Pau
Sant Antoni
Pl. del Pedró
Església de Betlem
Palau de la Virreina
Antic Hospital de la Santa Creu
Mercat de la Boqueria
Barri Gòtic
Sta. Maria del Pi
Pla Boqueria
Liceu
Sant Agustí
Gran Teatre del Liceu
Sant Pau del Camp
Rambla del Raval
Plaça Reial
Palau Güell
Plaça del Teatre
Centre d'Art Santa Monica
Museu de Cera
Drassanes
Avinguda de les Drassanes
Av. del Paral.lel
Plaça de Duc de Medinaceli
Plaça Portal de la Pau
Monument a Colom
Hafen
100 m
El Raval

des Raval) rechts in den schmalen Carrer de l'Hort de Sant Pau ein – und überschreitet damit die unsichtbare Grenze zum Barri Xinés. Vorbei an der Polizeistation geht es links in den **Carrer Nou de la Rambla**, einen langen, erst im späten 18. Jh. durch das Häusermeer von Raval geschlagenen Straßenzug. Kurz vor seiner Kreuzung mit den Rambles wartet rechter Hand noch ein Glanzlicht des Viertels und wohl der Höhepunkt dieses Streifzugs, der → **Palau Güell** von Meister Gaudí.

Sehenswertes

Centre de Cultura Contemporània de Barcelona (CCCB): Nicht nur architektonisch ein Genuss – auf einer Fläche von 4500 Quadratmetern finden wechselnde multimediale Ausstellungen, diverse kulturelle Aufführungen und internationale Festivals statt, die sich vornehmlich dem gegenseitigen Einfluss von Kunst und urbanem Leben widmen; daneben gibt es ein großes Auditorium, eine Buchhandlung und eine schöne Cafeteria.

Lage und Öffnungszeiten Carrer Montalegre 5, geöffnet Di/Mi sowie Fr–So jeweils 11–20 Uhr, Do 10–22 Uhr; Mo geschlossen. Eintrittsgebühr je nach Zahl der Ausstellungen 4,50–6 €, Mi ermäßigt; Do ab 20 Uhr sowie am ersten Mi im Monat Eintritt frei. www.cccb.org.

Gotische Struktur: Antic Hospital de la Santa Creu

Museu d'Art Contemporani de Barcelona (MACBA): Die elegante, helle Architektur des Zentrums zeitgenössischer Kunst steht in deutlichem Gegensatz zur Umgebung – tatsächlich sollte der strahlend weiße, 1995 eröffnete Bau eine Art Vorreiterrolle bei der Modernisierung des Viertels spielen. Das vierstöckige Museum zeigt in wechselnden Ausstellungen Arbeiten vorwiegend aus der zweiten Hälfte des 20. Jh., Schwerpunkte liegen auf den 50er-Jahren, den frühen 60ern und den 80er-Jahren; die Künstler stammen aus Katalonien, Spanien und dem Ausland. Das MACBA ist aber auch als Gebäude selbst interessant – Ziel des renommierten Architekten Richard Meier war es, bei der Beleuchtung der Exponate weitgehend mit natürlichem Licht auszukommen, weshalb der Werkstoff Glas reichliche Verwendung fand. Ein Buchladen ist angeschlossen.

Lage und Öffnungszeiten Plaça dels Àngels, geöffnet vom 25. Juni bis 24. September Mo/Mi 11–20 Uhr, Do/Fr 10–24 Uhr, Sa 10–20 Uhr, So 10–15 Uhr; im restlichen Jahr Mo/Mi/Do/Fr 11–19.30 Uhr, Sa 10–20 Uhr, So 10–15 Uhr. Di ist jeweils geschlossen. Eintritt 7,50 € (Teilbereiche günstiger), Mi 3,50 €. www.macba.es.

Antic Hospital de la Santa Creu: Schon im 10. Jh. gab es hier ein Hospital, die Arbeiten an dem heute zu sehenden gotischen Bau begannen Anfang des 15. Jahrhunderts. Immerhin bis 1930 diente das Anwesen als Krankenhaus; 1926 starb Antoni Gaudí hier, nachdem er von einer Straßenbahn überfahren worden war. Viele – wenn auch leider nicht alle – Teile des Komplexes sind frei zugänglich; sehenswert unter anderem ein gotischer Kreuzgang, schöne Kacheldekors in den Gängen und der opulente Lesesaal in der „Real Academia de Medicina". Das auffällige Marmorkreuz in den Gärten des Hospitals stammt von 1691.

Sant Pau del Camp: Barcelonas älteste Kirche, einer der wenigen verbliebenen romanischen Bauten der Stadt, steht kurz vor der Mündung des Carrer Sant Pau in die gleichnamige Ronda. Wie man durch den Fund des hier aufgestellten, aus dem Jahr 912 stammenden Grabsteins von Guifré II. weiß, muss an dieser Stelle bereits zu Anfang des 10. Jh. ein Kloster existiert haben, das wahrscheinlich 985 durch den Maurenherrscher Almansor wieder zerstört wurde. Auch zur Zeit der Errichtung des heutigen Baus im frühen 12. Jh. lag der „Heilige Paulus des Feldes" noch ganz seinem Namen gemäß weit außerhalb der Stadtmauern. Seit 1879 ist das auf kreuzförmigem Grundriss erbaute Gotteshaus als Nationalmonument geschützt. Mehr als einen Blick wert ist neben dem Säulenportal besonders der kleine, aber mit fein gearbeiteten Kapitellen versehene Kreuzgang.

Lage und Öffnungszeiten Carrer de Sant Pau 101. Die Öffnungszeiten ändern sich leider recht häufig, zuletzt Di–Sa 10–13.30 Uhr, Mo–Fr auch 17–20 Uhr; Eintrittsgebühr 2 €.

Palau Güell: Nur noch einen Schritt vor den Rambles, im Carrer Nou de la Rambla 3, findet sich dieses von Antoni Gaudí gestaltete Palais, das von der Unesco als erstes modernes Gebäude in die Liste des Weltkulturerbes aufgenommen wurde. Errichten ließ es 1886–88 Gaudís Förderer, der Industrielle Eusebi Güell. In einer Zeit, in der es die feine Gesellschaft Barcelonas in die neue Stadterweiterung Eixample zog, wollte Güell ein Zeichen setzen und die schon damals übel beleumundete Gegend (gleich nebenan lag ein bekanntes Bordell) um den Palast aufwerten, sparte deshalb nicht an den Baukosten – Gaudí war es nur recht, er soll allein 25 verschiedene Vorschläge für die Fassade entworfen haben. Mehrfach renoviert, kann der Bau auch von innen besichtigt werden. Beeindruckend sind besonders die unterirdischen, über eine schneckenförmige Rampe zu erreichenden Stallungen für Pferde und Kutschen, der mehrstöckige zentrale Salon (zuletzt in Restaurierung) mit seiner Parabolkuppel und die fröhlich-bunte Dachlandschaft der insgesamt 20 Kamine, die mit Bruchsteinkeramik, Glas, verglastem Sandstein, Marmor und Fayence dekoriert oder aus massivem Backstein aufgebaut sind.

Führungen Zuletzt erneut in (umfangreicher) Renovierung, sollte das Haus mit Erscheinen dieser Auflage wieder besichtigt werden können. Öffnungszeiten vor Beginn der Arbeiten: April bis etwa Ende Oktober Mo–Sa 10–18.30 Uhr, sonst Mo–Sa 10–13.30 Uhr; es bestand Zugangsbeschränkung auf maximal 22 Personen pro Viertelstunde; deshalb am besten vormittags kommen und sich evtl. ein Reservierungsticket für einen späteren Zeitpunkt holen.

El Raval
Karte Seite 111

Praktische Infos

Essen & Trinken

Rest. Casa Leopoldo (37), ein Klassiker des Viertels, bereits 1924 gegründet und bis zu seinem Tod eines der Lieblingslokale des „Carvalho"-Autors Montalbán. Gekonnte traditionelle Küche, gute Weinauswahl. Probiermenü rund 50 €, à la carte ab etwa 40 € weit aufwärts. Carrer Sant Rafael 24, ✆ 934 413014. So-Abend und Mo geschlossen, in der Karwoche und im August Betriebsferien.

An der Rambla del Raval: fette Katze (Gat)

Dos Palillos (18), eine Neueröffnung nahe dem Hotel Casa Camper (siehe „Übernachten") und ebenfalls ein Ableger des ja eigentlich auf Schuhe spezialisierten Camper-Unternehmens. Die Leitung obliegt keinem Geringeren als Albert Raurich, dem ehemaligen Küchenchef des „El Bulli", und das Angebot umfasst, ganz dem Namen („Zwei Stäbchen") gemäß, moderne asiatische Tapas. Sehr gehobenes Preisniveau. So/Mo geschlossen, Di/Mi nur abends geöffnet. Carrer Elisabets 9.

Rest. Au Port de la Luna (34), eines von mehreren Lokalen an diesem kleinen Platz gleich oberhalb vom Boqueria-Markt. Winziger, sehr netter Familienbetrieb (Mutter kocht, der Rest der Familie hilft mit) mit französischer Küche. Mittagsmenü für etwa 10 €, à la carte legt man mehr an. Plaça de Sant Galdric 1.

Rest. La Palmera (32), in der Nähe. Ein Lesertipp von Familie Assall: „Gutes Essen, angenehme Stimmung, nette Einrichtung, günstige Preise, freundliche und entgegenkommende Bedienung." Carrer Jerusalem 30.

Bar-Rest. Dos Trece (25), edles Lokal mit Glasfront und Lounge, guten Cocktails, gelegentlichen Livekonzerten und DJs am Wochenende. Kleine, aber feine Speiseauswahl, Menü à la carte ab etwa 25 €, günstiges Mittagsmenü. Carrer Carme 40, Reservierung ratsam: ✆ 933 017306.

Café-Rest. Carmelitas (24), gleich gegenüber. Das luftige, angenehm sparsam dekorierte Ambiente mit hoher Decke und das freundliche Personal zeichnen dieses Lokal aus. Kreatives Mittagsmenü à 9 €. Carrer Carme 42, am Wochenende Reservierung ratsam: ✆ 934 124684.

Bar-Rest. Iposa (29), ebenfalls in diesem Gebiet. Kleines, enges Restaurant mit lässiger, freundlicher Atmosphäre und jungem Publikum; ein paar Tische auch draußen vor der Tür. Die Gerichte kommen nicht in gigantischen Portionen auf den Tisch, sind aber raffiniert zubereitet; günstige Preise. Carrer Floristes de la Rambla 14.

Bar Ra (31), praktisch um die Ecke, nahe der Boqueria. Der Name des ägyptischen Sonnengottes ist gut gewählt, liegen die Tische im Freien doch wirklich fast den ganzen Tag in der Sonne; im Winter sorgen Heizstrahler für Wärme. Junges Szenepublikum, das sich am Parkplatz-Panorama nicht stört, internationale Küche von Mexikanisch bis Thai. Recht preiswerte Mittagsmenüs, auch sonst nicht teuer. Plaça de la Boqueria 7.

Bar-Rest. Elisabets (14), bei der Plaça Bonsuccés. Gegründet 1962 und seitdem optisch wohl kaum verändert. Vor allem an Werktagen ausgesprochen gefragt – kein Wunder, denn das feste Mittagsmenü für etwa 10 € bietet prima Auswahl und ein exzellentes Preis-Leistungs-Verhältnis. So geschlossen. Carrer Elisabets 2.

Bar-Rest. Candela Raval (36), gemütliches, jugendliches Lokal, in dem auch Ausstellungen stattfinden. Eine nette Adresse, die je nach Tageszeit vieles bietet, vom Frühstück über das je nach Marktlage zusammengestellte Mittags- (ca. 10 €) und das mediterran-kreative Abendmenü (20 €) bis hin zu nächtlichen Cocktails – geöffnet ist bis 2.30 Uhr. So Ruhetag. Carrer de l'Hospital 48.

Pizzeria La Verònica (35), lange Jahre ein Pizzeria-Klassiker des Barri Gòtic, jetzt ins Raval gezogen. Das Design ist das gleiche geblieben, die Qualität der Pizzas (darunter auch vegetarische Möglichkeiten) ist unvermindert hoch, die Beliebtheit des Lokals bei seinem bunt gemischten Publikum auch. Um die 10–12 € pro Pizza sind zu rechnen. Rambal del Raval 2–4. Mo geschlossen.

Pizza Ravalo (20), etwas versteckter an einem kleinen Platz gelegen, auf dem auch einige wenige Tische Platz finden. Hervorragende, sehr große Pizzas, die Preise liegen etwas unter denen der Pizzeria La Verònica. Plaça Emili Vendrell 1, nur abends, Mo zu.

Rest. Bio-Center (22), ein beliebtes vegetarisches Restaurant in einer westlichen Seitenstraße der oberen Rambles. Das Mittagsmenü mit großem Salatbuffet kommt auf etwa 10 €, am Samstag etwas teurer. Nur mittags; Carrer Pintor Fortuny 25.

Rest. Organic (40), ein weiteres vegetarisches Restaurant. „Somos lo que comemos" (wir sind, was wir essen) heißt hier der Wahlspruch. Angenehmes Ambiente, umfangreiches Drei-Gänge-Mittagsmenü für 10 €, Getränke gehen extra. Auch Kochkurse. Carrer Junta de Comerç 11, zwischen C. Hospital und C. Sant Pau, täglich mittags und abends geöffnet.

Bar Mam i Teca (21), eine kleine Tapa-Bar, in der exquisite (und deshalb nicht ganz billige) spanische Köstlichkeiten auf den Tisch kommen – zu loben vielleicht besonders die Botifarra-Würste, der Schinken sowie der luftgetrocknete Mojama-Thunfisch aus Andalusien. Sehr gute Auswahl an Weinen und Drinks; engagierte, vielsprachige Besitzer. Carrer de la Lluna 4.

Bodega El Celler d'en Frank Peterssein (19), uriges Lokal in einer ruhigen Straße, ein Lesertipp von Anja Kranich und Hendrik Naumann: „Gemütlich und lebendig. Der Mensch, der den Laden schmeißt, hat viel Charme und ist sehr gesprächig. Es waren nur Einheimische dort, die Musik die alten Lieder von Billie Holiday und Bessie Smith". Carrer Bisbe Laguarda 3.

Granja Viader (23), eine der traditionsreichsten Milchbars Barcelonas, die bis weit ins 19. Jahrhundert zurückgeht. Carrer Xuclà 4–6, eine Seitenstraße des Carrer Carme.

Bars & Clubs

Boadas (16), die älteste Cocktailbar Barcelonas, gegründet 1933 von einem Kuba-Heimkehrer. Immer noch eine der besten Bars der Stadt – eine echte Institution in zentraler Lage. Edel gewandetes Publikum. Carrer Tallers 1, Ecke obere Rambles. Geöffnet bis zwei Uhr, am Wochenende bis drei Uhr.

Caribbean Club (12), um die Ecke, eine Bar mit guten karibischen Cocktails, geöffnet bis 2 Uhr. Sie liegt in einer kleinen Gasse, in der sich noch weitere Kneipen finden, z. B. das „Schwarze Schaf" **Ovella Negra**, beliebt vor allem bei jungen Touristen. Can Sitjar (Carrer Sitges) 5, eine Seitengasse des Carrer Taller, nahe den oberen Rambles.

Marsella (46), eine uralte, atmosphärische Tränke mit viel Holz, Spinnweben über der Theke und halb blinden Spiegeln. Angeblich wurde das Lokal bereits 1820 von einem Auswanderer aus Marseille eröffnet, dem es auch seinen Namen verdanken soll. Berühmtheit und ein internationales Publikum sichert dem Marsella der Ausschank des wieder in Mode gekommenen Drinks Absinth, der allerdings (wie anderswo auch) seinen Preis hat. Geöffnet bis zwei Uhr, am Wochenende bis drei Uhr. So geschlossen. Carrer Sant Pau 65.

Pastís (51), nur zwei Schritte von den unteren Rambles und, wie der Name schon ahnen lässt, französisch inspiriert. Winzige Bar voller Gemälde und Fotos, in der manchmal auch Konzerte aufgeführt werden. Auch hier wird Absinth offeriert. Geöffnet bis 2.30 Uhr, am Wochenende bis 3.30 Uhr. Carrer Santa Mónica 4.

London Bar (48), eine schöne, mit Stuckdekoration verzierte Jugendstilbar, bereits 1910 eröffnet. Hier finden häufig auch Konzerte (Jazz, Blues, Latino etc.) statt, Beginn in der Regel 0.30 Uhr. Geöffnet bis vier Uhr morgens. Carrer Nou de la Rambla 34. www.londonbarbcn.com.

JazzSí Club (15), kleine Bar, die einer Musikwerkstatt angeschlossen ist. Tägliche Konzerte (Mo Jazz, Di/Sa/So Rock, Blues & Pop, Mi Jazz & Latino, Do Cubano und Fr Flamenco), die oft schon ungewöhnlich früh beginnen, nämlich zwischen 18.30 und 21 Uhr. Günstige Eintrittsgebühr, z.T. sogar gratis. Carrer Requesens 2, fast schon an der Ronda de Sant Antoni.

Almirall (7), zwar ohne Musik, aber optimal für den ersten (oder letzten) Schluck des Tages. Gegründet 1860! Die schräge Jugendstil-Bar hält je nach Wochentag bis 2.30 bzw. 3 Uhr morgens geöffnet. Interessantes Publikum. Carrer Joaquim Costa 33.

Muy Buenas (26), noch eine fast unverändert gebliebene Jugendstil-Schönheit. In der zweigeschossigen Bar kann man auch mediterran-arabisch essen. Geöffnet bis 2.30 Uhr. Carrer del Carme 63.

Comeback der „Grünen Fee"

Absinth, eine bittere, giftgrüne Wermut-Spirituose mit Zusätzen u. a. von Anis und Fenchel, avancierte ab dem späten 18. Jh. zum Modegetränk und soll auch Picasso, Toulouse-Lautrec und Baudelaire inspiriert haben. Die Rauschwirkung, die den Absintheur angeblich die „Grüne Fee" oder auch andere „wundervolle sonderbare Dinge" (Oskar Wilde) sehen lässt, soll dabei nicht nur auf den hohen Alkoholanteil von oft deutlich über 50 Prozent zurückgehen, sondern auch auf das Nervengift Thujon, dem eine Wirkung ähnlich der von Cannabis nachgesagt wird. Anfang des 20. Jh. wurde Absinth in den meisten europäischen Ländern verboten, nicht jedoch in Spanien. Seit Beginn der Neunziger ist das Getränk im Gebiet der gesamten EU wieder zugelassen, freilich nur noch mit einem Bruchteil des früheren Thujon-Gehalts – ob Absinth angesichts dieser geringen Menge noch einen anderen Rausch als den rein alkoholischen verursachen kann, ist umstritten. In jedem Fall wird Absinth nicht einfach die Kehle hinuntergegossen, sein Genuss vielmehr regelrecht zelebriert: Man legt einen durchlöcherten Löffel oder eine Kuchengabel mit einem Stück Zucker über das Glas und benetzt dieses langsam mit Wasser, bis der flüssige Zucker von selbst in den Absinth tropft. Bei einem anderen, ursprünglich aus Tschechien stammenden Ritual wird der mit Absinth getränkte Zucker entzündet und dann karamelisiert in den Drink gerührt.

Guru (47), noch recht junges Lokal, das ehemalige „Salsitas" und wie dieses eine Mischung aus Restaurant und Club, letzterer nur von Donnerstag bis Samstag. Schickes Design, musikalisch auf der Linie Electro/House. Leider wird um drei Uhr morgens schon geschlossen. Mal sehen, ob es sich hält oder zum reinen Restaurant mutiert. Carrer Nou de la Rambla 22.

Zentraus (43), mit ähnlichem Konzept, wenn auch betont spartanischem Dekor; eine Mixtur aus Bar-Restaurant (Küche bis 1 Uhr, Fr/Sa bis 2 Uhr) und Club, in dem vor allem Electro, Drum'n'Bass und Techno läuft. Geöffnet Di–Do bis 2.30 Uhr, Fr/Sa bis 3 Uhr. Rambla del Raval 41, www.zentraus.com.

Moog (50), in einer Seitengasse der unteren Rambles. Kleiner, aber beliebter Club der Mas-Gruppe mit Schwerpunkt auf Techno und House sowie einer separaten Chillout-Zone. Täglich bis fünf Uhr geöffnet. Arc del Teatre 3, www.masimas.com.

Sala Apolo (49), ein ehemaliges Theater, schon jenseits der Avinguda Paral.lel, also knapp außerhalb von El Raval. Schon ein Klassiker der Techno-Szene sind die „Nitsa"-Clubnächte am Fr/Sa ab 0.30 bis weit in

Ein Gläschen Absinth gefällig? Bar Marsella

den Morgen. Mi gibt es mit dem „Caníbal Sound System" Reggae, Latin etc. im Apolo, Do mit dem „Powder Room" Funk & Co.; an den übrigen Tagen finden hier gelegentlich Konzerte etc. statt. Carrer Nou de la Rambla 113, www.sala-apolo.com.

La Paloma (4), mal etwas ganz anderes: ein gut hundertjähriger, riesiger Ballsaal, mit so viel Plüsch und Schwulst, dass es schon wieder schön ist. Nur Do–So in Betrieb, von 18–21.30 Uhr schwofen vor allem Rentner, ab etwa 23.30 Uhr kommen auch viele junge Liebhaber von Skurrilitäten. Musikalisch überwiegend etwa auf der Linie Tango, Rumba etc., Orchester ist selbstverständlich. Ab 2 Uhr finden diverse Clubnächte statt. Leider war das Paloma zuletzt wegen Schwierigkeiten mit der Stadtverwaltung (Lärmprobleme mit der Nachbarschaft...) geschlossen, doch besteht durchaus Hoffnung, dass es wieder öffnet. Carrer Tigre 27, eine Seitenstraße der Ronda Sant Antoni. www.lapaloma-bcn.com.

Einkaufen

Lebensmittel: *Mercat Sant Antoni (11)*, Ronda de Sant Pau, Ecke Ronda de Sant Antoni, westlich knapp außerhalb von El Raval. Wie die Boqueria ein traditionsreicher Altstadtmarkt unter einer schönen Eisenkonstruktion. Geöffnet Mo–Sa (Mo ist wenig los), von Di–Fr auch nachmittags. Eine Renovierung in nächster Zeit ist geplant.

Second-Hand-Mode: *Mies & Felj (33)*, einer von mehreren ähnlichen Shops in dieser Gasse. Montags ist hier vieles zu, und auch zu früh am Morgen sollte man besser nicht auf offene Türen hoffen. Riera Baixa 5.

Musik: *Discos Castelló (13)*, nur wenige Schritte von den oberen Rambles. Breite Auswahl in mehreren Filialen in dieser mit Musikgeschäften geradezu gepflasterten Straße. Carrer Tallers 3 (Klassik), 7, 9 sowie 79, www.discoscastello.com.

Revolver (10), auf Hausnummer 11 und 13 in derselben Straße, spezialisiert auf Rock, Pop und Konzertkartenverkauf. www.discos-revolver.com.

Edison's (30), Neu- und Secondhandware. Riera Baixa 10, in der Nachbarschaft ähnliche Geschäfte. www.discos-edisons.com.

Foto: *Casa Boada (8)*, ein Fotogeschäft vom alten Schlag, kenntnisreich und serviceorientiert. Carrer Tallers 17.

Schönster Platz Barcelonas: Plaça Reial

Barri Gòtic

Gar nicht museal – im mittelalterlichen Zentrum schlägt das Herz Barcelonas, mischen sich Tradition und Moderne: urige Milchbars neben schicken Boutiquen, verstaubte Handwerksläden neben Szenekneipen. Und im Kreuzgang der Kathedrale schnattern die Gänse ...

Das Gotische Viertel bildet den Kern Barcelonas, entspricht in seiner Lage weitgehend den römischen Anfängen der Stadt und gehört natürlich zu den Highlights bei jeder Besichtigungstour Barcelonas. Attraktiv am Barri Gòtic (oder dem Barrio Gótico, wie es auf Kastilisch genannt wird), sind nicht nur die zahlreichen mittelalterlichen Monumente und die teilweise recht ungewöhnlichen Museen, sondern vor allem auch die Struktur des Viertels selbst mit seinen kleinen und großen Plätzen, dem Gewirr von engen Gässchen, die oft noch dem Verlauf römischer Straßenzüge folgen, und den vielen, teilweise etwas versteckten baulichen Details. Wer die Augen offen hält, wird hier Reste der Stadtmauer entdecken, dort eine Gasse voller in die Wand eingelassener origineller Keramiktafeln, dann wieder eine hebräische Inschrift oder einen Briefkasten im Stil des Modernisme.

Dabei ist das Barri Gòtic alles andere als eine museale Touristenattraktion, sondern quicklebendig. Zwischen den unglaublich vielen traditionellen Geschäften und alten Kneipen finden sich, besonders im Gebiet um den Carrer d'Avinyó, auch Szenebars und Boutiquen. Man verläuft sich ziemlich leicht im Barri Gòtic, was aber kein Schaden zu sein braucht. Allzu abgelegene, finstere Gassen sollte man zur menschenleeren Siesta sowie spät abends und nachts jedoch vielleicht besser meiden, insbesondere im hafennahen, südlichen Bereich des Viertels, in dem sich da und dort immer noch düstere Gestalten herumzudrücken pflegen.

Der Begriff „Gotisches Viertel“ stammt aus den späten Zwanzigerjahren des letzten Jahrhunderts, als man allmählich den besonderen Wert dieses Gebiets erkannte: Nur wenige Städte besitzen eine derart gut erhaltenes, in sich geschlossenes Areal aus gotischer Zeit – Erbe jener glanzvollen Epoche, in der Kataloniens Macht sich über fast das gesamte westliche Mittelmeer erstreckte. Dennoch blieb viele Jahrzehnte lang die Neustadt Eixample der Inbegriff der erstrebenswerten Wohnlage, wurden weite Teile der Altstadt der Armut und dem Verfall überlassen. Erst in den Achtzigern setzte das Umdenken ein. Der Plan zur Reformierung der Altstadt Ciutat Vella erwies sich im Barri Gòtic als besonders erfolgreich. Bruchbuden wurden saniert oder abgerissen und durch neue Plätze ersetzt, Straßen ausgebessert, heruntergekommene Fassaden wieder hergestellt, neue öffentliche Einrichtungen installiert, Kirchen restauriert. Bei allen Neuerungen achtete man sorgfältig darauf, den Charakter des Viertels nicht zu beeinträchtigen. Das Ergebnis ist beeindruckend – die alten Mauern erstrahlen nun in neuem Glanz, die Wohnungen sind wieder gefragt. Gleichzeitig hat das Barri Gòtic auch als Einkaufsgebiet und Ausgehzone deutlich an Attraktivität gewonnen.

Aufgrund der Fülle an Sehenswürdigkeiten, aber auch wegen des besonderen Charakters des altehrwürdigen Viertels sind dem Barri Gòtic gleich zwei Stadtspaziergänge gewidmet. Der erste erschließt insbesondere das unweit der Rambles gelegene Gebiet um die Plaça Reial und die Plaça del Pi, aber auch das alte Judenviertel El Call, der zweite führt durch das herrschaftliche Herz des Barri Gòtic um die Plaça Sant Jaume und die Kathedrale.

Tour 3: Plaça Reial, El Call und Pl. del Pi

Dieser Rundgang beginnt an der **Pla de la Boqueria** (Metro: Liceu) an den Rambles. Hier geht es zunächst in die geschäftige Einkaufsstraße Carrer de la Boqueria, dann die zweite Straße rechts in den engen Carrer d'En Quintana und über den Carrer Ferran hinweg in den Carrer del Vidre, die „Glasstraße“, benannt nach einem Glasofen, den es vor Jahrhunderten hier einmal gab. Herrlich nostalgisch ist die Kräuterhandlung „Herboristeria del Rei“ linker Hand kurz vor der Plaça Reial: Der „Königliche Kräuterladen“ wurde 1823 gegründet und ist damit eines der ältesten Geschäfte der Stadt; die heutige Einrichtung stammt noch aus der Zeit um 1860, als Königin Isabella II. das Geschäft in die Liste der Hoflieferanten aufnahm.

Jenseits der → **Plaça Reial**, des wohl schönsten Platzes in ganz Barcelona, führt der Carrer del Vidre in ein ehemaliges Rotlichtviertel, dessen ruppige Vergangenheit ihm manchmal noch anzumerken ist. An der „Töpferstraße“ Carrer d'Escudellers hält man sich vor dem berühmten Restaurant „Los Caracoles“ mit seinem Freiluft-Hühnergrill links und weiter zur **Plaça George Orwell**, einem Treffpunkt der Subkultur. Seit 1996 ehrt Barcelona mit dem Namen des damals neu gestalteten Platzes den Autor von „1984“ und der „Farm der Tiere“, der im Spanischen Bürgerkrieg auf Seiten der marxistischen POUM gekämpft und seine Erlebnisse in „Hommage to Catalonia“ (deutsch: „Mein Katalonien“) verarbeitet hatte.

Von hier ist es nur ein Sprung zum **Carrer d'Avinyó**, der eine Zeitlang vor allem durch seine Designershops von sich reden machte. Mittlerweile sind viele

Bars & Clubs (S. 135)
34 Schilling
41 Pipa Club
42 Sidecar
46 Karma
51 Jamboree Jazz & Dance Club
58 Harlem
Eixample
Eixample
Eixample siehe S. 172/173
Ronda de Sant Pere
Plaça de Catalunya
Passeig de Gràcia
Urquinaona
Carrer de Bergara
Carrer de Pelai
C. de Jovellanos
Catalunya
Carrer Fontanella
Carrer dels Tallers
R. de Canaletes
R. dels Estudis
Sta. Anna
Pl. Ramon Amadeu
Pl. del Bonsuccés
Carrer de Santa Anna
Av. del Portal de l'Àngel
Carrer d'Estruc
C. de les Moles
Carrer de Comtal
Via Laietana
Carrer del Pintor Fortuny
Carrer d'En Xuclà
Església de Betlem
Pl. de la Vila de Madrid
Carrer de la Canuda
C. de Bertrellans
C. de N'Amargós
C. de Montsió
C. de les Magdalenes
C. de J. Portet
C. de Duran i Bas
Carrer del Carme
Palau de la Virreina
R. de Sant Josep
C. d'En Bot
C. del Duc de la Victòria
Carrer dels Capellans
C. de Ripoll
C. del Dr. Joaquim Pou
Carrer de Portaferrissa
C. de Cucurulla
C. dels Sagristans
Mercat de la Boqueria
C. de les Floristes de la Rambla
C. de Jerusalem
Carrer d'En Roca
C. de Petritxol
Plaça Nova
Av. de la Catedral
Plaça Antoni Maura
St. Felip Neri
Carrer del Pi
Casa de l'Ardiaca
Museu Diocesà
Museu del Calçat
C. de Sta. Llúcia
El Raval siehe S. 111
Carrer de l'Hospital
Pl. del Pi
Pl. de Sant J. Oriol
C. St. Sever
St. Sever
Museu F. Marès
Sant Agustí
Sta. Maria del Pi
C. de Banys Nous
C. d'l. del Call
C. Comtes
Liceu
Pl. Boqueria
Artesania Catalunya
Sinagoga Major
Catedral
Pl. d. Rei
Museu d'Història de la Ciutat
Carrer de Sant Pau
Carrer d'En Arolas
C. d'En Quintana
Carrer de la Boqueria
C. Rauric
Palau de la Generalitat
Temple d'August
C. del Call
Gran Teatre del Liceu
Carrer Ferran
Plaça de Sant Jaume
C. de Jaume I
Pl. de l'Àngel
Jaume I
R. dels Caputxins
C. de la Unió
C. de les Penedides
Casa de la Ciutat
C. d'Hèrcules
Carrer del Vidre
C. d'En Zuñano
Plaça Reial
C. de la Lleona
Baixada de St. Miquel
Pl. de Sant Miquel
Sants Just i Pastor
C. dels Escudellers Blancs
C. Nou de la Rambla
Palau Güell
C. Cervantes
C. de N'Ara
C. de Palau
C. de Lledó
C. del Sots-tinent Navarro
C. del Cometa
Teatre Principal
Rambla de Sta. Monica
C. Nou de Zurbano
C. dels Escudellers
Comt. de Sobradiel
Carrer del Regomir
C. de Arc del Teatre
Plaça del Teatre
C. d'Ataülf
C. del Correu Vell
C. de A.J. Baixeras
Carrer Nou Sant Francesc
Carrer dels Còdols
C. d'En Rull
C. d'En Carabassa
Carrer d'Avinyó
C. d'En Gignàs
C. de Montserrat
C. de Sta. Monica
Centre d'Art Santa Monica
C. d'En Serra
Carrer Ample
Carrer de la Mercè
G. de la Fusteria
La Llotja
Sta. Madrona
R. de Sta. Monica
Ptge. de la Pau
Plaça de la Mercè
Església de la Merce
Plaça d'Antonio López
Drassanes
Rambles S. 101
C. de Josep Anselm Clavé
Plaça de Duc de Medinaceli
Passeig de Colom
Hafen
Der alte Hafen Port Vell siehe S. 159
Hafen

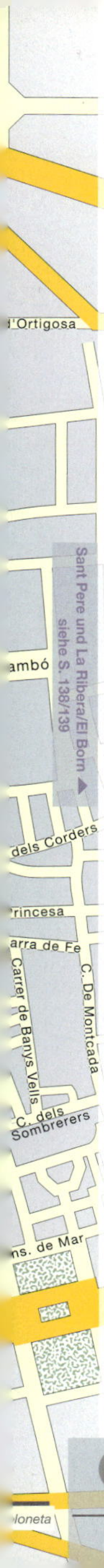

Übernachten (S. 65/66 & 71)

3 Hotel Nouvel
4 Hotel Catalonia Albinoni
8 Pensió Hostal Rembrandt
9 Albergue-Hostel Itaca
14 Hotel Colón
17 Pensió Jardí
21 Hotel Neri
23 Pensió Layetana
27 Pensió Dalí
28 Hotel Call
35 Pensió Hostal-Albergue Fernando
47 Hotel Roma Reial
51 Albergue Kabul
55 Albergue Palau

Essen & Trinken (S. 132–135)

5 Café Els Quatre Gats
10 Granja La Pallaresa
16 Granja Dulcinea
19 Taberna Basca Irati
22 Rest. La Cassola
24 Taller de Tapas
25 Bar Vinissim
26 Bar La Vinateria del Call
30 Rest. Can Culleretes
31 Mesón del Café
38 Café-Rest. Bliss
40 Rest. Les Quinze Nits
43 Rest. Taxidermista
44 Café de l'Acadèmia
49 Rest. El Gallo Kiriko
50 Bar-Rest. Cervantes
53 Rest. Santamonica
54 Taberne Les Tapes
56 Café-Rest. Venus Delicatessen
57 Rest. Los Caracoles
59 Rest. La Fonda
60 Rest. Agut
61 Rest. Pitarra
62 Rest. La Dentellière
63 Bar la Plata
64 Taberna Txikiteo

Einkaufen (S. 135/136)

1 El Corte Inglés (Filiale)
2 La Casa del Bacalao
6 Decathlon
7 El Mercadillo
11 S'Avarca de Menorca
12 Fiambres La Pineda
13 Estanc Carrilo
15 Conesa
18 Caelum
20 L'Arca de l'Àvia
29 Cereria Subirà
32 Forn Artesa Sant Jordi
33 Jeanne Weis
36 Custo
37 Adolfo Domínguez
39 La Manual Alpargatera
45 Superservis
48 Gotham
52 Cirkus

Barri Gòtic

dieser Läden zwar ins schickere Born-Viertel gewechselt, einige halten aber noch die Stellung. Tagsüber läuft es sich angenehm in dieser Straße, am Abend sollte man im unteren Bereich jedoch ein wenig auf seine Siebensachen aufpassen. Am hafenseitigen Ende des Carrer d'Avinyó lässt sich ein Abstecher nach rechts zur Kirche → **Església de la Mercè** einlegen. Nun geht es entlang des von aristokratischen Häusern gesäumten Carrer Ample (so „weit", dass hier einst Pferderennen stattfinden konnten) und links in den ansteigenden Carrer del Regomir, dessen Ladengeschäfte noch überwiegend die Nachbarschaft bedienen; rechter Hand gegenüber Hausnummer 4 wurden hinter Glas Reste der römischen Stadtmauer freigelegt. Durch winklige Gassen erreicht man die Plaça de Sant Just mit der gotischen **Església dels Sants Just i Pastor**, die im 14./15. Jh. über den Resten eines römischen Amphitheaters erbaut wurde; im Inneren lohnt links neben der Apsis ein Blick in die Kapelle des hl. Félix mit ihrem prächtigen Altarbild. Wer Lust auf einen kleinen Happen zwischendurch verspürt, findet im nahen Carrer de Dagueria, der ehemaligen „Straße der Messerschmiede", auf Nr. 16 das originelle Käsegeschäft „Formatgeria La Seu", das gegen einen Obolus Kostproben samt einem Glas Wein anbietet.

Jenseits des Carrer de Jaume I. hält man sich am **Carrer de la Llibreteria** links. In dieser „Straße der Buchhandlung" wurden bereits im frühen 16. Jh. Bücher verkauft, damals eine bestaunte Novität, und auch heute noch säumen viele interessante alte Geschäfte das schmale Einkaufssträßchen.

Geradeaus über die repräsentative **Plaça Sant Jaume** hinweg (→ Tour 4) geht es nun hinein in den Carrer del Call, eine von reizvollen Läden gesäumte Straße in Barcelonas einstigem Juden-

Barri Gòtic
Karte Seite 120/121

Am Carrer Petritxol ist immer Betrieb, verkündet sinngemäß das Kachelbild

viertel → **El Call**. Ein kleiner Umweg über den Carrer St. Domènec del Call – ein derart enges Gässchen, dass man mit ausgebreiteten Armen fast beide Seiten berühren kann – führt zur → **Sinagoga Major**, möglicherweise die einzig verbliebene von insgesamt mindestens vier Synagogen des Call. Von hier könnte ein kleiner Abstecher zum Interpretationszentrum **Centre d'Interpretació del Call** (Mi–Fr 10–14 Uhr, Sa 10–18 Uhr, So 11–15 Uhr; gratis) an der Plaça Manuel Ribé führen; außer einigen Grundmauern gibt es in diesem Ableger des Museums für Stadtgeschichte freilich nicht allzuviel zu sehen. Am Ende des Carrer de Marlet trifft man auf ein weiteres Relikt der jüdischen Vergangenheit des Bezirks, nämlich die Kopie einer mittelalterlichen Tafel in hebräischer Inschrift, die daran erinnert, dass hier einst ein Armenhospital stand und die leider immer wieder Objekt antisemitischer Schmierereien wird; die zugehörige Übersetzung soll übrigens ziemlich fehlerhaft sein. Wieder zurück am Carrer del Call, biegt man gleich rechts in den Carrer dels Banys Nous, die „Straße der neuen Bäder". Benannt ist sie nach den ehemals jüdischen Badeanlagen, die hier an der Ecke zum Carrer Boqueria vom 12. bis ins frühe 18. Jh. in Betrieb waren. Heute finden sich in dieser Straße neben Boutiquen auch Antiquitätengeschäfte, außerdem auf Hausnummer 11 die Räumlichkeiten der von der Regionalregierung eingerichteten **Artesania Catalunya** (Mo–Fr 9–14, 15–19 Uhr bzw. von Juni bis Mitte September 8–15 Uhr, Sa 10–14, 15–19 Uhr, So 10–14 Uhr; gratis), die wechselnde und teilweise hochinteressante Ausstellungen zum katalanischen Kunsthandwerk präsentiert. Ein kleines Stück weiter biegt man links in den engen Carrer de l'Ave Maria (er führte einst über einen Friedhof) und erreicht so ein entzückendes Ensemble dreier kleiner Plätze.

Die **Placeta del Pi**, **Plaça Sant Josep Oriol** und die **Plaça del Pi** gruppieren sich um die schöne, im 14./15. Jh. erbaute gotische Kirche **Santa María del Pi**. Ihren Namen verdanken zwei der drei Plätze und auch das Gotteshaus mit seinem 54 Meter hohen Glockenturm und der großen Rosette den Pinien, die vor langer Zeit hier standen; ein Nachfolger der Bäume wurde vor Jahren gepflanzt. Die Gegend ist ein beliebter Treffpunkt und besonders am frühen Abend sehr lauschig. Am Wochenende, wenn unter den Platanen ein Kunstmarkt stattfindet, liegt gar „ein Hauch von Montmartre" in der Luft.

Den letzten Abschnitt dieses Stadtrundgangs bildet der **Carrer Petritxol**, ein charmantes, von den Einwohnern heiß geliebtes Gässchen mit typischen Cafés, Kunstgalerien, edlen Geschäften und liebevoll gestalteten Kachelbildern an den Wänden. An seinem Ende geht es links über den Carrer Portaferrissa zurück zu den Rambles.

Sehenswertes

Plaça Reial: Wie der Markt Boqueria an den Rambles, so wurde auch die Plaça Reial an der Stelle eines ehemaligen Klosters angelegt; Architekt des ab 1848 entstandenen Ensembles war der Stadtplaner Francesc Daniel Molina. Die beiden Laternen nahe dem zentralen „Brunnen der drei Grazien", zu erkennen am geflügelten Helm des Hermes (früher ein Symbol der Kaufleute dieser Gegend), stammen von keinem Geringeren als dem jungen *Antoni Gaudí*. Palmengeschmückt und von klassizistischen Hausfassaden umschlossen, besitzt die Plaça eine geradezu wohnliche Atmosphäre. Früher hatten sich vor allem düstere Existenzen des Platzes bemächtigt; der Aufenthalt in den Freiluftcafés war damals oft eher unangenehm. Auch heute noch sollte man hier auf seine Wertsachen gut aufpassen, auch wenn die permanente Präsenz der Polizei die Lage wieder weitgehend entspannt hat. Das gemischte Publikum auf der Plaça reicht tagsüber von fußballspielenden Kindern nebst stolzen Vätern bis zu den Punks, die sich mit ein paar Obdachlosen die Bänke und den Brunnen in der Mitte teilen. Abends und nachts brummt die Plaça geradezu vor Leben. Nur ihrem Namen „Königlicher Platz" macht sie streng genommen keine Ehre: Der rührt daher, dass Königin Isabella II. hier im 19. Jh. den Grundstein für ein Denkmal des „Katholischen Königs" Fernando II. legte, das jedoch nie gebaut wurde.

Església de la Mercè: Der Platz vor der Kirche ist einer der jüngsten Plätze der Altstadt, entstand in seiner heutigen Form erst 1983. Die spätbarocke Basilika selbst stammt aus der zweiten Hälfte des 18. Jh. und steht an derselben Stelle, an der schon im 13. Jh. ein Kloster errichtet worden war. Bereits dieses Kloster war der „Barmherzigen Muttergottes" *Mare de Déu de la Mercè* gewidmet, die nach einer glücklich abgewendeten Heuschreckenplage im 17. Jh. zur Stadtheiligen Barcelonas ernannt wurde. Ihre Statue (wohl aus dem 13./14. Jh. stammend) im Inneren der Kirche wird hoch verehrt, und kaum eine Sportmannschaft – auch nicht der große FC Barcelona – verzichtet darauf, sich für eine gewonnene Meisterschaft mit einer Pilgertour hierher zu bedanken. In der Woche um den 24. September bildet die Kirche zudem das Epizentrum der großen Stadtfiesta „Festes de la Mercè".

Öffnungszeiten Mo–Sa 10–13, 18–20 Uhr, So 10–13.30, 19–20.30 Uhr.

El Call: Barcelonas ehemaliges, bis vor kurzem fast vergessenes Judenviertel erstreckt sich südwestlich des Palau de la Generalitat im Gebiet zwischen den Straßen Carrer del Call, Sant Sever, Carrer del Bisbe und Carrer de l'Arc de Sant Ramon. In diesem Labyrinth engster Gässchen gemahnte lange Zeit kaum noch etwas an die einst bedeutende jüdische Gemeinde Barcelonas, die bei einem schrecklichen Pogrom im August 1391 aus der Stadt vertrieben worden war. Geradezu sensationell war deshalb die (mögliche) Wiederentdeckung der Hauptsynagoge des Viertels Mitte der 90er-Jahre. Ihre ehemalige Lage an der Kreuzung des Carrer Marlet mit dem Carrer Sant Domènec del Call scheint einwandfrei festzustehen, über die Bewertung der archäologischen Reste sind die Experten noch uneins. Auf jeden Fall weckte der Fund das Interesse am lange übersehenen historischen Erbe und gab den Anstoß zu einer Reihe von Plänen, mit denen die Judería längerfristig wiederbelebt werden soll. Zu ihnen zählen die Schaffung eines (bereits eröffneten, s.o.) Interpretationszentrums aber auch die wirtschaftliche Revitalisierung der Zone durch die Umwandlung alter Lager in Geschäfte und Restaurants.

Die jüdische Gemeinde in Barcelona

Die ersten schriftlichen Dokumente, die die Existenz einer jüdischen Gemeinde in Barcelona belegen, stammen aus dem 8. Jh. Doch dürften bereits im römischen Barcelona Juden gelebt haben: Unter den Römern besaßen Juden den Status einer ethnischen, religiösen und kultischen Gemeinschaft und damit eine gewisse Autonomie. Im Mittelalter bildete die jüdische Gemeinde eine wichtige Säule der Wirtschaft, der Kultur, der Wissenschaften und des Finanzwesens der Stadt; Juden fungierten als Gelehrte, Ärzte, Verwalter, Kaufleute, Handwerker und Bankiers. Ab der zweiten Hälfte des 13. Jh. jedoch breitete sich, angefacht ebenso durch Neid wie durch religiösen Wahn, auch in Spanien der Antisemitismus aus. Vor allem der Klerus hetzte gegen die Juden. 1263 verordnete König Jaume I. einen religiösen Disput zwischen dem Dominikaner Pablo Christiani und dem aus Girona stammenden Wissenschaftler und Talmud-Gelehrten Rabbi Moshé ben Nahmán (Nachmanides), den der König mit einem zwiespältigen Lob für den Rabbiner beendete: „Nie habe ich jemanden gehört, der eine falsche Sache mit so ausgezeichneten Argumenten dargelegt hat". Juden wurden für die Pest verantwortlich gemacht, der Brunnenvergiftung, Hostienschändung und des Ritualmords an christlichen Knaben beschuldigt; man zwang sie, sich in eigenen Stadtvierteln (in Katalonien „Call" genannt) mehr oder minder zu isolieren. Im 14. Jh. eskalierte die Situation. Angestachelt von einem fanatischen Priester, kam es in Sevilla am 6. Juni 1391 zu einem furchtbaren Gemetzel, bei dem Tausende starben. Córdoba, Toledo, Valencia und die Balearen folgten. Barcelona erlebte sein Pogrom am 5. August 1391, die Angaben über die Zahl der Opfer schwanken zwischen zweihundert und tausend. Die Überlebenden verließen die Stadt oder ließen sich zwangstaufen, das Eigentum der Gemeinde fiel in die Hände der Krone. 1492 schließlich unterzeichneten die „Katholischen Könige" ein Verdikt, das allen Juden Spaniens die Taufe oder die Auswanderung auferlegte. Ab dem letzten Jahrhundert jedoch ließen sich wieder viele Juden im Land ihrer Vorväter nieder. Heute leben etwa vier- bis fünftausend Juden in Barcelona, das damit die größte jüdische Gemeinde Spaniens besitzt.

Relikte vieler Jahrhunderte: im Inneren der Sinagoga Major

Sinagoga Major Shlomo ben Abraham ben Adret: Die mutmaßliche Hauptsynagoge, vermutlich zwischen 1140 und 1180 errichtet und damit möglicherweise die älteste ganz Spaniens, befindet sich in einem Wohnhaus am Carrer de Marlet 5 (Kreuzung mit dem Carrer Sant Domènec del Call) und wurde am 14. Juni 2002 mit einer feierlichen Zeremonie wieder eröffnet. Ein Besuch in den im Kellergeschoss liegenden Räumlichkeiten ist eine Reise in die Zeit. Das Gebäude, früher wahrscheinlich frei stehend, besteht aus zwei Räumen und fußt auf römischen Fundamenten, die an der Wand links des Eingangs und unter einer Glasplatte zu sehen sind; bei den runden Strukturen handelt es sich um die Reste steinerner Färbebottiche des 15. Jh. Neben dem Eingangsraum liegt die eigentliche Synagoge. Ihre Ausmaße sind mit zwölf Metern Länge und sechs Metern Breite erstaunlich gering, doch entsprechen sie dem Äußersten, was jüdischen Heiligtümern seinerzeit gestattet wurde. An der Wand links des heutigen Zugangs öffnen sich zwei Fenster, deren Lage auf die heilige Stadt Jerusalem ausgerichtet ist – für die Forscher ein wichtiges Indiz bei der Wiederentdeckung der Synagoge. Zwischen den Fenstern steht, vielleicht an derselben Stelle wie vor mehr als 600 Jahren, ein Schrein, in dem die Rollen der Thora aufbewahrt werden; etwa gegenüber lag der einstige, heute verschwundene Eingang des Gebäudes. Die Mauerreste am tiefsten Punkt des Raums stammen aus spätrömischer Zeit; ihre Ausrichtung auf Jerusalem könnte vermuten lassen, dass hier bereits unter den Römern eine Synagoge bestand.

Öffnungszeiten Di–Sa 11–14.30, 16–19.30 Uhr, So 11–14.30 Uhr. (Freiwillige) Eintrittsgebühr 2 €. www.calldebarcelona.org.

Tour 4: Rund um die Kathedrale

Das Gebiet um die Kathedrale ist geradezu eine Essenz der Stadtgeschichte, von den römischen Anfängen bis weit ins Mittelalter. Der folgende Spaziergang mag auf der Karte kurz erscheinen, doch gibt es auf den wenigen Metern große Sehenswürdigkeiten und feine Details en masse zu bewundern.

Start ist die → **Plaça Sant Jaume** (Infostelle; Metro-Station Jaume I.), der zentrale Platz des Barri Gòtic und leicht zu erreichen, sowohl von den Rambles über den Carrer de Ferran als auch von der Via Laietana über den Carrer Jaume I. Zwei repräsentative Gebäude dominieren die Plaça, das Rathaus → **Casa de la Ciutat** im Südosten und der im Nordwesten gegenüber liegende Regierungspalast → **Palau de la Generalitat**. Neben dem Palau de la Generalitat führt der Carrer del Bisbe direkt zur Kathedrale; die viel fotografierte Brücke zwischen den Häusern in dieser Gasse stammt übrigens erst aus dem Jahr 1928 und ist ein Werk des Modernisten Joan Rubió i Bellver.

Auf einem winzigen Umweg in die kleine Gasse Carrer del Paradís kann man stattdessen etwas römisches Barcelona mitnehmen: Auf Nr. 10 sind im Innenhof des „Katalanischen Ausflugszentrums" Centre Excursionista de Catalunya die drei letzten erhalten gebliebenen Säulen des römischen **Temple d'August** (Augustustempel) zu sehen. Vor dem Gebäude markiert ein Mühlrad den mit 16,9 Metern Meereshöhe höchsten Punkt des Hügels Mons Taber, Kern der römischen Stadt. Folgt man der „Paradiesstraße" weiter und hält sich dann links, gelangt man zum Carrer de la Pietat, einem eindrucksvollen gotischen Winkel zwischen der Rückseite der Kathedrale und der Casa dels Canonges aus dem 14. Jahrhundert. Am verlockenden Seitenportal des Kreuzgangs vorbei geht es nun bis ans Ende des Gässchens und rechts über den Carrer del Bispe zur Plaça Garriga i Bachs. Hier erinnern Kachelbilder und das Denkmal **Monument als màrtirs de 1809** an jene Bürger Barcelonas, die sich gegen die napoleonische Besetzung auflehnten und deswegen exekutiert wurden. Vor dem Besuch des Kreuzgangs und der Kathedrale lohnt sich ein kleiner Abstecher zur → **Plaça Sant Felip Neri.**

Zurück an der Plaça Garriga i Bachs, geht es durch die Porta de Santa Eulàlia nun endlich in den wunderschönen → **Kreuzgang** der Kathedrale, einen Ort der Ruhe und Entspannung, falls er nicht gerade von mehreren Reisegruppen überschwemmt wird. Von hier gelangt man direkt ins Innere der → **Catedral de Santa Eulàlia** selbst. Ein Schild mahnt „Sonntags bitte kein Tourismus" und erinnert so daran, dass Kirchen keine Museen sind. Nach der Besichtigung verlässt man das Gotteshaus durch den Haupteingang und hält sich sofort links in den schmalen Carrer Santa Llucia, in dem sich ein kleines, oft übersehenes Schmuckstück des Modernisme befindet: ein steinerner **Briefkasten**, über dessen Motiv es unterschiedliche Interpretationen gibt.

Angebracht ist der Briefkasten an der hübschen **Casa de L'Ardiaca** aus dem 15./16. Jh., heute Sitz des nicht zugänglichen Archivs für Stadtgeschichte. Wie auch im Kreuzgang, lässt man auf dem dann blumengeschmückten Renaissance-brunnen im Innenhof an Fronleichnam ein Ei tanzen. Am Ende des Carrer Santa Llucia erhebt sich am Carrer del Bispe der Bischofspalast **Palau Episcopal** aus dem 12./13. Jh., der trotz zahlreicher Umbauten sein ehrwürdiges Aussehen bewahrt hat. Rechter Hand trifft man auf das **Portal de Bispe,** einen der wenigen Reste der römischen Stadtmauern.

Ein legendärer Briefkasten

Die Herkunft des schönen Briefkastens ist unstrittig: Gestaltet wurde das reizvolle Stück 1902 vom bekannten Modernisme-Baumeister Domenèch i Montaner. Über die Bedeutung der Schwalben und der Schildkröte jedoch kursieren unterschiedliche Versionen. Eine Legende erzählt, dass sich der Architekt mit seiner Arbeit einen kleinen Seitenhieb gegen die spanische Post erlaubt habe: die Schwalben als Symbol dafür, wie schnell die Post arbeiten sollte – und die Schildkröte als Zeichen für die tatsächliche Geschwindigkeit ... Eine ebenfalls nicht unwahrscheinliche Variante freilich sieht die Schildkröte als Allegorie für die Langsamkeit der spanischen Justiz, beherbergte das Gebäude doch seinerzeit (wie die Waage der Gerechtigkeit auf dem Briefkasten bereits andeutet) die Anwaltskammer.

Über die → **Plaça Nova** erreicht man die **Plaça de la Seu**, den Vorplatz der Kathedrale; ganz nach alter Tradition werden hier jeden Sonntag von 12–14 Uhr Sardanas getanzt. An ihrer Nordostseite steht das gotische, im 15. Jh. errichtete Armenhaus **Pia Almoina**, zu dem auch ein römischer Turm des 4. Jh. gehört. Heute ist es Sitz des Diözesan-Museums (Juni bis September täglich 10–20 Uhr, sonst Di–Sa 10–14, 17–20 Uhr, So 11–14 Uhr; 6 Euro) und seiner Sammlung religiöser Kunst vom Mittelalter bis in die jüngere Vergangenheit.

Im Carrer dels Comtes an der Nordostseite der Kathedrale öffnet sich der Eingang zum beeindruckenden Skulpturenmuseum → **Museu Frederic Marès**, untergebracht in einem Seitenflügel des Königspalasts der Plaça del Rei, der im 16. Jh. auch Sitz der Inquisition war. Das Museum kann mit einer wirklich überbordenden Menge mittelalterlicher Kunstwerke, im „Museu Sentimental“ aber auch mit zahlreichen Kuriositäten aufwarten. Hinter dem gotischen „Leutnantspalast“ Palau del Lloctinent geht es dann links hinab zum wohl nobelsten Platz der Stadt, der kleinen → **Plaça**

del Rei, umgeben von einem harmonischen Ensemble mittelalterlicher Bauten. Hier wandelt man wirklich auf den Spuren der Geschichte – und gewissermaßen auch über ihr: Direkt unterhalb des Pflasters liegen die ausgedehnten Reste der Römerstadt, für Besucher spektakulär erschlossen durch das nahe → **Museu d'Història de la Ciutat**. Von hier geht es zurück zur Plaça Sant Jaume I.

Sehenswertes

Plaça Sant Jaume: Schon zu römischen Zeiten lag hier mit dem Forum der Mittelpunkt der damaligen Siedlung, an dem sich die beiden Hauptstraßen Cardo (die Nordsüdachse, heute die Straßen Bisbe und Ciutat) und Decumanus (die Ostwestachse, heute die Straßen Llibreteria und Call) kreuzten. In seiner heutigen Form entstand der Platz 1823. Häufig ist er Schauplatz politischer Zeremonien, festlicher Ereignisse und lautstarker Demonstrationen.

Der hl. Eulàlia geweiht: Barcelonas Kathedrale

Casa de la Ciutat (Ajuntament): Das Rathaus erhebt sich an der Südostseite des Platzes. An den gotischen Ursprung des 14. Jh. erinnern noch die Seitenfassaden, die Front zum Platz hin wurde im 19. Jh. im Renaissance-Stil neu gestaltet. Im Inneren, das nur an Sonntagen von 10–13.30 Uhr oder nach vorheriger Absprache zugänglich ist, liegen zwei gotische Innenhöfe sowie der 1928 von Josep María Sert gestaltete Saló de les Cròniques und der noch aus dem 14. Jh. stammende Saló de Cent („Saal der Hundert"), bereits im Mittelalter Sitz einer Räteversammlung, bei der auch das Handwerk mitstimmen durfte.

Palau de la Generalitat, dem Rathaus gegenüber an der Nordwestseite der Plaça Sant Jaume. Der Sitz der seit 1977 wieder amtierenden katalanischen Regierung stammt aus dem 15. Jh. Über dem Eingang der Drachentöter Sant Jordi (hl. Georg), der Schutzpatron Kataloniens; im Inneren ein gotischer Kreuzgang, die Kapelle Sant Jordi, der „Orangenhof" Pati dels Darongers und der „goldene" Sitzungssaal Saló Daurat, der Großteil davon leider normalerweise unzugänglich. Die Ausnahmen von der Regel bilden der jeweils zweite und vierte Sonntag im Monat (Gratisführungen 10.30–13 Uhr) sowie das Fest Sant Jordi (23. April), wenn der gesamte Palast für die Allgemeinheit geöffnet wird.

Plaça Sant Felip Neri: Die romantische Plaça, zu erreichen über den Carrer Montjuïc del Bisbe, gehört zu den versteckten Fleckchen des Viertels. Das dortige *Museu del Calçat* (Di–So 11–14 Uhr; 2,50 €) bietet einen Überblick über Schuhe des 1.–20. Jh., darunter solche, die von Berühmtheiten getragen wurden. Die Einschusslöcher in der Fassade der Barockkirche Sant Felip Neri stammen übrigens aus der Zeit des Bürgerkriegs und wurden wohl als Mahnung dort belassen.

Catedral de Santa Eulàlia (La Seu): Die wunderbare gotische Kathedrale ist der ehemaligen, im 17. Jh. durch La Mercè ersetzten Stadtpatronin Santa Eulàlia geweiht. Sie erhebt sich über den Resten einer romanischen Vorgängerin, die wiederum an der Stelle einer im 6. Jh. errichteten und 985 von den Mauren Almansors zerstörten Basilika stand. Der Bau der heutigen, dreischiffigen Kirche benötigte seine Zeit: 1298 begannen die Arbeiten, erst 1448 wurden sie beendet. Die neogotische Fassade musste gar bis zum Ende des 19. Jh. auf ihre Fertigstellung warten.

Kreuzgang: Der Kreuzgang (Claustro) der Kathedrale wurde im 14. und 15. Jh. errichtet. Im Inneren empfängt ein herrlich üppiger Garten mit Palmen und einem plätschernden Brunnen, der Kataloniens Nationalheiligen Sant Jordi gewidmet ist, sowie – mit einer Tradition, die über fünf Jahrhunderte zurückreicht – einer Gruppe weißer Gänse, die gegen Mittag gefüttert wird, aber auch gern bei Besuchern um Leckereien bettelt. An Corpus Cristi (Fronleichnam) lässt man auf dem Wasserstrahl des Brunnens ein Ei tanzen: „l'ou com balla". Neben verschiedenen Kapellen birgt der Claustro den Zugang zur *Sala Capitular* mit dem kleinen Museum der Kathedrale, das vorwiegend Gemälde des 15. Jh. präsentiert, sowie einen Zugang ins Innere der Kathedrale selbst.

Botanische Pracht: Kreuzgang der Kathedrale

Öffnungszeiten Kreuzgang Mo–Sa 8.30–12.30, 17.15–19 Uhr, So 8.30–13.30, 17.15–19 Uhr. Museum täglich 10–12.30, 17.15–18.45 Uhr; 1 €. Leider wechseln alle diese Zeiten sehr häufig.

Innenraum der Kathedrale: Nach Art der katalanischen Gotik sind die beiden Seitenschiffe sehr hoch gebaut, was zusammen mit den weit auseinander liegenden Pfeilern für ein Gefühl der Großzügigkeit sorgt. Dezent beleuchtet, ist die einstige Düsternis des Raumes heute nur mehr zu erahnen. Umso besser zu erkennen ist der weitgehende Verzicht auf dekorative Elemente. Herausgestellt ist eher die elegante Konstruktion in ihrer Gesamtheit, was einen

– sicher gewünschten – Effekt der Strenge hervorruft. Anders, nämlich durchaus aufwändig geschmückt, zeigt sich der prächtige *Chor*, der nach spanischer Manier inmitten der Kathedrale steht und mit schönen Holzschnitzereien an Kanzel und Gestühl besticht; ebenso reich verziert sind auch die insgesamt 28 Seitenkapellen. In der hohen *Capilla del Santísimo* rechts des Haupteingangs ist der „Christus von Lepanto" zu sehen. Wie es heißt, war er die Galionsfigur der Galería Reial, des Flaggschiffs in der Seeschlacht gegen die Türken, dessen Nachbau im Museu Marítimo ausgestellt ist. Der Legende zufolge hängt die Figur so verdreht am Kreuz, weil sie einer türkischen Kugel ausgewichen sein soll. Die romanische *Krypta* der Kathedrale liegt unterhalb des Hauptaltars und enthält einen prächtig gearbeiteten Alabastersarg des 14. Jh. Hier sollen die Gebeine der hl. Eulàlia ruhen, der die Römer im Jahr 304 ihre Hinwendung zum Christentum mit dem Märtyrertod vergolten. Links des Hauptaltars befindet sich ein Aufzug zu den Terrassen (Mo–Fr 9–12.30, 17.15–19 Uhr, Sa 9–12.30 Uhr; ca. 2€) der Kathedrale, von denen sich eine schöne Aussicht bietet.

Öffnungszeiten (häufig wechselnd) Mo–Sa 8–12.45, 17.15–19.30 (Sa 19.45) Uhr, So 8–13.45, 17.15–19.45 Uhr; gratis. Rein touristische „Visitas especiales" mit Zugang zu allen Kirchenteilen inkl. Chor und Terrassen Mo–Sa 13–17 Uhr, So 14–17 Uhr; 5 €. www.catedralbcn.org.

Plaça Nova: Der „Neue Platz" stammt in seiner heutigen Form tatsächlich erst aus dem Jahr 1991 und besticht nicht gerade durch Eleganz, präsentiert sich dank der meist zahlreich vertretenen Straßenkünstler und Musikanten jedoch durchaus farbenprächtig. Er markiert eine Art Grenze des engeren gotischen Viertels, denn oberhalb von ihm bestimmen vorwiegend Einkaufszonen die Szenerie. Die großen Buchstaben, die hier aufgestellt wurden, stehen für den alten Stadtnamen „Barcino", ein Werk von Joan Brossa aus dem Jahr 1994. Das moderne Gebäude *Col.legi d'Arquitectes* jenseits der Plaça ist Sitz einer Architektenvereinigung und entstand Anfang der 60er. Obwohl man über den architektonischen Wert geteilter Meinung sein kann, lohnt sich ein Blick auf die Fassade des unteren Bereichs: Die umlaufenden, fröhlichen Friese tragen eine bekannte Handschrift: Ihr Design stammt von *Pablo Picasso*. Ausführen musste die Arbeiten freilich ein anderer, da sich Picasso bis zu seinem Tod 1973 standhaft weigerte, das Spanien der Franco-Diktatur zu besuchen.

Museu Frederic Marès/„Museu Sentimental": Das 1946 von Bildhauer Frederic Marès (1893–1991) gegründete Museum birgt in einer ganzen Reihe von Sälen eine Skulpturensammlung, die zu den wichtigsten Spaniens zählt. Chronologisch geordnet, reicht die Ausstellung von der iberischen Periode über die Römerzeit, Romanik, Gotik und Barock bis ins 20. Jahrhundert. Das Schwergewicht liegt eindeutig auf religiöser Kunst, darunter Reliefs, ganze Altäre und Kruzifixe verschiedener Perioden, die gut die stilistische Entwicklung im Laufe der Zeiten erkennen lassen, in ihrer Fülle aber schon fast erschlagend wirken können. Abwechslung bietet das „Museu Sentimental", auch „Gabinete Coleccionista" genannt, in den oberen Stockwerken des Gebäudes, ein sympathisches Sammelsurium von Alltagsgegenständen des 15. bis 20. Jh.: Die Skala reicht von Uhren über Zigarettenpapier bis hin zu altehrwürdigen Fotoapparaten. Zum Museum gehört ein angenehmes Terrassen-Café, das jedoch nur von April bis September geöffnet ist.

Öffnungszeiten Di–Sa 10–19 Uhr; So 10–15 Uhr; Eintritt etwa 4,50 €, Mi-Nachmittag und am ersten So im Monat gratis. www.museumares.bcn.es.

Plaça del Rei: Der elegante kleine Platz, nahezu völlig abgeschlossen durch ein Ensemble gotischer Bauten, war einst der Innenhof eines Königspalastes. Angelehnt an die römische Stadtmauer entstand hier ab dem 12. Jh. der *Palau Reial Major*, die Residenz der Könige von Katalonien, die vom Museu d'Història de la Ciutat aus zugänglich ist. Weitere Gebäude an der Plaça del Rei sind der *Palau del Lloctinent*, ab dem 16. Jh. Residenz der Vizekönige von Katalonien und später Sitz des Archivs der Krone von Aragón, und die *Casa Padellàs*, entstanden im 15./16. Jh. und Stück für Stück von ihrem ehemaligen Standort im Carrer Mercaders hertransportiert und neu aufgebaut. Heute beherbergt sie das Museum für Stadtgeschichte.

Museu d'Història de la Ciutat: Der Eingang zum Museum für Stadtgeschichte liegt nahe der Plaça del Rei im Carrer del Veguer. Bei der Verlegung der Casa Padellàs stieß man auf zahlreiche römische und westgotische Relikte, die sich auf einer Fläche von rund 4000 Quadratmetern unter der Plaça del Rei und sogar bis unter die Kathedrale erstrecken, zwischen 1930 und 1960 ausgegraben wurden und heute die Hauptattraktionen des Museums darstellen. Nach einer halbstündigen Audiovisual-Show („Una Història Virtual") nämlich geht es neun Meter tief hinab in die Anfänge Barcelonas, mitten hinein in die Ruinen der *Colonia Iulia Augusta Faventia Barcino*, wie die um die Jahre 15–10 v. Chr. gegründete Römersiedlung in gebotener Kürze benannt worden war. Gläserne Stege führen über beleuchtete Grundmauern, Gassen, Werkstätten und die ersten Zeugen der Christianisierung hinweg, begleitet von guten Erläuterungen auch in englischer Sprache. Man trifft auf Thermen, Wohnhäuser, eine Wäscherei samt Färbebottichen, erfährt von einer Weinkellerei, in der man dem Wein zur Geschmacksverbesserung Honig und Salz beimischte, und auch von einer Fischfabrik, in der die berühmt-berüchtigte Fischsauce Garum hergestellt wurde, die wochenlang „reifen" musste – ungewöhnlich, dass diese Fabrik in der Siedlung überhaupt geduldet wurde, entwickelte sich bei der Herstellung von Garum doch ein so pestilenzartiger Gestank, dass die Produktion meist an abseits gelegene Strände verlegt wurde. Weiter geht es zu den Resten eines Baptisteriums des 4. Jh., eines Bischofspalasts des 6. Jh. und einer uralten Kirche auf kreuzförmigem Grundriss nebst Friedhof.

Glanzvolle Gotik: Palau Reial

Dann führt der Rundgang wieder aufwärts, hinein in den Palau Reial und damit ins mächtige und glanzvolle Katalonien des Mittelalters. Herzstück des Palastes ist der beeindruckende Saló del Tinell von 1359, eine über 35 Meter lange, 18 Meter breite und von sechs weiten Bögen getragene Halle. Dieser Saal war es, in dem das Königspaar Isabella und Ferdinand am 16. Februar 1493 den aus Amerika heimgekehrten Kolumbus huldvoll und mit angesichts seines Standes ungewöhnlichen Ehren („Die Königin erlaubte es, dass ich ihre Hand küsste") empfing. Von ihrem Thron am Kopfende der Halle bestaunten die Katholischen Könige die von Kolumbus mitgebrachten Schätze, die unbekannten Pflanzen und Tiere, vor allem aber die ebenfalls nach Spanien gebrachten unglücklichen Vertreter der Ureinwohner der Neuen Welt. Zum Palast gehört auch die elegante Capella de Santa Agata von 1302, mit einem schönen Altaraufsatz des 15. Jh. von Jaume Huguet, und der sogenannte „Mirador del Rei Martí", ein im 16. Jh. errichteter Wachturm. Über die monumentale Freitreppe des Palasts geht es zurück zur Plaça del Rei und ins quirlige Barcelona unserer Tage.

Öffnungszeiten April bis September Di–Sa durchgängig 10–20 Uhr, sonst Di–Sa 10–14, 16–19 Uhr, So ganzjährig 10–15 Uhr. Eintritt 6 €, am ersten Sa im Monat nachmittags gratis. Ein Audioguide (auch in deutscher Sprache) ist im Preis inbegriffen und lohnt sich. Das Ticket ist auch gültig für das Kloster Monestir de Pedralbes, das Centre d'Interpretació im Parc Güell und das Refugi 307 an den Hängen des Montjuïc. www.museuhistoria.bcn.es.

Praktische Infos

Essen & Trinken

Rest. Can Culleretes (30), 1786 gegründetes Traditionslokal, gleichermaßen beliebt bei Einheimischen wie Touristen – wenn abends um 21 Uhr geöffnet wird, steht meist schon eine Warteschlange davor. Mehrere stilvolle Räumlichkeiten, Deckenbalken, Kacheldekoration und Wandfriese. Menü à la carte ab etwa 18 €, Tagesmenü kaum über 12 €. So-Abend/Mo geschlossen. Carrer Quintana 3, von den Rambles über den Carrer Ferràn zu erreichen. Reservierung ist nützlich: ✆ 933 176485.

Rest. Los Caracoles (57), eröffnet 1835 und erwähnt als eins der bekanntesten Lokale der Stadt; zahlreiche Prominentenfotos an den Wänden, gemütliche Atmosphäre. „Caracoles" sind Schnecken; eine weitere Spezialität sind die Hühnchen, die sich draußen so appetitanregend am Grill drehen. Mit 30 € aufwärts ist man dabei. Nicht verschwiegen werden soll die Meinung eines Lesers, bei dem Lokal handele es sich mittlerweile um „eine pure Touristenschwemme mit völlig überzogenen Preisen." Täglich geöffnet; Carrer dels Escudellers, eine Seitenstraße der unteren Rambles, ✆ 933 023185. Abends Vorsicht im Umfeld, hier lauern häufig auf Touristen spezialisierte Handtaschenräuber!

Rest. Agut (60), ein weiterer Klassiker, der seit rund 80 Jahren traditionelle katalanische Küche serviert. Gemütliche Atmosphäre, stets gut besucht. Menü à la carte ab etwa 30 € aufwärts, meist auch ein günstiges Mittagsmenü im Angebot. So-Abend, Mo sowie im August geschlossen. Carrer Gignàs 16, nah beim Hafen, ✆ 933 151709.

Rest. Pitarra (61), in der Nähe. Traditionsreiches Lokal, gleichzeitig ein „Museum" über Frederic Soler, genannt „Pitarra", der als Vater des katalanischen Theaters gilt, eigentlich aber Uhrmacher war. Sehr gute katalanische Küche (zur Saison auch Wildspezialitäten), freundlicher Service. Um die 30 € sind zu rechnen. So geschlossen. Carrer d'Avinyó 56, ✆ 933 011647.

Rest. La Dentellière (62), ebenfalls in diesem Gebiet. Von außen unscheinbar, innen klein, aber fein, von Franzosen geführt. Angenehmes Ambiente, katalanische und mediterrane Küche. Sehr freundlicher Service. Komplettes Menü ab etwa 25 €. Carrer Ample 26, Nähe Post. So/Mo geschlossen. ✆ 933 196821.

Rest. Santamonica (53), gehobenes Lokal direkt an der Plaça Reial, ein Lesertipp von Karin Schmid: „Sehr schönes, in einem Gewölbe untergebrachtes Restaurant, das eine ausgefeilte Menükarte und ein bunt gemischtes Publikum sein eigen nennt. Alles in allem ein perfektes Lokal an perfekter Location, das am späten Abend sehr voll ist." Nicht ganz billig, aber sein Geld wert. Plaça Reial 12, ✆ 933 011364.

Café de l'Acadèmia (44), nicht weit von der Plaça Sant Jaume, ein Lesertipp von Manfred Sauer: „Katalanische und spanische Küche, sehr guter Wein, freundliche und aufmerksame Bedienung." In der Tat eine prima Adresse, deshalb auch sehr beliebt – früh kommen oder reservieren. Mittagsmenü 13,50 €, abends à la carte ab etwa 30 €. Carrer Lledó 1, an der Plaça Sant Just; Sa/So geschlossen. ✆ 933 150026.

Café-Rest. Bliss (38), ganz in der Nähe. Jugendliches Speisecafé mit gemütlichem Nebenraum, kreativer Küche und prima Preis-Leistungs-Verhältnis. Für knapp 11 € kann man sich hier ein zweigängiges Mittagsmenü aus Standard- und Tageskarte zusammenstellen, wahlweise mit Vorspeise oder hausgemachtem Dessert; daneben gibt es auch Salate, Nudeln etc. Täglich geöffnet. Plaça Sant Just 4, Eingang im Carrer de Dagueria.

Rest. La Cassola (22), katalanisches Restaurant im ehemaligen Judenviertel El Call. Ein Lesertipp von Gottfried Ströter: „Das Mittagsmenü (etwa 10 €) war ausgezeichnet. Wir meinen, diese Adresse ist es wert, in den Reiseführer aufgenommen zu werden." Carrer de Sant Sever 3, beim Hotel Neri.

Café-Rest. Taxidermista (43), an der Plaça Reial, die in punkto Restaurants sonst etwas touristisch geprägt ist. Ein Lokal mit kurioser Vergangenheit: Über Jahrzehnte hinweg und bis in die Neunzigerjahre hinein war hier der Laden eines Tierpräparators (Taxidermista) untergebracht. Zu dessen Stammgästen zählte auch Salvador Dalí, der gleich bei seinem ersten Besuch 200.000 Ameisen bestellte und später einen Löwen, einen Tiger und sogar ein Nashorn hier ausstopfen ließ. Heute ist das Ambiente nostalgisch-edel. Feine, französisch-nordafrikanisch inspirierte Küche, gutes Mittagsmenü für etwa 10 €, abends à la carte deutlich teurer: Menü ab etwa 30 €. Achtung, Leser berichteten, dass an den Tischen im Freien im Vergleich zum Innenraum sowohl das Angebot (hier meist nur eher mäßige Tapas) als auch der Service deutlich abfallen. Plaça Reial 8, Mo Ruhetag.

Rest. Les Quinze Nits (40), gleich nebenan. Seit vielen Jahren sehr erfolgreich – zu Recht, denn gute Qualität, große Portionen und günstige Preise ergeben eine verführerische Kombination. Trotz des flotten Service und der beachtlichen Größe des Lokals deshalb oft lange Warteschlangen; besser, etwas vor den üblichen Essenszeiten zu kommen. Ein Menü, à la carte gibt es ab etwa 15 € aufwärts. Täglich geöffnet. Auf Wunsch auch englische Speisekarte. Plaça Reial 6.

Rest. La Fonda (59), ein Stück hafenwärts. Selbe Besitzer wie „Les Quinze Nits", selbes Erfolgsrezept: flinke Kellner, prima Küche, nettes Ambiente, identische Preise. Kein Wunder, dass sich auch hier fast jeden Abend lange Schlangen bilden – Vierergruppen sind dann gegenüber Pärchen oft im Vorteil. Carrer Escudellers 10, eine Seitenstraße der unteren Rambles. Täglich geöffnet.

Café-Rest. Venus Delicatessen (56), kleines, originelles Lokal mit häufig wechselnder Innendekoration und buntem Publikum. Mediterran-internationale Gerichte, Hauptspeisen kosten um die 8 €, das Mittagsmenü 10 €. Küche durchgehend bis Mitternacht. Carrer d'Avinyó, Nr. 25.

Bar-Rest. Cervantes (50), hübsches und freundlich-flink geführtes Restaurant mit familiärem Ambiente. Große Holzfässer, Deckenventilatoren, Marmortische; man verspricht „Bona cuina", gute Küche, und hält es auch. Mittagsmenü 10 €, Hauptgerichte sind auch nicht teuer. Carrer Cervantes 7, eine Seitenstraße des Carrer d'Avinyó.

Prima Adresse an der Plaça Reial: Taxidermista

Stadtbekannter Grill: Restaurant Los Caracoles

Rest. El Gallo Kiriko (49), beliebtes pakistanisches Restaurant mit guter Küche zu fast unglaublich günstigen Preisen. Hell erleuchteter, schmaler Speiseraum, hinten um die Ecke ein hübscherer Raum an einer alten Mauer. Viele pakistanisch-indische Hauptgerichte um 6–8 €; auch vegetarische Speisen. Carrer d'Avinyó 19.

Taberna Basca Irati (19), eine baskische Tapa-Bar nahe den Rambles, meist gesteckt voll. Das Baskenland ist berühmt für seine dort „Pintxos" genannten Tapas. Die gibt es hier recht preiswert; als Getränk empfiehlt sich statt Bier vielleicht der nordspanische Apfelwein „Sidra" – der Kellner schenkt ein. Das zugehörige Restaurant ist nicht ganz billig. Carrer Cardenal Casañas 15, zwischen Rambles und Plaça del Pi.

Taberna Txikiteo (64), ein weiterer Baske, diesmal ganz unten im Barri Gòtic. Rustikales Ambiente, junges Publikum. Das Tapas-Angebot ist ganz ähnlich wie oben, die Restaurantpreise liegen etwas niedriger. Carrer de Josep Anselm Clavé 7.

Bar La Vinateria del Call (26), urige kleine Bodega im ehemaligen Judenviertel El Call. Tapas, empfehlenswertes Pa amb Tomàquet (Brot mit Tomate u. Olivenöl), Wein ... Sant Domènec del Call 9, eine Seitenstraße des Call, nahe Plaça de Sant Jaume. Nur abends geöffnet, So Ruhetag.

Bar Vinissim (25), ganz in der Nähe. Freundliche, hübsch dekorierte und unprätentiöse Weinbar mit großer Auswahl an auch glasweise ausgeschenkten Weinen und dem passenden guten Essen im Tapas-Stil. Kompetente Beratung. Sant Domènec del Call 12, So-Abend und Mo geschlossen.

Taberne Les Tapes (54), ein dunkler, enger Raum, über der Theke Korblampen und Flaschenbatterien. Gute Tapas zu vernünftigen Preisen. Plaça del Regomir, von der Plaça de Sant Jaume über den Carrer Ciutat zu erreichen.

Taller de Tapas (24), eine „Tapas-Werkstatt", die auch eine Filiale im Born-Viertel eröffnet hat. Edel-nüchternes Dekor, Tische auch im Freien am hübschen Platz. Breite Auswahl an stets frischen Tapas, die freilich nicht ganz billig auf die Tische kommen. Täglich geöffnet. Plaça Sant Josep Oriol 9.

Café Els Quatre Gats (5), mehr als ein Café: Bar, Restaurant, Bierstube, Treffpunkt ... Die berühmten „Vier Katzen" sahen schon Picassos allererste Ausstellung, die nämlich genau hier stattfand. Bemerkenswert ist auch das Gebäude selbst: Die Casa Martí zählt zu den frühen Bauten des Modernisme-Architekten Puig i Cadafalch. Zur Kundschaft zählen viele Touristen, aber auch Einheimische. Carrer Montsió 3, eine Seitenstraße des Portal de l'Àngel.

Bar La Plata (63), ganz unten im Barri. Traditionsreiche, vor fast sechs Jahrzehnten eröffnete kleine Bar, bis heute von der Tochter des Gründers geleitet. Es gibt nur wenige, aber qualitativ hochwertige Tapas wie Anchovis oder frittierte Sardinen, dazu Salat. Preisgünstig. Carrer de la Mercè 28. Auf Nr. 16 in derselben Straße, ebenfalls gut und mit Schwerpunkt auf Krake (pulpo): die galicische **Bar-Pulperia Celta**.

Mesón del Café (31), klein, eng und berühmt für die Riesenauswahl an Kaffeespezialitäten, ob mit oder ohne Schuss. Altstadt, Carrer Llibreteria 16, eine Parallelstraße des Carrer Jaume I.

Granja Dulcinea (16), in einem schönen Gässchen bei der Plaça del Pi. Das „Dulcinea" ist Café und Granja (Milchbar) in einem, zu suchen im Carrer Petritxol 2. Nur ein paar Schritte weiter in der gleichen Gasse liegt auf Nummer 11 die bereits 1947 gegründete **Granja La Pallaresa (10)**.

Bars & Clubs

Karma (46), Disco-Dauerbrenner direkt an der Plaça Reial. Bodenständige Atmosphäre, Grunge, Punk und Rock. Sehr gemischtes Publikum, oft ausgesprochen viel Stimmung. Offen bis ca. fünf Uhr, Mo geschlossen. Plaça Reial 10. www.karmadisco.com.

Jamboree Jazz & Dance Club/Tarantos (51), ebenfalls an der Plaça Reial. Die Jazztradition im Jamboree, heute von der Familie Mas übernommen, die eine ganze Reihe erfolgreicher Musiklokale betreibt, reicht bis in die Sechziger zurück. Tägliche Konzerte, danach wird bis 5.30 Uhr morgens zu Hiphop und Funk getanzt. Im selben Gebäude und auch der Mas-Gruppe angeschlossen, widmet sich das Tarantos dem Flamenco. Plaça Reial 17, Programm jeweils unter www.masimas.com.

Sidecar (42), ein weiterer Club an der Plaça Reial, der mittlerweile auch schon mehr als zwei Jahrzehnte lang in Betrieb ist. Gespielt wird hauptsächlich deftiger Rock, manchmal auch live. Geöffnet bis 5 Uhr, So geschlossen. Carrer Heures 4–6, neben dem Restaurant Taxidermista.

Pipa Club (41), stimmungsvolle Bar in einer Ecke der Plaça Reial, das Stammlokal des 1980 gegründeten „Pfeifenraucher-Clubs" von Barcelona, das nachts auch für Nichtmitglieder geöffnet ist. Originelles Ambiente, buntes Publikum; meist läuft Jazz. Besser bald besuchen, es gibt immer wieder mal Gerüchte, dass der Club wegen der Nachbarn geschlossen werden muss. Plaça Reial 3 (klingeln und die Treppen hoch). www.bpipaclub.com.

Schilling (34), sehr beliebte, jeden Tag und jede Nacht bis auf den letzten Platz besetzte Café-Bar im gemütlichen Bistro-Stil. Buntes Publikum, zivile Getränkepreise. Geöffnet bis 2.30 Uhr. In einer Seitenstraße der Rambles, Carrer Ferrán 23.

Harlem (58), klassischer Jazz-Club, in dem oft Live-Sessions (auch Blues, Rock, Ethno etc.) stattfinden, als Markenzeichen der lässige Kater. Geöffnet bis 4 Uhr, am Wochenende bis 5 Uhr. Carrer Comtessa Sobradiel 8, eine Seitenstraße des Carrer d'Avinyó.

Einkaufen

Kulinarisches/Supermarkt: *Fiambres La Pineda (12)*, berühmtes Schinken- und Wurstgeschäft, in dem auch schon mal Ferran Adrià, Chef des legendären Costa-Brava-Restaurants „El Bulli" einkauft. Carrer del Pi 16.

La Casa del Bacalao (2), das Haus des Klippfischs. Wer Bacalao kennt und liebt, findet hier eine breite Auswahl der (rein optisch zugegebenermaßen wenig attraktiven) Delikatesse. Carrer Comtal 8, eine Seitenstraße der Av. del Portal de l'Àngel unweit der Pl. Catalunya.

Caelum (18), Köstlichkeiten aus Klöstern gibt es hier im „Himmel" – Honig, Konfitüren, Liköre, Naschwaren etc., alles in bester Qualität in spanischen Klöstern hergestellt. Ein kleines Café ist angeschlossen. Carrer de la Palla 8, zwischen Pl. Nova und Pl. del Pi.

Forn Artesa Sant Jordi (32), traditionsreiche Bäckerei in einem der hübschesten Gässchen des Gòtic. Carrer Llibreteria 8.

Superservis (45), recht großer Supermarkt, eine Seltenheit im Gotischen Viertel. Carrer d'Avinyò 11.

Mode: Reiches Angebot besonders an der breiten Fußgängerzone Avinguda del Portal de l'Àngel, die von der Plaça de Catalunya südwärts führt. Hier sind fast alle bekannten spanischen Modeketten (Mango etc.) vertreten.

El Mercadillo (7), ein kleines Mode-Kaufhaus unabhängiger Trendshops für (sehr) jugendliche Kleidung und Schuhe. Untergebracht in einem alten Stadtpalais, im ersten Stock nach hinten eine hübsche Bar mit Freiterrasse. Carrer Portaferrissa 17, das große Plastik-Dromedar am Eingang ist nicht zu übersehen.

Custo (36), eine Filiale des berühmten, aber nicht gerade billigen T-Shirt-Designershops im Born-Viertel. Carrer de Ferran 36.

Adolfo Domínguez (37), eine kleine Altstadt-Filiale des bekannten spanischen Designers; die Hauptgeschäfte liegen in Eixample, ein großes auch im Born. Carrer Ferran 4, nahe Rambles.

Jeanne Weis (33), ein Lesertipp von Sabine Gruber: „Jedes Stück ein Unikat. Verarbeitet werden afrikanische Stoffe in den unterschiedlichsten Farben und Mustern. Es gibt eine fertige Kollektion, man kann sich aber auch Teile aus dem Stoff seiner Wahl anfertigen lassen. Carrer Rauric 8, eine Seitenstraße des C. Ferran."

Gegründet 1760: Cereria Subirà

Cirkus (52), eine Empfehlung von Sabine und Guntehr Klein, die die „sehr ausgefallenen Objekte" loben. Witzig sind z.B. die Handtaschen. Carrer d'Avinyó 24.

Kunsthandwerk: Besonders auf diesem Gebiet sind die traditionsreichen alten Geschäfte des Barri Gòtic ein Fest fürs Auge.

La Manual Alpargatera (39), ein Traditionsunternehmen, das seit über zwei Jahrhunderten die beliebten Leinenschuhe mit Hanfsohle herstellt. Carrer d'Avinyó 7, nahe Carrer Ferran.

S'Avarca de Menorca (11), die schlicht-bequemen Menorca-Schuhe zum Hineinschlüpfen. Capellans 2, eine nordöstliche Seitenstraße der Plaça Nova.

Cereria Subirà (29), berühmtes Kerzengeschäft, 1760 gegründet! Auch das Interieur ist sehenswert. Baixada de la Llibreteria 7, eine enge Altstadtgasse nahe der Plaça de l'Àngel, in der sich noch weitere interessante alte Läden finden.

L'Arca de l'Àvia (20), textile Antiquitäten, eine Fundgrube für Kostümausstatter: herrliche alte Stoffe, kunsthandwerkliches Textildesign und Accessoires vom 18. bis ins 20. Jahrhundert. Banys Nous 20, zwischen Plaça del Pi und Kathedrale.

Kaufhäuser: *El Corte Inglés (1)*, in der Einkaufszone, ein Ableger des nahen Großkaufhauses an der Plaça de Catalunya. In dieser Filiale gibt es u. a. Bücher, Fotozubehör, CDs und Sportartikel. Av. del Portal de l'Àngel 19–21.

Decathlon (6), ein ganzes Kaufhaus nur für Sport- und Outdoorartikel. Wer Wander- oder Turnschuhe, Segelbekleidung, Schnorchelequipment, einen Rucksack oder ein Zelt braucht, ist hier richtig. Prima Auswahl, gute Preise. Carrer Canuda 20.

Design: *Gotham (48)*, neues, aber auch traditionelles Innendesign: Möbel, Lampen etc. von den Dreißigern bis in die Siebzigerjahre. Carrer Cervantes 7.

Conesa (15), ein Papiergeschäft, das zwar nicht das ganz große Design, aber hübsch gemachte Notizbücher, Schreibhefte, Briefbögen etc. offeriert. Carrer Petritxol 10.

Zigarren: *Estanc Carrilo (13)*, in günstiger Lage fast direkt gegenüber dem Haupteingang der Kathedrale. Sorgfältige Lagerung, breite Auswahl. Avinguda Catedral 1.

Lauschiges Plätzchen im Born: Plaça Santa Maria del Mar

Sant Pere und La Ribera/El Born

Eine Fülle innovativer Bars und Restaurants, zahlreiche Designerläden und ein reges Nachtleben locken besonders am Wochenende Heerscharen junger Besucher in das Gebiet jenseits der Via Laietana. Und dann ist da noch Spaniens größtes Picasso-Museum ...

Die breite Via Laietana, Anfang des 20. Jh. wie eine Schneise durch die enge Altstadt geschlagen, trennt das Barri Gòtic von anderen mittelalterlichen Vierteln, die bis zur Erweiterung der Stadtmauern im 13. Jh. alle noch vor den Toren der Stadt lagen. Es handelt sich um eine ganze Gruppe von teilweise schwer voneinander abzugrenzenden alten Vierteln, darunter Sant Pere, Santa Caterina und Sant Agustí im Norden des Carrer de la Princesa sowie La Ribera/El Born im Süden dieser Straße. Von der Stadtverwaltung wird das gesamte Gebiet übrigens offiziell als „Casc Antic“ (alter Stadtkern) geführt, was natürlich zu Verwechslungen vor allem mit dem Barri Gòtic führen muss, weshalb wir auf diesen Ausdruck lieber verzichten wollen.

Sant Pere, unterhalb der gleichnamigen Ronda gelegen, und seine Nachbarn Santa Caterina und Sant Agustí zeigen sich auf den ersten Blick als eher unscheinbare und streckenweise noch etwas heruntergekommene Viertel, die früher (viele alte Straßennamen zeigen es) von Handwerkern bewohnt waren und in denen heute viele Einwanderer leben. Doch auch hier und in der näheren Umgebung sind die Stadtplaner zugange und öffnen, beispielsweise an der Avinguda Francesc Cambó, ganze Straßenzüge; nicht immer mit der nötigen Sensibilität, wie mancher meint. Wie bei allen Arbeiten im alten Stadtkern treten dabei immer mal wieder längst vergessene Relikte zutage. So stieß man beim Umbau des traditionsreichen Marktes Mercat de Santa Caterina auf

Plaça Catalunya
Plaça d'Urquinaona
Urquinaona
Urquinaona
Urquinaona
Fontanella
Carrer de Casp
Carrer del Bruc
Ronda de Sant Pere
C. d'Ali Bei
Carrer de Trafalgar
Sant Pere
C. de les Jonqueres
C. de les Moles
Carrer d'Ortigosa
Arc de Triomf
Carrer de Trafalgar
C. de Méndez Núnez
Ptge. de Sert
Palau de la Música Catalana
Sant Pere de les Puelles
Ptge. de St. Benet
Pl. de Lluís Millet
Carrer de Sant Pere mes Alt
C. de Comtal
C. de les Magdalenes
Via Laietana
C. de Verdaguer i Callís
C. de Mare de Déu del Pilar
C. de l'Argenter
C. d'En Mònec
Pl. de Sant Pere
Carrer de Sant Pere Mitja
C. del Rec Comtal
1
Carrer de Sant Pere mes Baix
C. d'En Cortines
C. del Dr. Joaquim Pou
C. Sequia
Placeta del Comerç
Gal. Alvarez de Castro
C. del
Jaume Giralt
C. dels Metges
C. del Portal Nou
Barri Gòtic siehe S. 120/121
Plaça Antoni Maura
Av. de Cambó
Pl. de Marquilles
C. de Gombau
C. del Fonollar
C. del Pou de la Figuera
Pl. de St. Agustí Vell
2
Mercat de Sta. Caterina
Pl. de Acadèmia
P. de Picasso
Barri Gòtic
Carrer dels Mercaders
Carrer de les Freixures
C. d'En Tarròs
Giralt el Pellisser
C. d'En
Pl. de St. Cugat
C. dels Carders
Carrer de
3
C. de Colomines
la Blanqueria
C. de l'Allada
Carrer Vermell
C. d'En Tantarantana
Museu de la Xocolata
Carrer del Comerç
P. de Pujada
Pl. de Berenguer Gran
10
C. dels Corders
C. dels Assaonadors
5
Jaume I
C. de la Bòria
Pl. de la Llana
C. d'En Boquer
C. de 6 la Princesa
Plaça de l'Angel
7
Museu Zoologia
Carrer de la Princesa
9
C. 10
C. de Cremat Gran
8
Barra de Ferro
12
Jaume I
Centre del Disseny
13
Carrer de Montcada
Museu Picasso
11
C. dels Flassaders
C. del Rec
La Ribera / El Born
C. del Vigatans
Navarro
14
C. de Grunyí
C. dels
C. de Banys Vells
Museu Barbier-Mueller
C. de la Fusina
Museu de Geologia
Sots-tinent
Carrer de
15
Carrer
Antic Mercat del Born
C. de Manresa
16
C. de l'Argenteria
17
18
C. de les Mosques
Plaça de Comercial
C. Comercial
Ptge. de Mercantil
Passeig de Picasso
19
C. de la Nau
Miralles
22
20
23
21
24
25
C. d. Sombrerers
Pg. del Born
Pl. de Sta. Maria
C. Antic de St Joan
C. de Sta. Maria
27
C. de l'Esparteria
C. de la Ribera
26
28
29
30
Sta. Maria del Mar
C. Vidrieria
32
33
34
C. del Rec
31
C. de A.J. Baixeras
35
36
37
40
39
C. dels Agullers
38
Pescateria
41
43
42
45
44
C. de la Fusteria
C. del Consolat de Mar
La Llotja
Avinguda Marquès de l'Argentera
Pl. del Palau
Passeig d'Isabell II
C. d'Ocata
Estació de França
Circumval·lació
Passeig
Parc de la Ciutadella
Hafen, Barceloneta
Der alte Hafen Port Vell siehe S. 159
Barceloneta
Barceloneta und die Port Olímpic siehe S. 164/165

Übernachten (S. 66/67 & 70)

1 Hotel Catalonia Princesa
3 Grand Hotel Central
7 Hotel Ciutat Barcelona
8 Hotel Chic and Basic Born
9 Pensió Lourdes
12 Albergue Gothic Point
14 Hotel Banys Orientals
44 Park Hotel
45 Pensió Francia

Essen & Trinken (S. 147/148)

2 Restaurant Comerç 24
5 Restaurant Santa María
6 Pizzeria-Rest. Murivecchi
10 Bar-Rest. Nou Celler
13 Tèxtil Café
14 Restaurant Senyor Parellada
16 Bar-Rest. Taller de Tapas
17 Bar Xampanyet
18 Bar-Rest. Euskal Etxea
19 Bar-Rest. Sagardi
24 Rest. Petra
25 Bar Casa Rodrigo
27 Bar-Rest. Origen 99,9%
28 Bar-Pastisseria Bubó
29 Bar La Vinya del Senyor
34 Bar Golfo de Bizkaia
36 Bar-Rest. Cal Pep
38 Xarc.-Degust. L'altre Set del Born
41 Restaurant Salero
42 Pizzeria-Rest. Al Passatore
43 Bar-Rest. La Coronela

Einkaufen (S. 148/149)

4 Veritas
20 De tot al Born
21 Can Gispert
23 Desigual
30 La Botifarrería de Santa Maria
31 Adolfo Domínguez
32 Outlet del Born
33 Vialis
35 Custo
39 Vila Viniteca
40 Estanc Laietana

Bars & Clubs (S. 148)

11 Mix
15 Gimlet
22 Miramelindo
26 Magic
37 Diobar

Reste eines alten Klosters, die hinter Glas in die Gesamtkonzeption einbezogen wurden. Generell sind, mit Ausnahme des grandiosen Modernisme-Palasts Palau de la Música Catalana, hochrangige Sehenswürdigkeiten aber rar in diesem Gebiet.

Ganz anders südlich des Carrer de la Princesa, im Viertel La Ribera/El Born. Der Name von La Ribera verweist darauf, dass hier einst das „Ufer“ von Barcelona lag, reichte im Mittelalter die Küstenlinie doch ein gutes Stück weiter landeinwärts als heute. Damals war das Viertel ein Gebiet der Seefahrer und der wohlhabenden Kaufleute, an deren Reichtum noch die große gotische Kirche Santa Maria del Mar sowie eine ganze Reihe prächtiger Paläste erinnern. Einige der schönsten stehen entlang des Carrer Montcada und bilden den stimmungsvollen Rahmen für mehrere Museen, darunter das berühmte Museu Picasso. Zudem hat sich das Viertel seit Ende der Neunziger, besonders um den Passeig del Born – Insider nennen die gesamte Zone ohnehin nur „Born“ – mit edlen Designerläden, Galerien und zahlreichen Bars und Restaurants binnen weniger Jahre zum angesagten Szenetreff gemausert; dies natürlich nicht immer zur Freude der geplagten Anrainer, die schon mal mit Spruchbändern und Plakaten („volem dormir“: wir wollen schlafen) ihrem Ärger Luft machen und sogar eine eigene Widerstandsorganisation gegründet haben, das „Nachbarschaftsforum“ Fòrum Veïnal de la Ribera. Insbesondere in Wochenendnächten herrscht hier oft ein unglaublicher Betrieb. Kein anderes Altstadtviertel entwickelt gegenwärtig eine solche Dynamik wie der Born, in dessen engen Gassen ständig neue Restaurants und Geschäfte eröffnen und manchmal auch schon nach wenigen Monaten wieder schließen. Noch hat aber auch manch traditioneller Handwerksbetrieb überlebt,

Sant Pere und La Ribera/El Born
Karte Seite 138/139

Komplett umgebaut: Mercat Santa Caterina

ist nicht jede Wohnung luxussaniert worden – eine Mischung als alt und neu, die ihren besonderen Charme besitzt. Bei aller Begeisterung sollten Besucher auch etwas Vorsicht walten lassen: Zwar gilt das Viertel als sicher, was gewalttätige Überfälle anbelangt, doch kommt es auch hier häufig zu Taschendiebstählen; die engen, winkligen Gassen machen es den Ganoven leicht, nach vollbrachter Tat schnell zu verschwinden.

Tour 5: Alte Viertel, frischer Wind

Dieser Spaziergang beginnt an der Via Laietana, Ecke Carrer Sant Pere més Alt, Metro: Urquinaona. Schon nach wenigen Metern trifft man auf die reich gegliederte, farbenprächtige Fassade des → **Palau de la Mùsica Catalana**, einem echten Glanzstück des Modernisme, das 2008 sein hundertjähriges Jubiläum feierte. Entlang dem Carrer Sant Pere mès Alt, der „höchsten“ (mès alt) der drei parallel verlaufenden Sant-Pere-Straßen, finden sich mehrere Textilgroßhändler, letzte Zeugen einer langen Tradition: Schon im Mittelalter bildete das Viertel Sant Pere das Zentrum der Textilmanufaktur Barcelonas. An ihrem Ende öffnet sich die Straße zur hübschen Plaça de Sant Pere mit der ehemaligen Klosterkirche → **Sant Pere de les Puelles**.

Der **Carrer Sant Pere mès baix** stellt die eigentliche, belebte Hauptstraße des bodenständigen Viertels dar, gesäumt von zahlreichen, oft noch herrlich nostalgischen Geschäften und einigen großbürgerlichen Wohnhäusern, an denen der Zahn der Zeit schon heftig genagt hat. Kurz hinter einem Parkhaus, das rücksichtslos zwischen die alte Bausubstanz geklatscht wurde, geht es links in den Carrer de les Freixures und über die neue Avinguda de Francesc Cambó hinweg. Linker Hand liegt die schöne Markthalle **Mercat Santa Caterina**, bereits 1847 gegründet und damals der erste überdachte Markt der Stadt. 2005 wurde die Halle nach einem Komplettumbau wieder eröffnet; der Entwurf mit dem bunten, wellenförmigen Dach stammt von dem verstorbenen Architekten Enric Miralles. Weil bei den Arbeiten die Reste eines dabei entdeckten Klosters gerettet werden sollten (sie sind heute in einer Ecke hinter Glas zu sehen), hatte sich die Fertigstellung lange verzögert: das endgültige Aus für Dutzende kleiner Betriebe in der Nachbarschaft, die am und vom Markt lebten.

Meerwärts des Marktes trifft man am Carrer Corders, der Straße der Seilmacher, auf den hübschen kleinen „Wollplatz“ Plaça de la Llana, auf dem im Mittelalter ein Wollmarkt abgehalten wurde. Wenige Meter weiter hält man sich rechts zur winzigen **Placeta d'en Marcús** mit ihrer gleichnamigen Kapelle.

Eine Kapelle für die ersten Postboten Europas

Das kleine, in den vergangenen Jahrhunderten leider mehrfach zerstörte und wieder restaurierte romanische Kirchlein Capilla de Marcús zählt zu den ältesten Gotteshäusern der Stadt – es geht bis ins 12. Jh. zurück und wurde von einem gewissen Bernat Marcús gestiftet. Gemäß örtlicher Überlieferung gab es bereits damals hier einen Postdienst. Tatsächlich ist die Kapelle, bis zum 13. Jh. noch vor den Toren Barcelonas gelegen, der Mare de Déu de la Guia geweiht, der Schutzpatronin der Nachrichtenboten, und war schon im Mittelalter Sitz der vielleicht ersten postalischen Organisation Europas, der „Confraría dels Correus a Cavall i a Peu“ (Bruderschaft der Post zu Pferde und zu Fuß).

Nun geht es über den Carrer de la Princesa hinweg. Rechter Hand, auf Hausnummer 21, lässt die Bank Caixa Penedès gegenwärtig eine ehemalige Kirche zum „Espai Subirachs“ umbauen, der sich mit den Arbeiten des Bildhauers Josep Maria Subirachs (→ Tour 10, La Sagrada Familia) befassen soll; die Arbeiten werden aber wohl noch Jahre dauern. Der **Carrer Montcada** verdankt seinen Namen dem Adeligen Montcada, der im 12. Jh. das Privileg der Bauerlaubnis für dieses Gebiet erhielt. In den folgenden Jahrhunderten entstand eine Reihe gotischer Paläste für Adel und Handelsherren, versehen mit allen Zutaten des damaligen Baustils wie weiten Portalen, Türmchen, Innenhöfen und Treppenaufgängen zum Wohnbereich. In einigen dieser Palais sind heute Ausstellungen untergebracht: das wunderschöne → **Museu Picasso**, das sich gleich über mehrere Paläste erstreckt, das provisorisch hier untergebrachte Designzentrum → **Centre del Disseny** und das präkolumbianischer Kunst gewidmete → **Museu Barbier-Mueller**.

Kurz vor dem Ende des Carrer Montcada geht es rechts in die „Hutmacherstraße“ Carrer Sombrerers, vorbei an der uralten Rösterei Can Gispert und weiter zur **Plaça Santa Maria**, dem reizvollsten Platz des Born. Von den Straßencafés lassen sich in aller Ruhe die eleganten Linien der Kirche → **Santa Maria del Mar** bewundern, der vollkommensten gotischen Kirche Barcelonas. Wer hier den Stadtplan studiert, könnte versucht sein, jetzt einen Abstecher zur **Llotja** am meerseitigen Rand des Viertels einzulegen, doch lohnt sich der Weg eigentlich kaum, da die 1380 errichtete Börse im 18. Jh. eine wenig beeindruckende klassizistische Fassade erhielt. Der gotische Kern ist für Normalsterbliche in aller Regel off limits.

Der **Fossar de les Morreres** (Friedhof der Maulbeerbäume) genannte Platz an der Meerseite der Kirche Santa Maria del Mar war einst die Begräbnisstätte der 1714 im Kampf gegen die Bourbonen (→ Parc de la Ciutadella) gefallenen Verteidiger der Stadt, an die eine

Katalanische Gotik in Vollendung: Santa Maria del Mar

ewige Flamme erinnert; zum katalanischen Nationalfeiertag La Diada am 11. September finden hier Aufmärsche statt. Der **Passeig del Born**, die von hohen Bäumen gesäumte Hauptflanierzone des Viertels, war vom 13. bis ins 17. Jh. Schauplatz farbenprächtiger Festlichkeiten wie Turniere, Umzüge und Prozessionen, aber auch für die schauerlichen öffentlichen Verbrennungen so genannter „Ketzer" durch die Inquisition. Heute, mit dem Passeig als Epizentrum des boomenden Born, geht es in den zahlreichen angrenzenden Cafés und Bars zum Glück friedlicher zu. Jenseits des Passeig erkennt man die imposante Stahlkonstruktion des → **Antic Mercat del Born**, seit Jahren in Umbau. Meerwärts jenseits der breiten Avinguda Marqués de L'Argentera steht die ebenso ehrwürdige → **Estació de França**, für Eisenbahnfans sicher einen Umweg wert.

Nun geht es links in den schmalen **Carrer dels Flassaders**, im Mittelalter Sitz der Gilde der Handtuchmacher. Er hat sich innerhalb weniger Jahre in eine Straße der Kunstgalerien verwandelt, die viele alte Geschäfte verdrängten – jedoch nicht alle: Die Konditorei Mauri auf Nr. 32, gegründet 1840, hält noch die Stellung. Über den Carrer Princesa erreicht man den Carrer del Comerç, an dem sich mit dem → **Museu de la Xocolata** gleich ein ganzes Museum süßer Ware widmet. Ein kleines Stück weiter führt der Carrer Tiradors nach links zur **Plaça Sant Agustí Vell**, einem reizenden kleinen Platz mit dem Flair vergangener Zeiten. Eine der hier mündenden Straßen trägt den kuriosen Namen Carrer Tantarantana: Eine lautmalerische Umschreibung der Trompetentöne des „Stadtausrufers", der im 18. Jh. hier lebte und seine Neuigkeiten mit einem kräftigen Trompetenstoß anzukündigen pflegte. Von hier aus kann man zum Ausgangspunkt zurückkehren, den Spaziergang am Arc de Triomf (→ Tour 6, auch Metro-Station) fortsetzen oder sich den zahlreichen Bars und Restaurants des Born widmen.

Prachtstück von Domènech i Montaner: Palau de la Música Catalana

Sehenswertes

Palau de la Música Catalana: Der prachtvolle Modernisme-Bau im Carrer de Sant Pere mès Alt, errichtet für den katalanischen Gesangs- und Musikverein Orfeó Català, ist wortwörtlich ein „Palast der Musik“, ein Traum in Marmor, farbigen Fliesen und Glas. Wohl das schönste Werk von Domènech i Montaner, wurde das zuletzt umfassend renovierte Gebäude nicht umsonst von der Unesco in die berühmte Liste des Weltkulturerbes aufgenommen. Die Arbeiten, bei denen der Architekt von den angesehensten Kunsthandwerkern Kataloniens unterstützt wurde, begannen 1905 und waren 1908 beendet. Im selben Jahr noch erhielt der Palast den Preis für das schönste neue Gebäude Barcelonas. Aus heutiger Sicht mag der Palast, wie auch manch anderes Gebäude des Modernisme, überladen erscheinen, doch besitzt diese Opulenz auch ihren Reiz.

Die ziegelrote Fassade zieren vielfarbige Säulen und die von Eusebi Arnau gefertigten Büsten der Komponisten Palestrina, Bach, Beethoven und Wagner; die überbordende Skulptur „La Cançó“ an der Hausecke stammt von Miquel Blay und symbolisiert das katalanische Volkslied. Im Inneren steigert sich die fantastische Dekoration noch, insbesondere im harmonischen Konzertsaal, der Platz für 2000 Personen bietet und ungewöhnlicherweise im Obergeschoss untergebracht ist. Eine Fülle an Licht flutet durch seine eleganten Fenster und das große, in einer einwärts gerichteten Kuppel kulminierende Oberlicht aus Buntglas. Den Schmuck der halbkreisförmigen Bühne unter der mächtigen Orgel bilden ein Mosaik mit dem Wappen Kataloniens von Lluís Bru sowie beiderseits davon 18 Musen mit Musikinstrumenten, erneut Arbeiten von Eusebi Arnau. Besichtigt werden kann der

Palast auf Führungen oder natürlich zu einem der hier stattfindenden Konzerte.

Führungen Täglich 10–15.30 Uhr, im August bis 18 Uhr; Führungen in Englisch zu jeder vollen Stunde. Dauer knapp 60 min., Preis 10 €. Maximal 55 Personen pro Führung. Achtung, die Führungen sind immer sehr schnell ausgebucht, Tickets können jedoch bis zu einer Woche im Voraus erworben werden. www.palaumusica.org

Sant Pere de les Puelles: Von dem bereits 945 vor allem für Damen gehobener Stände gegründeten Nonnenkloster blieb nach vielen Zerstörungen leider kaum etwas erhalten, doch sind Teile des Kreuzgangs im Museu Nacional d'Art de Catalunya auf dem Montjuïc zu sehen. Auch die Kirche selbst beeindruckt nach einer groben Restaurierung zu Anfang des 20. Jh. nur noch mit ihrem schönen gotischen Portal. Interessanter ist da schon der Modernisme-Brunnen auf dem Platz.

Pablo Ruíz Picasso

Pablo Ruíz Picasso, 1881 in Málaga als Sohn des Malers und Zeichenlehrers Don José Ruíz Blasco und seiner Frau Doña Maria Picasso y Lopez geboren, war wohl der berühmteste Künstler des 20. Jahrhunderts. Sein überragendes Talent zeigte sich schon in sehr früher Jugend. Nach dem Umzug der Familie ins galicische A Coruña 1891 besuchte Picasso bereits im Alter von zehn Jahren eine Kunstschule. 1895 wurde er an der Kunstakademie von Barcelona aufgenommen und durfte gleich die ersten Klassen überspringen. Ein Jahr später erhielt er als 15-Jähriger sein erstes eigenes Atelier. 1901 begann die düstere „Blaue Periode", 1905 (nachdem Picasso sich nach mehreren Reisen dorthin dauerhaft in Paris niedergelassen hatte) die fröhlichere „Rosa Periode". 1907 markierte das Bild „Demoiselles d`Avignon" die revolutionäre Wende zum Kubismus. Im Spanischen Bürgerkrieg ergriff Picasso die Partei der Republikaner, 1937 entstand das weltberühmte Monumentalbild „Guernica". Nach dem Aufstieg Francos schwor Picasso, das Land zu dessen Lebzeiten nicht mehr zu betreten – ein Schwur, an den er sich bis zu seinem Tod hielt, auch wenn spanische Motive wie der Stierkampf oder auch Velázquez' Hofdamen viele seiner Werke prägen. Picasso, zeitlebens ein Liebhaber nicht nur der Kunst, sondern auch der Frauenwelt, starb am 8. April 1973.

Museu Picasso: Gleich über mehrere mittelalterliche Paläste erstreckt sich dieses wohl berühmteste Museum Barcelonas, das durch seine Räumlichkeiten fast ebenso besticht wie durch die Exponate selbst und über die Jahrzehnte hinweg immer wieder erweitert wurde. Bei seiner Eröffnung 1963 belegte das Museum nur einen Palast, heute sind es deren fünf mit einer Nutzfläche von 11.500 Quadratmetern. 1999 und nochmals 2001 wurde das Museum umfassend restrukturiert.

Insgesamt verfügt das Museum über weit mehr als dreitausend Gemälde, Skizzen, Zeichnungen, Keramiken, Radierungen und Lithographien des Meisters; zeitlich geordnet von den reich vertretenen Anfängen als Kind und Jugendlicher bis zu den Spätwerken, darunter auch eine kleine Keramiksammlung. Die ganz großen Arbeiten allerdings sind ebensowenig vertreten wie Werke seiner kubistischen Periode, Ausnahme: „Der Kopf" von 1917. Dennoch bietet das Museum die bei weitem größte Picasso-Ausstellung ganz Spaniens und einen guten Überblick über die vielen Sprünge im Werk des experimentierfreudigen Genies. Besonders zu nennen sind die Ergebnisse der melancholischen „Blauen" wie der optimistischeren „Rosa Periode", weiterhin der „Harlekin" (1917) und die Drucke der „Tauromaquía" (1935). Herausragend auch die 44 Variationen der „Las Meniñas" („Die Hofdamen", 1957), eine umfangreiche Studie des Vorbilds von Velázquez. Gestiftet hatte Picasso die Arbeiten zur Erinnerung an seinen verstorbenen Freund und langjährigen Privatsekretär Jaume Sabartés, der die treibende Kraft bei der Gründung des Museums gewesen war.

Lage und Öffnungszeiten Carrer Montcada 15–23, geöffnet Di–Sa 10–20 Uhr, So 10–15 Uhr; Eintritt 9 €, für Wechselausstellungen zusätzlicher Eintritt; am ersten Sonntag im Monat gratis. Cafeteria-Restaurant angeschlossen.
www.museupicasso.bcn.es.

Centre del Disseny: Schräg gegenüber vom Picasso-Museum war im Palau Marqués de Llío lange das Textilmuseum „Museu Tèxtil i de la Indumentària" untergebracht, das mittlerweile jedoch in den Palau Reial de Pedralbes (→ Tour 13) umgezogen ist. Stattdessen beherbergt der Palast im Carrer Montcada 12 nun – neben dem sehr hübsch gelegenen Tèxtil Café, das seinen Namen auch künftig behalten wird – das provisorisch hier untergebrachte und bei der letzten Recherche noch nicht eröffnete Designzentrum Centre del Disseny. Es soll sich mit Aktivitäten, Dokumentationen und Wechselausstellungen dem angewandten Design in Architektur, Mode, Kommunikation etc. widmen, bildet dabei jedoch nur eine Vorstufe zu dem 25.000 Quadratmeter großen und vom MBM-Architektenteam um Oriol Bohigas, Josep Martorell und David Mackay geplanten Designtempel, der ab 2011 (so zumindest die Planungen...) an der Plaça de les Glòries in Eixample eröffnen und dann auch die Kollektion des Textilmuseums aufnehmen wird.

Museu Barbier-Mueller: Direkt neben dem Centre del Disseny glänzt das Museu Barbier-Mueller mit einer kleinen, aber fein präsentierten Ausstellung präkolumbianischer (also prähispanischer) Kunst aus Mittelamerika, darunter Arbeiten der Inca, Maya und Azteken; im Hof steht ein großer Olmekenkopf aus Mexiko. Die Arbeiten sind wechselnde Leihgaben des gleichnamigen Schweizer Museums. Zusätzlich finden temporäre Ausstellungen statt.

Öffnungszeiten Di–Fr 11–19 Uhr, Sa 10–19 Uhr, So 10–15 Uhr; Eintrittsgebühr 3 €, am ersten Sonntag im Monat gratis.

Santa Maria del Mar: Mit ihren typischen horizontalen Linien, den schmucklosen Oberflächen, weitmöglichst auseinander stehenden Säulen, hohen Seitenschiffen und den beiden achteckigen, oben abgeflachten Glockentürmen gilt die Kirche des Born als das schönste und reinste Beispiel katalanischer Gotik. Bei den Einheimischen genießt Santa Maria del Mar als „Kathedrale des Volkes" eine höhere Verehrung als die Kathedrale selbst. Die Kirche entstand in der ungewöhnlich kurzen Zeit zwischen 1329 und 1383 unter tatkräftiger und (wie es heißt) selbstloser Mithilfe der Bevölkerung und ist der Schutzheiligen der Seeleute gewidmet. Von außen beeindruckt Santa Maria durch ihr schönes Portal mit großer Rosette zwischen den beiden Türmen. Nur wenig Dekoration stört im Inneren das Erlebnis des weiten Raums und der blanken Architektur, ein letztlich positives Resultat früherer Zerstörungen. Die besondere Harmonie rührt von den Proportionen der Seitenschiffe, die genau halb so breit sind wie das Mittelschiff und so hoch, wie die gesamte Kirche breit ist. Sehr reizvoll sind auch die Glasfenster. Geöffnet ist Santa Maria del Mar täglich 9–13.30, 16.30–20 Uhr;

häufig (vor allem Fr/Sa) finden hier Hochzeiten statt, gelegentlich auch Konzerte, die dank der außergewöhnlichen Akustik ein besonderes Ereignis sind.

Antic Mercat del Born: Der ehemalige Hauptmarkt Barcelonas, ab 1873 errichtet, erhebt sich am Ende des Passeig del Born. Eine imposante Konstruktion aus Schmiedeeisen überdacht zwei große und vier kleinere Schiffe. Anfang der Siebzigerjahre wurde der Markt aufgegeben, diente dann zeitweise als Ausstellungsgelände und sollte schließlich zu einer Provinzbibliothek ausgebaut werden. Wie so oft bei Arbeiten in Barcelona, wurden jedoch auch hier archäologische Überreste entdeckt. Diesmal handelt es sich um die Ruinen von Häusern, die nach der bourbonischen Eroberung von 1714 zerstört worden waren, mithin um einen Fund von hoher symbolischer Bedeutung, den man im nationalbewussten Katalonien nicht

Ruinen mit Symbolwert: im Mercat del Born

einfach wieder zuschütten konnte. Nun wird der Markt in ein Geschichts- und Kulturzentrum umgebaut, das sich dem städtischen Leben des 17. und 18. Jh. widmen soll; die Arbeiten gehen aber nur langsam voran. Gegenwärtig ist die Eröffnung für Ende 2009 vorgesehen.

Estació de França: In seiner Art ebenfalls eine Sehenswürdigkeit ist dieser herrlich nostalgische Bahnhof jenseits der Avinguda Marqués de L'Argentera. Seinen Namen „Frankreich-Bahnhof" erhielt er mit dem Zusammenschluss der beiden Eisenbahngesellschaften nach Granollers und Mataró, die 1878 fusionierten, um eine Bahnlinie bis Frankreich aufzubauen. Das heutige Gebäude wurde zur Weltausstellung 1929 errichtet und zu den Olympischen Spielen 1992 aufwändig renoviert. Die weite Konstruktion besteht aus zwei mächtigen, bogenförmigen Hallen von über 30 Metern Höhe, für die mehr als 2500 Tonnen Eisen verbaut wurden. Zuletzt spielte der Bahnhof im Zugverkehr kaum eine Rolle mehr, von einer kurzen Glanzzeit abgesehen: Während des (nun abgeschlossenen) Umbaus der Estació de Sants erhielt die Estació de França für einige Zeit ihre Rolle als Hauptbahnhof von Barcelona zurück.

Museu de la Xocolata: Ein ehemaliges Augustinerkloster am Carrer Comerç 36 (Ecke Plaça Pons i Clerch) beherbergt dieses kleine, aber moderne Museum, das von der Konditorenvereinigung gegründet wurde. Hier dreht sich alles um die Schokolade: ihre Ursprünge in der Neuen Welt, ihre Ankunft in Europa, die Verarbeitung zu den verschiedensten Leckereien etc. Angeschlossen ist eine Verkaufsausstellung erster Güte sowie eine Cafeteria.

Öffnungszeiten Mo sowie Mi–Sa 10–19 Uhr, So 10–15 Uhr; Di geschlossen. Eintrittsgebühr etwa 4 €, am ersten Montag im Monat gratis. www.museudelaxocolata.com.

Praktische Infos

Essen & Trinken

Restaurant Comerç 24 (2), ein Vertreter der jungen Garde gehobener Kochkunst: Chef Carles Abellán hat seine Handschrift bei Ferran Adrià im legendären El Bulli bei Roses verfeinert. Avantgardistische katalanische „Molekular"-Küche mit dem gewissen Extra und vielen kleinen Portionen im Tapa-Stil, exquisite Weinauswahl unter rund 150 Sorten. Um die 60 € aufwärts sollte man rechnen und für den ersten Besuch vielleicht eines der Tapa-Menüs aus sieben oder neun köstlichen Kleinigkeiten ins Auge fassen. Carrer Comerç 24, Mo, So sowie für zwei Wochen im August und eine Woche über Weihnachten geschlossen. Unbedingt reservieren, ✆ 933 192102. www.comerc24.com.

Restaurant Santa Maria (5), in der Nähe und ebenfalls ein Platz für feine Tapas der besonderen Art; Chef Paco Guzmán kreiert sie in einem wahnwitzigen Mix aus asiatischen und katalanischen Einflüssen. Köstliche Nachspeisen. Preislich günstiger als oben, das Degustationsmenü kommt sogar für knapp 35 € auf den Tisch, man kann aber auch mit deutlich weniger auskommen. So, Mo und im August geschlossen. Carrer Comerç 17, Reservierung sehr ratsam: ✆ 933 151227.

Bar-Rest. Cal Pep (36), eine Institution im Born. Prima Meeresküche, vom Besitzer (Pep eben) gleich hinter der Bar zubereitet und direkt am stets knackvollen Tresen verzehrt. Früh dasein, es ist immer schwierig, hier einen Platz zu bekommen. Die wenigen Tische sind ohnehin auf Monate ausgebucht. Mittleres Preisniveau. Plaça de les Olles 8, So geschlossen.

Restaurant Salero (41), eine Art Speisecafé in einem ehemaligen Salzlager, schick gestylt und mit jungem Publikum. Internationale Küche nach Marktlage in häufig wechselndem Angebot; das Gemüse stammt aus biologischem Anbau. Relativ preiswert, Menü ab ca. 20–25 €, unter der Woche auch günstige Mittagsmenüs. Später am Abend wird das Salero zur Music-Bar. Carrer Rec 60, So Ruhetag.

Bar-Rest. La Coronela (43), hübsch gestaltetes Lokal auf mehreren Ebenen, das mexikanische Küche mit dem gewissen Extra (kein Tex-Mex) offeriert. Um die 25 € pro Person sind zu rechnen. Auch gute Cocktails. Carrer Consulat del Mar 23.

Restaurant Senyor Parellada (14), einer der Klassiker des Viertels. Nettes Ambiente, solider Service, kreative katalanische Küche und die für das Gebotene ungewöhnlich niedrigen Preise (Menü ab etwa 20 € aufwärts) sorgen für stets volle Tische – reservieren! Carrer Argenteria 37, ✆ 933 105094.

Bar-Rest. Euskal Etxea (18), nicht weit vom Picasso-Museum. Eines der vielen baskischen Lokale des Viertels, hervorgegangen aus einem baskischen Kulturzentrum und mit sehr verführerischen Tapas an der Theke. Placeta Montcada 1–3.

Bar-Rest. Origen 99,9 % (27), ein kleines, oft voll belegtes Lokal, das sich ganz der authentischen katalanischen Küche verschrieben hat – täglich werden Spezialitäten aus einer anderen Region angeboten. Menü à la carte schon ab etwa 15 €, auch das Mittagsmenü ist günstig. Auch Verkauf von Wurstwaren, Weinen, Marmeladen etc. Im Carrer Vidrieria 4, die ehemalige „Glasmacher-Straße"; Relikte finden sich im Lokal reichlich. Das Konzept ist so erfolgreich, das mittlerweile mehrere Filialen eröffneten, eine davon gleich um die Ecke am Passeig del Born 4.

Bar Golfo de Bizkaia (34), zehn Meter weiter. An Wochenenden oft gestopft volles baskisches Lokal mit guter Auswahl an Tapas (hier Pintxos genannt). Carrer Vidrieria 12. Im Umfeld noch weitere beliebte Bars.

Xarcuteria-Degustació L'altre Set del Born (38), besonders gut für Käse, Wurst, Patés etc. Ein Lesertipp von Nina und Felix Gora: „Kleine Kneipe, das Essen war sehr gut. Zu empfehlen nicht nur aufgrund der sehr netten Bedienung." Carrer dels Ases 16, das Stammhaus Set del Born liegt nicht weit entfernt im Carrer de l'Esparteria 7.

Bar-Rest. Nou Celler (10), unweit des Picasso-Museums, Eingang auch am Carrer Princesa. Gemütliches, auf drei Etagen verteiltes Restaurant mit guter und preisgünstiger katalanischer Küche. Netter Service, Menü ab etwa 18 €, gute Cavas. Die separate Karte für die Mittagsmenüs (um die 10 €) ist, angesichts der Lage wohl mit Bedacht, nur in katalanischer Sprache gehalten. Carrer Princesa 16 bzw. Carrer de Ferro 3.

Bar Casa Rodrigo (25), eine der letzten bodenständigen Kneipen des Born-Viertels.

Spanische Küche; Bocadillos, Tortillas, Raciones etc., das Mittagsmenü kommt auf etwa 9 €. Carrer de l'Argenteria 7.

Pizzeria-Rest. Al Passatore (42), eine kleine Kette, die ihre Beliebtheit – an Wochenenden stehen vor dem Eingang oft lange Schlangen – vor allem den üppig dimensionierten Pizzas verdankt. Gutes Preis-Leistungs-Verhältnis, Personal etwas offensichtlich auf schnellen Umschlag gedrillt. Plaça del Palau 8 & 11, Filiale z. B. im Port Olímpic.

Pizzeria-Rest. Murivecchi (6), etwas abseits fast am Ende des Carrer de la Princesa. Gute Küche, umfangreiche Salate und prima Carpaccio-Varianten. Das Mittagsmenü in den „Alten Mauern" kommt auf etwa 13 €, abends legt man à la carte etwas mehr an. Carrer de la Princesa 59.

Rest. Petra (24), an der Nordseite der Kirche Santa María. Schmales, gemütliches Lokal mit ordentlicher Küche und sehr günstigen Preisen: Vorspeisen, Salate etc. kosten alle um die 5 €, Carpaccios um die 7 € und Hauptgerichte um die 8 € – kein Wunder, dass das Lokal oft voll besetzt ist. So-Abend und Mo geschlossen. Carrer Sombrerers 13, Eingang um die Ecke im Carrer Banys Vells.

Bar La Vinya del Senyor (29), eine von mehreren Bars an diesem hübschen kleinen Platz vor der eindrucksvollen Fassade der Kirche Santa Maria del Mar. Die Tapas hier (z. B. die Hartwurst Secallonas) sind klein, aber gut, bestechend jedoch vor allem die Auswahl an Weinen – die höchst umfangreiche Weinkarte wird alle zwei Wochen erneuert. Plaça Santa Maria 5, So-Abend und Mo geschlossen.

Bar-Rest. Taller de Tapas (16), die „Tapas-Werkstatt", so der Name. Modern, schick, effizient und vielleicht ein bisschen glatt. Gute Tapas à la minute, nicht ganz billig, aber immer gut besucht. Carrer Argenteria 51, täglich geöffnet.

Bar-Rest. Sagardi (19), schräg gegenüber an dem kleinen Platz. Baskische Bar mit bodenständigerer Atmosphäre und günstigeren Preisen, oft gesteckt voll. Im angeschlossenen Grill-Restaurant gibt man natürlich mehr aus. Carrer Argenteria 62.

Bar Xampanyet (17), in der „Kunstgasse" Carrer Montcada. Uralte Bar in blau-weißem Kacheldekor, die exzellente Tapas (berühmt: die Anchovis) serviert und feinen Cava sowie den nordspanischen Apfelwein Sidra ausschenkt. So-Abend und Mo geschlossen. Carrer Montcada 22, nahe Museu Tèxtil.

Tèxtil Café (13), im ehemaligen Museu Tèxtil, dem heutigen Centre del Disseny, ganz in der Nähe des Museu Picasso. Ein lauschiges Café inmitten uralter Mauern, das auch recht preisgünstige Mittagsmenüs und leichte Abendküche offeriert. Carrer de Montcada 12.

Bar-Pastisseria Bubó (28), gleich bei der Kirche Santa María. Ein Lesertipp von E. Köpple: „Bar bzw. Konditorei, wobei das Wort zu profan ist für die wunderbaren kleinen Kuchen und Cremes. Für alle, die Süßes mögen! Carrer Caputxes 10."

Bars & Clubs

Gimlet (15), berühmte Bar mit elegantem Dekor. Exquisite und nicht einmal überteuerte Cocktails in breiter Auswahl. An der langen Bartheke drängt sich ein gemischtes Publikum aller Altersgruppen, darunter auch das eine oder andere prominente Gesicht. Carrer del Rec 24, geöffnet bis 3 Uhr morgens.

Miramelindo (22), ein weiterer Dauerbrenner des Viertels, optisch Richtung Kolonialstil und schon mal Kulisse für Filmaufnahmen. Auch hier gibt es prima Cocktails, musikalisch geht die Reise vor allem Richtung Jazz und Salsa. Passeig del Born 15, geöffnet bis zwei Uhr, am Wochenende bis drei Uhr.

Mix (11), elegantes, noch recht junges Lokal mit guten Cocktails, in dem es auch etwas zu essen gibt, später am Abend dann Club mit DJ-Sessions und gelegentlicher Live-Musik. Carrer Comerç 21, geöffnet bis drei Uhr. www.mixbcn.com.

Magic (26), schon am Rand des Born-Gebiets. Ein „Rock'n'Roll Club" mit entsprechender Musik von Pop bis Rock, manchmal live, in jedem Falle laut. Passeig de Picasso 40, geöffnet Mi–So bis fünf Uhr.

Diobar (37), ein paar Schritte weiter. Hier läuft Jazz, Funk, Soul und Latin; und dies Do–So von 23 bis 3 Uhr. Ungewöhnlich ist der Zugang durch ein Restaurant: Die Musicbar liegt im Keller des griechischen Lokals Dionisos. Passeig de Picasso, Ecke Av. Marques de l'Argentera.

Einkaufen

Mode/Schuhe: *Adolfo Domínguez (31)*, eine große Filiale von Spaniens bekanntem Modeschöpfer. Elegante Kleidung für Männer und Frauen, die ihren Preis hat. Carrer de la Ribera 16, nahe Mercat del Born.

Rund ums Jahr beliebt: die Straßencafés am Passeig del Born

Custo (35), weltberühmte Designer-Shirts in der typischen Handschrift und den kräftigen Farben der Brüder Custo und David Dalmau. Nicht billig, ein T-Shirt kann schon mal 90 € kosten. Mittlerweile wurde das Angebot um Hosen, Mäntel, Accessoires etc. erweitert. Plaça de les Olles 7, www.custo-barcelona.com.

Vialis (33), Ladengeschäft der jungen, aus Barcelona stammenden Designer-Schuhmarke, originelle Ware für beide Geschlechter. Vidrieria 15, gleich gegenüber von Custo.

Desigual (23), eines der ältesten Geschäfte dieser kleinen Kette aus Barcelona, die im Stadtgebiet in den letzten Jahren gewaltig expandiert und es auch schon zu Filialen in Madrid, Platja d'Aro und auf Ibiza gebracht hat. Junge Trendmode für beide Geschlechter, nicht teuer. Carrer Argenteria 65, weitere Läden z.B. in den Einkaufszentren Maremàgnum, Les Glòries (Eixample) und Diagonal Mar sowie an den oberen Rambles.

Outlet del Born (32), ein Outlet-Store mit bekannten (Armani etc.) und unbekannteren Labels. Carrer Esparteria 12.

Kulinarisches: *La Botifarrería de Santa Maria (30)*, bei der gleichnamigen Kirche. Berühmte Metzgerei, seit langer Zeit in Besitz einer Familie aus der Pyrenäenregion Pallars und bekannt für ihre selbst produzierten Würste und Patés; auch Käse, Konserven etc. Carrer de Santa Maria 4.

Can Gispert (21), eine uralte Rösterei, gegründet 1851 und fast schon eher ein Museum als ein Laden. Noch heute beheizen die Inhaber ihren Ofen mit Holz, um Obst zu dörren und Mandeln zu rösten. Carrer Sombrerers 23, landeinwärts von Santa Maria del Mar.

Vila Viniteca (39), eröffnet 1932 und mit einer Auswahl von über 3000 Weinen, Likören, Cavas etc. der vielleicht bestbestückte Weinladen Barcelonas, was man ihm von außen freilich nicht ansieht. Lieferant vieler Nobelrestaurants; auch Weinseminare. Nahebei ein angeschlossener Feinkostladen. Carrer dels Agullers 7, www.vilaviniteca.es.

Veritas (4), an der breiten Via Laietana. Eine Art Supermarkt mit Bio-Produkten, angeschlossen ein „Organic Restaurant". Via Laietana 28.

De tot al Born (20), Supermarkt mit freundlichen Öffnungszeiten: Täglich bis 23 Uhr. Hier auch Flaschenabfüllung von (preisgünstigem) Fasswein. Passeig del Born 17.

Zigarren: *Estanc Laietana (40)*, Zigarren aller Art in breiter Auswahl. Via Laietana 4, am Rand des Viertels.

Ältester Park Barcelonas: Parc de la Ciutadella

Parc de la Ciutadella

Der Stadtpark, eine große grüne Oase in der hektischen City, entstand im 18. Jh. an der Stelle einer ehemaligen Festung und war Schauplatz der ersten Weltausstellung von Barcelona. Heute beherbergt er unter anderem mehrere Museen, das Parlament von Katalonien und den Zoo.

Im Jahr 1714, der gerade beendete Spanische Erbfolgekrieg hatte Barcelona auf der unterlegenen Habsburger Seite gesehen, ließ der bourbonische Eroberer Philip V. auf dem Gebiet des heutigen Parks eine Zitadelle errichten. Teile des Ribera-Viertels mussten dem riesigen Komplex weichen, der nicht etwa zur Verteidigung Barcelonas, sondern zur Kontrolle der Stadt gedacht war und auch als Gefängnis diente. Mit dem Abriss der Stadtmauern kam anderthalb Jahrhunderte später auch das Ende der Zitadelle – General Joan Prim (später dafür mit einem Denkmal geehrt) ließ sie unter freudiger Beteiligung der Bevölkerung schleifen. Die Zitadelle wich einem Park, dessen Name noch heute an das einst verhasste Symbol der bourbonischen Fremdherrschaft erinnert.

Gestaltet wurde der Park ab 1871 von Josep Fontserè. Lange Zeit war er der einzige Park innerhalb ganz Barcelonas, von der gesamten Bevölkerung schlicht „El Parc" genannt; heute zählt die Stadtverwaltung weit über 60 Grünanlagen.

1888 fand auf dem Gebiet des Parks die für Barcelona so wichtige Weltausstellung statt, die der Stadt einen wahren Modernisierungsschub gab. Mehrere Bauten der damaligen Zeit sind noch erhalten, darunter einige frühe Stilübungen der Modernisten. Der Park enthält weiterhin das Parlamentsgebäude der katalanischen Regionalregierung, zahlreiche Denkmäler, mehrere Museen und den Zoo. Eines Tages könnte hier auch wieder das Portal de Sant Daniel zu sehen sein, ein altes Stadttor des 12.–14. Jh., das erst 2006 bei Arbeiten unweit der Hauptachse des Parks entdeckt und zur besseren Konservierung später wieder zugeschüttet wurde.

In der Hauptsache jedoch ist der Ciutadella-Park eben das, was ein Park zu sein hat: ein Ruhepol mit alten Bäumen, verschlungenen Wegen, Rastplätzen und einem See, an dem man sich auch Ruderboote mieten kann – Labsal an heißen Sommertagen und Fluchtpunkt aus den Schluchten der Stadt. An schönen Tagen herrscht hier oft reichlich Betrieb, dann tummeln sich Musikanten, Gaukler, Trommler, aber auch ganz normale Familien, Touristen und Freundesgruppen in der Anlage.

Tour 6: Vom Arc de Triomf zum Stadtpark

Dieser kurze Spaziergang verläuft auf den Spuren der Weltausstellung von 1888, folgt er doch dem damaligen Hauptzugang zum Ausstellungsgelände. Der Weg beginnt am → **Arc de Triomf** (Metro: Arc de Triomf), dem „Triumphbogen", der das monumentale Eingangstor des Bezirks darstellte. Er erhebt sich am Beginn der kurzen, aber breiten Promenade **Passeig de Lluís Companys**. Früher als Saló de Sant Joan bekannt und 1883 konzipiert, war der Boulevard im Lauf der Jahrzehnte stark verändert worden, erhielt aber bei einer Umgestaltung 1989 sein früheres Aussehen inklusive der Modernisme-Straßenlaternen von Pere Falqués zurück. Linker Hand auf Nummer 14 steht der ehemalige Justizpalast → **Palau de la Justícia**. Der Passeig endet gegenüber dem Ciutadella-Park mit einem **Denkmal für Francesc de Paula Rius i Taulet** (1833–1889), den großen Bürgermeister Barcelonas, Entwickler der Gran Via und Organisator der Weltausstellung.

Im Park fällt gleich rechter Hand ein Ziegelbau auf, in dem das → **Museu de Zoologia** (Eingang am Passeig Picasso) untergebracht ist, während der Weltausstellung ein Café-Restaurant. Dahinter steht das ehemalige Gewächshaus **Hivernacle**, ein luftiger, architektonisch sehr reizvoller Pavillon aus Stahl und Glas, ebenfalls zur Weltausstellung errichtet. Das früher hier untergebrachte Café war zuletzt geschlossen, gelegentlich finden im Hivernacle aber noch Ausstellungen und Konzerte statt. Nächstes Gebäude in der Reihe ist das → **Museu de Geologia** von Antoni Rovira de Trias, gefolgt vom so genannten „Schattenhaus" **Umbracle**, in dem besonders sonnenempfindliche Pflanzen wachsen; leider ist der ungewöhnliche,

Zuletzt leider geschlossen: Café im Hivernacle

Parc de la Ciutadella
Karte Seite 153

Eingangstor zur Weltausstellung 1888: Arc de Triomf

von Josep Fontserè selbst gestaltete Bau restaurierungsbedürftig und deshalb nicht zugänglich.

Hält man sich etwa auf Höhe des Geologischen Museums links, gelangt man zu einem der Schaustücke des Parks, der opulent dekorierten → **Cascada**. Gleich südlich liegt ein romantischer kleiner Teich mit Ruderbootverleih (30 Minuten p. P. 2 €). Nordöstlich des Gewässers trifft man auf ein steinernes Mammut, das Anfang des 20. Jh. hier aufgestellt wurde, weiter meerwärts auf einen der wenigen verbliebenen Bauten der alten Zitadelle: Im ehemaligen, mehrfach umgebauten Arsenal residiert heute das **Parlament de Catalunya**. Das Museu d'Art Modern, das hier früher ebenfalls untergebracht war, ist vor Jahren als Bestandteil des MNAC auf den Montjuïc gezogen. Südlich des ehemaligen „Waffenplatzes" Plaza de Armas, heute eine Brunnenanlage mit der Statue „El Desconsol" (Der Kummer) von Josep Llimona als Mittelpunkt, erreicht man schließlich den → **Zoo** von Barcelona, 1894 gegründet.

Sehenswertes

Arc de Triomf: Den Triumphbogen am Beginn des Passeig Lluis Companys errichtete 1888 Josep Vilaseca, ein Mitarbeiter von Domènech i Montaner. Das Backsteinbauwerk mit seinen klassischen Formen und dem reichen Keramikschmuck trägt einerseits Züge des von der maurischen Architektur inspirierten Neomudéjar-Stils und steht anderseits schon im Zeichen eines frühen Modernisme.

Palau de la Justícia: Obwohl der ehemalige Justizpalast zwischen 1887 und 1908 unter Mitwirkung des Modernisme-Architekten Domènech i Montaner erstellt wurde, erscheint das Gebäude relativ streng; wahrscheinlich war die abschreckende Wirkung beabsichtigt. Für die Innenausmalung des Saals Passos Perduts zeichnete Josep María Sert verantwortlich. Seinen eigentlichen Zweck erfüllt der Bau freilich nicht mehr, da er – trotz seiner Größe – den in einem Jahrhundert immens angewachsenen Justizapparat Barcelonas längst nicht mehr fassen kann.

Museu de Zoologia: Gleich rechter Hand des Haupteingangs zum Ciutadella-Park steht das Ziegelgebäude, das unter dem Namen *Castell dels tres dragons* (Kastell der drei Drachen) bekannt ist und zur Weltausstellung als Café-Restaurant von Domènech i Montaner errichtet wurde. Es beherbergt das etwas angestaubte zoologische Museum, das neben wechselnden Ausstellungen die üblichen Exponate bietet: Ausgestopftes, Aufgespießtes, Getrocknetes etc. In einigen Jahren soll das Museum auf das Gelände des Fòrum 2004 (→ Barceloneta und Port Olímpic) umziehen, doch dürfte dies noch eine Weile dauern.

<u>Öffnungszeiten</u> Di–Sa 10–18.30 Uhr, So 10–14.30 Uhr. Eintrittsgebühr etwa 4 €, Eintritt für das Geologische Museum inbegriffen; am ersten Sonntag im Monat gratis.

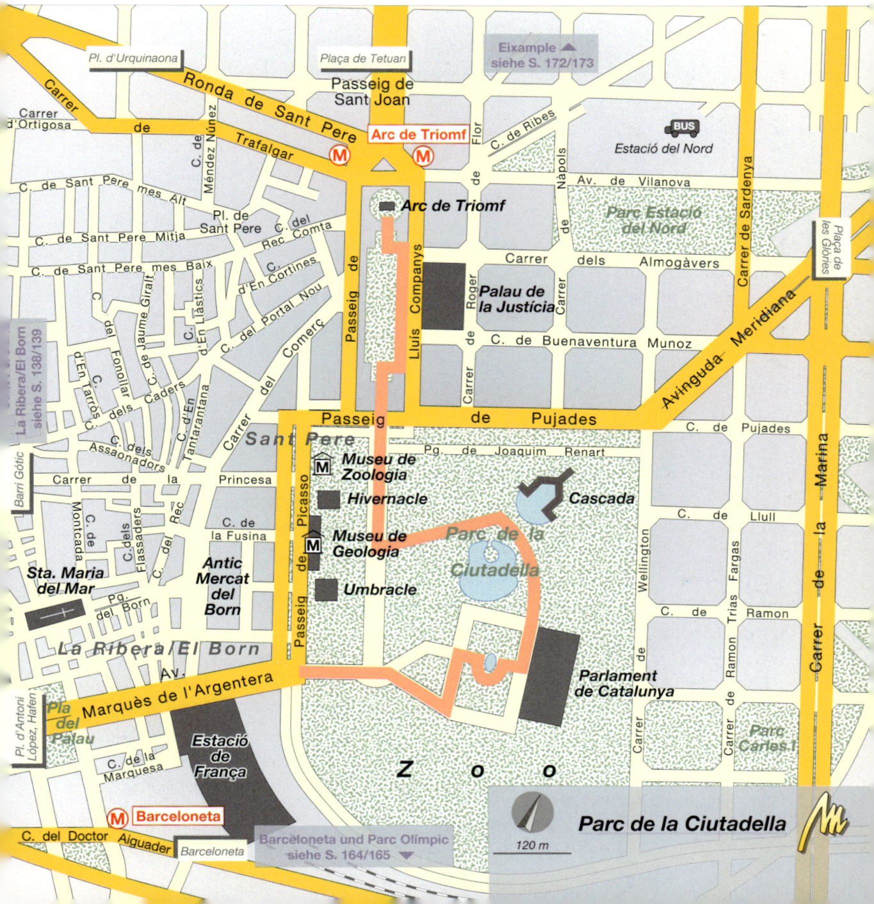

Museu de Geologia: Auch „Museu Martorell“ genannt, da von eben diesem 1878 gegründet und damit das älteste Museum der Stadt. Erbaut wurde es von Antoni Rovira i Trias. Steine in großer Auswahl sind hier zu sehen, vom Fossil bis zum Edelstein. Auch dieses Museum wird in einigen Jahren auf das Forumsgelände verlegt werden.

Öffnungszeiten Di–Sa 10–18.30 Uhr, So 10–14.30 Uhr. Eintrittsgebühr etwa 4 €, Eintritt für das Zoologische Museum inbegriffen; am ersten Sonntag im Monat gratis.

Iberische Fauna: Flamingos im Zoo

Cascada: Der monumentale Springbrunnen, etwa in der Nordecke des Parks zu suchen, wurde ab 1875 von Josep Fontserè gestaltet, dem Architekten des Ciutadella-Parks. Er hatte einen begabten Assistenten – kein anderer als der junge Student Antoni Gaudí stand ihm bei Entwurf und Ausführung zur Seite. Betraut gewesen sein soll er unter anderem mit der Anordnung der Felsen, also noch keiner allzu anspruchsvollen Aufgabe. Das eklektizistische Ensemble, umgeben von üppiger Vegetation, quillt schier über vor Dekoration: im Vordergrund wasserspeiende Drachen, im Zentrum eine „Geburt der Venus“ und hoch über allem thronend eine „Quadriga der Aurora“.

Zoo: Der Zoo ist auf der relativ geringen Fläche von 14 Hektar untergebracht, was etwa einem Drittel des Ciutadella-Parks entspricht. Zu seinem Bestand zählen Tiere aus aller Welt, darunter eine kleine Abteilung, die der iberischen Fauna gewidmet ist; es gibt auch ein Delphinarium (das in einigen Jahren mit Eröffnung des Zoo Marino unweit des Fòrum 2004 wohl dorthin umziehen wird) sowie ein großes Gorilla-Museum. Der jahrzehntelang unbestrittene Star des Zoos freilich, der auf vielen Postkarten verewigte Copito de Nieve („Schneeflöckchen“, katalanisch: Floquet de Neu), einziger weißer Gorilla der Welt und Liebling aller kleinen und großen Zoobesucher, musste im November 2003 im Alter von 40 Jahren eingeschläfert werden – er litt an Hautkrebs. Keiner seiner 22 Nachkommen wurde ein Albino.

Bei einem Rundgang durch den Zoo trifft man auch auf eine von den Barcelonesen viel geliebte Skulptur, die *Dama del Paraigua*. Die „Frau mit dem Regenschirm“ (aus dem, sofern in Betrieb, Wasser schießt) wurde 1885 von Joan Roig i Solé geschaffen und gilt als eines der Wahrzeichen der Stadt.

Öffnungszeiten November bis Mitte März 10–17 Uhr, Mitte März bis Mai und Oktober 10–18 Uhr, Juni bis September 10–19 Uhr. Eintritt etwa 16 €, Kinder 3–12 J. 9,50 €, Senioren 8,50 €. www. zoobarcelona.com.

Herausgeputzt: der alte Hafen Port Vell

Der alte Hafen Port Vell

Dank der radikalen Umbaumaßnahmen der Neunziger hat sich das alte Hafengebiet Port Vell zu einer der großen Attraktionen der Stadt entwickelt. Barcelona wendet sich wieder dem Meer zu – und wie!

Barcelonas Hafen ist der drittgrößte des Mittelmeers und zählt neben den Atlantikhäfen von Gijón und Bilbao zu den bedeutendsten Spaniens. Auf den ersten Blick scheint dies kaum glaubhaft, was vor allem daran liegt, dass sich die ausgedehnten Hafenanlagen, Lagerhäuser und Kais unterhalb des Montjuïc weit nach Südwesten hinziehen, also in eine kaum besuchte Gegend hinein. In der Gegenrichtung, im Gebiet zwischen Kolumbussäule und Barceloneta, wurde der älteste Hafenbereich Port Vell („Alter Hafen“) um einiges attraktiver gestaltet und lädt dadurch zu einem schönen Bummel entlang der Wasserfront ein. Das eigentliche Prunkstück hier ist der Kai Moll d’Espanya mitten im Hafenbecken, dessen Ausbau 1995 fertiggestellt wurde. Früher nur von Segelclubs genutzt, lockt der als Fußgängerzone konzipierte Kai seit seinem Umbau mit einer ganzen Reihe von Anziehungspunkten, darunter das Einkaufszentrum Maremàgnum mit zahlreichen Bars und Restaurants, ein ganzer Kinokomplex nebst IMAX-Breitwandkino und vor allem das große Aquarium. Auch weiter nordöstlich, um Barceloneta und die Vila Olímpica sowie auf dem Gelände der Diagonal-Mar und des Fòrum 2004 hat sich eine Menge getan, siehe hierzu das folgende Kapitel.

Tour 7: Von den Drassanes zum Palau de Mar

Ausgangspunkt des Hafenspaziergangs ist die Avinguda de les Drassanes (Metro: Drassanes) unweit der unteren Rambles. Hier liegt auch der Eingang zum schön konzipierten Schifffahrtsmuseum → **Museu Marítim**, das in ehemaligen Werften untergebracht ist. Ganz in der Nähe verlockt die Kolumbussäule → **Monument a Colom** an der Plaça Portal de la Pau zu einem weiten Blick über Barcelona; aber Achtung: Wer an Klaustrophobie leidet, sollte sich die Auffahrt lieber sparen.

Nun wäre ein Abstecher zum Kai → **Moll de Barcelona** möglich, der sich aber eigentlich nur dann lohnt, wenn

Pioniere der Unterwasserwelt

Unweit des Imax-Kinos liegt die **Ictíneo II** („Fischboot II"), ein Nachbau des von Narcis Monturiol i Estarriol konstruierten U-Boots, mit dem der Erfinder 1862 durch das Hafenbecken getaucht war. Es handelt sich zwar nicht um das erste U-Boot der Welt, wohl aber um das erste dampfgetriebene – zuvor waren die Tauchschiffe mit purer Muskelkraft bewegt worden. Zu seiner Erfindung angeregt worden war der in Figueres geborene Monturiol durch den Tod eines Korallentauchers, den er bei Cadaqués beobachten musste. Die Ictíneo II sollte deshalb, wie auch ihr Vorgänger Ictíneo I, eigentlich zur Korallenernte genutzt werden, hatte jedoch keinen wirtschaftlichen Erfolg und wurde 1868 verschrottet; Monturiol wandte sich der Politik zu. Nicht besser erging es seinem Landsmann Isaac Peral, 1888 Konstrukteur des ersten elektrischen U-Boots (ausgestellt im südspanischen Cartagena), dessen Erfindung von der Marine zwar getestet, dann aber abgelehnt wurde. Dennoch kennt jedes spanische Schulkind beide Pioniere, wurden sie doch in zahlreichen Straßennamen verewigt.

man auf den Turm Torre de Jaume I. und eventuell weiter zum Montjuïc möchte.

Interessanter zeigt sich der Hafenbereich direkt vor der Kolumbussäule. Hier starten die → **Golondrinas** (und der Katamaran Orsom) zu ihren Rundfahrten, und hier ist auch der Segler Santa Eulàlia angedockt, schwimmende Außenstelle des Museu Marítim. Der hölzerne Fußgängersteg **Rambla de Mar** hinüber zum Kai Moll d'Espanya ist hochklappbar, um Segelschiffen die Zufahrt zu ihren Liegeplätzen zu ermöglichen.

Das glitzernde Center **Maremàgnum**, 1995 eröffnet, war in den ersten Jahren ein Renner, dann aber zumindest bei den Einheimischen nicht mehr so erfolgreich. Seit einem Umbau im Inneren und dem Einzug neuer Marken wie Adolfo Domínguez, Desigual und Mango locken die Boutiquen und Restaurants des verspiegelten Gebäudes jedoch wieder mehr Gäste an. Seit jeher gut besucht ist das nahe, spektakuläre → **L'Aquàrium**, ebenso die Kinos hier, darunter das IMAX mit seinen Großbildwänden und dem üppigen Soundsystem.

Wieder zurück auf dem „Festland", fällt schon von weitem die bunte, 20 Meter hohe Statue **Barcelona Head** (Cabeza de Barcelona) ins Auge, für die Olympischen Spiele 1992 von Pop-Art-Künstler Roy Lichtenstein geschaffen; auch wenn der Verkehr das nicht leicht macht, lohnt es sich, das Werk aus verschiedenen Perspektiven zu betrachten, denn es sieht von jeder Seite unterschiedlich aus. Nach links erstrecken sich der → **Moll de la Fusta** und der parallel verlaufende, verkehrsreiche Passeig de Colom, wir halten uns jedoch rechts und erreichen, immer am Wasser entlang, ein weiteres Glanzlicht des alten Hafens, den restaurierten → **Palau de Mar**, in dem neben zahlreichen Restaurants auch das sehens- und erlebenswerte Geschichtsmuseum Kataloniens untergebracht ist. Wer noch Zeit und Lust hat, kann von hier gleich den nächsten Spaziergang durch Barceloneta und zum Olympiahafen anschließen.

Sehenswertes

Drassanes/Museu: Die *Reials Drassanes*, die „Königlichen Docks", liegen schräg gegenüber der Kolumbussäule. Einige der parallel ausgerichteten, teilweise mehr als hundert Meter langen Hallen stammen noch aus der Zeit der Gotik und sind seltene und bemerkenswerte Beispiele der Profanarchitektur jener Zeit; ein anderer, an der Rambles-Seite gelegener Teil wurde im 17. Jh. angebaut. Die Anfänge der mittelalterlichen Werftanlage gehen sogar noch bis auf das 13. Jh. zurück. Katalonien, vereinigt mit Aragón, war zur großen Seemacht aufgestiegen und benötigte für seine Kriegs- und Handelsfahrten ständig neue Schiffe. Zunächst nicht viel mehr als eine weite, durch Mauern und Türme gesicherte Fläche, wurden die Drassanes ab dem 14. Jh. erheblich erweitert. Bald konnten hier bis zu 30 Galeeren gleichzeitig gebaut und repariert werden.

Heute ist in der Werft das hervorragende Schifffahrtsmuseum *Museu Marítim* untergebracht, das an die goldenen Zeiten Barcelonas als Stadt des Seehandels erinnert. Die 1941 gegründete, im Lauf der Jahre vielfach erweiterte und jetzt sehr moderne Ausstellung präsentiert vielfältige Exponate rund um die Seefahrt: Schiffe und Schiffsmodelle, die „Mascarones" genannten, oft sehr fantasievoll ausgeführten Dekorationsfiguren am Bug, Navigationsinstrumente, Seekarten und vieles mehr. Ihr Prunkstück aber ist ein im Maßstab 1:1 ausgeführter Nachbau der mehr als

60 Meter langen Galeria Reial, jener königlichen Galeere, die 1571 in der Seeschlacht bei Lepanto unter dem Oberbefehl von Don Juan d'Austria die vereinigten Flotten Spaniens und Venedigs zum Sieg über die Türken angeführt hatte; es war eine der letzten Seeschlachten, die noch mit Ruderschiffen ausgetragen wurden. Das Schiff besitzt an jeder Seite 30 Ruder, jeweils mehr als elf Meter lang, und konnte 700 Mann tragen. Zum Fundus des Museums zählt auch der 1918 gebaute und vom Museum restaurierte dreimastige Holzsegler *Santa Eulàlia*, der unweit der Rambla de Mar angedockt wurde und mit der Eintrittskarte des Museums besichtigt werden kann.

Öffnungszeiten Täglich 10–19 Uhr, Eintritt 6,50 € (am ersten Sa im Monat ab 15 Uhr gratis); es gibt auch Kombitickets mit den Ausflugsschiffen Golondrinas (→ unten) sowie deren Katamaran. Im Eintrittspreis inbegriffen sind sog. „Audioguías" mit Kopfhörer, die auch in deutscher Sprache erhältlich und sehr empfehlenswert sind. Angeschlossen eine Cafeteria mit Restaurant im ersten Stock, das recht günstige Mittagsmenüs serviert.

Monument a Colom (Kolumbussäule): Das 1886 für die folgende Weltausstellung errichtete Wahrzeichen des Hafens erhebt sich verkehrsumtost am Ende der Rambles. Die bronzene Kolumbusstatue auf einer 50 Meter hohen Eisensäule erinnert an die Audienz, die das Königspaar Isabella I. und Ferdinand II. dem Entdecker nach seiner Heimkehr in Barcelona gewährte. Die Himmelsrichtung, in die Kolumbus zeigt, hat mit der Neuen Welt freilich wenig zu tun. Per Aufzug im Inneren fährt man in den kleinen Raum zu Füßen der Statue hoch und kann die Aussicht auf den Hafen und die Stadt genießen – wenn man sie genießen kann: Sowohl im Aufzug als auch oben geht es ausgesprochen beengt zu, die Säule hat nämlich nur einen Durchmesser von 2,25 Metern.

Öffnungszeiten des Aufzugs Juni bis September täglich 9–20.30 Uhr, sonst 10–18.30 Uhr; Auffahrt etwa 2,50 €. Der Zugang liegt ein wenig versteckt an der Hafenseite des Sockels.

Abstecher zum Moll de Barcelona: Der Kai südlich der Kolumbussäule ist Abfahrtsstation der Fähren zu den Balearen und Anlegestelle für einen Teil der Kreuzfahrtschiffe, die einen besonders boomenden Sektor des Fremdenverkehrs von Barcelona ausmachen: Europaweit liegt die Stadt noch vor Venedig und Genua auf dem ersten Platz. Ende der Neunziger wurde das Gebiet komplett umgebaut und beherbergt seitdem, neben der modernisierten Fährstation Estació Marítim, den „World Trade Center" genannten Gebäudekomplex samt Fünfsterne-Hotel. Auf der Mole steht auch der 107 Meter hohe Eisenturm *Torre de Jaume I.*, die Zwischenstation der Schwebebahn *Transbordador Aeri*, die von Barceloneta (Näheres → dort) zum Montjuïc führt. Die Tour lohnt sich schon wegen der wahrhaft grandiosen Aussicht auf Barcelona; auch vom Turm selbst, zu erreichen per Lift (Gebühr), öffnet sich ein ausgesprochen weites Panorama.

Golondrinas: Schon seit 1888 starten die „Schwalben" genannten Barkassen von ihrem Liegeplatz in der Nähe der Kolumbussäule zu verschiedenen Hafenrundfahrten. Die gemütlichen, traditionellen Schiffchen bestehen aus Holz und sind knapp zwanzig Meter lang; auf ihren beiden Stockwerken bieten sie rund 170 Personen Platz. Neben den Golondrinas sind auch zwei moderne Katamarane der gleichen Gesellschaft im Einsatz, außerdem ein großer Segel-Katamaran.

Golondrinas: Betrieb praktisch rund ums Jahr, Abfahrten im Sommer von 11–20 Uhr, sonst etwas eingeschränkter, an Werktagen von November bis März oft nur vormittags. Sie verkehren auf zwei Routen, der klassischen „roten" Tour (35 min., 5,50 €) und der „grünen" Tour („Especial", 1 Std., rund 9,50 €); letztere wird nur dann angeboten, wenn die Katamarane (s. u.) bei hohem

Seegang nicht fahren können. Es gibt auch Kombitickets mit dem Museu Marítim. www.lasgolondrinas.com.

Trimar/Omnibus, zwei Katamarane der gleichen Gesellschaft, pendeln auf einer fünf Kilometer langen Strecke („gelbe" Tour) bis zum Fòrum 2004 und zurück, Dauer etwa 1 Stunde 30 min., Preis 11,50 €.

Catamaran Orsom: Nicht weit vom Liegeplatz der Golondrinas findet sich die Abfahrtsstelle dieses größten Segel-Katamarans Kataloniens, der von etwa März bis Oktober 3-mal täglich die Fahrt zum Olympiahafen unternimmt. Dauer rund 1 Std. 20 min., im Sommer veranstaltet die Gesellschaft auch „Jazz-Kreuzfahrten". Fahrpreis etwa 12–14,50 €. www.barcelona-orsom.com.

L'Aquàrium: In Barcelona macht man keine halben Sachen – wenn man ein Aquarium baut, dann kann sich das auch sehen lassen. Den früher gern genutzten Superlativ „größtes Aquarium Europas" mussten die Betreiber allerdings vor einigen Jahren an Valencia abtreten. Dennoch bleibt das Aquarium von Barcelona beeindruckend genug. Rund 300 maritime Spezies sind hier zu sehen, insgesamt über 8000 Exemplare. Neben mediterranen und exotischen Fischen in 20 Bassins besitzt die großzügig konzipierte Anlage einen ganz besonderen Clou, wie er lange nur in den riesigen Aquarien in Nordamerika und Australien zu finden war: ein unterseeisches Großbecken von 4,5 Millionen Litern, durch das die Besucher in einem 80 Meter langen Glastunnel auf einem Laufband gefahren werden. Durch das Spezialglas lassen sich Muränen, Haie und Rochen quasi von unten und aus

Auge in Auge mit dem Hai: L'Aquàrium

allernächster Nähe betrachten, ein wirklich beeindruckendes Erlebnis. Dem eigentlichen Aquarium angeschlossen sind die interaktive, vor allem für Kinder konzipierte Ausstellung „Explora!“, weiterhin die Abteilung „Planeta Aqua“ mit Pinguinen, einem Rochenbecken und einem künstlichen Pottwal, den man von innen erforschen kann, sowie natürlich auch eine Cafeteria und ein gut bestücktes Souvenirgeschäft.

Öffnungszeiten Täglich 9.30–21 Uhr (Sa/So sowie im Juni und September täglich bis 21.30 Uhr, Juli/August täglich bis 23 Uhr), Kassenschluss eine Stunde vorher; Eintritt 16 €, Kinder (4–12. Jh. 11 €, über 60-Jährige 12,50 €. www.aquariumbcn.com.

Moll de la Fusta: Im Zug der olympischen Umbauarbeiten verwandelte sich die Hafenstraße Passeig de Colom in einen Teil der neuen Schnellverbindung vom Montjuïc über Barceloneta zum Olympischen Dorf. Meerwärts wurde die Wasserfront *Moll de la Fusta* („Holzmole“, auch Moll Bosch i Alsina genannt) schon vor Olympia zu einem breiten Boulevard mit mehreren parallel laufenden Palmenreihen umgebaut. Die Bars und Restaurants, die hier einst eröffnet hatten, darunter das berühmte „Gambrinus“ mit der Riesengarnele von Mariscal als Wahrzeichen, wurden zwischenzeitlich wieder geschlossen; einzig die Garnele selbst ist noch verblieben.

Palau de Mar/Museu d'Història de Catalunya: Ein aufwändig renoviertes früheres Lagerhaus beherbergt seit 1996 das Museum der Geschichte Kataloniens. Das sehr reizvoll gestaltete, interaktive und alles andere als trockene Museum erstreckt sich über mehrere Etagen und vermittelt die Vergangenheit auf sehr amüsante Weise. So kann der Besucher selbst Korn mahlen, den Ruf eines Muezzins erklingen lassen oder sich eigenhändig vom erheblichen Gewicht eines mittelalterlichen Kettenhemds und einer Ritterrüstung überzeugen.

Leider sind die meisten Erläuterungen im Museum nur in Català gehalten. Es empfiehlt sich deshalb, an der Kasse nach dem Begleitheft zu fragen, das in spanischer, französischer und englischer Sprache erhältlich ist. Ein Besuch im angeschlossenen Café-Restaurant im vierten Stock lohnt sich schon wegen der schönen Aussicht hinab auf den Hafen. Dem Bau selbst ist eine Reihe von Terassenrestaurants vorgelagert, die an warmen Sommerabenden sehr beliebt, aber alles andere als billig sind.

Öffnungszeiten Di–Sa 10–19 Uhr (Mi bis 20 Uhr), So 10–14.30 Uhr; Eintritt 4 €.

Tapas an Bord: Bar Luz de Gas

Praktische Infos

Essen & Trinken

Rest. Set Portes (1), ein paar Schritte vom Meer entfernt. Es lohnt sich: Die „Sieben Türen", das wohl älteste Restaurant der Stadt und eines der angenehmsten dazu, sorgen seit 1836 für die hungrigen Mägen Barcelonas, und das vorzugsweise mit nicht zu knapp bemessenen Reis- und Fischgerichten. Sehr gute Escalivada. Ein köstliches und mehr als sättigendes Menü kostet ab etwa 35 €. Täglich geöffnet. Passeig d'Isabel II. 14, ✆ 933 193046.

Rest. Emperador (4), eines von mehreren Restaurants im Palau de Mar, der auch das Museu d'Història beherbergt. Sehr reizvolles Ambiente am Hafen, feine Fischgerichte, trotz der hohen Preise immer gut besucht. Menü à la carte ab etwa 30 € aufwärts. Plaça Pau Vila s/n, ✆ 932 210220.

Bar Luz de Gas (3), eine schwimmende, zweigeschossige Bar im Hafen, Ableger des gleichnamigen Clubs in Eixample. Sehr reizvolle Atmosphäre, in der Sonne und Seeluft schmecken die Tapas gleich doppelt gut. Auch als Nightspot beliebt. Nicht ganz billig, im Winter geschlossen.

Xampanyeria Can Paixano (2), Nähe Restaurant Set Portes, in einer typischen Hafengegendstraße voller billiger „Export"-Läden. Volkstümlicher Treff und Sektbar, laut, eng, stickig und völlig zu Recht immer gestopft voll. Preiswerte Bocadillos und Raciones, in punkto Sekt unschlagbar: Glas Cava schon ab 50 Cent. Ganze Flaschen (ebenfalls sehr günstig) werden nur zusammen mit Essen serviert – kein Schaden, die Würste z. B. sind köstlich. Ein echter Tipp am Carrer Reina Cristina 7, einer Parallelstraße zum Passeig d'Isabel II. Sonntags geschlossen.

Bars & Clubs

Sugar Club (7), im World Trade Center. Die Mischung aus Restaurant, Lounge und Club mit Hafenblick bringt Leben in das nachts und am Wochenende auch tagsüber fast verwaiste Gebäude. Als Club geöffnet Do–So bis drei Uhr.

Mondo Club (5), mit ähnlichem Konzept, ebenfalls eine Mischung aus (sehr teurem) Restaurant und Lounge Club. Toller Hafenblick. Im Gebäude des Imax-Kinos, als Club geöffnet Do–Sa bis drei Uhr, So schon mal kürzer. www.mondobcn.com.

Im Vordergrund Rebecca Horns „Verletzter Stern“: Strand von Barceloneta

Barceloneta und Port Olímpic

Jogger, Skater, Radfahrer und Spaziergänger beleben die breite Promenade am Meer, das Strandgetümmel immer im Blick. Gute Fischrestaurants und schicke Bars locken zur Pause. Hier macht Barcelona Ferien von der Stadt.

Auch das küstennahe Gebiet nordöstlich des Port Vell profitierte von der Stadt-Modernisierung. Barceloneta, das ehemalige Viertel der „kleinen Leute“, hat sich nicht allzusehr verändert, das Strandgebiet und die sich anschließende Zone bis über den Olympiahafen hinaus umso mehr.

Der Bau der Zitadelle unter Philip V. und der damit verbundene Abriss eines ganzen Wohnviertels hatten ab 1715 Tausende von Menschen wohnungslos gemacht. Für sie errichtete man auf einer Halbinsel, die bei Hafenarbeiten entstanden war, ein neues, abgeschlossenes Viertel: Barceloneta. Der planmäßige, von den federführenden Militärs so vorgegebene Grundriss mit den länglichen Häuserzeilen, den quadratischen kleinen Plätzen und schnurgeraden Straßen ist Barceloneta bis heute anzusehen. Anfangs durften die Häuser sogar die Höhe von zwei Stockwerken nicht überschreiten: Die Armee in der Zitadelle wünschte freies Schussfeld. Erst Anfang des 19. Jh. stockte man auf.

Trotz der in letzter Zeit deutlich gestiegenen Mieten ist Barceloneta immer noch, zumindest teilweise, ein Viertel der Fischer und Hafenarbeiter geblieben. Große Sehenswürdigkeiten sind hier kaum zu bewundern, anziehend sind eher die gelassene, fast vorstädtische Atmosphäre, die so nah dem hektischen Zentrum der Millionenstadt eine echte Abwechslung darstellt, und die schöne Uferpromenade. Zudem finden sich in Barceloneta auch nach dem Abriss der berühmten „Chiringuitos“ (Strandkioske, die den vorolympischen

Umbauten weichen mussten) noch viele gute Lokale, unter anderem am Passeig Joan de Borbó. Einen Abstecher wert ist Barceloneta auch, um hier die Gondelbahn Transbordador Aeri hinauf zum Montjuïc zu besteigen.

Die Küste jenseits der Häuser von Barceloneta wurde für Olympia völlig umgekrempelt. Auf dem Passeig Marítim flaniert es sich aufs feinste, und der Olympiahafen Port Olímpic wirkt zwar auch mehr als ein Jahrzehnt nach den Spielen immer noch ein wenig steril; er erfreut jedoch im Sommer und auch an sonnigen Winterwochenenden mit einer ausgelassenen, fröhlichen Ferienatmosphäre. Hinter dem Hafen hat die Stadt eine ganze Kette von Stränden wiederbelebt. Gab es hier früher nicht viel mehr als Abfallhalden, dreckigen Sand und Meerwasser, das von den Einleitungen der nahen Industriegebiete völlig verseucht war, so laden die Platjas heute wieder zu ausgedehnten Sonnenbädern und einem genüsslichen Sprung in die Fluten ein.

Tour 8: Promenaden, Yachten, Strände

Dieser Spaziergang startet an der Metro-Station Barceloneta. Jenseits der breiten Verkehrsadern beginnt der **Passeig Joan de Borbó**, Barcelonetas dem Meer zugewandte und von einer Promenade begleitete Visitenkarte. Benannt ist der frühere Passeig Nacional seit 1993 nach Joan de Borbó, der neben anderen Titeln auch den eines Grafen von Barcelona trug und Vater des spanischen Königs Juan Carlos war. Zahlreiche Restaurants säumen den Boulevard. Am Carrer de la Maquinista geht es links, am Carrer del Baluard wieder rechts. Linker Hand steht der Markt **Mercat de la Barceloneta**, 1884 gegründet und 2007 nach einem Totalumbau wieder eröffnet; das Ergebnis ist vielleicht etwas nüchtern geraten. Meerwärts schließt sich eine kleine, ebenfalls ein wenig sterile „Rambla" an.

Zurück am Passeig de Borbó, fallen spätestens jetzt die vielen Fischrestaurants hier ins Auge. Im Idealfall bekommen sie ihr „Rohmaterial" gleich frisch vom Kutter, denn ganz in der Nähe gibt es tatsächlich noch einen der Fischerei gewidmeten Hafenabschnitt. Momentan ist der **Moll dels Pescadors** (Fischerkai) noch für nicht autorisierte Besucher gesperrt, doch soll das Areal um den markanten, 1772 ursprünglich als Leuchtturm erbauten Uhrturm künftig aufgewertet und dann zum Anziehungspunkt für Einheimische wie Touristen werden. Geplant sind nicht nur neue, modernere Docks für eine Flotte aus dann deutlich größeren Schiffen (nötig werden diese deshalb, weil die Fischer aufgrund der rückläufigen Fangmengen immer weiter und länger aufs Meer hinausfahren müssen), sondern auch ein Fischmarkt, Restaurants und Bars.

Ein Stück weiter erkennt man den Turm Torre de Sant Sebastià, die „Talstation" der Seilbahn → **Transbordador Aeri** hinüber zum Montjuïc. Ein Lift führt gegen Gebühr hinauf zur Aussichtsplattform, die eine weite Sicht über die Stadt bietet.

Doch mehr lockt wohl das Meer. An der Plaça del Mar geht es deshalb auf den **Passeig Marítim de la Barceloneta**, die Strandpromenade in Richtung Olympiahafen. In diesem Bereich ist der Passeig noch recht jung, entstand erst vor wenigen Jahren, doch besaß Barceloneta schon Ende der Fünfziger eine Promenade am Meer – ein früher und wenig beachteter Versuch, die Stadt zur See zu öffnen. Die breite, palmengesäumte und auch gern von Skatern und Radlern frequentierte Promenade führt vorbei an der einem rostigen

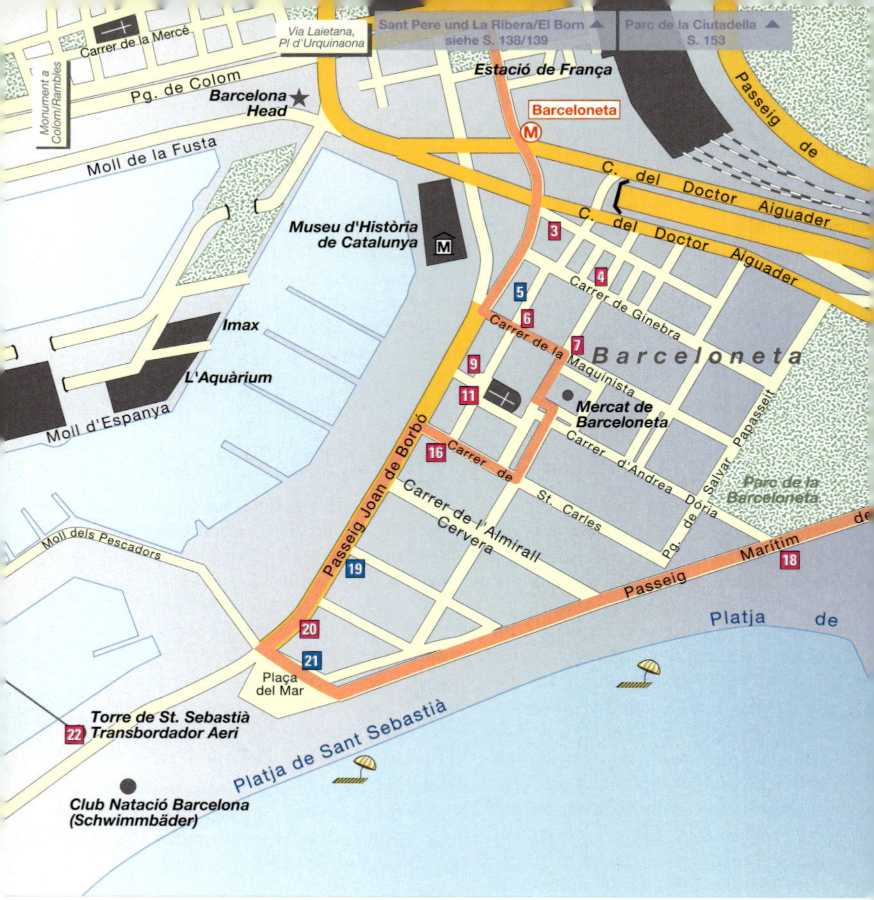

Leuchtturm ähnelnden Strandskulptur „**L'estel ferit**" (Der verletzte Stern, 1992) der deutschen Installations-Künstlerin Rebecca Horn. Ein Stück weiter erstreckt sich linker Hand der Parc de la Barceloneta; das kuriose Gebäude dort ist ein leider etwas baufälliger Wasserturm im Modernisme-Stil des Jahres 1905. Nun ist es nicht mehr weit zum Olympiahafen → **Port Olímpic**, an dem unser Spaziergang endet. Zurück geht es am besten auf dem gleichen Weg.

Abstecher Richtung Fòrum 2004: Hinter dem Olympiahafen kann man noch kilometerweit der Küstenlinie folgen. Die gut ausgebaute Promenade führt vorbei an den Stränden Platja Nova Icària, Platja del Bogatell, Platja de la Mar Bella und Platja de la Nova Mar Bella; im Hinterland der beiden ersten Strände finden sich einige Bar-Restaurants, die in ihrer Art den ehemaligen Chiringuitos von Barceloneta noch am nächsten kommen. Bei der letzten Recherche endete die Promenade noch etwa dreieinhalb Kilometer hinter dem Port Olímpic, etwa auf Höhe der → **Diagonal Mar** und kurz vor dem Gelände des → **Fòrum 2004**, doch soll eines Tages auch ein küstennaher Direktzugang zum Fòrum geöffnet werden. Fraglich

allerdings, ob dies noch vor Fertigstellung des künftigen **Zoo Marino** (Zoo Marí) geschieht, der auf einer im Meer aufgeschütteten, mehr als sieben Hektar großen Plattform direkt vor dem Forumsgelände liegen wird; seine Eröffnung wird gegenwärtig (vielleicht wieder einmal etwas optimistisch?) für das Jahr 2010 avisiert.

Sehenswertes

Transbordador Aeri: Eigentlich keine Sehenswürdigkeit im engeren Sinn, sondern ein Verkehrsmittel für spektakuläres Sightseeing. Am Kai Moll Nou, noch hinter dem Ende des Passeig de Joan Borbó, steht mit der rund 80 Meter hohen *Torre de Sant Sebastià* die „Talstation“ der spektakulären Schwebebahn, die über die Torre de Jaume I. am Moll de Barcelona hinauf zum Montjuïc führt und mutige Fahrgäste mit einem atemberaubenden Blick über die Stadt belohnt. Eigentlich hätte der Transbordador, der eine Wegstrecke von 1292 Metern überbrückt, bereits zur Weltausstellung 1929 fertig gestellt

Neues Erschließungsgebiet: Diagonal Mar

sein sollen, doch war es wegen Finanzierungsschwierigkeiten erst 1931 wirklich soweit. In der Umgebung wird eifrig gebaut: Auch hier entsteht gerade ein neues Stück Barcelona, darunter der segelförmige Hotel-Wolkenkratzer „Edificio Vela“ des viel beschäftigten Architekten Ricardo Bofill, ein Projekt der Starwood-Marke „W Hotels“.

Betriebszeiten März bis Mitte Juni sowie Mitte September bis Mitte Oktober täglich 10.45–19 Uhr, Mitte Juni bis Mitte September täglich 11–20 Uhr, sonst täglich 10–17.45 Uhr. Bei starkem Wind kein Betrieb. Viertelstündliche Abfahrten, zum Montjuïc einfach 9 €, retour 12,50 €. Die reine Auffahrt per Lift kostet 4 €.

Port Olímpic & Vila Olímpica: Für Olympia 1992 entstand diese umgerechnet mehr als 800 Millionen Euro teure und fast 75 Hektar große Siedlung, deren Wahrzeichen die beiden je 136 Meter hohen Wolkenkratzer bilden – in dem einen ist das Fünfsterne-Hotel „Arts“ untergebracht, der andere beherbergt Büros. An warmen Sommerabenden zieht das Hafengebiet mit seinen vielen Bars und Restaurants zahlreiche Besucher an; die Fluktuation unter den Lokalen ist freilich immens. Einen besonderen Blickfang bildet die weithin sichtbare, 54 Meter lange und 35 Meter hohe Fisch-Skulptur *Peix* von Stararchitekt Frank Gehry. Im Volksmund auch „La Dorada“ genannt, besteht sie in Wahrheit nicht aus Gold, sondern aus Bronzedraht, der ihre Farbe je nach Lichteinfall stark wechseln lässt. Etwas schräg nach Norden versetzt, liegt im Hinterland des Hafens das eigentliche Olympische Dorf Vila Olímpica, das nach den Spielen zu einer der begehrtesten Wohngegenden der Stadt werden sollte. Anfangs war die Nachfrage nach den teuren Apartments allerdings nicht ganz so rege wie erhofft – kein Wunder, ist die Siedlung selbst, obwohl unter Beteiligung vieler renommierter Architekten entstanden, doch wahrlich keine Schönheit. Heute ist der Großteil jedoch verkauft oder vermietet.

Abstecher zur Diagonal Mar & zum Fòrum 2004: Mit dem Gebiet der Diagonal Mar hat sich Barcelona einmal mehr ein ganz neues Viertel erschlossen und die Silhouette der Stadt einschneidend verändert. In dem ehemaligen Industrieareal, am meerseitigen Ende der Diagonal und unweit der Mündung des Flüsschens Besòs gelegen, sind unter anderem zahlreiche Büro- und Apartmenthochhäuser, mehrere Hotels owie öffentliche Parks entstanden. Hier wurde auch Spaniens größtes Einkaufszentrum eröffnet, das *Centre Comercial Diagonal Mar*, das mit rund 240 Geschäften einen riesigen Block einnimmt, jedoch eher wenig nachgefragt wird. Das derzeit wichtigste Projekt in diesem Gebiet ist der Meereszoo *Zoo Marino* zwischen der Platja de Llevant und dem Forumsgelände, der ein Investitionsvolumen von 120 Millionen Euro umfassen und (so hofft man) 2010 öffnen soll.

Das Gelände des Fòrum 2004 (oder *Parque del Fòrum*, wie es nach dem Willen der Stadt heißen soll) schließt sich direkt an die Diagonal Mar an. Der Ausbau des Gebiets für das fünfmonatige Welt-Kultur-Forum der Unesco im Jahr 2004 war für die Planer eine weitere besondere Herausforderung – immerhin handelte es sich um das größte Stadterneuerungsprogramm Europas. Als wichtigste Anlaufstellen entstanden das Internationale Kongresszentrum *Centre de Convencions CCIB*, mit einer Kapazität von 21.000 Personen das größte seiner Art in Südeuropa, sowie, durch einen unterirdischen Gang verbunden, das dreieckige, kobaltblaue *Edifici Fòrum*. Verschiedene Auditorien, eine große Solaranlage, künstliche Riffs, ein Sporthafen und eine Badezone schließen sich an. Und damit das Badevergnügen nicht durch die nahe Kläranlage getrübt wird, wurde diese modernisiert und überbaut. Sogar einen Straßenbahnzubringer (TramBesòs) hat das neue Gelände erhalten. Doch trotz aller Investitionen: Wenn es nicht von genügend Menschen belebt wird, wirkt das rund 25 Hektar ausgedehnte Gelände einfach allzu groß und eher trist. Das hat auch die Stadtverwaltung erkannt und verlegt deshalb, insbesondere im Sommer, Konzerte, städtische Festivitäten etc. in den Forumspark.

Sport & Spaß: Beachvolleyball an der Platja de la Mar Bella

Praktische Infos

Strände

Die Ausstattung aller Strände ist gut, das Wasser in der Regel ruhig. Die früher miserable Wasserqualität hat sich durch verschiedene Maßnahmen so deutlich verbessert, dass bei der letzten Recherche alle Strände mit Ausnahme der Platja de Sant Sebastià mit der „Blauen Flagge" ausgezeichnet waren. Vorsicht, Diebstähle an

Sonnenplatz: Chiringuito (Strandbar) am Passeig Marítim

den Stränden sind sehr häufig – ratsam deshalb, generell auf seine Wertsachen gut aufzupassen und keinesfalls am Strand zu schlafen! Achten Sie auch auf die Warnflaggen, die Gefahren durch hohen Seegang etc. signalisieren: Grün – alles okay, Gelb – Vorsicht, Rot – Badeverbot, Lebensgefahr!

Platja de Sant Sebastià: Der südlichste Strand Barcelonas grenzt an den Hafen und ist gut einen Kilometer lang. Er besitzt als einziger keine „Blaue Flagge".

Platja de la Barceloneta: Auch der Hausstrand von Barceloneta, direkt an die Platja de Sant Sebastià angrenzend, ist im Sommer gut gefüllt. Er erstreckt sich über gut einen Kilometer bis zum Olympiahafen und ist im Schnitt fast 40 Meter breit. Gutes Serviceangebot, Fahrradverleih, Volleyball etc.

Platja de la Nova Icària: Die Strände hinter dem Olympiahafen sind schöner und noch beliebter als die davor. Dieser erste Strand hier wird von seinen folgenden Nachbarn nur durch eine Mole getrennt. Er ist rund 400 Meter lang und mit 40 Metern sehr breit.

Platja del Bogatell: Die Verlängerung der Platja de la Nova Icàrica, etwas schmaler als diese, aber rund 600 Meter lang, ebenfalls ein schöner Strand. Folgt man kurz vor seinem Ende links den modernen Flutlichtmasten durch den Park, gelangt man zur Rambla des Viertels Poblenou, an der sich viele Restaurants finden.

Platja de la Mar Bella: Der nordöstliche Nachbar der Platja del Bogatell ist rund einen halben Kilometer lang und 40 Meter breit. Er gilt als beliebtester Treffpunkt der Windsurfer innerhalb der Stadt. Bei einigen Dünen, die den Strand vom Passeig trennen, ist FKK üblich, mit Spannern aber zu rechnen.

Platja de la Nova Mar Bella: Der vorletzte Strand der Reihe, etwa im Format seines Nachbarn, insgesamt aber wegen des bislang etwas öden Hinterlands weniger attraktiv.

Platja de Llevant: Barcelonas jüngster Strand, erst 2006 im Zusammenhang mit den Arbeiten an der Plattform des Zoo Marino entstanden, erstreckt sich über rund 380 Meter Länge und ist im Schnitt fast 60 Meter breit. Auch hier zeigt sich das Hinterland (zumindest noch momentan) von einer wenig attraktiven Seite.

Essen & Trinken

Barceloneta

Am Passeig Joan de Borbó viele Restaurants mit Terrassen, die im Sommer entsprechend gefragt sind.

Rest. Torre d'Alta Mar (22), „hohe Küche" im wahren Sinne des Wortes: Das Restaurant ist ganz oben im Turm Torre de Sant Sebastià untergebracht, die Aussicht über die Stadt wirklich berückend. Internationale Küche mit Schwerpunkt auf Fischgerichten. Auch die Preise sind der Lage entsprechend hoch: Menü ab etwa 70 € aufwärts. So sowie Mo-Mittag geschlossen. Reservierung ratsam, ✆ 932 210007.

Rest. Can Solé (16), traditionsreiches Lokal in Barceloneta, bekannt besonders für Fisch-, aber auch für Reisspezialitäten, alles frisch vom Markt. Hier soll die Zarzuela erfunden worden sein. Besser, abends hierher zu kommen, mittags ist fast zu viel los. Menü ab etwa 40 € weit aufwärts, So-Abend, Mo und an zwei Wochen im August geschlossen. Carrer Sant Carles 4, ✆ 932 215012.

Rest. Can Ramonet (7), ein weiterer Fixpunkt der gastronomischen Landkarte von Barceloneta. Auch hier stehen Reis- und Fischgerichte im Vordergrund, auch die Tapas sind hervorragend. Hübsches Interieur, kleine Terrasse. Etwas günstiger als Can Solé. Carrer de la Maquinista 17, ✆ 933 193064. So Ruhetag.

Rest. El Suquet de Almirall (20), bekannter Vertreter der zahlreichen Restaurants am Passeig de Borbó. Von außen optisch eher schlicht, die Fisch- und Reisgerichte genießen jedoch besten Ruf. Für knapp 45 € gibt es ein (auch von Lesern sehr gelobtes) „Menú ciego de degustación", bei dem man der Küche „blind" (ciego) vertraut; es besteht aus Tapas sowie einem Fisch- oder Reisgericht. Passeig Joan de Borbó 65, ✆ 932 216233.

Rest. Botavara (9), vorwiegend von Einheimischen besuchtes Lokal am kleinen Hauptplatz von Barceloneta, einen Block hinter dem Passeig de Joan de Borbó. Tische am Platz, Küche einmal mehr mit Schwerpunkt auf Fisch- und Reisgerichten; Menü à la carte ab etwa 30 €. So-Abend und Mo geschlossen. Plaça Barceloneta 1, ✆ 932 214758.

Bar-Rest. Can Ganassa (11), schlichtes Lokal schräg gegenüber. Plastikstühle und -tische im Freien, ein guter Platz für Tapas, Torrades (geröstetes Weißbrot mit Beilagen) und andere einfache Gerichte, nicht teuer. Plaça Barceloneta 4.

Rest. Sal Café (18), modern gestyltes Lokal direkt am Strand von Barceloneta, unterhalb des Passeig Marítim. Ein schön gelegener Platz für ein Essen mit Meerblick

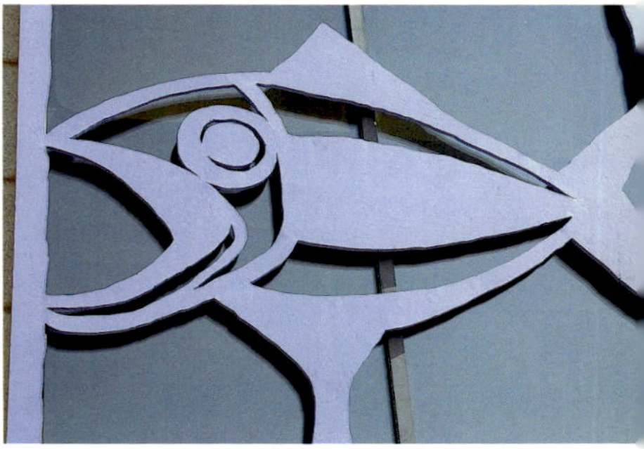

Hier geht's lang: Der Fisch weist den Weg zum Restaurant Agua

(mediterran-internationale Küche, Hauptgerichte etwa 10–15 €), an Sommerwochenenden würzt das „Salz" als Music-Bar bis 3 Uhr früh das Nachtleben. Im Winter nur mittags in Betrieb, Mo ist dann geschlossen.

Bar-Rest. La Bombeta (6), ein Lesertipp von Annette Falkenberg: „Viel Betrieb und gute Tapas und Raciones" – ausprobiert, stimmt. Auch das preisgünstige Mittagsmenü kann sich schmecken lassen. Hausspezialität ist die „Bomba", ein frittierter Klops aus Kartoffelpüree mit je nach Wunsch verschieden scharfer Sauce. Carrer de la Maquinista, Ecke Carrer del Mar.

Bar Jai-Ca (4), eine traditionsreiche und immer proppevolle Eckbar. Wer einen Platz an den wenigen Tischen im Freien will, braucht viel Glück – verständlich, denn nicht nur die Fischtapas hier sind prima und alles andere als zu teuer. Carrer Ginebra 13.

Cerveseria El Vaso de Oro (3), eine kleine, mehrere Jahrzehnte alte und stets gut besuchte Bierstube am Rand von Barceloneta. Rustikale, lebhafte Atmosphäre, Bier vom Fass, gute Tapas. Carrer Balboa 2, täglich geöffnet.

Port Olímpic

Rest. Arola (8), im Hotel Arts. Eins der Refugien von Chef Sergi Arola, der vor Jahren mit zwei Michelinsternen im Gepäck aus Madrid in seine Heimatstadt zurückgekehrt ist. Kreative mediterrane Küche in eher kleinen Portionen, edles Ambiente, entsprechende Preise: Um die 50 € sind zu rechnen. Mo/Di geschlossen. Carrer Marina 19–21, ✆ 934 838090, www.arola-arts.com.

Rest. Agua (14), kurz vor dem Olympiahafen selbst; hiesiger Ableger der „Tragaluz"-Kette edler, aber nicht überteuerter Restaurants, zu der auch das etwas teurere, aber sehr hübsch gelegene „Bestial" ganz am Ende dieser Strandzeile zählt. Schöne Terrasse unterhalb des Passeig Marítim mit Direktzugang von dort. Leichte Küche; Menü à la carte ab etwa 20–25 €. Passeig Marítim de la Barceloneta 30, ✆ 932 251272. Täglich geöffnet. www.grupotragaluz.com.

Rest.-Pizzeria Al Passatore (17), eines der zahlreichen Lokale am Moll de Gregal im Olympiahafen, wie die Filialen im Viertel La Ribera (→ dort) vor allem wegen der günstigen und üppigen Pizzas aufgesucht. Zivile Preise.

Außerhalb

Rest. Els Pescadors (2), im Viertel Poblenou, gut einen Kilometer östlich der Vila Olímpica, etwa auf halbem Weg zur Neubauzone Diagonal Mar. Gelegen an einem kleinen Platz in Poblenou, ist das Lokal in einen traditionellen und einen moderneren Teil getrennt. Wie schon der Name „Die Fischer" vermuten lässt, sind Fischgerichte nach Tagesfang die Spezialität des Hauses. Hervorragende Küche, freilich nicht billig. Plaça Prim 1, ✆ 932 252018.

Schmeckt doppelt gut: Essen mit Meerblick

Casino, Bars & Clubs

Gran Casino de Barcelona (10), beim Hotel Arts. Das übliche Programm aus Blackjack, Roulette etc., angeschlossen eine Disco. Marina 19–21, ✆ 932 257878, täglich bis 5 Uhr. www.casino-barcelona.com.

CDLC (15) (Carpe Diem Lounge Club), vor dem Olympiahafen neben dem Restaurant Agua. Ein „Lounge Club & Restaurant", 2003 eröffnet und beliebt bei den Reichen und Schönen der Stadt, vielleicht deswegen, weil es einer der Ihren gehört, nämlich der Frau von Fußballstar Patrick Kluivert. Passeig Marítim de la Barceloneta 32, bis drei Uhr geöffnet. Weitere Nightspots im Umfeld, tagsüber ebenfalls als Restaurants in Betrieb, sind das benachbarte „Opium Mar" (www.opiummar.com) sowie das sich anschließende, orientalisch angehauchte „Shôko" (www.shoko.biz). ✆ 932 2240470, www.cdlcbarcelona.com.

Catwalk (13), in der Nähe, jedoch eine Etage höher, unterhalb des Hotels Arts. Schick gestylter Club, der eine bunte, oft höchst edel gewandete Kundschaft (gay und hetero) anzieht. Carrer Ramón Trias Fargas 2/4, nur Mi–So geöffnet, dann bis 5.30 Uhr. www.clubcatwalk.net.

Moll de Mestral (12): Entlang dieser Mole am Olympiahafen reiht sich eine Music-Bar fast an die nächste. Unnötig, aus der Fülle einzelne Adressen herauszugreifen, zumal Namen und Eigentümer fast permanent wechseln; besser, man wählt nach aktuellem Musikangebot und Publikum.

Razzmatazz (1), im Viertel Poblenou, gut einen Kilometer landeinwärts des Olympiahafens und vier Blocks östlich der Metro-Station Marina. In einer alten Fabrikhalle, die schon seit vielen Jahren als Konzertbühne dient. Neben erstklassigen Live-Acts auf mehreren Etagen auch Disco und Bars, geöffnet Fr/Sa von 1 Uhr bis 5 Uhr. Carrer dels Almogàvers 122.
www.salarazzmatazz.com.

Modernisme-Juwel: Hospital de la Santa Creu i Sant Pau

Eixample

Die edelsten Boutiquen und die feinsten Geschäftsadressen der Stadt. Vor allem aber: Modernisme über Modernisme ... Der schachbrettartige, planmäßig angelegte Stadtteil Eixample steht für das elegante Barcelona der eigenwilligen Architektur.

Rückblende: Wir sind in der Mitte des 19. Jahrhunderts. Die Industrialisierung nimmt ihren Lauf, die Bevölkerungszahl steigt schnell an. Doch es fehlt an Raum. In Barcelonas heutiger Altstadt, eingepfercht zwischen längst zu eng gewordene Stadtmauern, drängen sich die Menschen, hausen zu Dutzenden auf einem Stockwerk. Die sanitären Verhältnisse sind katastrophal, Seuchen allgegenwärtig. Änderung tut dringend not. 1854 endlich gibt die Zentralregierung in Madrid die lange verwehrte Erlaubnis zum Abriss der Stadtmauern. Eigenhändig reißen die Einwohner die verhassten Wälle nieder, eine Arbeit, die zwei Jahre in Anspruch nimmt. 1858 schließlich gestattet Madrid auch die Bebauung des Gebiets außerhalb der ehemaligen Mauern.

1859 schreibt die Stadt einen Wettbewerb zur „Erweiterung" (Eixample, gesprochen „Eschampla") Barcelonas aus. Es gewinnt der Plan von Antoni Rovira i Trias, der eine von der Altstadt ausgehende strahlenförmige Bebauung vorsieht. Madrid jedoch entscheidet anders und zugunsten der Variante des Ingenieurs Ildefons Cerdà. Dessen Plan, obwohl anfangs von Teilen der Bevölkerung abgelehnt, wird auch in die Tat umgesetzt: ein schlichtes Rechteckraster, geformt aus auf das Meer zuführenden Straßen und aus solchen, die parallel zum Ufer verlaufen. Durchbrochen wird dieses Schachbrett nur von zwei diagonalen Hauptverkehrsadern, der Avinguda Diagonal und der Avinguda Meridiana, die sich zusammen mit der

E ssen & Trinken (S. 187–189)

3 Rest. Alkimia
4 Rest. Ot
11 Restaurant Tragaluz
15 Rest. Origen 99,9%
16 Bar Cafetería Innsbruck
17 Lizarrán Sagrada Família
18 Bar La Bodegueta
19 Restaurant Atzavara
20 Restaurant La Polpa
21 Rest. La Palmera
23 Cerveseria Catalana
24 Restaurant Cata 1.81
31 Bar-Rest. Madrid-Barcelona
36 Rest. El Racó Ecològic
37 Restaurant L´Olive
43 Tapa C24
44 Rest. Canela
46 Cervecería Ciudad Condal
52 Laie Llibreria Café
55 Rest. Casa Calvet
58 Rest. Corte Inglés

Ü bernachten (S. 68/69)

7 Hotel Omm
22 Hotel Condes de Barcelona
25 Hotel Claris
30 Hotel Cram
32 Pensió Hostal Eden
35 Hotel Axel
48 Hotel Granvia
49 Hotel Palace
51 Hotel Jazz
56 Pensió Hostal Girona
57 Hotel Pulitzer

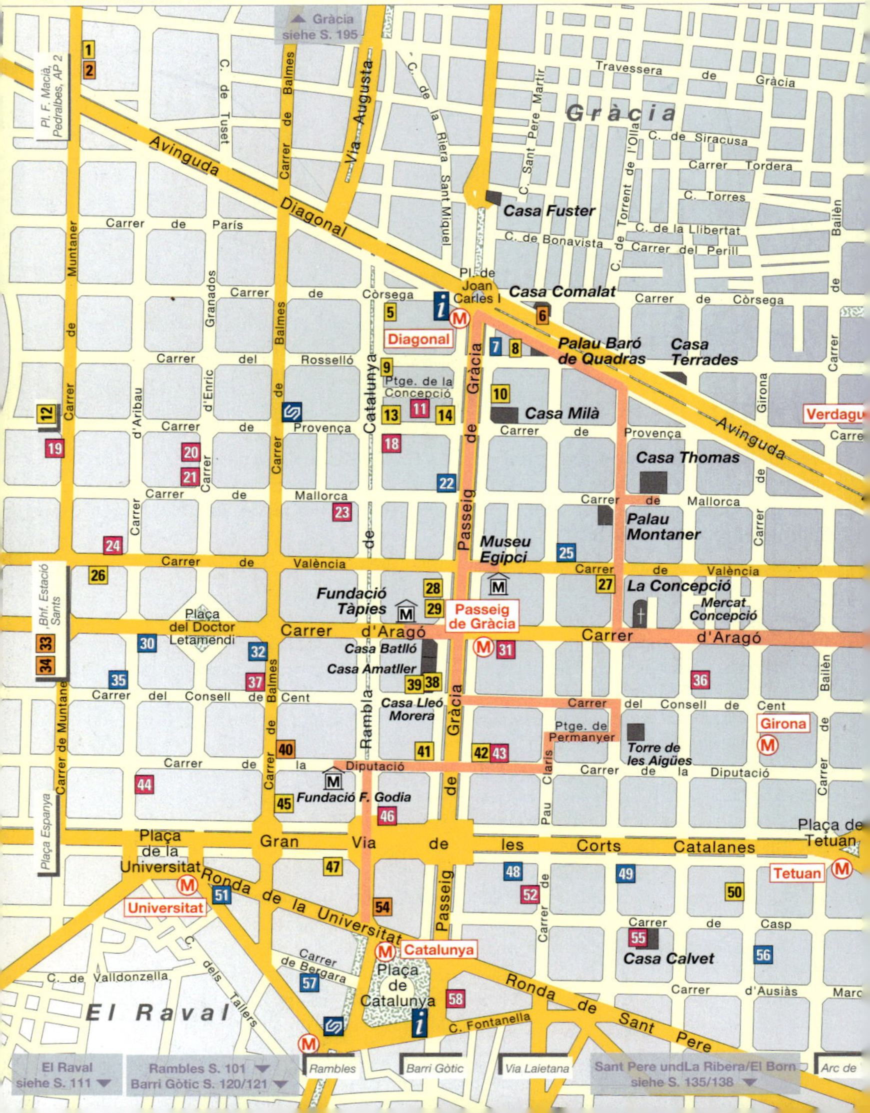

Einkaufen (S. 190/191)

1 Camper
5 Camper
8 Dos i Una
9 Farrutx
10 Vinçon
12 Jamonísimo
13 Pastelleria Mauri
14 Adolfo Domínguez
26 Xampany
27 Queviures Murrià
28 Bulevard dels Antiquaris
29 Bulevard Rosa
38 Loewe
39 Antonio Miró
41 Purificación Garcia
42 Adolfo Domínguez
45 Alibri
47 Altaïr
50 Mango Outlet
53 Les Glòries
58 El Corte Inglés

Bars & Clubs (S. 189/190)

2 Luz de Gas
6 Distrito Diagonal
33 Space Barcelona
34 Antilla BCN Latin Club
40 Arena Madre
54 Barcelona City Hall

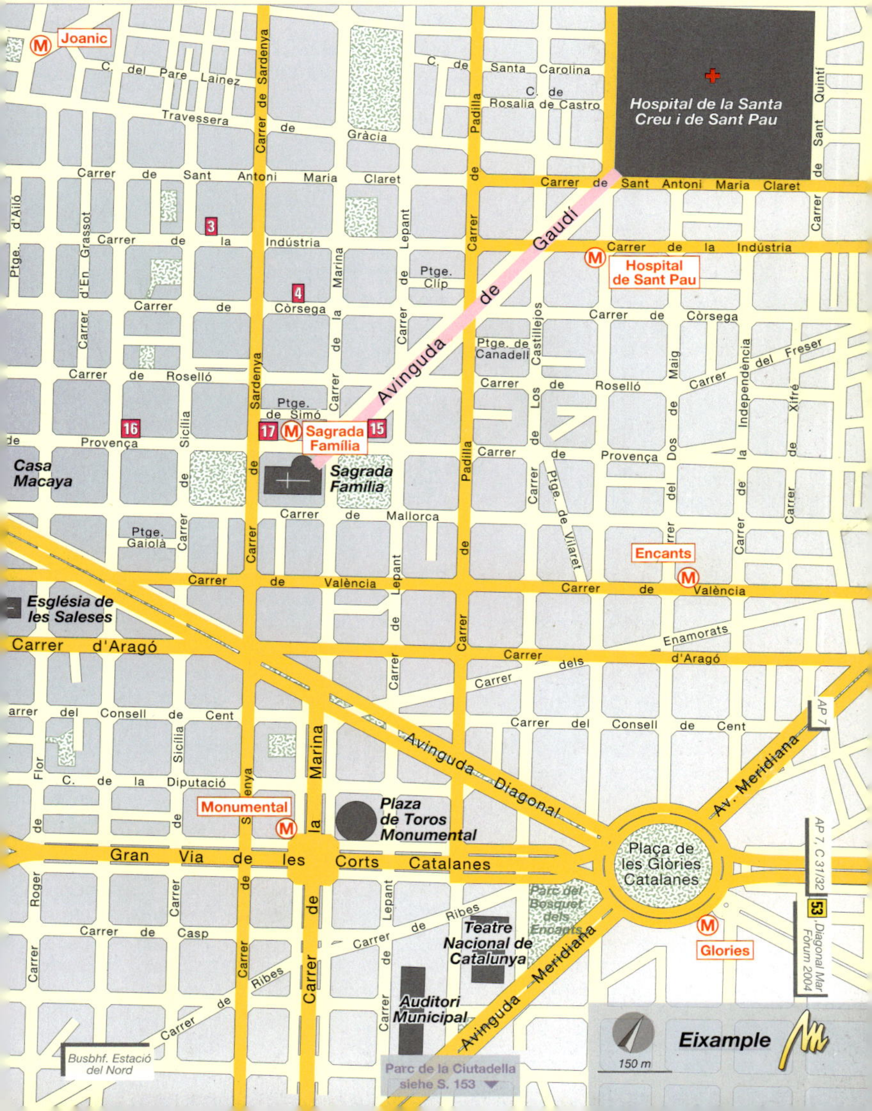

überbreiten Gran Via an der Plaça de les Glòries schneiden.

Die aus dem Raster resultierenden Hausblöcke (Manzanas) haben eine genau festgelegte Seitenlänge von 133,33 Metern und sind an den Ecken abgeschrägt, besitzen also bei genauem Hinsehen eine oktogonale statt einer quadratischen Form. Diese abgeschnittenen Ecken („Xamfràns“ genannt) erweitern die Straßenkreuzungen zu kleinen Plätzen, die die Avingudas lichter und luftiger erscheinen, aber auch den abbiegenden Verkehr leichter fließen lassen sollten. Dem Fußgänger sind sie heute eher ein Hindernis, da er am Ende jedes Blocks bis zur Ampel immer einen Umweg schräg zur Laufrichtung machen muss, will er sich nicht in der Direttissima (und damit meist zwischen parkenden Autos hindurch und quer durch den Verkehr) seinen Weg bahnen.

Eixample und der Pla Cerdà – gut gemeint ...

Cerdà wollte eine moderne, dabei jedoch gleichzeitig menschenfreundliche und soziale Stadt schaffen. Die mindestens 20 Meter breiten Straßen waren weitsichtig für den Verkehr der Zukunft ausgelegt (der Ingenieur Cerdà setzte seinerzeit auf die Dampfmaschine als Antrieb), sollten in ihrer Ausrichtung aufs Meer und die Serra hin aber auch im wahren Sinne des Wortes für „frischen Wind“ sorgen. Die Höhe der Häuser war auf maximal vier Stockwerke begrenzt, die Bebauung jedes Blocks sollte nur an zwei Seiten erfolgen und jeweils nicht tiefer als maximal zwanzig Meter reichen. Der verbleibende Rest, volle zwei Drittel jedes Blocks, war für Grünflächen und Stätten nachbarschaftlicher Begegnung vorgesehen – Eixample wäre zu einer Art Gartenstadt geworden. Geplant waren auch, jeweils in einem festen Verhältnis zur Anzahl der Blocks, großzügige Parks, Märkte und Bürgerzentren mit Kindergarten, Schule und Kirche. Durch ihre einförmigen Maße sollten die Häuserblocks zudem egalisierend wirken, die Entstehung ärmerer und reicherer Wohngegenden so vermieden werden. Allein, Cerdà hatte seine Rechnung einerseits ohne die Bevölkerungsentwicklung, andererseits ohne die Grundstücksbesitzer und Bauspekulanten gemacht. Letzteren erschien die lockere Bebauung nicht profitabel genug, und so wurden die geplanten großen Innenhöfe der Blocks wie auch die Parks rücksichtslos zugepflastert. Der explosionsartige Bevölkerungszuwachs Barcelonas wiederum (innerhalb von fünf Jahrzehnten auf mehr als das Dreifache) führte zu einem derart immensen Anstieg der Immobilienpreise, dass Eixample für die ärmeren Bevölkerungsschichten schlicht unbezahlbar war – ihnen blieb nur die heruntergekommene Altstadt, der zu entfliehen ihnen Cerdà eigentlich hatte helfen wollen.

Und auch mit der Uniformität der Wohnblocks war es nicht lange her, was freilich auch seine guten Seiten hatte. Eixample, ganz besonders das „Quadrat d'Or“, das „Goldene Quadrat“ zwischen den Rondas und der Avinguda Diagonal sowie zwischen Carrer Aribau und Passeig de Sant Joan, war vom aufstrebenden Bürgertum begeistert in Beschlag genommen worden. Geld war dank des wirtschaftlichen Aufschwungs reichlich vorhanden, offensichtlich auch eine gewisse Experimentierfreude, und so baute um die Wende des 19. zum 20. Jh. mancher in einem gerade in Mode kommenden, phantasievollen Stil: Eixample wurde zum Stadtteil des Modernisme. Die Werke des katalanischen Jugendstils sind denn auch die Highlights in Eixample, daneben vielleicht noch die Häufung edler Geschäfte. Stimmung im Sinn von Atmosphäre haben die breiten und schnurgeraden Straßen weniger zu bieten – Eixample ist heute in erster Linie Einkaufs- und Büroviertel, das kommerzielle und finanzielle Zentrum Barcelonas. Ausnahmen machen nur der elegante Passeig de Gràcia und die baumbestandene Rambla de Catalunya (nicht zu verwechseln mit den Rambles), deren Straßencáfes an warmen Sommerabenden durchaus gut besetzt sind.

Die Einwohner Barcelonas unterscheiden übrigens zwischen gleich mehreren Eixamples, darunter das beim Blick auf den Stadtplan „linke" Esquerra de l'Eixample und das „rechte" Dreta de l'Eixample. Ersteres ist das bodenständigere, letzteres das noblere und touristisch interessantere Viertel der Modernisme-Bauten. Die Grenze zwischen beiden wird vom Carrer Balmes gebildet – eine historische Trennung, verlief hier doch einst eine Bahnlinie, die das weniger beliebte vom begehrteren Wohngebiet abschottete.

Aufgrund der räumlichen Ausdehnung des Gebiets, und weil wegen der zahlreichen Sehenswürdigkeiten eine Besichtigung an einem einzigen Tag auch kaum

Oft mit Bischofsmützen verglichen: Turmspitzen der Sagrada Família

machbar wäre, widmen wir Eixample zwei verschiedene Stadtspaziergänge: Der erste führt zu den Glanzlichtern des „Goldenen Quadrats" und zu weiteren Modernismebauten, und auch der zweite befasst sich mit dem Modernisme, nämlich mit der Kirche Sagrada Família und dem Jugendstil-Krankenhaus Hospital de la Santa Creu i Sant Pau.

Eixample
Karte Seite 172/173

Tour 9: Durch das Goldene Quadrat

Dieser Streifzug beginnt an der Plaça de Catalunya (Infostelle). Die **Rambla de Catalunya** führt stracks nach Norden. Durch den breiten, im Sommer angenehm schattigen Fußgängerbereich in ihrer Mitte bleibt an den Rändern nur mehr wenig Platz für Autoverkehr, der sich denn auch (ganz untypisch für Eixample) in recht engen Grenzen hält. Bald schon lohnt sich ein erster Abstecher: Mit Erscheinen dieser Auflage sollte linker Hand im Carrer Diputació 250 die frisch hierher umgezogene → **Fundació Francisco Godia** eröffnet haben. In der Gegenrichtung quert man den Passeig de Gràcia und gelangt über den Carrer Pau Claris in den herzigen **Passatge Permanyer**, ein schmales Sträßchen mit Vorgärten und niedrigen Häusern im englischen Stil. Die hübsche Anlage wurde schon 1864 konzipiert und gibt, auch wenn die Bebauung selbst nicht Cerdàs Ideen entspricht, eine Vorstellung davon, wie luftig und licht einst die gesamte Stadterweiterung hatte werden sollen. Ein paar Meter weiter bietet sich jenseits des Carrer Roger de Lluria die Möglichkeit, auf Hausnummer 56 einen der Häuserblöcke von Eixample quasi von innen zu betrachten: Durch einen Gang gelangt man zu einem großen, mit Palmen bestandenen Hof, in dem sich aus einem auch schon mal als „Schwimmbad" genutzten Becken der 1867 errichtete Wasserturm **Torre de les Aigües** erhebt.

Nun trifft man auf den (vorher ja bereits einmal überquerten) **Passeig de Gràcia**, die elegante, breite Hauptachse von Eixample. Sie verbindet die Plaça de Catalunya mit dem einstigen Dorf und heutigen Stadtteil Gràcia. Gelegentlich schon mal als „Champs Elysées von Barcelona" gerühmt, zählt der Passeig zu den besten Adressen der Stadt und besitzt in seinem nächsten Umkreis auch die üppigste Konzentration von Modernisme-Bauten. Tatsächlich ballen sich die Sehenswürdigkeiten nun geradezu. Dennoch sollte man mit dem Blick nicht nur an den Fassaden kleben bleiben, sondern auch den kleinen, oft von Pere Falqués gestalteten Modernisme-Details wie Straßenlaternen, Bänken oder dem Pflaster Aufmerksamkeit schenken. Gleich links erstreckt sich der „Streitapfel" → **Manzana de la Discordia**, Werk der drei berühmtesten Architekten des Modernisme. In der nächsten Querstraße, dem Carrer d'Aragó, beherbergt die → **Fundació Antoni Tàpies** zahlreiche Werke eines der bekanntesten zeitgenössischen Künstler Spaniens.

Die Fassade zur Diagonal: Casa Comalat

Wer sich eher für ägyptische Kunst interessiert, kann eine Querstraße höher, diesmal linker Hand des Passeig de Gràcia, das → **Museu Egipci de Barcelona** besuchen.

Wieder am Passeig de Gràcia, zieht die → **Casa Milà** schon von weitem die Blicke auf sich. Das letzte von Gaudí gebaute Wohnhaus nimmt innerhalb der zahlreichen Modernisme-Schönheiten des Eixample eine herausragende Stellung ein, ist es doch einer der fünf Bauten in Barcelona, die von der Unesco in die Liste des Weltkulturerbes aufgenommen wurden. Mit einem Dokumentationszentrum und der berühmten Dachlandschaft der Kamine zieht die Casa Milà jährlich weit über eine Million Besucher an.

Nur wenige Schritte hinter der Casa Milà lohnt sich ein Blick ins Design-Kaufhaus **Vinçon** (→ Einkaufen). An der Plaça de Joan Carles (Infostelle im Palau Robert am Passeig de Gràcia 107), der Kreuzung des Passeig mit der Avinguda Diagonal, geht es rechts. Schräg links gegenüber auf der anderen Seite der großen Verkehrsader erhebt sich die **Casa Comalat**, 1911 von Salvador Valeri geschaffen. Allerdings präsentiert sich die der Diagonal zugewandte Seite weit weniger reizvoll als die Fassade am Carrer de Còrsega, die im Spaziergang durch → Gràcia näher betrachtet wird. Ein kleines Stück weiter, diesmal wieder an der Meerseite der Diagonal, steht der recht kleine → **Palau Baró de Quadras**. Am Ende des nächsten Blocks hält man sich rechts in den Carrer Roger de Lluria, nicht jedoch, ohne vorher einen Blick auf die schräg links jenseits der Diagonal liegende → **Casa Terrades** zu werfen, die ihrem Beinamen „Haus der Nadeln" alle Ehre macht.

Schon um die übernächste Kreuzung am C. Roger de Lluria liegen weitere interessante Modernismebauten: schräg rechts der **Palau Montaner** (1885–1896; Führungen Sa/So 10.30–12.30 Uhr; 5 €), begonnen von Domènech i Estapà und beendet vom jungen Domènech i Montaner, und links im C. Mallorca die → **Casa Thomas**, heute Sitz eines Möbelgeschäfts.

Nach zwei weiteren Blocks entlang des Carrer Roger de Lluria geht es links in den Carrer d'Aragó, mit dem Barcelona seinen mittelalterlichen Verbündeten Aragón ehrt. Die gotische Kirche **La Concepció** mag in einem Stadtviertel des 19. und frühen 20. Jh. seltsam anmuten, und tatsächlich wurde sie ab 1871 Stein für Stein von ihrem früheren Standort nahe der Plaça Urquinaona hierher transportiert und wieder aufgebaut. Dabei ließ der Bauherr Jeroni Granell seiner Fantasie recht freien Lauf (der Glockenturm stammt gar von einer anderen Kirche), weshalb das Ergebnis keinen historischen Wert besitzt; mit etwas Glück

Vorläufer des Modernisme: Església de les Saleses

kann man jedoch einen Blick in den romantischen Kreuzgang werfen.

Dem Carrer Aragó folgend und vorbei am Markt **Mercat Concepció**, einer typischen Konstruktion aus Metall und Glas, trifft man auf den Passeig de Sant Joan. Auf der gegenüberliegenden Straßenseite, nahe der Kreuzung mit dem Carrer de València, steht eine weitere ungewöhnliche Kirche, die → **Església de les Saleses**. Nun kommt allmählich das Ende dieser Tour in Sicht: Letzte Station ist die → **Casa Macaya** am Passeig de Sant Joan 108, bereits jenseits der Avinguda Diagonal. In der Nähe

Weltkulturerbe seit 1984: Casa Milà

liegt die Metro-Station Verdaguer, doch wer jetzt immer noch genug Energie haben sollte, kann den nächsten Spaziergang gleich anschließén: Die Sagrada Família steht nur noch ein paar Blocks entfernt.

Sehenswertes

Fundació Francisco Godia: In der Casa Garriga Nogués, 1902–1904 erbaut von Enric Sagnier i Villavecchia, war lange die Fundació Enciclopèdia Catalana untergebracht. Bei der letzten Recherche jedoch war für den Modernisme-Bau am Carrer de Diputació 250 ein neuer Hausherr avisiert, der mit Erscheinen dieser Auflage bereits Quartier bezogen haben dürfte, nämlich die Privatstiftung von Francisco „Paco" Godia (1921–1990), seines Zeichens ehemaliger Formel-1-Fahrer bei Maserati und gleichzeitig ein engagierter Kunstliebhaber. Zehn Säle bieten der umfangreichen Sammlung deutlich mehr Platz, als am früheren, etwas beengten Standort im Carrer de València zur Verfügung stand. Die breite Kollektion umfasst nicht nur zahlreiche Werke mittelalterlicher Malerei und Skulptur, sondern auch über 500 Keramikarbeiten des 14. bis 19. Jh. sowie Gemälde moderner Meister wie Casas, Solana und Sorolla. Auch Reminiszenzen an Godias Motorsport-Karriere fehlen natürlich nicht.

Manzana de la Discordia: Der „Streitapfel" steht am Passeig de Gràcia 35–43, oberhalb des Carrer de Consell de Cent. Seinen Namen verdankt er einem Wortspiel mit „Manzana", das sowohl „Apfel" als auch „Häuserblock" (Manzana de Casas) bedeuten kann. Streitapfel deshalb, weil in dem Block die drei berühmtesten Modernisme-Architekten ihre Visitenkarte hinterlassen haben. Von innen zu besichtigen sind nur die Casa Battló und die Casa Amatller.

Casa Lleó Morera (1905), auf Nr. 35 und das erste Haus der Reihe, stammt von Domènech i Montaner und gilt als eines seiner schönsten Werke. Das traumhafte Innere, überreich an Mosaiken, Buntglas, Statuen und Einlegearbeiten ist leider nicht zu besichtigen. Der detailreichen Fassade haben Umbauten ein wenig von ihrem früheren Glanz genommen (so wurde der Skulpturenschmuck von Eusebi Arnaud zerstört), doch gibt es noch Interessantes genug zu entdecken. Heute ist das Haus unter anderem Sitz einer Filiale der Nobelkette Loewe.

Casa Amatller (1898), Nr. 41: Sie wurde konzipiert von Puig i Cadafalch, der hier einmal mehr seiner Vorliebe für Zitate der gotischen Architektur frönte. Auftraggeber war der Schokoladenfabrikant und Hobbyfotograf Antoni Amatller, dessen Familie damals schon rund ein Jahrhundert lang im Süßwarengeschäft tätig war. Das Haus besitzt eine stufenartig ansteigende und mit bunter Keramik geschmückte Front nebst überhängender Galerie. Auch ein Blick in die Vorhalle mit ihren Buntglastüren und dem schönen Glasdach lohnt sich. Seit kurzem ist ein Teil des Gebäudes als Sitz der *Fundació Institut Amatller d'Art Hispànic* zu besichtigen, nämlich der vierte Stock mit dem Fotostudio der Familie Amatller. Die Führungen beinhalten auch den Genuss einer Tasse heißer Schokolade, die in der Originalküche des Anwesens gereicht und natürlich aus Amatller-Produkten zubereitet wird. In einigen wenigen Jahren, so heißt es, soll das gesamte Haus für Besucher geöffnet werden.

Führungen Mo–Fr 11, 12 und 13 Uhr, So 12 Uhr; Eintrittsgebühr 8 €. Anmeldung im Erdgeschoss, in dem es auch ein Verkaufsgeschäft der Schokoladenfabrik Amatller gibt; Reservierung unter 934 877 217. www.amatller.org.

Casa Batlló (1905–07), auf Nr. 43: das mit Abstand beeindruckendste Haus der Reihe. Es stammt von Gaudí, wenn auch als Umbau eines bereits vorhandenen Gebäudes, an das freilich praktisch nichts mehr erinnert. Gaudís Veränderungen waren so radikal und so ungewöhnlich, dass die städtischen Behörden anfangs unsicher waren, ob sie den Bauplan genehmigen sollten. Besonders in den unteren Partien ist die sanfte Handschrift des Meisters überdeutlich, die weich geschwungene Fassade mit bunten Mosaiken geschmückt, der Erker mit knochenförmigen Säulen; die Balkone erinnern an menschliche Schädel. Organisch auch das Dach, dessen Ziegel wie die Schuppenhaut einer Echse oder eines Drachens geformt sind. Das Innere, bis in Einzelheiten der Ausstattung und der Möbel von Gaudí selbst entworfen, entstand in Zusammenarbeit mit den besten Kunsthandwerkern und steckt voller überraschender Details aus Schmiedeeeisen, Keramik, Holz und Buntglas. Den Lichthof verkleidete Gaudí, der immer genau auf Helligkeit und Lichtverteilung achtete, mit blauen Kacheln, die vom oberen Stockwerk nach unten zu heller werden und so auf allen Etagen gleiche Lichtverhältnisse garantieren. Besucht werden können nicht nur die Innenräume, sondern auch das Dach mit der typischen Gaudí-Kaminlandschaft – ein Vergnügen, das freilich seinen Preis hat.

Öffnungszeiten der Casa Batlló Täglich 9–20 Uhr, bei geschlossenen Veranstaltungen nur bis 14 Uhr. Eintrittsgebühr etwa 17 €; „Audioguías" (Erläuterungen per Kopfhörer) inbegriffen. www.casabatllo.es.

Fundació Antoni Tàpies: Im Carrer Aragó 255, um die Ecke vom Passeig de Gràcia, steht das erste bedeutende Bauwerk von Domènech i Montaner. Der vom maurischen Mudéjar-Stil beeinflusste, „Editorial Montaner i Simon" genannte Ziegelsteinbau entstand 1880 bis 1885 und gilt, zusammen mit Gaudís Casa Vicens, als eines der beiden Gebäude, die den Anstoß zur Verbreitung des Modernisme gaben. Lange Zeit Sitz eines Verlagshauses, beherbergt der Bau heute eine Ausstellung

Eixample
Karte Seite 172/173

Verdrahtet: Dach der Fundació Tàpies

des 1923 in Barcelona geborenen Malers und Grafikers *Antoni Tàpies*, von dem auch die auffällige, „Núvol i Cadira" (Wolke und Stuhl) genannte Skulptur aus Aluminiumdraht auf dem Dach stammt. Die oft düsteren, aus Erde, Holz, Stroh, Leim und Marmorstaub gefertigten Collagen, die Skulpturen, surrealistischen und abstrakten Gemälde des Autodidakten Tàpies sind – wie auch die große Bibliothek – unbedingt sehenswert. Zusätzlich finden wechselnde Ausstellungen statt.

Öffnungszeiten Di–So 10–20 Uhr; die Eintrittsgebühr liegt bei etwa 6 €. www.fundaciotapies.org.

Museu Egipci de Barcelona – Fundació Arqueològica Clos: Ebenfalls unweit des Passeig de Gràcia liegt am Carrer València 284 das Ägyptische Museum Barcelonas, eines der bedeutendsten Privatmuseen seiner Art in Europa. Es zeigt rund 600 thematisch geordnete Exponate; Schwerpunkte sind die Pharaonen, das Privat- und Alltagsleben der alten Ägypter, ihr Glauben und ihre Begräbnisriten. Ein englischsprachiges Handbuch (das natürlich zurückgegeben werden muss) ist an der Kasse erhältlich.

Öffnungszeiten Mo–Sa 10–20 Uhr, So 10–14 Uhr; Eintrittsgebühr 11 €. www.fundclos.com.

Casa Milà (La Pedrera): Wieder am Passeig de Gràcia, auf Nummer 92. Eines der spektakulärsten Häuser des Modernisme, erbaut 1905–1910 von Antoni Gaudí, von der Unesco seit 1984 als Weltkulturerbe ausgewiesen. Es war das letzte Wohngebäude, das der Meister errichtete (seine späteren Jahre widmete er ausschließlich der Sagrada Família) und spiegelt die Summe seiner Erfahrungen als Architekt. Der Volksmund nennt das Eckhaus „La Pedrera" (Steinbruch, Steinhaufen), angesichts der an Felsformationen erinnernden Kalksteinfassade nicht unpassend, doch war die Grundidee eher die einer versteinerten Welle. Auffällig auch hier Gaudís Vorliebe für Eisen, die sich in den senkrecht eingelassenen Trägern und den skurril geformten Balkonbrüstungen äußert. Sie wurden von Josep M. Jujol gefertigt, einem engen Mitarbeiter von Gaudí, der auch an der Casa Batlló und am Parc Güell beteiligt war. Der Bau selbst stützt sich auf ein System aus Säulen und eisernen Balken. Er kommt dadurch im Inneren völlig ohne tragende Wände aus, weshalb Gaudí den einzelnen Wohnungen unterschiedliche Grundrisse geben, auf Ecken verzichten und viele Zimmer asymmetrisch anlegen konnte. Die Auftraggeber sollen mit dem Ergebnis übrigens nicht unbedingt glücklich gewesen sein, wie das Gebäude seinerzeit überhaupt sehr umstritten war. Überliefert ist beispielsweise der Kommentar des Schriftstellers und Malers Santiago Rusiñol, der meinte, die Bewohner von La Pedrera dürften sich keine Katzen oder Hunde halten, die einzig angemessenen Haustiere hier wären Schlangen ... Heute ist das Haus im Besitz der Stiftung Caixa de Catalunya, die auch wechselnde (und in der Regel kostenlose) Ausstellungen abhält.

Pis de la Pedrera: Diese riesige Wohnung im vierten Stock ließ La Caixa 1999 als Beispiel der Wohnverhältnisse einer Familie des gehobenen Bürgertums in den ersten Jahrzehnten des 20. Jh. rekonstruieren. Die verschiedenen Räume (Eingangshalle, Wohnzimmer, Ess-, Kinder- und das schön gestaltete Schlafzimmer, aber auch Küche und Bäder etc.) wurden entsprechend ihrem ursprünglichen Verwendungszweck mit Mobiliar und Gegenständen jener Zeit ausgestattet und ermöglichen deshalb einen guten Einblick in das damalige Alltagsleben.

Espai Gaudí: Das Dachgeschoss der Casa Milà beherbergt ein hochinteressantes Museum, das anhand von Plänen, Fotos, Filmen und Modellen Leben, Werk und Arbeitsweise Gaudís dokumentiert. Fantastisch ist jedoch auch die skelettartige Struktur des 800 Quadratmetern großen, von 270 Ziegelsteinbögen getragenen Raums an sich. Von hier hat man Zugang zur originellen, wellenförmig geschwungenen Dachterrasse, die eine ganze Armee von Schornsteinen und Entlüftungskaminen ziert. Typisch Gaudí – kein Schlot gleicht dem anderen. In manchen Jahren öffnet die Dachterrasse unter dem Namen „Pedrera de Noche“ an Sommerwochenenden (zuletzt nur im Juli) auch abends, fungiert dann als Konzertbühne und Music-Bar: traumhaft.

Öffnungszeiten Täglich 10–20 Uhr, von November bis Februar nur bis 18.30 Uhr. Geschlossen am 25./26 Dezember, 1. Januar und etwa in der zweiten Januarwoche. Eintrittsgebühr 8 €; oft lange Warteschlangen. www.funcaixacat.com.

Palau Baró de Quadras, an der Avinguda Diagonal, Ecke Carrer Pau Claris. Das Gebäude, 1904–1906 von Puig i Cadafalch für den Baron von Quadras erbaut, zwängt sich zwischen zwei Straßen und besitzt, ganz ähnlich der gegenüber liegenden Casa Comalat, zwei verschiedene Fassaden, wobei die neogotische und auch vom Platereskstil inspirierte Fassade an der Diagonal die ungewöhnlichere ist. Heute ist hier die „Casa Asia“ untergebracht, ein Infozentrum über Asien, frei zugänglich Di–Sa 10–20 Uhr, So 10–14 Uhr; Eingang an der Diagonal. Interessant sind besonders das Modernisme-Zimmer im ersten Stock und die Dachterrasse mit Blick auf die Casa Terrades und die Sagrada Família; im zweiten Stock finden wechselnde Ausstellungen statt.

Casa Terrades, an der Avinguda Diagonal 416–420. In den Jahren 1903–05 errichtete Puig i Cadafalch dieses spektakuläre Anwesen, dessen mittelalterliche Zitate dem Gebäude eine schlossartige Anmutung geben. Die Auftraggeber waren die drei Schwestern Terrades, und eigentlich handelt es sich auch um drei

Häuser, die auf ungleichmäßigem Grundriss miteinander verbunden sind. Ihre spitzen Türme verschafften der Casa Terrades den Zweitnamen Casa de les Punxes, „Haus der Nadeln“. Die Fassade besteht aus Ziegelstein, die Dekoration um Türen und Fenster aus Stein. Die Keramiktafeln am Dach zeigen verschiedene Nationalsymbole Kataloniens, darunter an der zum Carrer

„Haus der Nadeln“: Casa Terrades

Rosselló weisenden Seite den Schutzheiligen Sant Jordi, auf dessen Tafel ein Spruchband die „Rückgabe von Kataloniens Freiheit“ fordert.

Casa Thomas: Das Gebäude am Carrer de Mallorca 291 verdankt seinen Namen einem gewissen Josep Thomas, der im Erdgeschoss eine Druckerei besaß. Für den 1895–98 erfolgten Bau zeichnete Domènech i Montaner verantwortlich. Er war es auch, der zusammen mit seinem Schwiegersohn Francesc Guàrdia i Vidal die Casa Thomas 1912 zum Wohnhaus umgestaltete, indem er auf die beiden bereits existierenden drei zusätzliche Stockwerke aufsetzte, wobei er die Türmchen des Vorgängerbaus integrierte. Heute ist im Haus ein Möbelgeschäft untergebracht.

Església de les Saleses: Die reizvolle, reich geschmückte Salesianerkirche zeigt vor allem neogotische Züge, daneben auch Elemente neomaurischen Stils. Mit der Vielzahl der verwendeten Baustoffe und den daraus resultierenden Farbeffekten gilt sie aber auch als einer der Vorläufer des Modernisme. Gestaltet wurde sie 1885 von Joan Martorell, einem Lehrer Gaudís, der bei dem Bau auch assistierte. Leider erlitt die Kirche, ebenso wie das zugehörige Kloster, in der Setmana Tràgica von 1909 wie auch im Bürgerkrieg schwere Zerstörungen.

Casa Macaya: 1901 errichtete Puig i Cadafalch dieses von der katalanischen Architektur des Mittelalters inspirierte Haus am Passeig de Sant Joan 108. Der Baumeister war seinerzeit schwer beschäftigt, arbeitete er doch an drei verschiedenen Häusern gleichzeitig, zwischen denen er mit dem Fahrrad pendelte. Sein Mitarbeiter, der Bildhauer Eusebi Arnau, der ohnehin eine Reihe zeitgenössischer Motive geplant hatte, erlaubte sich deshalb den kleinen Scherz, einen Fahrradfahrer in das Kapitell links des Eingangs zu meißeln. Die Fassade ähnelt ein wenig der der zeitgleich entstandenen Casa Amatller, wirkt mit ihrem vielen weißen Stuck insgesamt jedoch weniger ornamental.

Tour 10: La Sagrada Família & Hospital de la Santa Creu i Sant Pau

Ein kurzer, angenehmer Spaziergang, der zwei hochrangige Monumente des Modernisme miteinander verbindet. Start ist an der Kirche → **Sagrada Família** (Metro: Sagrada Família) selbst. Gaudís Meisterstück, das Wahrzeichen Barcelonas und größtes Modernisme-Bauwerk überhaupt, liegt etwas abseits der gängigen Routen, ist aber jeden Umweg wert. Nur eine Viertelstunde entfernt wartet das grandiose Modernisme-Krankenhaus → **Hospital de la Santa Creu i Sant Pau** (Metro: Hospital de Sant Pau) von Domènech i Muntaner, von der Unesco als Weltkulturerbe ausgewiesen.

Die **Avinguda Gaudí** bildet die Verbindung zwischen den beiden Prachtbauten. Ihre diagonale Linienführung passt so gar nicht zum typischen Raster von Eixample, und tatsächlich stammt der Straßenzug auch erst aus den Zwanzigerjahren des letzten Jahrhunderts. Die hübschen Modernisme-Straßenlaternen erhielt die Avinguda bei ihrer Ausweisung als Fußgängerzone 1985; sie standen vorher an der Kreuzung des Passeig de Gràcia mit der Avinguda Diagonal und wurden vom Spezialisten Pere Falqués gestaltet, von dem auch die Laternen am Passeig de Gràcia selbst und am Passeig de Lluís Companys stammen. Die zahlreichen Cafés der Avinguda drängen sich für eine Pause geradezu auf.

Verpflanzt: Laterne an der Avinguda Gaudí

Sehenswertes

Sagrada Família: Obwohl bis heute nicht vollendet, brilliert der *Templo Expiatorio de la Sagrada Família* („Sühnetempel der Heiligen Familie") durch seine ungewöhnliche Formensprache abseits aller herkömmlichen Stile. Die rein aus privaten Spenden finanzierte Kirche wurde 1882 als konventionell neogotischer Bau begonnen. Ein Jahr später übernahm der gerade 31 Jahre alte Gaudí die architektonische Leitung. Die Kirche geriet zu seinem Lebenswerk, sollte zu einer „Predigt aus Stein" werden. Ab 1911 lehnte Gaudí alle weiteren Aufträge ab und konzentrierte sich ausschließlich auf die Sagrada Família, auf deren Baustelle er sogar Wohnung bezog. Als Gaudí 1926 starb, hatte er 43 Lebensjahre der Kirche gewidmet.

Von Gaudí selbst gestaltet: Ostfassade der Sagrada Família

Nach Gaudís Tod verhinderte zunächst der Spanische Bürgerkrieg die Fortsetzung des Baus. Damals wurden leider auch die meisten Baupläne und Modelle durch einen Brand zerstört, Ursache zahlloser Kontroversen. Die Wiederaufnahme der Arbeiten im Jahr 1952 war von heftigem Streit begleitet, ein Disput, der sich bis heute fortsetzt. Kritiker sahen eine völlige Verfälschung der Ideen Gaudís und forderten, die Kirche im „Urzustand" zu belassen, mithin unfertig. Die Gegenseite, nämlich die streng katholische, von Barcelonas Erzbischof geleitete Stiftung Gaudí, argumentiert wiederum, Gaudí selbst sei sich im Klaren gewesen, dass ebenso wie bei mittelalterlichen Kathedralen mehrere Generationen und damit auch mehrere Architekten an dem Bau beteiligt sein würden. Tatsächlich soll Gaudí mit einer Bauzeit von zweihundert Jahren gerechnet haben. Bis die Arbeiten an der Sagrada Família einst beendet sein werden, dürfte also noch einige Zeit ins Land gehen, auch wenn heute Computermodelle Gaudís Intuition und Genialität ersetzen. Immerhin macht der Bau sichtbare Fortschritte. So könnte mit Erscheinen dieser Auflage eventuell sogar schon das Mittelschiff gedeckt und die Kirche geweiht worden sein, sie somit für Gottesdienste zur Verfügung stehen. Irgendwann wird wohl auch die Bemalung in Angriff genommen werden, hatte Gaudí die Sagrada Família doch vielfarbig geplant. Optimisten hoffen darauf, dass bis zum hundertsten Todestag Gaudís im Jahr 2026 die Arbeiten abgeschlossen sein werden. Doch schon jetzt ist die Monumentalkirche der bedeutendste Anziehungspunkt von Barcelona, zählte zuletzt rund 2,8 Millionen Besucher pro Jahr.

Beeindruckend ist die Sagrada Família denn auch wirklich, ob man sie nun für Kunst hält oder für Kitsch in den Formen einer von Kinderhand gebauten Sandburg – denn auch solche Stimmen gibt es. Angelegt als Basilika mit fünf Haupt- und drei Querschiffen sowie einem umlaufenden Kreuzgang, beherrscht religiöser Symbolismus die erst teilweise verwirklichte Struktur: Die über hundert Meter hohen, durchbrochenen und konisch zulaufenden Türme sollen die Apostel symbolisieren; errichtet sind bislang jedoch nur acht der zwölf Türme. Ein mit 170 Meter Höhe alles überragender „Erlöserturm" wird (irgendwann ...) für Jesus Christus, ein weiterer Turm über der Apsis für die Jungfrau Maria stehen. Die Fassaden sind an der Ostfassade Christi Geburt, im unfertigen Süden der Auferstehung und an der Westfassade der Passion gewidmet. „Gaudí pur", also zu Lebzeiten des Meisters entstanden, sind nur die Hauptkrypta, die Apsis, einer der Türme und die in Richtung Plaça de Gaudí weisende Ostfassade. Beendet sind auch die Arbeiten an der umstrittenen Westfassade.

Die *Ostfassade* gilt als Hauptwerk der Kirche, stammt sie doch noch von Gaudí persönlich. Dem Sonnenaufgang zugewandt und überreich mit naturalistischen Skulpturen (darunter allein 36 verschiedenen Vogelarten) versehen, steht sie im Zeichen der Freude über Christi Geburt. Das südliche der drei Portale, das „Portal der Hoffnung", zeigt den Kindermord des Herodes und mittels einer Nillandschaft die Flucht nach Ägypten; das nördliche „Portal des Glaubens" unter anderem den predigenden Christus. Das mittlere und größte „Portal der Liebe" stellt Josef, Maria, Jesus und musizierende Engel dar; viele Figuren wurden nach lebenden Modellen gearbeitet. Hoch über dem Portal thront der „Baum des Lebens", eine Zypresse, mit dem Heiligen Geist in Form einer Taube auf der Spitze.

Die herbe, düstere *Westfassade*, der Passion gewidmet und heute der Haupteingang, bildet den krassen Gegenpol zur optimistischen, fröhlichen Ostfassade. Die stark umstrittenen Skulpturen hier, seltsam emotionslos anmutend, wurden ab Mitte der Achtziger vom katalanischen Künstler Josep Maria Subirachs gestaltet und 1998 beendet. Für manchen sind sie Gegenstand hoher Verehrung, für andere Zielscheibe bösen Spotts – entscheiden Sie selbst. Sicher jedoch, dass sich Subirachs Stil von dem Gaudís extrem unterscheidet.

Das *Innere* der Kirche erinnert, ganz nach Gaudís Gusto, an einen Wald aus Stein. Der Architekt, der sich immer

Farbenprächtig: Buntglasfenster in der Sagrada Família

an der Natur orientiert hatte, tüftelte nach dem Vorbild des Baums eine vielfach verzweigte Konstruktion aus, die im Gegensatz zu gotischen Kirchen ohne Strebepfeiler auskommt. Gaudí baute ein Modell aus Eisendrähten und Gewichten (zu sehen in der Krypta), das er herabhängend ausbalancierte und fotografieren ließ. Aus der um 180 Grad gedrehten Fotografie entwickelte er dann das Gewölbe des so genannten „hyperbolischen Paraboloids", das keine der gotischen „Krücken" (Originalton Gaudí) mehr benötigt und hohem Druck standhält.

Gefahr für die Sagrada Familia?

Barcelonas Wahrzeichen könnte einstürzen, so die düstere Prognose. Der mögliche Grund dafür wäre der Tunnel, der für den Hochgeschwindigkeitszug AVE die Verbindung zwischen den Bahnhöfen Sants und La Sagrera herstellen soll. So befürchten es zumindest Aktionsplattformen wie „SOS Sagrada Familia" und „Ave pel Litoral", in denen sich die Gegner des quer durch Eixample verlaufenden Tunnelprojekts vereinen. Zu diesen zählt auch Jordi Bonet i Armengol, leitender Architekt der Sagrada Familia und seit mehr als vierzig Jahren auf der Baustelle des Gotteshauses tätig. Tatsächlich soll die frühestens 2011 fertig gestellte Röhre nur wenige Meter von den Fundamenten der Riesenkirche entfernt verlaufen, ebenso übrigens von denen der Casa Milà. Die Verantwortlichen im Umweltministerium in Madrid sehen dagegen keinerlei Risiko bei dem Vorhaben. Ihre Kontrahenten hoffen nun, auf gerichtlichem Weg die Arbeiten noch stoppen zu können.

Das *Museu de la Sagrada Família* in der 40 Meter langen Krypta zeigt neben einer Multi-Visions-Schau auch Material über das Gesamtwerk Gaudís sowie Pläne und Modelle der fertigen Kirche. Zu einem weiten Überblick anderer Art verhilft die Liftauffahrt oder der allerdings sehr enge und steile Aufstieg in einem der *Türme*, ein Experiment, dem sich nur Schwindelfreie unterziehen sollten. In einer Seitenkapelle (Mo–Sa 8.30–10, 18–21 Uhr, So 8.30–14 Uhr) der Krypta, zu erreichen vom Carrer Provença aus, findet sich Gaudís Grab.

Öffnungszeiten April bis September 9–20 Uhr, sonst 9–18 Uhr, Eintrittsgebühr 8 €, ermäßigt 5 €. Englischsprachige Führungen (3,50 € Aufpreis) von Mai bis Oktober um 11, 13, 15 und 17 Uhr, im restlichen Jahr um 11 und 13 Uhr. Auffahrt per Lift 2 €. Mit Wartezeiten ist zu rechnen. www.sagradafamilia.org.

Hospital de la Santa Creu i Sant Pau: Kaum eine Viertelstunde Fußweg entfernt, steht das Modernisme-Krankenhaus am Ende der Avinguda Gaudí deutlich im Schatten der Sagrada Família. Während sich dort die Massen drängen, finden nur wenige den Weg zu dem einzigartigen Ensemble, das von der Unesco in der Liste des Weltkulturerbes geführt wird, eine Ehre, die der Sagrada Família bislang verwehrt blieb. Geplant und erbaut wurde das Hospital ab 1905 von Domènech i Montaner, dessen Arbeit sein Sohn Pere bis 1930 fortführte. Finanziert durch eine testamentarische Verfügung des Bankiers Pau Gil, löste es das mittelalterliche Krankenhaus Santa Creu im Viertel Raval ab und erhielt deshalb einerseits den Namen seines Vorgängerbaus, andererseits aber auch den Vornamen des edlen Stifters.

Der Eingangspavillon des rund zehn Hektar großen Geländes bildet das dominierende Gebäude des Ensembles. Gekrönt von einem zentralen Uhrturm, weist das Backsteingebäude eine Fülle christlicher Symbole auf, darunter die allegorischen Figuren des Glaubens, der Liebe und der Hoffnung. Geschaffen wurden sie, wie die meisten Skulpturen des Hospitals, vom jungen Pau Gargallo, einem Schüler Eusebi Arnaus. Hinter dem Eingang erstrecken sich 17 weitere Pavillons. Die zwölf dem Hauptgebäude am nächsten liegenden Bauten, allesamt herrlich geschmückt, sind das Werk von Domènech i Montaner, die übrigen das seines Sohns. Verbunden werden die einzelnen Bauten durch ein richtungsweisendes System unterirdischer Gänge, das mehr als einen Kilometer umfasst. Auch die weiten Abstände zwischen den Gebäuden und die Anlage von Grünflächen, auf denen die Patienten Sonnenlicht und Frischluft genießen konnten, spiegeln den innovativen Charakter der Anlage. Die Ausweisung zum Weltkulturerbe der Unesco im Jahr 1984 war natürlich eine große Ehre, erwies sich für die eigentliche Funktion jedoch als nachteilig, dürfen die Gebäude und ihr Umfeld doch seitdem nicht mehr verändert werden. Hinter dem alten Krankenhaus entstand deshalb ein neues „Nou Hospital", während die Pavillons künftig anderweitig genutzt und beispielsweise für Forschung und kulturelle Zwecke (im Gespräch u. a. ein Medizin-Museum) dienen sollen.

Führungen Täglich um 10.15 Uhr (Englisch), 11.15 Uhr (Katalanisch), 12.15 Uhr (Englisch) und 13.15 Uhr (Spanisch); p.P. 5 €. Im Eingangsbereich eine Infostelle („Centre del Modernisme"), geöffnet täglich 10–14 Uhr, das Gelände an sich jedoch auch sonst zugänglich.

Noch mehr Modernisme

Im Folgenden eine Auswahl weiterer, in den Stadtteilkapiteln nicht gesondert aufgeführter Gebäude des Modernisme. Leider sind nicht alle auch von innen zu besichtigen.

• *Eixample* **Casa Calvet**: Am Carrer Casp 48, nicht weit von der Plaça de Catalunya. Antoni Gaudí baute dieses Haus ab 1898 für die reiche Textilfabrikanten-Familie Calvet. Die typische Handschrift des Meisters ist zwar erkennbar, insgesamt fiel das Ergebnis, gemessen an den späteren Bauten, aber eher konventionell aus. Dennoch, oder vielleicht sogar deswegen, erhielt die Casa Calvet im Jahr 1900 den erstmals ausgelobten Preis der Stadt für das schönste neue Gebäude Barcelonas. Heute ist hier das Gourmetrestaurant Casa Calvet (→ Essen & Trinken) untergebracht.

Plaza de Toros Monumental (1913–15), Gran Via 749 (Metro L 1, Glòries). Die Stierkampfarena, durch eigenwillige Zitate maurischen Stils geprägt, stammt von Ignasi Mas; nachdem die Corridas eingestellt wurden, ist ihre Zukunft gegenwärtig offen.

• *Altstadt* **Casa Martí** (1895–96), Carrer de Montsió 3 (Seitenstr. Avinguda Portal de L'Ángel). Eine frühe Arbeit von Puig i Cadafalch, Sitz des Traditions-Cafés „Els Quatre Gats".

• *Sarrià-St. Gervasi* **Collegi de les Teresianes** (1888–89), Carrer Ganduxer 83 (FGC, Station La Bonanova). Von Gaudí auf der Grundlage eines bereits begonnenen Gebäudes vollendete Nonnenschule.

Casa Bellesguard (1900–1909), Carrer Bellesguard 16 (FGC, Station Av. del Tibidabo oder Sarrià). Ein auch als „Casa Figueras" bekanntes Wohnhaus von Gaudí, dessen neogotisches Äußeres zwischen Kirche und mittelalterlichem Schloss schwankt.

• *Außerhalb* **Colonia Güell** (1908–1918), die Arbeitersiedlung Güell mit einer unvollendeten Kirche Gaudís. Sie liegt in Santa Coloma de Cervelló, etwa zehn Kilometer westlich von Barcelona, zu erreichen mit FGC-Zügen Richtung Martorell/Manresa.

Eixample Karte Seite 172/173

Praktische Infos

Essen & Trinken

Von Montag bis Freitag offerieren fast alle Restaurants im Eixample ein günstiges Mittagsmenü (nicht nur) für die werktätige Stammkundschaft.

Rest. Casa Calvet (55), im gleichnamigen Gaudí-Gebäude. Wunderbares Dekor, feine, saisonabhängige mediterran-katalanische Küche mit leichtem und modernem Touch, gute Weinauswahl. Menü à la carte ab etwa 50 € aufwärts. Carrer Casp 48, ✆ 934 124012. So, über Ostern und an zwei Wochen im August geschlossen.

Rest. Alkimia (3), im Norden von Eixample. Kleines, puristisch eingerichtetes Lokal, des-

Küchenkunst im Gaudí-Haus: Restaurant Casa Calvet

sen junger Chef Jordi Vilà sich durch seine Experimentierfreude auszeichnet – der Name „Alchemie" ist also Programm. Moderne Variationen katalanisch-spanischer Küche, prima Weinauswahl. Ein Michelinstern, Preisniveau etwa wie oben. Carrer Indústria 79, ✆ 932 076115; Sa, So, über Ostern und an zwei Wochen im August geschlossen.

Rest. Ot (4), sehr gefragtes Restaurant, das sich einer experimentellen, avantgardistischen Küche verschrieben hat. Das Degustationsmenü (ca. 60 €) besteht aus diversen kleineren Gängen, mit deren Genuss man leicht den ganzen Abend verbringt; für Eiligere gibt es auch ein „Petit Menu" à 45 €. Unbedingt reservieren! Etwas abgelegen im Carrer Còrsega 357, ✆ 934 358048. So, Mo-Mittag und während der letzten beiden Augustwochen geschlossen.

Rest. L'Olive (37), elegantes Restaurant mit klassisch-katalanischer Küche und prima Weinauswahl. Gepflegt werden hier besonders die Spezialitäten der Bergküche, doch kommen auch maritime Genüsse nicht zu kurz. Menü ab etwa 35 €. Carrer Balmes 47, ✆ 934 521990. So-Abend geschlossen.

Rest. Cata 1.81 (24), kleines Restaurant mit minimalistischem Dekor. Serviert werden, ganz nach gegenwärtiger Mode, kleine Tellerchen im Tapas-Stil. Umfangreiche Weinauswahl, aber auch Whisky-Liebhaber werden hier fündig. Mittleres bis gehobenes Preisniveau. Carrer València 181, ✆ 933 2368 18, www.cata181.com.

Rest. Tragaluz (11), das Flaggschiff der gleichnamigen Kette feiner Restaurants. Edles Design mit verschiebbarem, lichtdurchlässigem Glasdach, kreative mediterran-internationale Küche. Ein Menü à la carte gibt es ab etwa 40 €; die Weine sind nicht billig. Preiswerter für einen schnellen Happen ist das zugehörige „Tragarrapid", gegenüber liegt mit „El Japonés" eine Dependance, die auf japanische Küche spezialisiert ist. Passatge de la Concepció 5, ✆ 934 870621, www.grupotragaluz.com.

Bar-Rest. Madrid-Barcelona (31), auch bekannt unter dem Namen des katalanischen Nationalgerichts „Pa amb Tomàquet". Ein hübsch eingerichtetes Lokal mit relativ zivilen Preisen und guter Küche, insbesondere frittierter Ware (Fisch und Meeresfrüchte, Gemüse) und katalanische Gerichte. Oft voll besetzt, zu den Hauptessenszeiten muss man sich meist ein wenig anstellen. Carrer Aragó 282, ✆ 932 157026. So Ruhetag.

Rest. La Palmera (21), etwas abseits der Rennstrecken, aber den Weg durchaus wert. Kleines, vorwiegend von Einheimischen besuchtes Lokal in einer der schönsten Straßen des „linken" Eixample. Eine prima Adresse für mittags (unbedingt vor 14 Uhr eintreffen, sonst belegt), wenn für vergleichsweise bescheidene 13 € ein Probiermenü aus drei Vorspeisen und drei Hauptgerichten serviert wird, alles natürlich in kleinen, leckeren Portionen. So/Mo geschlossen. Carrer d'Enric Granados 57.

Rest. La Polpa (20), ganz in der Nähe. Nettes Dekor, fantasievolle mediterrane Küche, prima Preis-Leistungs-Verhältnis: Tagesmenü etwa 10 €, à la carte ab etwa 18 €. Auch von Lesern sehr gelobt. Carrer d'Enric Granados 69. Ausgesprochen beliebt, abends Reservierung ratsam: ✆ 933 238308.

Rest. Atzavara (19), gleichfalls in diesem Gebiet. Gut besuchtes vegetarisches und nikotinfreies Restaurant mit freundlichem

Service und angenehmer Atmosphäre, nur mittags von Mo–Sa geöffnet. Schmackhafte Salate, solides Tagesmenü für etwa 10 €. Carrer Muntaner 109.

Rest. Canela (44), ebenfalls im „linken" Eixample, nicht mehr weit von der Plaça de la Universitat. Kleines Restaurant mit kreativer mediterraner Küche, das teurer wirkt, als es ist. Das Mittagsmenü kommt auf etwa 10 €, auch à la carte liegen die Preise recht günstig. Carrer Aribau 16.

Rest. Corte Inglés (58), an der Plaça de Catalunya. Ganz oben im Kaufhaus, vom Ambiente her eher Cafeteria denn Restaurant, erwähnenswert vor allem aufgrund des beeindruckenden Blicks über die Stadt bis zum Montjuïc. Speisen sowohl im Self-Service-Verfahren als auch à la carte.

Rest. El Racó Ecològic (36), im „rechten" Eixample. Wie der Name schon ahnen lässt, wird hier (auch wenn die Karte einige Fleischgerichte aufweist) hauptsächlich vegetarisch gekocht. Solides Mittagsmenü zu normalen Preisen, auch Bio-Frühstück wird angeboten. Ein Geschäft mit Bio-Produkten ist angeschlossen. Nur mittags, Sa/So geschlossen. Carrer Bruc 86.

Tapa C24 (43), eine Tapa-Bar unter prominenter Leitung: Das Lokal ist ein Ableger des Gourmetrestaurants „Comerç 24" (→ Kapitel „Sant Pere und La Ribera/El Born") von Carles Abellán. Prima Tapas erster Qualität aus hochwertigen Produkten, die Preise entsprechen dem Gebotenen. Auch ein netter Platz fürs Frühstück. Abends wird es voll hier. Carrer Diputació 269, nahe Passeig de Gràcia.

Bar La Bodegueta (18), eine weitere Tapa-Bar, in der es neben leckeren Häppchen auch glasweise feinen Cava gibt. Tische an der Rambla, unten urige Atmosphäre zwischen alten Fässern. Rambla de Catalunya 100.

Cerveseria Catalana (23), eine „katalanische Bierstube" mit naturgemäß guter Bierauswahl, aber auch breitem Angebot an prima Tapas, insbesondere Montaditos und Meeresfrüchte. Oft bis auf die Straße hinaus belebt. Carrer Mallorca 236.

Cervecería Ciudad Condal (46), diesmal in spanischer Schreibweise der „Bierstube", dabei ist das Lokal doch nach der „gräflichen Stadt" Barcelona benannt ... Egal, das Ambiente ist schick und die Tapas sind sehr gut. Gehobenes Preisniveau. Rambla de Catalunya 18.

Rest. Origen 99,9% (15), nur einen Katzensprung von der Sagrada Familia. Ein frisch eröffneter Ableger des gleichnamigen, sehr beliebten Lokals im Born-Viertel, dessen Filialen sich allmählich über Barcelona ausbreiten. Gute, authentische katalanische Küche, Mittagsmenü etwa 12 €, auch à la carte nicht teuer. Avinguda de Gaudí 8. Im Umfeld weitere Restaurants und Bars.

Lizarrán Sagrada Família (17), ebenfalls gleich bei der Kirche, eine Filiale der Lizarrán-Kette baskischer Bars. Eben aufgrund der Nähe zu dem viel besuchten Wahrzeichen Barcelonas werden hier neben dem üblichen Angebot (Montaditos etc.) auch Platos Combinados offeriert. Oft Sonderangebote, Mittagsmenü 10 €. Carrer Sardenya 324.

Bar Cafetería Innsbruck (16), auch in diesem Gebiet, aber etwas versteckter gelegen. Solide Bar mit gutem Angebot an Bocadillos, Tapas etc., von Mo–Fr gibt es auch ein ganz passables und preiswertes Tagesmenü. Carrer Provença 379.

Laie Llibreria Café (52), nur einen Katzensprung von der Plaça Catalunya. Einer Buchhandlung angeschlossen, morgens gut fürs Frühstück, mittags und abends werden auch (nicht ganz billige) Menüs angeboten. Carrer Pau Claris 85, www.laie.es.

Bars & Clubs

Barcelona City Hall (54), ein zentraler Ableger des Nobelclubs Otto Zutz (→ Gràcia). Hier steht jeder Wochentag unter einem anderen Club-Motto, musikalisch überwiegend Underground und House. Geöffnet täglich bis 5 Uhr. Rambla de Catalunya 2–4, fast direkt an der Plaça de Catalunya. www.ottozutz.es.

Space Barcelona (33), eine erst wenige Jahre alte Filiale des berühmten Ibiza-Clubs. Leider etwas abgelegen jenseits des äußersten Rands des „linken" Eixample, auf Höhe des Parc Joan Miró. Carrer Tarragona 141–147, geöffnet Fr/Sa bis 5 Uhr. www.spacebarcelona.com.

Luz de Gas (2), schicker und seit vielen Jahren gut besuchter „Sala-Teatre-Club" mit täglichen Live-Aufführungen ganz unterschiedlicher Richtungen, im Anschluss Disco mit Gast-DJs etc. Geöffnet bis 5 Uhr, im Juli/August ist So geschlossen. Carrer Muntaner 246, bereits jenseits der Avinguda Diagonal, www.luzdegas.com.

Distrito Diagonal (6), im schönen Modernisme-Haus Casa Comalat; im modern gestylten, von der Farbe Rot geprägten Inneren

Lecker: baskische „Pintxos" bei Lizarrán

ist von Modernisme freilich nichts mehr zu spüren. Für House-Fans ist der Club dank diverser spezialisierter DJs ein Paradies. Geöffnet Fr/Sa bis 6 Uhr. Avinguda Diagonal 442. www.distritodiagonal.com.

Antilla BCN Latin Club (34), wie der Name schon sagt: Seit 1993 versorgt dieser Club alle Liebhaber karibischen Sounds mit Salsa, Merengue, Son Cubano & Co., gelegentlich auch live. Tanzkurse werden ebenfalls angeboten. Geöffnet bis 3.30 Uhr, Fr/Sa bis 4.30 Uhr, Di geschlossen. Im „linken" Eixample, Carrer Aragó 141, www.antillasalsa.com.

Arena Madre (40), Gay-Disco am Rand des Esquerra del Eixample, das im Bereich zwischen dem Carrer d'Aragó und der Gran Via nicht umsonst auch „Gayxample" genannt wird. Carrer Balmes 32, Ecke Carrer Diputació, geöffnet täglich bis 6 Uhr. Weitere Gay-Discos dieser Kette sind Arena Classic im Carrer Diputació 233 und Arena Vip/Dandy an der Gran Via 593, speziell für Frauen gibt es das Aire (Arena Diana) am Carrer València 236. www.arenadisco.com.

Einkaufen

Shoppingparadies Eixample: Entlang des Passeig de Gràcia und der Rambla de Catalunya liegt ein reizvoller Laden neben dem nächsten. Die Preise allerdings fallen nicht gerade niedrig aus.

Kaufhäuser & Shopping-Center: *El Corte Inglés (58)*, Spaniens führende und landesweit praktisch konkurrenzlose Kaufhauskette. Große Filiale an der Plaça de Catalunya, www.elcorteingles.es.

Bulevard Rosa (29), ältestes Shopping-Center seiner Art in Barcelona. Über hundert Geschäfte, vornehmlich auf Designermode, Schmuck, Accessoires, Lederwaren, Schuhe etc. spezialisiert. Passeig de Gràcia 55, www.bulevardrosa.com.

Les Glòries (53), bei der Plaça de les Glòries. Großer Komplex mit gut 200 Läden, darunter viele internationale Marken, daneben auch Kinos, Lokale etc. Avinguda Diagonal 208, www.lesglories.com.

Antiquitäten & Kunsthandwerk: *Bulevard dels Antiquaris (28)*, Passeig de Gràcia 55–57, praktisch im Bulevard Rosa. Eine ganze Reihe von spezialisierten Läden, nicht gerade billig. www.bulevarddelsantiquaris.com.

Bücher, Landkarten: *Alibri (45)*, die ehemalige Buchhandlung „Herder", mit einer guten Auswahl auch an deutschsprachigen Büchern. Carrer Balmes 26, Höhe Gran Via; www.books-world.com.

Altaïr (47), auf seinem Gebiet ein Klassiker; viele Bücher zum Thema Reisen und Schifffahrt, auch Landkarten. Gran Via 616, nicht weit von der Plaça Catalunya, www.altair.es.

Mode/Schuhe: *Adolfo Domínguez (14/42)*, einer der bekanntesten spanischen Modedesigner. Edle Ware für beide Geschlechter, nicht billig. Stammhaus am Passeig de Gràcia 32, Filiale auf Nummer 89, www.adolfo-dominguez.com.

Purificación Garcia (41), Understatement-Mode für Männer und Frauen. Wie Adolfo Domínguez stammt auch Purificación Garcia aus Galicien, dem Modewunderland Spaniens. Klassischer Stil, feines Material, akzeptable Preise. Carrer Diputació 267. www.purificaciongarcia.es.

Antonio Miró, (39) Mode für Männer und Frauen von Kataloniens Stardesigner. Schlicht geschnittene, bequeme Ware aus edlen Stoffen. Carrer del Consell de Cent 349, ums Eck von der Casa Lleó Morera. www.antoniomiro.es.

Farrutx (9), hochklassige und edel gestylte, dabei traditionell sehr bequeme Schuhe aus Mallorca. Carrer Rosselló 218. www.farrutx.com.

Camper (1/5), mehrere Filialen der mallorquinischen Kette, die preiswertes und qualitativ sehr gutes Schuhwerk fertigt, z. B. im Einkaufszentrum El Triangle (→ Rambles), an der Rambla de Catalunya 122 und im Carrer Muntaner 248.

Mango Outlet (50), große Filiale der bekannten Kette trendiger und preisgünstiger Frauenmode. Hier im Outlet gibt's die Sachen der letzten Saison noch mal eine ganze Ecke günstiger. „Der Weg lohnt sich!" (Leserinnenbrief). Carrer Girona 37, meist an den gelangweilt wartenden Männern vor der Tür zu erkennen. Im Umfeld und in Richtung Pl. Urquinaona noch weitere Outlets, zum Teil allerdings auch Großhändler (Venda al Major), die nur in entsprechenden Mengen verkaufen.

Lederwaren & Accessoires: *Loewe (38)*, Spaniens Nobelmarke Nummer eins, gegründet 1834. Handtaschen, Seidenschals, Krawatten, alles klassisch-elegant und alles andere als billig. Passeig de Gràcia 35. www.loewe.com.

Design: *Vinçon (10)*, herrlich gestylte Sachen vom Notizbuch bis zum Koffer. Muss man gesehen haben, ein moderner Klassiker. Auch das Gebäude selbst ist interessant. Passeig de Gràcia 98, um die Ecke von Gaudís Casa Milà, www.vincon.com.

Dos i Una (8), eine Fülle an Geschenkartikeln in teilweise herrlich schräger Gestaltung. Eixample, Carrer Rosselló 275.

Kulinarisches: *Queviures Murrià (27)*, einer der typischen „Colmados" (Kolonialwarenhändler) von Eixample, ein wunderbar nostalgisches Modernisme-Delikatessengeschäft mit superber Auswahl an Weinen, feinen Käsen und anderen Köstlichkeiten. Carrer Roger de Llúria 85.

Pastelleria Mauri (13), edelste Schokoladen und Pralinés mit langer Tradition. Das restaurierte Ladengeschäft vom Ende des 19. Jahrhunderts ist sehenswert. Rambla de Catalunya 102.

Xampany (26), mit einer unglaublich breiten Auswahl an Cavas – mehr als 150 Sorten sind hier zu haben, daneben natürlich auch Weine aller Art. „Linkes" Eixample, Carrer València 200, Nähe Carrer Muntaner.

Jamonísimo (12), insbesondere ein Tipp für iberischen Schinken exquisiter Qualität (der natürlich seinen Preis hat), aber auch für andere Delikatessen. Carrer Provença 85, im „linken" Eixample, etwa fünf Blocks hinter dem Carrer de Muntaner. www.jamonisimo.com.

Tempel für gekonntes Design: Vinçon

Eixample
Karte Seite 172/173

Farbenfroh: Bruchsteinkeramik im Parc Güell

Gràcia

Kleinstädtisches Flair in der Großstadt: Gràcia war mehrmals eine unabhängige Siedlung, der letzte Anschluss an Barcelona Ende des 19. Jahrhunderts wurde von den Bewohnern heftig bekämpft. Ein Highlight ist der Parc Güell nordwestlich des Viertels.

Stolz ist man im ehemaligen Arbeiter- und Handwerkerviertel auf die Eigenwilligkeit und den Widerstandsgeist der Bewohner, ebenso auf die anarchistisch-revolutionäre Vergangenheit, die durch Namen wie „Carrer de la Llibertat" (Straße der Freiheit) oder „Plaça de la Revolució" belegt wird. Vielleicht auch wegen dieser schon traditionellen Aufmüpfigkeit gegen „die da oben" hat sich das Viertel zu einem Zentrum der Alternativkultur entwickelt, ohne an Bodenständigkeit zu verlieren: sympathischer Vorstadtcharakter statt Schicki-Micki, gewürzt mit einer Reihe trendiger Bars, den Küchen vieler Kontinente und einem Nachtleben, in dem noch die Einheimischen den Ton angeben. Einmal im Jahr, zum großen Fest „Festa Major de Gràcia" in der Woche ab dem 15. August, wird Gràcia sogar zum Zentrum Barcelonas.

Die Gebäude hier sind niedrig, die Sträßchen schmal, die vielen hübschen Plätze so klein, dass sie sich kaum auf dem Stadtplan darstellen lassen. Es hat seinen Reiz, sich durch die Gassen von Gràcia treiben zu lassen, hier an einer winzigen Plaça einen Café zu nehmen und dort einen alten Handwerksladen zu bewundern. Von einigen wenigen Modernisme-Bauten abgesehen, gibt es kaum echte Sehenswürdigkeiten und deshalb auch nur wenige Touristen.

Anders die Situation im Parc Güell, der nordwestlich etwas außerhalb von Gràcia liegt, jenseits der Travessera de Dalt. Eine der originellsten Sehenswürdigkeiten Barcelonas, zählt er auch zu den meistbesuchten. Trotz des Rummels, der sich an Wochenenden durch Ausflügler aus der Stadt noch steigert, sollte man einen Abstecher in das hoch über der Metropole gelegene Freiluftmuseum keinesfalls versäumen.

Bildete Gràcia auch einst ein eigenes Städtchen, so liegt es im ausgedehnten Barcelona von heute dagegen gar nicht so weit ab vom Schuss – der Fußweg von der Plaça de Catalunya über den Passeig de Gràcia ist in einer halben Stunde durchaus zu schaffen. Aber natürlich ist Gràcia auch an das Netz der Metro (L 3, Stationen Diagonal, Fontana oder Lesseps, L 5 Station Diagonal) und der FGC (Station Gràcia) angeschlossen.

Tour 11: Ein Städtchen in der Stadt

Ausgangspunkt dieser Route ist die **Plaça Rei Joan Carles I.** (Metro: Diagonal) an der Kreuzung des Passeig de Gràcia mit der Avinguda Diagonal. Bevor man sich ins Herz von Gràcia begibt, lohnt sich noch ein kleiner Umweg in den Carrer de Còrsega: Die zu dieser Straße weisende Fassade der → **Casa Comalat** zeigt sich weitaus spektakulärer als die an der Diagonal.

Wieder zurück an der Plaça, geht es nun in den Passeig de Gràcia, der hier in einer Art Parkanlage ausläuft, liebevoll „Jardinets" (Gärtchen) genannt, die freilich an beiden Seiten vom Verkehr umtost wird. Genau am Ende des Passeig de Gràcia erhebt sich die → **Casa Fuster** von Domènech i Montaner, heute ein Luxushotel.

Nun verengt sich der Passeig de Gràcia zur Straße **Carrer Gran de Gràcia**, der von schmucken Straßenlaternen und zahlreichen Geschäften gesäumten Hauptarterie des Viertels. Auf Höhe des Carrer de Cigne lässt sich ein kurzer Abstecher nach links zum **Mercado de la Llibertad** einlegen, einer der beiden Markthallen von Gràcia. Der Markt (zuletzt in Renovierung und provisorisch Richtung Via Augusta verlegt, Wiedereröffnung eventuell noch 2009) wurde 1875 errichtet und zählt damit zu den ältesten der Stadt; die modernistische Dachkonstruktion datiert von 1893. Im Umkreis haben sich weitere Läden niedergelassen, die Kochutensilien, preisgünstige Kleidung, Schuhe etc. verkaufen.

Weiter oben am Carrer Gran de Gràcia geht es nochmals links, diesmal in den Carrer de les Carolines und zur vielfarbigen → **Casa Vicens** von Antoni Gaudí.

Wieder zurück, quert man die Hauptstraße des Viertels hinein den Carrer de Santa Agata, folgt am Ende dem Carrer

Fassade zum Carrer de Córsega: Casa Comalat

Gràcia Karte Seite 195

Gràcias Wahrzeichen: Glockenturm der Plaça Rius i Taulet

de l'Olla de Torrent nach rechts und biegt am Carrer d'Asturies links ab. Die rechter Hand gelegene **Plaça del Diamant** verdankt ihren Namen einem Juwelier, der früher das Land hier besaß und bei der Vergabe von Namen ein lautes Wörtchen mitredete – auch die Namen der nahen Straßen Perla (Perle), Robí (Rubin) und Or (Gold) gehen auf seine Intervention zurück. Der funkelnden Benennung zum Trotz ist der Platz wahrlich keine Schönheit, wurde hier doch allzuviel und vor allem zu lieblos restauriert und gebaut. Wesentlich attraktiver zeigt sich die nahe, heimelige **Plaça de la Virreina** mit ihrem hübschen Brunnen und der 1884 errichteten Pfarrkirche Sant Joan.

Über den Carrer de l'Or gelangt man zum **Carrer Verdi**, einer der buntesten Straßen des Viertels. Hier und in den Seitenstraßen finden sich vielerlei Läden und Bars; ganz in der Nähe liegt am Carrer Montseny 47 der Stammsitz des berühmten katalanischsprachigen Theaters Teatre Lliure. Der Carrer Verdi endet an der **Plaça Revolució de Setembre de 1868**, benannt nach einem auch als „La Gloriosa" bekannten Aufstand, der zur Absetzung von Königin Isabella II. durch den liberalen General Prim führte und (für wenige Jahre) die Monarchie in Spanien beendete.

Von hier sind es über den Carrer de Maspons nur ein paar Schritte zur **Plaça del Sol**, einem der Fixpunkte von Gràcia. Gesäumt wird die etwas heruntergekommen wirkende, jedoch in Sommernächten sehr lebendige Plaça von Cafés und Music-Bars, in denen sich vor allem die Subkultur trifft. Die letzte Station des Rundgangs bildet die **Plaça Rius i Taulet**, der eigentliche Hauptplatz von Gràcia. Überragt wird der Platz von einem kuriosen Glockenturm, 1864 von Rovira i Trias errichtet, der so etwas wie das Wahrzeichen des Viertels bildet. Ganz in der Nähe steht auch das mehrfach umgebaute ehemalige Rathaus Casa de la Vila, für Gràcia das Symbol des Wunsches nach Unabhängigkeit, heute jedoch nur Sitz der Distriktsverwaltung. Über den Carrer de Goya geht es zurück zum Carrer Gran de Gràcia.

Sehenswertes

Casa Comalat: Auffälligstes Merkmal dieses relativ wenig bekannten Gebäudes sind die zwei völlig unterschiedlichen Fassaden. Die zur Avinguda Diagonal gerichtete Seite fällt eher konventionell aus, die Fassade am Carrer de Còrsega hingegen ist ein Modernisme-Traum in weichen, geschwungenen Formen und vielfarbigem Mosaikschmuck; das Erdgeschoss besteht aus

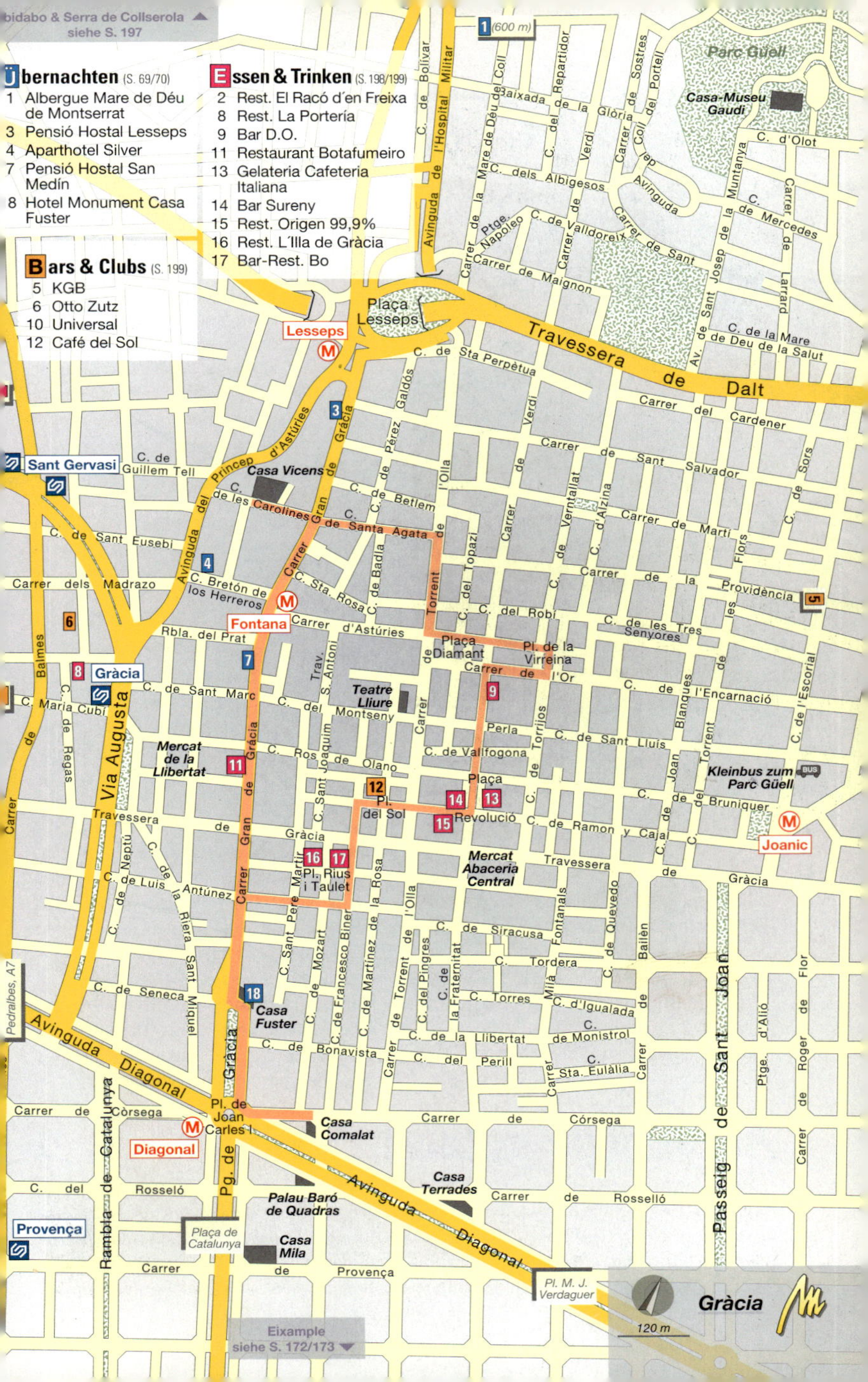

bidabo & Serra de Collserola
siehe S. 197
Übernachten (S. 69/70)
1 Albergue Mare de Déu de Montserrat
3 Pensió Hostal Lesseps
4 Aparthotel Silver
7 Pensió Hostal San Medín
8 Hotel Monument Casa Fuster
Bars & Clubs (S. 199)
5 KGB
6 Otto Zutz
10 Universal
12 Café del Sol
Essen & Trinken (S. 198/199)
2 Rest. El Racó d´en Freixa
8 Rest. La Portería
9 Bar D.O.
11 Restaurant Botafumeiro
13 Gelateria Cafeteria Italiana
14 Bar Sureny
15 Rest. Origen 99,9%
16 Rest. L´Illa de Gràcia
17 Bar-Rest. Bo
1 (600 m)
Parc Güell
Casa-Museu Gaudí
Plaça Lesseps
Lesseps
Travessera de Dalt
Sant Gervasi
Casa Vicens
Fontana
Gràcia
Via Augusta
Mercat de la Llibertat
Teatre Lliure
Plaça de Diamant
Pl. de la Virreina
Pl. del Sol
Plaça Revolució
Pl. Rius i Taulet
Mercat Abaceria Central
Kleinbus zum Parc Güell
Joanic
Casa Fuster
Avinguda Diagonal
Pl. de Joan Carles I
Diagonal
Casa Comalat
Casa Terrades
Palau Baró de Quadras
Casa Mila
Plaça de Catalunya
Provença
Pl. M. J. Verdaguer
Passeig de Sant Joan
Rambla de Catalunya
Pg. de Gràcia
Pedralbes, A7
Eixample
siehe S. 172/173
120 m
Gràcia

Früher Modernisme: Casa Vicens

falschem, bunt gesprenkeltem Granit. Die Parabolbögen und knochenartigen Strukturen sind ganz sicher von Gaudí inspiriert, dennoch trägt der Bau eine eigene Handschrift. Geschaffen wurde er 1909–1911 von Salvador Valeri i Pupurull, einem Vertreter der zweiten Generation von Modernisme-Architekten.

Casa Fuster: Das Haus am Passeig de Gràcia 132 entstand zwischen 1908 und 1911 unter der Regie von Domènech i Montaner, später assistiert von seinem Sohn Pere. Als Wohnhaus geplant, steht es am Übergang des Passeig de Gràcia zum wesentlich schmaleren Carrer Gran de Gràcia und schließt somit den Passeig praktisch ab. Die Marmorfassade mit neogotischen Zitaten fällt für ein Modernisme-Gebäude eher farblos aus. Heute ist in der Casa Fuster ein Luxushotel untergebracht, das erste als „Hotel Monument“ ausgewiesene Haus Barcelonas.

Casa Vicens: Im Carrer de les Carolines 22, einer westlichen Seitenstraße zum Gran de Gràcia, steht diese Villa, die zu den ersten Werken des jungen Gaudí und gleichzeitig zu den Anfängen des Modernisme überhaupt zählt. Seine frühe Entstehungszeit – es wurde schon 1883 bis 1888 erbaut – merkt man dem Gebäude freilich nicht an. Der Bau aus unverputzten Ziegeln ist mit Bändern bunter, teilweise mit floralen Motiven versehener Kacheln geschmückt. Diese Dekoration ist zwar einerseits nicht untypisch für Gaudí, hängt aber andererseits wohl auch mit dem Auftraggeber zusammen, dem Ziegel- und Fliesenfabrikanten Manuel Vicens Montaner. Die Fassaden zeigen deutliche Anklänge an den maurischen Mudéjar-Stil, während der detailliert gearbeitete eiserne Palmenzaun an Gaudís Herkunft als Sohn eines Schmieds erinnert. Leider ist die Villa in Privatbesitz und kann deshalb nur von außen besichtigt werden.

Abstecher: Parc Güell

1900 beauftragte Gaudís Freund und Förderer, der Industrielle Eusebi Güell, den Architekten mit dem Bau einer Gartenstadt nach englischem Vorbild, in der Wohnen und Natur gleichberechtigt nebeneinander stehen sollten. Fertig gestellt an diesem größten Projekt Gaudís nach der Sagrada Familia wurden nur zwei Gebäude, das Wegenetz und die Gartenanlage. Die geplanten 60 Villen fanden keine Interessenten, vielleicht auch deshalb, weil jeder Käufer per Vertrag akzeptieren musste, auf seinem Grundstück keine Bäume zu fällen, nicht mehr als ein Sechstel der Grundstücksfläche bebauen zu lassen und keine Zäune zu errichten, die höher als 80 Zentimeter sind. 1922 wurde das Gelände als Park eröffnet.

Die luftig über der Stadt gelegene Anlage muss eine besondere Herausforderung für Gaudí gewesen sein. Er, der sich immer an organischen Strukturen orientierte und hier die Möglichkeit hatte, seine naturnahe Kunst mit der Natur selbst zu verbinden, löste die Aufgabe ganz seinem Stil entsprechend und immer voller Respekt gegenüber der Landschaftsform. Das Ergebnis, so nicht von japanischen Reisegruppen übervölkert (Gaudí ist in Japan absolut „in"), ist ein von kleinen Details und großen Ideen belebter Märchengarten, 1984 von der Unesco in die Liste des Weltkulturerbes aufgenommen.

Der Park besitzt mehrere Eingänge. Am schönsten nähert man sich ihm vom Hauptzugang am Carrer d'Olot aus. Zwischen zwei typisch gaudíesken, türmchenbewehrten Pavillons (einer beherbergt das Dokuzentrum Centre d'Interpretació) ohne jede Gerade oder Ecke gelangt man zu einer doppelten Treppe mit zwei Brunnen – einer mit einem Schlangenkopf im Wappen Kataloniens, der andere bewacht von einem freundlichen, vor allem von Kindern stets umlagerten Drachen. Der kleine Drache, fast schon ein Wahrzeichen Barcelonas geworden, ist ebenso wie das Wappen und die umgebenden Mauern in farbige Bruchkeramik („Trencadís") gekleidet. Die Treppe führt zu einem ungewöhnlichen Saal mit dorischen Säulen, der ursprünglich als Markthalle des Wohngebiets gedacht war und „Saal der 100 Säulen" genannt wird, obwohl es tatsächlich nur 86 sind. Oberhalb liegt ein weiter Platz mit herrlicher Aussicht auf die Stadt, an dessen Rand sich die berühmte gewundene Bank entlangschlängelt. Auch sie ist mit bunter Bruchkeramik geschmückt, die, wie an vielen Stellen des Parks, von Gaudís Assistenten J.M. Pujol stammt. Der Platz selbst ist so gestaltet, dass das hier aufgefangene Regenwasser durch die hohlen Säulen der Markthalle in eine unterhalb gelegene Zisterne geleitet werden konnte. Jenseits des Platzes erstreckt sich der eigentliche Park, ein behutsam und originell in die Landschaft gefügtes Gewirr von Wegen, Laubengängen, Mauern und Brücken.

Unverkennbar: Gaudís Handschrift

Casa-Museu Gaudí: Das von Architekt *Francisc Berenguer* errichtete Gebäude sollte als „Musterhaus" der geplanten Siedlung dienen und war ab 1906 Wohnsitz Gaudís, bevor er an der Baustelle der Sagrada Familia Quartier bezog. Es liegt von der Treppe aus gesehen ein Stück rechts des großen Platzes und beherbergt ein Museum, in dem einige vom Meister gestaltete Möbel sowie Zeichnungen, Modelle und Pläne Gaudís zu sehen sind.

• *Stadtverkehr* Ab der Plaça Universitat und der Plaça Catalunya fährt (via Passeig de Gràcia, Gran de Gràcia und Plaça Lesseps an der „grünen" Metro L 3) recht häufig Bus Nr. 24; die beste Haltestelle ist Carretera del Carmel-Parc Güell, dann noch ein kurzes Stück zu Fuß. Variante, fast bis vor den Haupteingang: „Gelbe" Metro L 4 bis Station Joanic (Gràcia); ein kleines Stück oberhalb der Metro-Station hält am Carrer Escorial, kurz hinter einer Haltestelle größerer Busse, der Kleinbus Nr. 116 zum Park; Abfahrten Mo–Fr häufig, Sa alle 20 min, So kein Verkehr.

• *Öffnungszeiten* Park geöffnet November bis Februar 10–18 Uhr, März und Oktober 10–19 Uhr, April und September 10–20 Uhr, Mai bis August 10–21 Uhr; Eintritt frei. Casa-Museu Gaudí geöffnet April bis September 10–20 Uhr, sonst 10–18 Uhr; Eintrittsgebühr (vielleicht etwas hoch gegriffene) 4 €.

Praktische Infos

Essen & Trinken

Rest. El Racó d'en Freixa (2), genau genommen schon im weitläufigen Nachbarbezirk Sant Gervasi, aber nur einen Sprung von Gràcia entfernt. Das Lokal des vielfach prämierten Chefs Ramón Freixa gilt als eines der Spitzenrestaurants Barcelonas. Klassisch-katalanische Küche, modern interpretiert; exquisiter Weinkeller. Die Preise entsprechen dem Gebotenen, das empfehlenswerte Degustationsmenü kommt auf etwa 75 €. Carrer Sant Elies 22, Reservierung unter ✆ 932 097559. So, Mo, über Ostern sowie drei Wochen im August geschlossen. www. elracodenfreixa.com.

Rest. Botafumeiro (11), galicische Küche hoher Klasse, dem Seemanns-Dekor entsprechend natürlich in erster Linie Fisch und Meeresfrüchte, doch gibt es ebenso feine Reis- und Fleischgerichte. Auch die Weinauswahl kann sich schmecken lassen. Die Bartheke ist als Essplatz fast beliebter als das Restaurant selbst. Preisniveau etwa wie oben. Gran de Gràcia 81, ✆ 932 84230. www.botafumeiro.es.

Rest. Origen 99,9% (15), zwischen den Plätzen Revolució und Sol. Hiesige Filiale des gleichnamigen Restaurants im Born-Viertel und wie dieses (und die Handvoll anderer „Origens" im Stadtgebiet) auf original katalanische Küche spezialisiert. Auch Verkauf von Produkten aus der Region. Mittagsmenü etwa 11 €, auch sonst recht preisgünstig. Carrer Ramón y Cajal 12.

Rest. La Portería (8), beliebtes Nachbarschaftslokal mit ordentlicher Küche, in dem vor allem zur Mittagszeit viel Betrieb herrscht. Tagesmenüs etwa 10 €, abends à la carte deutlich mehr. Sant Gervasi, Ecke Laforja und Regás, nahe Via Augusta, FGC-Station Gràcia.

Rest. L'Illa de Gràcia (16), nur ein paar Schritte von der Plaça Rius i Taulet, dem Hauptplatz von Gràcia. Kleines vegetarisches Restaurant mit guter Auswahl an Salaten und Süßspeisen; Crêpes gibt es auch. Ausgesprochen preiswert, auch das Tagesmenü ist mit etwa 7 € (ohne Getränke) sehr günstig. Carrer de Sant Domènec 19.

Bar-Rest. Bo (17), ganz in der Nähe. Sehr beliebt, sicher auch wegen der Tische direkt auf dem Platz. Mittagsmenü etwa 11 €, es gibt auch gute Bocadillos, Tapas, Cazuelitas (kleine Kasserollen), Salate etc. Placa Rius i Taulet 11.

Bar D.O. (9), eine prima Adresse für „Vins i Platillos". Im Mittelpunkt steht hier der auch glasweise ausgeschenkte Wein, wie der Name (D.O.: Denominación de Origen, das spanische Qualitätssiegel für Weinbaugebiete) ja schon ahnen lässt, aber auch die passende Begleitung in Form vieler kleiner Tellerchen mit feinen und originellen Happen. Mittleres Preisniveau. Carrer Verdi 36, nur abends geöffnet, Sa auch mittags; So Ruhetag.

Bar Sureny (14), ein Spezialist für exquisite Tapas aller Arten und Geschmacksrichtungen. Ordentliche Weinauswahl. Plaça de la

Sonnig: Wintertag an der Plaça Rius i Taulet

Revolució de Setembre de 1868, Nummer 17; nur abends geöffnet, Sa/So auch mittags. Mo Ruhetag. Ebenfalls beliebt ist das nahe „Restaurante Niu Toc".

Gelateria Cafeteria Italiana (13), stadtbekanntes Eiscafé, das seit Jahrzehnten exquisite Ware produziert; die Sorte „Schwarze Schokolade" (Chocolate Negro) geht auf ein Familienrezept von 1896 zurück. Erst ab 17 Uhr geöffnet, Mo/Di geschlossen. Plaça Revolució 2.

Bars & Clubs

Die Mehrzahl der genannten Adressen liegen in der Peripherie von Gràcia bzw. bereits außerhalb in Richtung des Nachbarviertels Sant Gervasi. Treffpunkte im Kern Gràcias sind die Plaça del Sol und der Carrer Verdi.

Otto Zutz (6), immer noch eine der ersten Adressen Barcelonas, Treff all derjenigen, die in der Szene etwas darstellen (wollen). Umgebaute Fabrikhalle in zwei Etagen, richtig los geht's ab etwa 2 Uhr. Mit die härteste Tür der Stadt; bei Erfolg heißt es erst einmal 15 € Eintritt (inklusive einem Drink) zu löhnen. Geöffnet Di–Sa bis 5/5.30 Uhr. Carrer Lincoln 15 (FGC Sant Gervasi), nahe dem Carrer Balmes/Kreuzung Via Augusta.

Universal (10), zweigeschossig und fein gestylt, halb Bar, halb Disco; tendenziell eher etwas älteres Publikum. Unten läuft hauptsächlich House, oben ist es bei Funk und Pop etwas gesetzter. Geöffnet Mo–Do bis 3.30 Uhr, Fr/Sa bis 5 Uhr, Carrer María Cubí 184 (FGC Gràcia oder Muntaner), eine Seitenstraße der Via Augusta.

KGB (5), „Kiosco General Barcelona", eine umgebaute Fabrikhalle wie das Otto Zutz; trockenes Styling. Manchmal Live-Musik, darunter spektakuläre Konzerte. Geöffnet Do–Sa 1–6 Uhr. Carrer Alegre de Dalt 55 (Metro Joanic), Seitenstraße des Carrer Pi i Margall. www.salakgb.net.

Café del Sol (12), an der gleichnamigen Plaça, der Klassiker an diesem alternativ angehauchten Platz von Gràcia. Bis zwei Uhr morgens geöffnet.

Gràcia
Karte Seite 195

Hoch über Barcelona: der Tibidabo mit der Kirche Sagrat Cor

Tibidabo

Mal wieder frische Luft? Raus aus der Stadt ins Grüne? Weite Panoramen? Dann gibt es, neben dem niedrigeren und zahmeren Montjuïc, nur eins: Hinauf auf den Tibidabo, den 512 Meter hohen Hausberg Barcelonas.

Der Tibidabo ist die höchste Erhebung der hügeligen Serra de Collserola, die im Kapitel „Ausflüge in die Umgebung“ noch näher beschrieben wird. Seine bis in die Stadt reichenden Ausläufer waren schon zu Zeiten des Modernisme ein besonders begehrtes und teures Wohngebiet und sind es bis heute geblieben. Oben auf dem Gipfel erwarten den Besucher ein Vergnügungspark, die Kirche Sagrat Cor und der Fernsehturm Torre de Collserola, vor allem aber ein fulminantes Panorama. Der Blick auf Barcelona ist konkurrenzlos, und die Sicht soll an besonders klaren Tagen bis zu den Pyrenäen, gar zu den Balearen reichen. Der weite Ausblick ist denn auch Ursprung der Sage, der der Tibidabo seinen Namen verdankt. Hier oben nämlich soll es gewesen sein, wo der Teufel Jesus in Versuchung führte: Alles, was dessen Auge erblicke, werde er ihm geben (*tibi dabo*), wenn er nur ihm huldige ...

Ein wichtiger Aspekt des Vergnügens einer Tour auf den Berg sind die teilweise herrlich nostalgischen Verkehrsmittel (→ unten: Praktische Infos/ Stadtverkehr), die auf den Tibidabo führen. Zu ihnen zählen die alte Straßenbahn *Tramvia Blau* (nicht immer in Betrieb) und die Standseilbahn *Funicular de Tibidabo*. Letztere verkehrt seit der ganzjährigen Inbetriebnahme eines Teils des Vergnügungsparks nun praktisch rund ums Jahr – was sich freilich auch wieder ändern könnte, sofern den neuen Öffnungszeiten des Parks kein durchschlagender Erfolg beschieden sein wird. Unsere Tour erschließt den Tibidabo deshalb von einer anderen Seite aus, nämlich über das Städtchen *Vallvidrera*, eine mit einem kleinen Spaziergang verbundene Form der Anreise, die täglich und mit einer ganz normalen Einzelfahrkarte des Barceloneser Stadtverkehrs möglich ist. Für den Rückweg ins Zentrum bleibt dann immer noch die Option der Funicular und eventuell auch der Tramvia.

Tour 12: Von Vallvidrera zum Tibidabo

Machbar ist diese Route, wie erwähnt, an jedem beliebigen Tag; der Fußweg von der Bergstation Vallvidrera Superior zum Tibidabo beträgt weniger als zwei Kilometer. Sofern die Standseilbahn noch täglich verkehrt, lässt sich die Tour zu einer reizvollen Rundstrecke erweitern: Hinweg via Vallvidrera, zurück nach Barcelona mit der Tibidabo-Seilbahn und je nach Betriebszeit auch der Tramvia Blau.

Zunächst geht es mit den Nahverkehrszügen der FGC ab der Plaça de Catalunya oder Gràcia zur Station **Peu del Funicular** (Linien S 1 Terrassa, S 2 Sabadell, S 5 Sant Cugat/Rubí, S 55 Universitat Autònoma). Dort steigt man gleich im Ankunftsbereich um in die moderne Standseilbahn **Funicular de Vallvidrera**; die Fahrt ist im normalen FGC-Ticket enthalten. Vor allem an Wochenenden werden an der Mittelstation wohl einige Mountainbiker aussteigen; sie zieht es auf die Carretera de les Aigües, eine auch bei Joggern beliebte Panoramaroute auf halber Höhe des Tibidabo.

Unsere Tour jedoch startet an der Bergstation **Vallvidrera Superior** von Vallvidrera, einem Vorstädtchen, das fast ein wenig an einen Luftkurort erinnert. Vor der Bergstation fährt Bus 111 (die Nummern ändern sich allerdings gelegentlich) direkt zum Tibidabo. Mehr Spaß macht jedoch ein Spaziergang, der kaum eine halbe Stunde in Anspruch nimmt. Gegenüber der Station steigt man dazu auf dem Treppenweg **Carrer dels Algarves** rechts aufwärts und hält sich dann, auch weiter vorne an der Hauptstraße, immer geradeaus, auf den Fernsehturm Torre de Collserola zu. Kaum zehn Minuten hinter der Seilbahnstation trifft man auf eine Gabelung: rechts führt die Hauptstraße weiter zum Tibidabo, links zweigt der Carrer Parc de la Budellera ab. Wir jedoch nehmen den kräftig ansteigenden Weg zwischen den beiden Straßen, der links zunächst noch von einigen Häusern begleitet wird und in den Wald hinein führt. Oben geht es hinter einer Säule (ein ehemaliges Kreuz) links, auf einem Holzbohlenweg abwärts und im Bogen rechts herum zum Eingang des → **Torre de Collserola**. In Richtung Tibidabo lässt man den Eingang zum Fernsehturm rechts liegen und geht an der Straße geradeaus weiter. Nach einem kurzen Anstieg trifft man zunächst auf den Vergnügungspark → **Parc d'Atraccions** (hier auch die Station der Standseilbahn), etwas oberhalb erhebt sich die Kirche → **El Sagrat Cor**. Wer die Rückfahrt nach Barcelona mit der Standseilbahn Funicular de Tibidabo und der Straßenbahn Tramvia Blau (sofern in Betrieb) antritt, kann an den Ausläufern des Tibidabo noch einen Besuch im originellen Wissenschaftsmuseum → **Museu de la Ciència** einlegen.

Sehenswertes

Torre de Collserola: Der 1992 eröffnete Fernsehturm, ein Werk des britischen Architekten Norman Foster, bildet das Nervenzentrum der katalanischen Telekommunikation. Der Turm selbst ist insgesamt 288 Meter hoch, die rundum verglaste Aussichtsplattform liegt auf rund 160 Meter Höhe und damit insgesamt 570 Meter über dem Meeresspiegel. Die Aussicht in alle Richtungen,

Tibidabo
Karte Seite 203

auch über die Serra de Collserola hinweg, ist berückend, doch bietet Sagrat Cor auf dem Tibidabo ein ganz ähnliches (und preisgünstigeres) Panorama.

Betriebszeiten Mi–Fr 11 bis 14.30 Uhr, dann wieder ab 15.30 und je nach Jahreszeit und Wochentag bis 17, 18, 19 oder 20 Uhr; Mo/Di ist geschlossen. Auffahrt per Lift 5 €, es gibt auch Kombikarten mit dem Vergnügungspark, s.u. Dauer der Auffahrt 2½ Minuten; wer nicht schwindelfrei ist, sollte wissen, dass die Wände des außen liegenden Aufzugs aus Glas sind. www.torrecollserola.com.

Parc d'Atraccions: Der Vergnügungspark auf dem Tibidabo besteht seit 1901 und ist damit der älteste Spaniens.

Amazonas-Wald: „Bosque inundado" im Museum de la Ciència

So eine Achterbahnfahrt mit Fernblick über Barcelona hat schon etwas Besonderes ... Außer für die diversen Fahrgeschäfte werden sich kleine und große Kinder vor allem für das *Museu d'Autòmates* interessieren, das Vergnügliches wie beispielsweise mechanische Puppen aus der Zeit um 1900 offeriert.

Öffnungszeiten Häufige, praktisch jährliche Wechsel. Die oberste Ebene des Parks, genannt *„Camí del Cel"* oder auch *„Cota 500"* war inklusive der dortigen Fahrgeschäfte und einer Promenade zuletzt täglich (Ausnahmen: 25./26.12., 1.1.) geöffnet, nämlich Mo–Fr 12–16, Sa/So 11–17 Uhr; angesichts der zumindest anfangs und zur Nebensaison sehr geringen Nachfrage bleibt abzuwarten, ob das auch so bleibt. Der Eintritt zu diesem Bereich ist gratis, Tickets für die Fahrgeschäfte (jeweils 2 €) und das Automatenmuseum (4 €) sind einzeln oder als Pauschale (11 €) erhältlich, es gibt auch ein Kombiticket (14 €) mit der Torre de Collserola. Als Ganzes öffnet der Park meist nur an Wochenenden, im Juni teilweise auch Mi/Do, von Juli bis etwa Mitte September durchgehend Mi–So. Tagespass mit freier Fahrt 24 €. Kinder unter 120 cm und über 60-Jährige zahlen 9 €; ohne Inanspruchnahme der Fahrgeschäfte kommen letztere auch gratis auf das Gelände. Infos unter ✆ 932 11 7942 oder www.tibidabo.es.

El Sagrat Cor: Die Kirche „Das Heilige Herz" markiert die höchste Stelle des Tibidabo. 1902 von Enric Sagnier begonnen, wurde das Gotteshaus erst 1961 fertig gestellt. Kunsthistorisch beeindruckt die ein wenig an Zuckerbäckerei erinnernde Kirche wenig, doch bietet sich schon von ihrer Terrasse ein weiter Blick. Der steigert sich noch durch die Möglichkeit, per Aufzug (2 €) zur Jesus-Statue auf der Spitze zu fahren. Dort, auf der Höhe von 575 Metern über dem Meeresspiegel, genießt man – wenn auch meist windgeschüttelt – einen besonders umfassenden Ausblick.

Abstecher zum Museu de la Ciència CosmoCaixa: Leicht einbauen auf dem Weg vom oder zum Tibidabo lässt sich dieses unweit der Linie der Tramvia Blau

gelegene, in einem schönen Modernisme-Gebäude untergebrachte und auch für Kinder amüsante Wissenschafts-Museum, das der Fundació La Caixa gehört und zu den meistbesuchten Museen der Stadt zählt. Im Hauptbereich *Sala de la Materia* besitzt es eine ganze Reihe von Ausstellungsstücken, die sich durch Knopfdruck in Bewegung versetzen lassen: „Se puede tocar“, Anfassen ausdrücklich erwünscht. Ein Highlight ist der „überschwemmte

Wald“ *Bosque inundado*, ein riesiges Gewächshaus, in dem auf tausend Quadratmetern ein Stück Amazonasregenwald über und unter Wasser nachgestellt wurde, inklusive Fischen, Vögeln, Reptilien, kleinen Säugetieren und gelegentlichen Regengüssen von der Decke. Speziell für Kinder gedacht sind die Bereiche *Sala Clik* (3–6 Jahre) und *Sala Flash* (7–9 Jahre). In der Abteilung *Toca Toca!* („Anfassen, Anfassen!“) werden Kindern die Pflanzen und Tiere des Regenwalds, der Wüsten und des Mittelmeers näher gebracht; für sie wird ein Extra-Eintrittsgeld fällig, ebenso wie für das *Planetarium* des Museums. Ein Cafeteria-Restaurant ist angeschlossen.

Lage und Öffnungszeiten Oberhalb der Treppen am Ende des Carrer Teodor Roviralta, einer Seitenstraße der Avinguda del Tibidabo; linker Hand Richtung Berg. Geöffnet Di bis So 10–20 Uhr, Eintritt 3 €, Kinder 2 €, am ersten Sonntag im Monat gratis. Toca Toca! kostet 2,50 € bzw. für Kinder 2 €, das Planetarium 2 €, Kinder 1,50 €.

Praktische Infos

Stadtverkehr

Zur Anreisevariante über Vallvidrera siehe oben die Tour 12.

Tibibús: Ein Direktbus, der von der Plaça Catalunya (vor dem Corte Inglés) hinauf zur Plaça del Tibidabo fährt. Betrieb nur, wenn der komplette Vergnügungspark geöffnet hat, Abfahrten je nach Andrang halbstündlich bis stündlich.

FGC: Die Tibidabo-Linie der FGC fährt ab der Plaça Catalunya zur Plaça John Kennedy am Beginn der Avinguda Tibidabo. Hier muss man umsteigen in die Tramvia Blau bzw. in den Ersatzbus

Tramvia Blau: Von der Avinguda Tibidabo geht es weiter mit dieser nostalgischen Straßenbahn bis zu deren Endstation an der Plaça Dr. Andreu. Die 1901 in Dienst gestellte Linie überbrückt eine Distanz von gut 1200 Metern und einen Höhenunterschied von fast 100 Metern; an den Endstationen muss der Stromabnehmer noch wie einst von Hand umgestellt werden. Betrieb über Ostern sowie im Juli und August täglich, sonst in der Regel nur Sa/So, Fahrpreis hin und zurück 3,90 €, einfach 2,60 €. Falls die Straßenbahn nicht fährt, gibt es einen Busservice.

Funicular de Tibidabo: Ab der Plaça Dr. Andreu verkehrt die Standseilbahn hinauf zur Plaça del Tibidabo. Sie wurde zeitgleich mit der Tramvia Blau zu Anfang des 20. Jh. eröffnet (die Bergfahrt kostete damals 1 Peseta) und war die erste ihrer Art in Spanien. Die einspurige Bahn verläuft über eine Länge von 1152 Metern, der Höhenunterschied zwischen Tal- und Bergstation beträgt 275 Meter. Sie war zuletzt täglich in Betrieb, bleibt dies aber wohl nur, wenn auch der „Camí del Cell“ („Cota 500“) weiterhin täglich geöffnet hat. Fahrpreis hin und zurück 3 €, einfach 2 €. Bei der Fahrt abwärts sind die schönsten Plätze vorne auf der Talseite.

Guter Ruf: Restaurant La Venta

Im Parc d’Atraccions: Riesenrad mit Fernblick

TIBIDABO 6
TIBIDABO 7
TIBIDABO 8
TIBIDABO 9
TIBIDABO 10
TIBIDABO 11

Essen & Trinken

Rest. Abac (6), eins der Top-Restaurants der Stadt, 2008 vom Born-Viertel hierher umgezogen. Xavier Pellicer steht für die ganz raffinierte Version der katalanischen Küche zwischen Tradition und Moderne. Nobles Ambiente und Publikum, exquisites Design, entsprechende Preise: Degustationsmenü etwa 100 €. Avinguda del Tibidabo 1–7, ✆ 933 196600. So, Mo-Mittag sowie im August geschlossen.

Rest. Asador de Aranda (5), unweit des Museu de la Ciència und neben der Linie der Tramvia Blau. Interessante Kontraste: Ein kastilisches Grillrestaurant in Barcelona, untergebracht im stilvollen Modernismebau Casa Roviralta von Rubió i Bellver, errichtet 1913. Die Barcelonesen schreckt diese Kombination nicht, im Gegenteil. Nobles Ambiente, herzhafte Küche mit deutlichem Schwerpunkt auf Fleischgerichten (Lamm!), Menü ab etwa 35 €. Avinguda del Tibidabo 31, ✆ 934 170115. So-Abend geschlossen.

Rest. La Venta (2), an der Umsteigestelle von der Tramvia Blau auf die Standseilbahn Funicular de Tibidabo. Angesichts der Lage möchte man fast an eine Touristenfalle denken, das schön eingerichtete Terrassenrestaurant besteht jedoch bereits seit 1975 und genießt dank seiner betont klassischen katalanischen Küche guten Ruf. Menü ab etwa 30–35 €. Angeschlossen ist das feinere und etwas teurere „El Mirador" oberhalb, in dem man zu leichterer Kochweise tendiert. Plaça Dr. Andreu, ✆ 93 2126455, So Ruhetag.

Rest. Marisa (1), oben am Tibidabo, zwei Straßenkurven unterhalb des Hauptplatzes mit der Seilbahnstation. Preisgünstiger als das doch sehr auf Familienausflüge ausgerichtete Restaurant direkt am Platz; Hauptgerichte kosten etwa 8–12 €. Café-Terrasse mit schöner Aussicht. Camí de Vallvidrera a Tibidabo 46. Mi geschlossen.

Bars & Clubs

Mirablau (3), gleich bei der unteren Seilbahnstation des Tibidabo, gegenüber dem Restaurant La Venta. Mehrstöckige Cocktail- und Tanzbar mit Terrasse. Traumhafter Blick über die Stadt, Sportwagenpiloten und schicke Chicas. Plaça Doctor Andreu, geöffnet ab Mittag bis 4 Uhr morgens, am Wochenende bis 5.30 Uhr.

Rosebud (4), Cocktail-Bar und Disco, umgeben von Garten nebst Swimmingpool. Schöne Architektur, schöne Menschen, schöne Lage ... Carrer Adría Margarit 27, gegenüber dem Museu de la Ciència CosmoCaixa, geöffnet Mo–Sa bis 5 Uhr.

Traditionsreiches Gefährt: Funicular de Tibidabo

Prachtvoller Kreuzgang: Monestir de Pedralbes

Pedralbes & Sarrià

Shopping-Center, edle Villen und ein uraltes Kloster mit hochkarätiger Gemäldesammlung: Pedralbes und seine Umgebung bieten ein kontrastreiches Programm. Der Ortskern von Sarrià zeigt sich von der kleinstädtischen Seite, Fußballfans lockt wohl der Abstecher zum Stadion des FC Barcelona.

Das Villenviertel Pedralbes zählt zu den ersten Adressen Barcelonas, ist Wohnsitz der Industriekapitäne und Diplomaten. Obwohl Sehenswürdigkeiten insgesamt eher rar sind, beherbergt Pedralbes mit dem stillen Kloster Monestir de Pedralbes doch ein ganz besonders hochkarätiges Schmuckstück der katalanischen Gotik. Lebhafter geht es am unteren Rand des Viertels zu: An der westlichen Avinguda Diagonal hat sich die Universität Barcelonas niedergelassen, außerdem glitzern hier zwischen Bürotürmen und Hotelgebäuden auch einige große Shopping-Center. Weiter südlich, bereits im Nachbarviertel Les Corts, verzeichnet das Museum des FC Barcelona (→ Abstecher) mehr als eine Million Besucher pro Jahr.

Sarrià, das östliche Nachbarviertel von Pedralbes, war lange Zeit eine eigenständige Siedlung und kam erst 1921 als letzter der eingemeindeten Orte zu Barcelona. Vor allem in seinem Kern um den Markt und die enge Hauptstraße Major de Sarrià verbreitet das Viertel bis heute noch fast dörflichen Charme. Dabei gehört auch Sarrià zum gefragtesten Wohngebiet Barcelonas, zur so genannten Zona Alta, einem etwa mit „Oberstadt" zu übersetzenden Begriff, der sich auf die Viertel jenseits der westlichen Diagonal bezieht und neben Pedralbes und Sarrià auch noch das weitläufige Viertel Sant Gervasi umfasst, mit dem Sarrià eine Verwaltungsgemeinschaft bildet.

Karte Seite 209

Tour 13: Durch Barcelonas „Oberstadt“

Startpunkt dieses schönen Spaziergangs durch das Villengebiet von Pedralbes und das kleinstädtische Zentrum von Sarrià ist die Metro-Station Palau Reial, zu erreichen mit der „grünen“ Linie L 3. Am Ende der Tour geht es mit der FGC zurück ins Zentrum.

Üppig dekoriert: Palau Reial de Pedralbes

Gleich neben der breiten Avinguda Diagonal erstreckt sich der reizvolle Park des → **Palau Reial de Pedralbes**. Unter alten Bäumen, vorbei an Denkmälern und einem Bambushain, in dem sich ein Brunnen mit einem erst 1983 wiederentdeckten Wasserspeier von Gaudí befindet, geht es zum Palast. Nach der Besichtigung hält man sich aus dem Ausgang kommend schräg links und verlässt den Park durch einen Nebeneingang zum Carrer Fernando Primo de Rivera hin, hier links. Am Ende der ruhigen, häufig von Fahrschulen genutzten Straße läuft man rechts, noch einmal rechts – und steht plötzlich vor dem weit aufgerissenen, mit scharfen Zähnen bewehrten Maul des berühmten Drachen am Eingang von Gaudís → **Pavellons Güell**.

Wer den folgenden, knapp viertelstündigen Anstieg über die breite Avinguda Pedralbes vermeiden will, könnte auch zwei Stationen mit dem Bus (Nr. 63 und 78) fahren, aber eigentlich lohnt sich das Warten nicht, läuft es sich entlang der Allee doch recht angenehm. Am oberen Ende der Avinguda und jenseits der Querstraße markiert ein Torbogen den Durchgang in eine andere Welt, besinnlich und fernab des Verkehrslärms: Rund um das Kloster → **Monestir de Pedralbes** scheint die Zeit stillzustehen.

Weiter Richtung Sarrià geht man vom beschaulichen Klostervorhof einfach geradeaus und folgt dem verkehrsarmen Carrer de Monestir durch ein ruhiges Wohngebiet mit schöner Vegetation. Jenseits der viel befahrenen Querstraße Carrer de Josep V. Foix beginnt bereits Sarrià. Am Carrer de Sagrat Cor verlässt man die bisherige Wegrichtung nach rechts und hinab zur 1911 eröffneten Modernisme-Markthalle **Mercat de Sarrià**. Von hier sind es nur wenige Schritte hinunter zur **Plaça de Sarrià**, dem kleinen, leider durch den Straßenverkehr beeinträchtigten Hauptplatz des einstigen Städtchens.

Wieder ruhiger wird es im abwärts führenden, als Fußgängerzone ausgewiesenen **Carrer Major de Sarrià**, einem schmucken Sträßchen, das von alten Häusern gesäumt wird. Bei der urigen Bar Tomás (→ Essen & Trinken), fast schon ein Pflichtstopp auf eine Portion „Patatas bravas“, geht es links in den Carrer de Jaume Piquet und an dessen Ende erneut links. 40 Meter weiter liegt

die Station der FGC, deren häufig verkehrende Züge (u. a. Linien S 1, S 2, S 5) in zehn Minuten via Gràcia zur Plaça de Catalunya fahren.

Sehenswertes

Palau Reial de Pedralbes: Der von einer herrlichen Parkanlage umgebene Königliche Palast entstand ab 1919 auf Betreiben einiger Aristokratenfamilien, die sich darum sorgten, dem König bei etwaigen Besuchen Barcelonas kein standesgemäßes Quartier bieten zu können; das Gelände stiftete die Familie Güell. Die Initiative erwies sich als wenig begründet, diente der Palast doch nur ein einziges Mal als Residenz für einen König, nämlich 1926 für Alfonso XIII. Mit dem Niedergang der Monarchie gingen Palast und Park 1931 in den Besitz der Stadt über, später in die Hände Francos. 1960 wurde das Anwesen der Öffentlichkeit zugänglich gemacht. Im Inneren des prächtig, wenn auch in einem gewissen Stilgemisch ausstaffierten Palastes sind drei Museen untergebracht. Das *Museu de Ceràmica* präsentiert Töpferei des 9.–20. Jh., darunter exquisite maurische Stücke sowie schöne Arbeiten aus Andalusien und dem valencianischen Manises. Im *Museu de les Arts Decoratives* dreht sich, passend zum designverliebten Barcelona, alles um dekoratives Kunsthandwerk (insbesondere Möbel) aus der Zeit vom Mittelalter bis zur Gegenwart. Mittlerweile dürfte auch das *Museu Tèxtil i de la Indumentària* von seinem früheren Standort im Carrer Montcada hierher umgezogen sein. Es widmet sich der Welt der Kleidung, Textilien und Spitzen; die zeitliche Skala der Exponate reicht vom 4. Jh. bis in die jüngste Vergangenheit. In einigen Jahren wird dieses Museum wohl erneut verlegt werden, nämlich ins geplante Centre del Disseny an der Plaça Glòries.

Uralt: Kapitell vor dem Kloster Pedralbes

Öffnungszeiten Park täglich 10–20 Uhr im Sommer bzw. 10–18 Uhr im Winter; die Museen Di–Sa 10–18 Uhr, So 10–15 Uhr; Eintrittsgebühr 3,50 €, am ersten Sonntag im Monat gratis.

Pavellons Güell: 1884–1887 errichtete der junge Gaudí für seinen Mäzen Güell dieses Gestüt mit Reitbahn und Garten. Es liegt an der an Av. de Pedralbes 7 und ist als *Centre de Modernisme* (Führungen Fr–Mo 10.15 Uhr/Englisch, 11.15 Uhr/Katalanisch, 12.15 Uhr/Englisch und 13.15 Uhr/Spanisch; evtl. am Eingang klingeln; 5 €) zugänglich. Der Eingangskomplex besteht aus zwei teilweise mit Keramik verkleideten Ziegelbauten (Pförtnerhäuschen und Hauptgebäude), die durch ein Tor miteinander verbunden sind; an einer Säule zeigt ein stilisiertes „G“ das Initial des Besitzers. Beeindruckendstes Element ist jedoch der fantastische geflügelte Drache aus Schmiedeeisen, dessen nadelspitze Zunge und scharfe Zähne sicher auch abschreckende Wirkung haben sollten.

Monestir de Santa María de Pedralbes: Das Klarissinnen-Kloster, ältestes und bedeutendstes Monument dieses Stadtbezirks, liegt am Ende der Avinguda de Pedralbes. Es geht zurück auf das Jahr 1326 und wurde gegründet von König Jaime II. und seiner Frau Elisenda de Montcada, die nach dem Tod ihres Mannes noch 37 Jahre (!) lang hier lebte.

Der gesamte Klosterkomplex, bis heute von Ordensschwestern bewohnt, gilt als einer der besten Bauten der katalanischen Gotik. Die *Kirche* mit achteckigem Glockenturm ist schlicht und einschiffig gehalten; im Chor rechts vom Hochaltar das kunstvoll in Stein gehauene Grab der Stifterin, die hier als Königin dargestellt ist. Auch der ungewöhn-

Vorsicht, bissig: Drache an Gaudís Pavellons Güell

Die Stadt der Drachen

Barcelona ist voll dieser Fabelwesen. Man findet sie auf Steinmedaillons an Fassaden im Barri Gòtic, als Verzierung der Casa Bruno Cuadros an den Rambles, als Wasserspeier auf dem Cascada-Brunnen im Ciutadella-Park, als süßen Miniaturdrachen aus Keramik im Parc Güell, als Feuerwerk spuckende Pappfiguren auf den Festen ... Oft, aber nicht immer, sind sie mit ihrem Bändiger abgebildet, dem Heiligen Georg, als Sant Jordi der Schutzpatron Kataloniens. Der Drache an den Pavellons Güell freilich besitzt eine andere Bedeutung: Er symbolisiert den Wächter am Eingang zum Garten der Hesperiden aus der Herkules-Sage, ein Thema, das vom katalanischen Dichter Jacint Verdaguer in seinem Opus „L'Atlàntida“ wieder aufgenommen worden war.

lich große *Kreuzgang* kommt ohne Dekoration aus; vielleicht ist seine ruhige, besinnliche Stimmung gerade auf diesen Verzicht zurückzuführen. Erst vor relativ kurzer Zeit hat man hier einen Garten mit rund 50 Arten von Heilpflanzen angelegt, der durch Ausstellungen ergänzt wird. Zwei der drei Stockwerke des Kreuzgangs stammen aus den Gründungsjahren des Klosters, die plumper wirkende dritte Etage aus dem 15. Jahrhundert. Gleich rechts neben dem Eingang liegt die *Capilla de San Miguel,* die komplett mit schönen, italienisch orientierten Fresken des Meisters Ferrer Bassa aus dem 14. Jh. ausgeschmückt ist; ein kleines Stück weiter findet sich erneut ein Bildnis der Königin Elisenda, hier in Klosterkleidung. Im Kapitelsaal ist ein kleines Museum untergebracht, sehenswert sind auch die Versorgungsräume des Klosters. In einem beeindruckend weitläufigen ehemaligen Schlafsaal, der noch bis vor einigen Jahren die „Col.lecció Thyssen-Bornemisza" (heute im MNAC auf dem Montjuïc) beherbergte, liegt heute die Ausstellung „Els Tresors del Monestir" („Die Schätze des Klosters"). Zu den Glanzlichtern dieser privaten, von Familien der hiesigen Nonnen über rund sieben Jahrhunderte hinweg gestifteten Sammlung zählt ein Bildnis der Ordensgründerin, der Hl. Klara von Assisi (Santa Clara d'Assís), das aus der Zeit um 1515–1525 stammt; daneben finden auch wechselnde Ausstellungen statt.

Öffnungszeiten Von April bis September Di–Sa 10–17 Uhr, sonst nur bis 14 Uhr, So ganzjährig 10–15 Uhr. Eintritt 6 €, das Ticket gilt auch für das Museu d'Història de la Ciutat im Barri Gòtic (und umgekehrt) sowie für dessen Unterausstellungen, darunter das Refugi 307 an den Hängen des Montjuïc.

Abstecher: Camp Nou – Stadion des F.C. Barcelona

Der 1899 gegründete F.C. Barcelona, schlicht *Barça* genannt, ist der stete Rivale von Madrid – Barcelona und Real Madrid spielen beide seit über sechzig Jahren ununterbrochen in der höchsten spanischen Liga. Für seine Anhänger ist Barça mehr als ein Verein, nämlich Zweitreligion, Familienersatz, selbstverständlich auch seit jeher ein Symbol Kataloniens: „Das entwaffnete Heer des Katalanentums, das gegen Real Madrid antrat, damit gegen den spanischen Staat" (Manuel Vázquez Montalbán). Genannt werden die Barça-Fans *Culés*, die „Hintern", da man früher durch die Ränge nur die verlängerten Rücken der Sitzenden sah. Und ihrer sind viele: Etwa 128.000 eingeschriebene Mitglieder, Weltrekord. Selbst der frühere Papst Johannes Paul II. war Mitglied bei Barça: Ein cleverer Präsident hatte Seiner Heiligkeit ein Beitrittsformular untergejubelt, Mitgliedsnummer 108.000.

Camp Nou: Der Bedeutung des Vereins entsprechend ist das Stadion von üppigen Dimensionen: Das legendäre Camp Nou, errichtet 1957 und die fünfgrößte Arena der Welt (in Europa gar die größte), fasst 99.000 Zuschauer. Fußballfans sollten nicht versäumen, bei einem der Heimspiele, die zur Saison jeden zweiten Sonntag stattfinden, einmal die Atmosphäre hier zu schnuppern – falls es ihnen gelingt, eine der raren Karten zu ergattern. In den nächsten Jahren soll Camp Nou für 300 Millionen Euro von Stararchitekt Sir Norman Foster komplett umgebaut und dabei noch erweitert werden; die Fertigstellung wird frühestens 2012 erfolgen.

Museu FC Barcelona President Núñez: Kaum verwunderlich, dass das Museum des Clubs zu den am besten besuchten Ausstellungen der Stadt zählt. Benannt ist es nach dem Präsidenten, der es 1984 gründete. Neben den zahlreichen Pokalen und Meisterschaftsfotos zeigt das Museum die „Col.lecció Futbolart Pablo Ornaque", eine sehenswert bunte Antiquitätenausstellung rund um den Ball, sowie die Sammlung „El Fons d'Art" mit natürlich ebenfalls fußballbezogenen Kunstwerken, darunter auch Arbeiten von Miró, Dalí und Tàpies. Weiterhin angeboten werden Touren (Audioguides auch auf Deutsch), eine audiovisuelle Darstellung der Clubgeschichte und nicht zuletzt das Privileg eines besonderen Blicks auf den Platz – aus der Präsidentenloge. Der Eingang zum Museum erfolgt durch Tor 7. Natürlich ist ein großer „Megastore" mit Fanartikeln angeschlossen; hier gibt es auch die Tickets für den Besuch.

Stadtverkehr, Öffnungszeiten, Tickets Von der Metro-Station Palau Reial ist das Museum am besten über den Ausgang Sortida Facultat de Biologia zu erreichen, dann gleich links in den Carrer Martí i Franquès und bergab in Richtung der gut sichtbaren Kuppel des „Miniestadi"; am Ende links. Falls der Carrer Martí i Franquès wegen Bauarbeiten gesperrt sein sollte (wie

Nostalgisch: nachgestellter Fanclub im Museu F.C. Barcelona

es in den letzten Jahren schon einmal der Fall war), kann man über die Plaça de Pius XII. und die Av. de Joan XXIII. ausweichen. Das Museum öffnet von etwa Mitte April bis Mitte Oktober Mo–Sa 10–20 Uhr (Rest des Jahres 10–18.30 Uhr), So ganzjährig 10–14.30 Uhr. An Tagen mit Spielbetrieb ist grundsätzlich nur bis 13 Uhr geöffnet, die Stadiontour dann nicht möglich. Eintritt 8,50 €, mit Tour ins Stadion 13 €; wer noch die 3D-Projektion „Experiència virtual" sehen will, legt insgesamt 17 € hin. ✆ 934 963600, www.fcbarcelona.cat. Bleibt abzuwarten, inwieweit sich die geplanten Umbauten auf die Besichtigungsmöglichkeiten auswirken werden. Tickets für die Spiele gibt es im Internet auf der Barça-Seite bis zu einem Monat, anderweitig bis zu zwei Wochen im voraus, z. B. vor Ort (Mo–Do 9–13.30, 15.30–18 Uhr, Fr 9–14.30 Uhr, Sa 9–13.30), per Telefon beim Verein oder via „Servi-Caixa" aus Automaten in den Bankfilialen von La Caixa bzw. per Internet unter www.servicaixa.com.

Praktische Infos

Essen & Trinken

Rest. Neichel (4), trotz des unscheinbaren äußeren Erscheinungsbilds eines der Spitzenrestaurants von Barcelona, mit einem Michelinstern ausgezeichnet – Jean Louis Neichel gilt als absoluter Könner seiner Zunft. Exquisite mediterrane Küche, zu genießen à la carte oder, von Gourmetführern empfohlen, bei einem der Degustationsmenüs, die ab etwa 70 € kosten. Carrer Beltrán i Rózpide 1–5, in einem Wohnhaus in einer Seitenstraße der unteren Avinguda Pedralbes, ✆ 932 038408. So, Mo und an mehreren Wochen im August geschlossen.

Rest. Tram-Tram (1), hohe Küchenkunst im Herzen von Sarrià. Benannt ist das Lokal übrigens nach der früheren Endstation der verschwundenen Straßenbahnlinie nach Sarrià. Kreative, zeitgemäße katalanische Küche, prima Weinauswahl. Das Degustationsmenü kommt auf rund 50 €, à la carte liegt das Preisniveau zum Teil etwas niedriger. Carrer Major de Sarrià 121, oberhalb der Plaça de Sarrià, ✆ 932 048518. Sa-Mittag, So sowie für zwei Wochen über Weihnachten geschlossen. Abwärts im Carrer Major de Sarrià finden sich weitere Restaurants.

Bar Tomás (2), ein Klassiker von Sarrià, seit Jahrzehnten berühmt für seine handgeschnitzten Patatas (frittierte Kartoffeln), die es wahlweise als scharfe „Bravas", mit der Knoblauchmayonnaise „Allioli" oder gemischt (mixta) gibt. Einfaches, wohl ebenfalls seit Jahrzehnten unverändertes Interieur, gute Stimmung, günstige Preise. Carrer Major de Sarrià 49, Mi Ruhetag.

Bars & Clubs

Bikini (9), unterhalb der Avinguda Diagonal, Metro María Cristina. Legendärer Club, gegründet 1953 und nach dem Abriss des ursprünglichen Gebäudes am Rand des Einkaufszentrums L'Illa wieder auferstanden. Mehrere Zonen, Live-Musik und Disco. Geöffnet Mi–So bis 5 Uhr, am Wochenende bis 5.30 Uhr. So/Mo geschlossen. Avinguda Diagonal 547 bzw. Carrer Deu i Mata 105. www.bikinibcn.com.

Pacha (3), noch recht junger Vertreter der bekannten, ursprünglich aus dem nahen Sitges stammenden Kette. Großzügige Räumlichkeiten, geöffnet Do–Sa bis 6 Uhr, im Sommer sogar täglich. Avinguda Doctor Marañon 17, eine südliche Seitenstraße der Avinguda Diagonal, die schon etwas außerhalb unseres Stadtteilplans liegt. www.clubpachabcn.com.

Einkaufen

Kaufhäuser & Shopping-Center: *El Corte Inglés (5)*, große Filiale der bekannten Kaufhauskette, bei der Plaça Reina Cristina an der Av. Diagonal 617. www.elcorteingles.es.

L'Illa (7), ein ausgesprochen großes Shopping-Center, das sich mit edlen Boutiquen, einem knappen Dutzend Lokalen, Reinigung, Supermarkt etc. gleich über mehrere Blocks erstreckt. Avinguda Diagonal 545–565, Ecke Carrer Numància, www.lilla.com.

Pedralbes Centre (6), ein etwas kleineres Center, das auf seinen vier Etagen gleichwohl eine gute Auswahl an Kleidung (Mango etc.), Schuhen (Farrutx), Geschenkartikeln und ähnlichem offeriert. Avinguda Diagonal 609–615, neben dem Corte Inglés. www.pedralbescentre.com.

Symbol der Fülle: Dekoration am Mercat de Sarrià

Monumental: Aufgang zum Palau Nacional auf dem Montjuïc

Montjuïc

Barcelonas 213 Meter hoher „Haushügel" besticht durch eine bunte Mischung: Zahlreiche, teils hochklassige Museen, der Touristenmagnet Poble Espanyol und Sport- wie Grünanlagen locken vor allem am Wochenende die Besucher in Scharen. Und sogar im Nachtleben der Stadt spielt der Montjuïc eine nicht unbeträchtliche Rolle.

Der Montjuïc bildet das wahrscheinlich älteste Siedlungsgebiet der Stadt, gab es hier doch wohl schon in vorrömischer Zeit ein Dorf des Ibererstamms der so genannten Laietans oder Layetanos. Sein Name könnte daher rühren, dass der Hügel unter den Römern Jupiter geweiht war: *Mons Jovis*, der Jupiterberg; eine andere Erklärung sieht den Montjuïc wegen einer mittelalterlichen jüdischen Nekropole als *Mont Jueu*, als Judenberg.

Bis ins 20. Jahrhundert hinein war der Montjuïc vor allem von strategischer Bedeutung. Kontrolle über den Hügel bedeutete Kontrolle über Barcelona. Nicht umsonst errichtete 1640 König Philip IV. anlässlich des Aufstands „Krieg der Schnitter" hier eine Festung, die auch in späteren Zeiten eine unrühmliche Rolle spielte und für die Stadt zu einem Symbol der Unterdrückung wurde. Gleichzeitig war der Montjuïc jedoch immer auch Barcelonas „hochmütige Mutter", wie es der katalanische Poet Jacint Verdaguer ausdrückte: Aus seinen zahllosen Steinbrüchen stammte das Material für Barcelonas Stadtmauern, Häuser und Kirchen.

Eine Wende in der Nutzung des Montjuïc brachte vor allem die Weltausstellung 1929. Parks wurden angelegt, monumentale Bauten errichtet. Im Laufe der Zeit mauserte der Hügel sich zum Naherholungsziel. Eine weitere Aufwertung erfuhr das Areal zu den Spielen von 1992 durch die architektonisch reizvollen Bauten des „Olympischen Rings"

Karte Seite 216/217

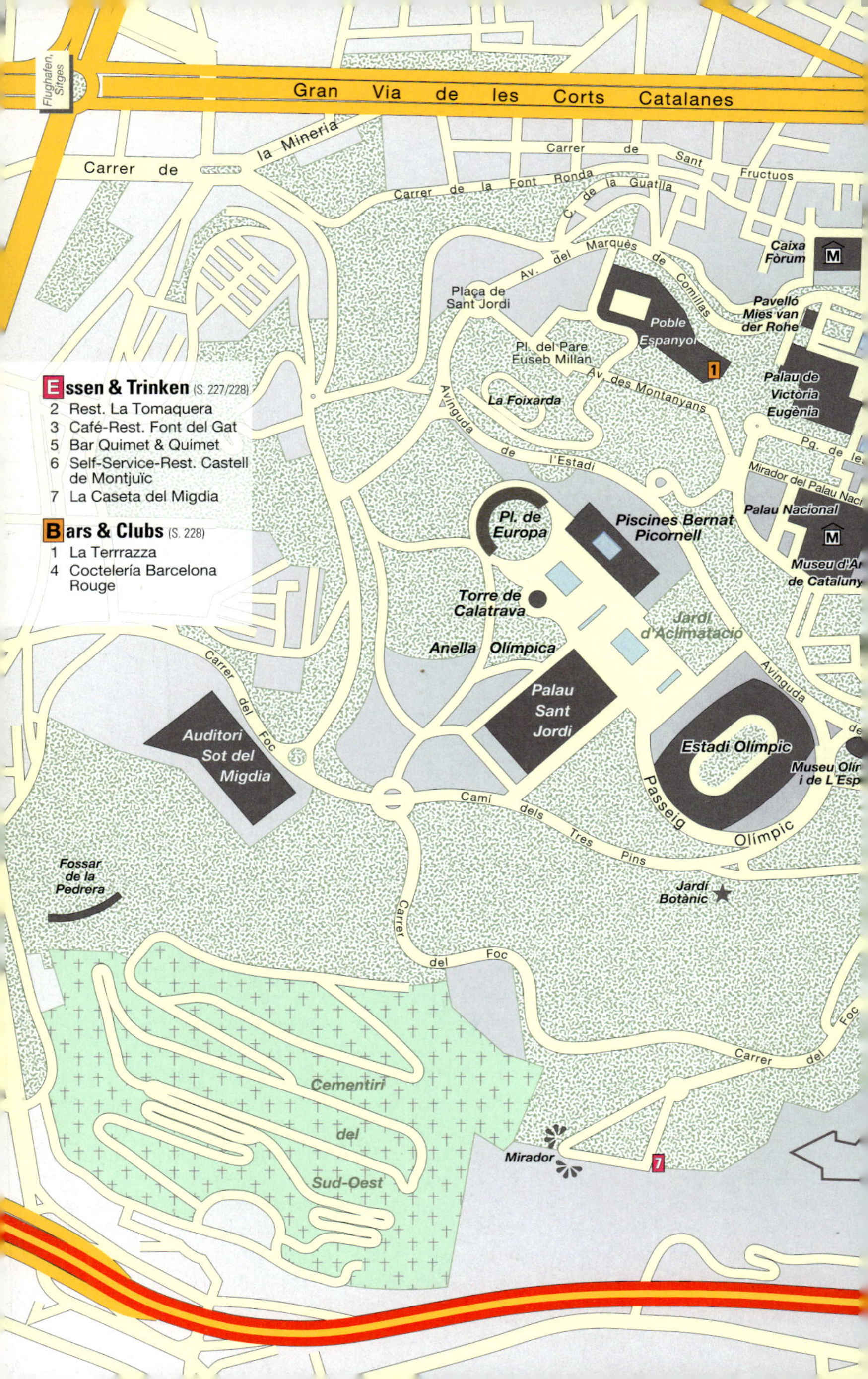

Essen & Trinken (S. 227/228)
2 Rest. La Tomaquera
3 Café-Rest. Font del Gat
5 Bar Quimet & Quimet
6 Self-Service-Rest. Castell de Montjuïc
7 La Caseta del Migdia
Bars & Clubs (S. 228)
1 La Terrrazza
4 Coctelería Barcelona Rouge
Flughafen, Sitges
Gran Via de les Corts Catalanes
Carrer de la Mineria
Carrer de Sant Fructuos
Carrer de la Font
Ronda de la Guatlla
C. de
Caixa Fòrum
Av. del Marquès de Comillas
Plaça de Sant Jordi
Poble Espanyol
Pavelló Mies van der Rohe
Pl. del Pare Euseb Millan
Av. des Montanyans
La Foixarda
Palau de Victòria Eugènia
Avinguda de l'Estadi
Pg. de le
Mirador del Palau Naci
Palau Nacional
Museu d'Ar de Cataluny
Pl. de Europa
Piscines Bernat Picornell
Torre de Calatrava
Jardí d'Aclimatació
Anella Olímpica
Palau Sant Jordi
Avinguda de
Estadi Olímpic
Museu Olír i de L'Esp
Carrer del Foc
Auditori Sot del Migdia
Camí dels Tres Pins
Passeig Olímpic
Jardí Botànic
Fossar de la Pedrera
Cementiri del Sud-Oest
Mirador

Bhf. Estació Sants, Av. Diagonal
Les Arenes
Plaça d'Espanya
Gran Via de les Corts Catalanes
Carrer d'Entença
Carrer del Comte d'Urgell
Plaça Universitat
Palau de la Metal-lúrgia
Palau N° I Fira de Mostres
Av. de la Reina Maria Cristina
Avinguda de Mistral
Carrer de Sepúlveda
C. del Comte Borell
Sant Antoni
Carrer de Floridablanca
Palau de Congressos
Palau del Cinquantenari
Av. de Rius i Taulet
La Font Màgica
Carrer de Calàbria
Carrer de Viladomat
Carrer de Tamarit
Mercat de St Antoni
Ronda de St. Antoni
Palau d'Alfons XIII
Palau d'Esports
Av. de la Tècnica
C. de Vallhonrat
C. de la Font Honrada
Carrer de Lleida
C. de Grases
Ricart
Carrer de Manso
St Antoni Abat
Avinguda del Paral.lel
Carrer de Rocafort
Pl. de Las Neves
C. de la Bòhila
Carrer de la França Xica
Carrer del Parlament
R. de la Cera
Palau de les Arts Grafiques
Ciutat del Teatre
Carrer de la Concòrdia
C. de Radas
C. del Marquès de Campo Sagrdo
Carrer de la Reina Amàlia
Museu Etnològic
Museu d'Arqueologia
Pg. de l'Exposició
C. de la Creu dels Molers
Poble Sec
Ronda de Sant Pau
Pl. del Sorido
Pg. de Santa Madrona
Teatre Grec
C. de Julià
C. d'Annibal
C. de Tapioles
C. del Poeta Cabanyes
Carrer de la Carretes
Fundació Joan Miró
C. de Margarit
Parc de Montjuïc
C. del Magalhães
C. d'Elkano
C. de Blai
C. de Salvà
Paral.lel Funicular
Estadi
Pl. de Neptú
C. del Roser
C. d'En Fontrodona
dels Tres Pins
Funicular
Carrer Nou de la Rambla
El Raval
Estació Parc Montjuïc
Avinguda
Refugi 307
C. de Lafont
Carrer de Cabanes
El Raval siehe S. 111
Passeig
Passeig de Montjuïc
Pl. de Dante
Jardí de Petra Kelly
Jardins de Mossèn Cinto Verdaguer
Telefèric
de Miramar
Carrer de Blesa
Carrer de Vila i Vilà
Carrer de Piquer
Plaça de Carlos Ibàñez
Plaça de la Sardana
Montjuïc
Jardins de Miramar
Plaça de l'Armada
Transbordador Aeri
Pl. Drassanes
Castell de Montjuïc
Av. del Castell
Carretera de Montjuïc
Jardins del Mirador
Carretera de Miramar
Der alte Hafen Port Vell siehe S. 159
Museu Militar
Jardins de Mossèn Costa i Llobera
Ronda del Litoral
120 m
Montjuïc
M
1
2
3
4
5
6

L'Annella Olímpica. Dennoch sieht die Stadt, typisch Barcelona, die Möglichkeiten des Montjuïc noch längst nicht ausgeschöpft und hegt seit Jahren erneut große Pläne für ihre grüne Lunge. Die Zugänge sollen verbessert, neue Promenaden gebaut, zusätzliche Sport- und Freizeitmöglichkeiten eingerichtet werden. Von einem Observatorium ist die Rede, von weiteren Mountainbike-Strecken, dem möglichen Ausbau des Leuchtturms zu einem Infozentrum und und und – man darf gespannt sein, was davon die Zukunft dann wirklich bringt ...

Tour 14: Museen, Gärten, Sportpaläste und ein „Spanisches Dorf"

Das bisher in diesem Buch verfolgte Prinzip, zu jedem Stadtgebiet einen oder zwei Spaziergänge anzubieten, ergibt auf dem Montjuïc keinen rechten Sinn. Zu breit ist hier das Angebot für die verschiedenen Interessenslagen (der Montjuïc zählt allein ein halbes Dutzend Museen), zu groß die Entfernungen. Das Gelände ist außerdem teilweise sehr steil und die Anlage der Straßen manchmal etwas willkürlich erscheinend, was auch daran liegen mag, dass der Montjuïc früher für Autorennen genutzt wurde. Zudem gibt es viele unterschiedliche, jede auf ihre Art reizvolle Möglichkeiten, sich dem Montjuïc von ganz verschiedenen Seiten zu nähern – siehe hierzu weiter unten im Abschnitt „Praktische Infos" unter „Stadtverkehr". Am besten pickt man sich deshalb aus den zahlreichen Möglichkeiten die individuell interessantesten Attraktionen heraus und wählt seine Route dementsprechend. Unsere Beschreibung beginnt ab der Plaça Espanya, dem Hauptzugang zur Weltausstellung von 1929 und bis heute einer der klassischen Ausgangspunkte für einen Besuch des Montjuïc.

Montag ist „Ruhetag" auf dem Montjuïc, vieles hat dann geschlossen!

Sehenswertes

Von der Plaça d'Espanya zum Palau Nacional

Plaça d'Espanya: Der verkehrsumtoste Platz (Metro-Station) stammt in seiner heutigen Form aus dem Jahr 1929, wurde also extra für die Weltausstellung angelegt. Der monumentale Brunnen in der Mitte ist ein Werk des Gaudí-Schülers Josep Maria Jujol. In unmittelbarer Nachbarschaft der Plaça d'Espanya steht die zweite Stierkampfarena der Stadt, *Les Arenes*. 1900 in maurisch inspiriertem Stil errichtet, wird sie mittlerweile nicht mehr genutzt und soll zu einem Vergnügungszentrum mit Restaurants etc. umgebaut werden.

Avinguda de la Reina María Cristina: Die von der Plaça d'Espanya ausgehende Avinguda ist sozusagen die Ouvertüre zum Montjuïc. Ebenfalls für die Weltausstellung gestaltet, bieten zwei 47 Meter hohe Türme und die Bauten des heute noch genutzten Messegeländes einen eindrucksvollen Rahmen für den Hauptzugang von der Nordseite her. Am Ende der Avinguda zieht eine terrassenartig ansteigende Folge von Plätzen wie eine Bühne den Blick auf sich. Ihren Abschluss bildet das wuchtige Gebäude des *Palau Nacional*. Ob die Komposition insgesamt nicht etwas arg monumental ausgefallen ist, darüber ließe sich sicher streiten. Am schönsten präsentiert sie sich jedenfalls nachts im Licht der Scheinwerfer.

Einst Modernisme-Fabrik, heute Kunstzentrum: CaixaFòrum

Font Mágica: Wie man das Ensemble auch beurteilen mag – der große Springbrunnen unterhalb des Palastes bietet in jedem Fall noch eine Steigerung. Die regelmäßig stattfindenden Spiele aus Wasserfontänen und farblich wechselnden Lichteffekten, zeitweise von Musik untermalt, sind zwar nicht ohne kräftige Tendenz zum Kitsch, aber dennoch eine Augenweide. Auch der „Magische Brunnen", geschaffen vom Ingenieur Carles Buigas, wurde für die Weltausstellung konzipiert, war sogar eine ihrer Hauptattraktionen. Das Gesamtvolumen der Anlage beträgt 3,1 Millionen Liter Wasser. Mehr als 130 Motoren mit zusammen über 1500 PS bewegen pro Sekunde rund 3000 Liter; beleuchtet wird das Spektakel von fast 5000 Strahlern. Zur Zeit der Weltausstellung soll das Brunnenensemble in zwei Stunden mehr Wasser verbraucht haben als Barcelona an einem ganzen Tag.

Betriebszeiten Halbstündliche Shows, von etwa Mai bis September jeweils Do–So 21.30–23 Uhr, sonst Fr/Sa 19–20.30 Uhr; im November, Dezember und Januar wegen Wartungsarbeiten zeitweise kein Betrieb. Änderungen bezüglich der Uhrzeiten sind möglich; am besten, man informiert sich vorab bei einem der Fremdenverkehrsämter.

In der Nähe des Brunnens erleichtern Rolltreppen den Aufstieg zum Palau Nacional, vorher lohnt sich jedoch noch ein Abstecher nach rechts zum Kulturzentrum CaixaForum.

CaixaFòrum (Fundació de la Caixa Casaramona): Nur einen Katzensprung von der Font Mágica entfernt, liegt an der Avinguda del Marquès de Comillas 6–8 dieses 2002 eröffnete Kunstzentrum. Betrieben wird es von der katalanischen Bank La Caixa, Spaniens größter und kulturell sehr engagierter Sparkasse. Ein Prachtstück ist bereits das Ziegelgebäude der Casaramona an sich, eine ehemalige Textilfabrik von 1911, die seinerzeit von dem Modernisme-Baumeister Puig i Cadafalch errichtet und unter Mitwirkung berühmter Architekten umgebaut wurde; der Eingangsbereich beispielsweise stammt von dem Japaner Arata Isozaki. Das

Montjuïc
Karte Seite 216/217

Vor dem Palau Nacional: Sightseeing macht müde ...

Zentrum dient als Plattform für die Ausstellung der riesigen Sammlung von La Caixa, die mit rund 800 Werken zeitgenössischer Kunst so umfangreich ist, dass trotz der großzügigen Konzeption des Forums gar nicht alle Arbeiten auf einmal gezeigt werden können und die Exponate deshalb im Turnus wechseln. Daneben finden auch thematische Sonderausstellungen und Konzerte statt.

Öffnungszeiten Di–So 10–20 Uhr, Sa bis 22 Uhr; Eintritt frei. www.fundacio.lacaixa.es.

Pavelló Mies van der Rohe: Jenseits der Avinguda del Marquès de Comillas, etwa gegenüber dem CaixaForum, steht die Rekonstruktion des von Bauhaus-Direktor *Mies van der Rohe* entworfenen deutschen Beitrags zur Weltausstellung 1929. Der Pavillon ist ein richtungsweisendes Kunststück von Weltrang, ein Meilenstein moderner Architektur. Auffallend die nur als Dekoration und Raumteiler eingesetzten, also nicht tragenden Wände aus Marmor, Glas und Edelhölzern. Im Inneren ist der sogenannte „Barcelona-Stuhl" des Architekten zu sehen, in einem Innenhof die Kopie einer Statue von George Kolbe.

Öffnungszeiten Täglich 10–20 Uhr; Eintrittsgebühr 3,50 €, unter 18 J. gratis.

Palau Nacional/Museu Nacional d'Art de Catalunya (MNAC): Der monumentale, zur Weltausstellung errichtete „Nationalpalast" beherrscht mit seinen Türmen und der Zentralkuppel die Nordseite des Montjuïc. Im Inneren ist seit 1934 das hochrangige Museum für katalanische Kunst untergebracht, sicher eines der wichtigsten Kunstmuseen Spaniens. Ihren Ruhm verdankt die Ausstellung vor allem den beiden Abteilungen für Romanik und Gotik; nach einem jahrelangen Umbau, der die Ausstellungsfläche auf nunmehr rund 45.000 Quadratmeter fast verdoppelt und mehrere bedeutende Sammlungen inkorporiert hat, reicht der zeitliche Rahmen jetzt jedoch bis in die Moderne. Etwas Kondition ist beim Besuch also mitzubringen ...

Romanische Abteilung (Säle 1–21): Sie zählt zu den weltweit bedeutendsten dieser Kunstepoche. Ausgestellt sind vorwiegend Fresken des 10.–12. Jh. aus Dorfkirchen der katalanischen Pyrenäen. Um 1919, als in dem entlegenen Gebiet Gefahr durch Kunstdiebe und spekulativen Auslandsverkauf drohte, wurde eine ganze Reihe dieser bunten Wandbilder mit einem speziellen Verfahren abgelöst und nach Barcelona gerettet. Oft auf Nachbildungen der Originalwände platziert, füllen sie nun 21 Säle. Höhepunkte der Sammlung sind die Fresken aus den Kirchen Sant Climent (Saal 5) und Santa María (Saal 7), die im Dörfchen Taüll im Tal von Boí stehen. Besonders die Darstellung des Christus Pantokrator (Weltenherrscher) aus der Apsis von Sant Climent, gemalt von einem unbekannten Künstler, erregt bei Kunsthistorikern Begeisterung. Picasso, Dalí und Miró wussten sehr wohl, warum sie die romanische Malerei genau studiert hatten... Angeschlossen ist eine Ausstellung romanischer Holzschnitzereien, darunter Kreuzszenen der sog. „Majestad", deren bedeutendste die Majestad Battló (12. Jh.) ist.

Gotische Abteilung (Säle 22–41): Geografisch weniger eingegrenzt als die romanische Abteilung, jedoch fast ebenso hochklassig wie diese. Hier sind vor allem Werke der Regionen Katalonien, Valencia, Aragón und der Balearen ausgestellt. Sie stammen aus einer Zeit, in der diese Regionen dem Höhepunkt ihrer Macht entgegenstrebten und die Kunst Einflüsse aus Italien, Frankreich und Flandern absorbierte. Der Schwerpunkt liegt auf Altarbildern (Retablos), die Skala reicht von frühen, italienisch beeinflussten Arbeiten wie denen der Familie Serra bis zu den späten Kunstwerken von Meistern wie Bernat Martorell, Lluis Lluís Dalmau (Saal 32) und Jaume Huguet (Saal 34).

Renaissance und Barock (Säle 42–57): Die Arbeiten des 16.–18. Jh. stammen aus ganz Europa. Sie beinhalten zwei bedeutende Privatsammlungen, die die Chronologie teilweise ein wenig auflösen: In Saal 46 ist dies der so genannte „Llegat Cambó" des gleichnamigen Kunstsammlers, der u. a. Werke von Zurbarán und Goya zeigt; Saal 48 widmet sich der hochrangigen Gemäldegalerie „Col.lecció Thyssen-Bornemisza" aus dem Besitz des 2002 verstorbenen Barons Heinrich von Thyssen-Bornemisza, die bislang im Kloster Pedralbes zu sehen war und beispielsweise Werke von Rubens, Tizian und Velázquez enthält. Ähnliche Hochkaräter (z. B. Tintoretto, El Greco) sind zwischen den beiden Sammlungen in Saal 47 zu sehen. Mit Saal 49 (Obergeschoss) beginnt die Ära des Barock und gleichzeitig Spaniens – aber nicht mehr Kataloniens – Goldenes Zeitalter; dieser Saal ist vollständig den Malern Francisco und Juan de Zurbarán (Vater und Sohn) gewidmet und birgt mit der „Inmaculada Concepció" eines der Meisterwerke des frommen Francisco.

Kollektion Moderner Kunst (Säle 58–95): Schwerpunkt dieser Abteilung sind die Arbeiten aus dem ehemaligen Museum moderner Kunst im Ciutadella-Park. Gar so modern ist die Ausstellung, deren Exponate vielfach noch aus dem 19. Jh. stammen, allerdings nun nicht, endet die Zeitskala doch (von wenigen Ausnahmen abgesehen) in den Dreißigern des letzten Jahrhunderts. Einige der Glanzstücke sind die Werke von Maria Fortuny (Saal 42) und der Modernisme-Künstler Ramón Casas (Saal 71) und Santiago Rusiñol (Saal 72). Viele schöne Beispiele gibt es aus dem kunsthandwerklichen Bereich des Modernisme, darunter Mobiliar auch von Gaudí, Domènech i Montaner und Puig i Cadafalch. Saal 80, einer der Säle des der Kollektion angeschlossenen und auf Zeichnungen und Gravuren spezialisierten „Gabinet de Dibuixos i Gravats", vollzieht auf diesem Gebiet den

Montjuïc
Karte Seite 216/217

Übergang des Modernisme zum Noucentisme. Saal 87 zeigt Arbeiten des frühen Avantgarde-Bildhauers Pau Gargallo, Saal 89 eine kleine, aber feine Ausstellung der „Col.leccio de Fotografia", auch mit berührenden Aufnahmen aus dem Bürgerkrieg. Den Abschluss bildet die vielschichtige Col.lecić Carmen Thyssen-Bornemisza (Saal 95) mit Werken z.B. von Antoni Tàpies. Letzter Bereich des Museums ist die Münzsammlung **Col.lecció del Gabinet Numismàtic**, die u. a. den erst 1989 entdeckten und 658 Münzen umfassenden „Schatz des Klosters Sant Pere de Rodes" ausstellt.

Öffnungszeiten Di–Sa 10–19 Uhr, So 10–14.30 Uhr. Eintrittsgebühr 8,50 €, Kombiticket mit dem Poble Espanyol 12 €. Am ersten So im Monat Eintritt frei. Eine Cafeteria ist vorhanden, ebenso ein (teures) Restaurant mit schönem Blick Richtung Tibidabo. www.mnac.es.

Östlicher Montjuïc

Refugi 307: Noch gar nicht richtig auf dem Montjuïc selbst, sondern im Siedlungsgebiet von Poble Sec und nicht weit vom Altstadtviertel El Raval, befindet sich diese Erinnerung an den spanischen Bürgerkrieg, die nach umfangreicher Restaurierung erst 2007 der Öffentlichkeit zugänglich gemacht wurde. Zwischen 1937 und 1939 erlitt Barcelona 385 Bombardierungen, die Zahl der Todesopfer wird auf 2500 bis 2700 geschätzt. Vor diesen Luftangriffen Francos flüchtete sich die Bevölkerung anfangs in Keller und in die Gänge der Metro; mit zunehmender Intensität der Angriffe errichtete man jedoch zahlreiche unterirdische Schutzräume (Refugis), viele davon an den Hängen des Montjuïc. Das Refugium am Carrer Nou de la Rambla 169 trug die Nummer 307 (von insgesamt 1384), daher der Name. Geplant waren 400 Meter Schutzgänge, bei Kriegsende fertiggestellt war etwa die Hälfte davon. Auf Führungen durch die nur etwa 1,6 Meter breiten und zwei Meter hohen Gänge, vorbei an Sanitärräumen, einer Wasserstelle, Kinder- und Krankenzimmern, lässt sich die beklemmende Atmosphäre nachvollziehen, die damals hier unter Erde geherrscht haben muss.

Reizvoll präsentierte Vergangenheit: Museu d'Arqueologia

Führungen ausschließlich in Spanisch und Katalanisch, nur Sa/So 11–14 Uhr, Dauer ca. 50 Minuten. Eintritt 3 €, Zugang auch mit dem Sammelticket des Museu d'Història de la Ciutat im Barri Gòtic (6 €), das hier zuletzt aber noch nicht verkauft wurde. Wer an Klaustrophobie leidet, erspart sich die Exkursion natürlich besser.

Museu d'Arqueologia de Catalunya: Das Archäologische Museum von Katalonien, untergebracht in einem der repräsentativen Gebäude der Weltausstellung, steht am nördlichen unteren Rand des Montjuïc. Die reizvoll präsentierte Sammlung, chronologisch geordnet vom Paläolithikum bis in die westgotische Zeit, widmet sich der Geschichte Kataloniens und der Balearen. Besonders viele Stücke stammen aus der Römerzeit, beispielsweise ein schönes, in Barcelona entdecktes Mosaik mit dem Mythos der „Drei Grazien" aus dem 3./4. Jh. Ausgestellt sind auch Funde aus der Griechenkolonie Empùries an der Costa Brava, darunter eine Kopie der Statue des Gottes Asklepios (Äskulap).

Öffnungszeiten Di–Sa 9.30–19 Uhr; So 10–14.30 Uhr. Eintritt 3 €, am letzten So im Monat gratis. www.mac.es.

Ciutat del Teatre: Mehrere Gebäude formen die „Stadt des Theaters", die gleich gegenüber dem Archäologischen Museum steht. Der *Palau de l´Agricultura* entstand zur Weltausstellung 1929 und ist heute Sitz des Teatre Lliure; der nahe *Mercat de les Flores* zählt ebenfalls zu diesem während des Bürgerkriegs teilweise zerstörten Ensemble und beherbergte zeitweise den Blumenmarkt Barce lonas. Vergleichsweise neu ist hingegen der Bau des *Institut del Teatre*, der die Gebäudegruppe zur Stadt hin abschließt.

Jardins Laribal: Der Aufstieg vom Archäologischen Museum und der Ciutat del Teatre zum Museu Etnològic fällt recht steil aus. Diejenigen, die es gleich zur Fundació Miró zieht, können gegenüber von einem Brunnen durch die oberhalb der Straße gelegenen schattigen Gärten Jardins Laribal abkürzen. Im Inneren der Parkanlage, die aus einem ehemaligen Steinbruch entstand, steht der in einem populären Volkslied besungene „Katzenbrunnen" *Font del Gat* mit dem gleichnamigen, charmanten Café-Restaurant (→ Essen & Trinken); das renovierte Gebäude stammt aus dem Jahr 1919 und wird Puig i Cadafalch zugeschrieben. Gleich nebenan liegt eine Infostelle der Verwaltung des Montjuïc.

Museu Etnològic: Oberhalb des Museu d'Arqueologia und ein Stück östlich des Palau Nacional gelegen, präsentiert das Museum am Passeig de Santa Madrona Völkerkundliches aus aller Welt. Besonders gut vertreten sind in der bereits 1949 gegründeten Sammlung neben früheren Kolonien Spaniens auch Neuguinea und Japan.

Öffnungszeiten 24. Juni bis 24. September Di–Sa 12–20 Uhr, So 11–14 Uhr, sonst Mi sowie Fr–So 10–14 Uhr, Di/Do 10–19 Uhr. Eintritt 3,50 €, am ersten So im Monat gratis. Zu wechselnden Ausstellungen zusätzliche Gebühr bzw. Kombi-Ticket. www.museuetnologic.bcn.es

Fundació Joan Miró: An der „Hauptstraße" des Montjuïc, die in diesem Bereich Avinguda Miramar heißt, beherbergt das von Architekt Josep Lluís Sert wunderschön gestaltete Museum eine ganze Reihe der meist fröhlich-farbigen Werke des Avantgardisten Joan Miró.

Das Museum besitzt über 200 seiner Gemälde, Tausende von Lithographien und Zeichnungen sowie Wandteppiche und Skulpturen der späten Jahre. Die Mehrzahl seiner abstrakten Werke ist von bunter und heiterer Atmosphäre, vorherrschend die Farben rot, blau und gelb. Einen ganz anderen Miró gibt es im Museum aber auch zu sehen: Die 50 Lithographien der schwarzen Barcelona-Serie spiegeln in ihrer Düsternis und Aggressivität den Spanischen Bürgerkrieg wider. Neben Arbeiten des Künstlers selbst, darunter auch Skulpturen im Freien, enthält das Museum eine Sammlung von Werken, die Miró gewidmet sind und unter anderem von Tàpies, Moore und Matisse stammen. Die Fundació veranstaltet auch Wechselausstellungen, Vorträge und Seminare mit Bezug zu Miró oder zeitgenössischer Kunst; angeschlossen sind eine allgemein zugängliche Bibliothek, eine Buchhandlung und ein Café.

Öffnungszeiten Di–Sa 10–19 Uhr (Sommer bis 20 Uhr), Do bis 21.30 Uhr; So 10.30–14.30 Uhr. Eintrittsgebühr 8 €, für temporäre Ausstellungen und den „Espai 13" mit Werken junger Künstler zusätzlich 4 €. „Audioguias" mit Erläuterungen gibt es gegen Pfand gratis. www.bcn.fjmiro.cat.

Montjuïc
Karte Seite 216/217

Joan Miró

Joan Miró wurde 1893 in der Altstadt von Barcelona geboren und lebte lange in Mont-Roig in der Provinz Tarragona. Zunächst schwankend zwischen „ordentlichem“ Beruf und der Malerei, entschied Miró sich nach schwerer Krankheit für das Studium der Kunst. Seine ersten Arbeiten waren noch vom Fauvismus und von Cézanne beeinflusst. 1919 besuchte er erstmals Paris, kam dort in Kontakt mit Kubismus und Surrealismus. Wenig später entwickelte er seinen ureigenen Stil, der von kräftigen, fast kalligraphischen Linien, organischen, assoziativen Formen und intensiven Farben geprägt wird: „Mein Werk soll wie ein von einem Maler in Musik gesetztes Gedicht sein“. Beispiele für Mirós Handschrift sind das Logo der Spanischen Fremdenverkehrswerbung oder das der Pensionskasse „La Caixa“. Miró schuf aber auch Mosaike, Wandteppiche und Skulpturen. 1956 zog Miró nach Mallorca, der Heimat seiner Mutter und seiner Frau. Sein dortiges Anwesen wurde, wie ja auch das Museum, von seinem Freund, dem katalanischen Architekten Josep Lluís Sert geschaffen. Joan Miró starb am 25. Dezember 1983 in Palma.

Jardins Mossèn Cinto Verdaguer: Unweit östlich der Fundació Miró liegen die Stationen der Standseilbahn *Funicular* hinab zur Avinguda Paral.lel am Rand von El Raval sowie der Seilbahn *Telefèric* hinauf zum Kastell; das viel fotografierte Denkmal für den katalanischen Nationaltanz Sardana steht übrigens nahe der Mittelstation. Wer den Aufstieg zum Kastell lieber zu Fuß zurücklegen möchte, geht am schönsten durch die im englischen Stil angelegten Gärten Jardins Mossèn Cinto Verdaguer. Oberhalb der Gärten lassen sich die zahlreichen Serpentinen der Straße oft durch Fußwege abkürzen.

Castell/Museu Militar: Die ausgedehnte Verteidigungsanlage im Osten des Montjuïc wurde ab 1640 unter Philip IV. angelegt, und zwar nicht etwa, um Barcelona zu verteidigen, sondern um die Stadt zu beaufsichtigen – tatsächlich wurde Barcelona mehr als einmal von hier oben beschossen. So, wie die Festung heute zu sehen ist, stammt sie aus dem 18. Jh., ihre Vorgängerin wurde im Spanischen Erbfolgekrieg gesprengt. Doch auch das neue Kastell war von einer Aura aus Angst und Schrecken umgeben. Es diente als Gefängnis, und immer wieder wurden an seinen Mauern Exekutionen durchgeführt. Im Spanischen Bürgerkrieg fanden hier zunächst zahlreiche Falangisten den Tod, nach der Eroberung Barcelonas durch Franco dann die Verteidiger der Stadt. 1940 wurde im Kastell der katalanische Präsident Lluís Companys von den Schergen Francos ermordet. Seine Überreste ruhen, wie die vieler anderer Opfer, in einem Massengrab auf dem Friedhof *Fossar de la Pedrera* im Westen des Montjuïc.

Heute, da die Kanonen des Kastells nur mehr musealen Charakter besitzen, ist das Areal trotz seiner blutigen Vergangenheit ein beliebtes Ziel für Wochenendausflüge. Der Blick über die Satdt und den weit ausgebreiteten Hafen zeigt sich auch wirklich fantastisch, es gibt eine kleine Snack-Bar außerhalb und ein Self-Service-Restaurant innerhalb des Kastells. Daneben mag für manchen das gut ausgestattete *Museu Militar* von Interesse sein, das in den Seitenräumen des Innenhofs und den

Kontraste: das Olympiastadion von 1929 und der „Wechsel" von 1992

riesigen unterirdischen Sälen historisches und moderneres Kriegsgerät nebst Zubehör wie Orden, Fahnen etc. ausstellt, außerdem die angeblich zweitgrößte Zinnsoldatensammlung Spaniens. Nachdem das Kastell mittlerweile in die Hände der Stadt übergegangen ist, soll das Kastell jedoch künftig zum „Friedenszentrum" umgewidmet werden – fraglich, ob das Militärmuseum dann noch Bestand haben wird.

Öffnungszeiten Von etwa April bis Oktober Di–So 9.30–20 Uhr, im Winter wird teilweise früher geschlossen, wochentags manchmal schon um 17 Uhr. Eintrittsgebühr 3 €.

Westlicher Montjuïc

Museu Olímpic i de L'Esport: Im Frühjahr 2007 eröffnet wurde dieses Museum gegenüber dem Olympiastadion, das zu einem guten Teil unter die Erdoberfläche gebaut ist. Auf mehreren Etagen dreht sich hier alles um den Sport und die Olympischen Spiele, ihre Geschichte und Helden, ergänzt beispielsweise durch Direktübertragungen aus allen Erdteilen, eine themenbezogene Kunstsammlung aus dem Hause Samaranch sowie Filmvorführungen. Wer mag, kann sich auch interaktiv mit den besten Sportlern ihres Fachs messen.

Öffnungszeiten Von April bis September Mi–Mo 10–20 Uhr, im restlichen Jahr bis 18 Uhr; Di geschlossen. Eintrittsgebühr 4 €. www.museuolimpicbcn.cat.

Anella Olímpica: Der „Olympische Ring", das Herz der Spiele von 1992, liegt jenseits der Avinguda de l'Estadi, etwa auf Höhe des Palau Nacional. Das geräumige, 55.000 Zuschauer fassende Stadion *Estadi Olímpic* (täglich 10–18 Uhr; gratis) entstand bereits zur Weltausstellung 1929 und sollte 1936 Austragungsort der „Alternativen Olympischen Spiele" sein; der Ausbruch des Spanischen Bürgerkriegs verhinderte jedoch diese Gegenveranstaltung zu den Nazi-Spielen Berlins. Nach den Spielen war das Estadi Olímpic lange Zeit das „Hausstadion" von Barcelonas zweitem großen Fußballverein Espanyol Barcelona; nach dessen Umzug in ein moder-

Montjuïc
Karte Seite 216/217

neres Stadion in der Vorortgemeinde Cornellà de Llobregat sucht die Stadt nun neue Verwendungszwecke für das Olympiastadion.

Vor dem Eingang bildet eine Freifläche mit Wasserspielen und eigenwilligen Drahtskulpturen einen Kontrast zur

Stille Wasser: Jardins Mossèn Cinto Verdaguer

klassizistischen Fassade; das Werk heißt *Utsuroshi*, was auf japanisch soviel wie „Wechsel" bedeutet, und stammt von der Künstlerin Aiko Miyawaki. Ihr Mann, der japanische Architekt Arata Isozaki, schuf die nahe Sporthalle *Palau Sant Jordi* – vor den Spielen ihres Designs wegen viel gelobt, von einer kleineren Fraktion ebenso heftig kritisiert und wegen ihrer Form mit einer Schildkröte verglichen. Im Hintergrund erhebt sich der gewundene, nadelspitze Telekommunikationsturm *Torre de Calatrava* in der typischen Handschrift des valencianischen Architekten Santiago Calatrava.

Jardí Botànic: Im Rücken des Olympiastadions erstreckt sich der Botanische Garten. Er ist noch jung, wurde erst im Jahr 2000 angelegt, die Pflanzen müssen deshalb noch wachsen. Das rund 14 Hektar umfassende Gelände ist den jeweiligen Regionen verschiedener Kontinente gewidmet, die mediterranes Klima besitzen: Kalifornien, Chile, Südafrika, Australien und das so genannte „Mediterrane Becken" mit dem östlichen Mittelmeer, der Iberischen Halbinsel samt Balearen, den Kanaren und Nordafrika. In all diesen Gebieten ähneln sich die klimatischen Bedingungen, weshalb sie auch Pflanzengemeinschaften hervorbringen, die vieles gemeinsam haben.

Öffnungszeiten Täglich ab 10 Uhr, Februar/März und Oktober bis 18 Uhr, April/Mai und September bis 19 Uhr, Juni bis August bis 20 Uhr, sonst bis 17 Uhr; Achtung, Änderungen sind häufig. Eintrittsgebühr 4 €.

Poble Espanyol: Ganz im Westen des Montjuïc erstreckt sich dieses für die Weltausstellung 1929 angelegte „Spanien im Kleinformat". Durch einen Nachbau der Stadttore von Ávila betritt man eine künstlich angelegte Siedlung aus charakteristischen Gebäuden und typischen Baustilen der spanischen Provinzen. Das Zentrum bildet eine nachempfundene Plaza Mayor, in Häusern und Gassen demonstrieren Kunsthandwerker wie Töpfer oder Glasbläser nostalgische Arbeitstechniken. Obwohl eine ausgewachsene Touristenshow mit deutlich über einer Million Besuchern pro Jahr, ist das Spanische Dorf als eine Art architektonische Schnuppertour durchs gesamte Land nicht unamüsant.

• *Öffnungszeiten* Täglich ab 9 Uhr; So bis 24 Uhr, Mo bis 20 Uhr, Di–Do bis 2 Uhr, Fr bis 4 Uhr, Sa bis 5 Uhr morgens; Eintritt 8 €, es gibt auch ein Kombiticket mit dem MNAC (12 €) sowie Familientickets. www.poble-espanyol.com.

Praktische Infos

Stadtverkehr

Per pedes/Bus: Optisch spektakulärer Zugang von der Plaça d'Espanya. Dort gibt es auch Haltestellen mehrerer Buslinien, die auf den Montjuïc führen. Die ausgedehnteste Route in der Zone befährt der Bus PM bzw. „Parc de Montjuïc" (Abfahrten etwa zwei bis drei Mal stündlich). An Werktagen die häufigsten Frequenzen (alle 10–13 min., am Wochenende deutlich weniger) bietet hingegen die Nr. 50, die mit Zusteigemöglichkeiten z. B. an der Gran Via und der Plaça Universitat hügelwärts und vorbei am Olympiagelände, der Fundació Miró und den Stationen der Standseilbahn und der Seilbahn bis zum Ende der Av. Miramar fährt. Ganz selten (4-mal werktäglich) verkehrt noch Bus Nr. 61 von Poble Sec via Plaça d'Espanya, Olympiastadion und Fundació Miró. Der Bus Nr. 55 bedient, mit Zusteigemöglichkeit z. B. an der Plaça Catalunya und dem Carrer Lleida (nicht aber der Pl. d'Espanya), den nördlichen Bereich des Montjuïc (u. a. das Archäologische Museum), fährt dann ebenfalls über die Fundació Miró und stoppt kurz hinter den Stationen der Standseilbahn und der Seilbahn.

Bus Montjuïc turístic: Eine neue, private Buslinie, die auf zwei Linien mit offenen Bussen den Montjuïc bedient. Betrieb von etwa Ende Juni bis Mitte September täglich, sonst nur an Wochenenden, von etwa November bis Ostern gar nicht. Abfahrten alle 40 min. u. a. an der Plaça Portal de la Pau (Kolumbusstatue) und der Plaça d'Espanya, Tagesticket 3 €.

Transbordador Aeri: Eine faszinierende und angesichts des Alters der Anlage (eröffnet 1931) auch recht abenteuerliche Art, den Montjuïc zu erklimmen. Die Schwebebahn führt von Barceloneta über die Torre de Jaume I. (hier auch Zustiegsmöglichkeit) am Hafen zu den Jardins de Miramar und bietet unterwegs fantastische Panoramen der Stadt; von den Sehenswürdigkeiten des Montjuïc ist man am Ziel allerdings noch eine Ecke entfernt. In Betrieb März bis Mitte Juni sowie Mitte September bis Mitte Oktober täglich 10.45–19 Uhr, Mitte Juni bis Mitte September täglich 11–20 Uhr, sonst täglich 10–17.45 Uhr. Bei starkem Wind fällt die Fahrt aus. Viertelstündliche Abfahrten, einfach 9 €, retour 12,50 €.

Funicular de Montjuïc: eine weitgehend unterirdisch verlaufende Standseilbahn ab der Metrostation Paral.lel. Die moderne Anlage ist der Nachfolger einer bereits 1928 in Dienst gestellten Standseilbahn. Ihre „Bergstation" Parc de Montjuïc liegt an der Avinguda Miramar nahe der Gartenanlage Jardins de Mossèn Jacint Verdaguer und nicht weit von der Fundació Miró. Die Bahn ist dem Tarifsystem des Stadtverkehrs angeschlossen, „Targetes" und Einzeltickets sind gültig.

Telefèric de Montjuïc: Die auch „Telecabina" genannte, 1968 eröffnete und 815 Meter lange Seilbahn zum Kastell startet an der Avinguda Miramar gleich bei der Funicular. Früher bediente sie an der Mittelstation den mittlerweile verschwundenen Vergnügungspark des Montjuïc, daher der Knick in der Routenführung. Zuletzt wurde die Anlage komplett restauriert und auf Kabinen mit acht (statt bisher vier) Plätzen umgebaut. Einfache Fahrt 5,70 €, hin und zurück 7,90 €; mancher wird da den Fußweg durch die Jardins de Mossèn Cinto Verdaguer vorziehen... Betriebszeit von Juni bis September 10–21 Uhr, sonst je nach Jahreszeit bis 18 oder 19 Uhr.

Essen & Trinken

Die Restaurantauswahl ist auf dem Montjuïc recht eingeschränkt, doch laden die vielen Grünanlagen natürlich zum genüsslichen Picknick ein. Den Einkauf muss man freilich vorab erledigen.

Café-Rest. Font del Gat (3), ein sehr reizvoller Fleck in der Parkanlage Jardins Laribal, 2002 nach langer Pause in einem hübschen, ursprünglich von Puig i Cadafalch (1925) errichteten Haus am „Katzenbrunnen" wieder eröffnet; Tische auch im Freien. Zugang entweder zwischen dem Archäologischen und dem Ethnologischen Museum oder über ein Seitensträßchen oberhalb des Ethnologischen Museums und dann

Montjuïc Karte Seite 216/217

per Aufzug hinab oder gleich westlich der Fundació Miró abwärts. Mittags täglich außer Mo geöffnet, abends nur Do–Sa für reservierte Gruppen. Mittagsmenü etwa 12 €. Passeig Santa Madrona 28, ✆ 932 890404.

Self-Service-Restaurant (6) im Kastell, kulinarisch nicht weiter bemerkenswert, aber in kuriosem Ambiente: Die Tische im Innenhof stehen mitten zwischen aufgestellten Kanonen. Wer das Kastell nicht besichtigen, aber hier essen möchte, kann sich an der außerhalb gelegenen Snack-Bar einen kostenlosen „Passierschein" holen.

La Caseta del Migdia (7), Open-Air-Lokal unweit des Aussichtspunkts „Mirador del Migdia" in einem Wäldchen hoch über dem Meer, einen knappen Kilometer vom Kasteleingang entfernt, wahlweise entlang des zur Küste oder zum Landesinneren weisenden Fußwegs. Lauschige Lage, Liegestühle, Chillout-Atmosphäre, viel Szene-Publikum. Ein sehr hübsches Plätzchen, an dem man kaum glauben mag, am Rand einer Millionenstadt zu sein. Zu essen gibt es nur Grillwurst (Butifarra) mit Salat und Brot, die Preise sind gesalzen: Portion 8 €; man kann es aber auch bei einem Getränk belassen. Im Winter nur am Wochenende geöffnet, im Sommer (etwa zweite Juniwoche bis Mitte September) Do–So und dann auch abends mit DJ-Beschallung, jeweils nur bei schönem Wetter. www.lacaseta.org.

Rest. La Tomaquera (2), unten im Viertel Poble Sec. Uriger Laden (Kenntnisse in Küchenspanisch nützlich), voll und laut; Spezialität sind Grillfleisch und Schnecken. Nicht teuer. So/Mo sowie im August geschlossen. Carrer de Magalhäes, Ecke Carrer Margarit.

Bar Quimet & Quimet (5), ebenfalls in Poble Sec. Kleines Lokal, berühmt für die Tapas bester Qualität. Umfangreiche Auswahl an Weinen und Spirituosen. Sa-Nachmittag, So und im August geschlossen. Carrer del Poeta Cabanyes 25.

Mit Blumen geschmückt: die „andalusische" Gasse im Poble Espanyol

Bars & Clubs

Poble Espanyol

Auch nachts geöffnet, lockt der Kopien-Mix von Gebäuden aus allen Teilen Spaniens vielerlei Nachtschwärmer. Parkplatz.

La Terrazza (1), ganz hinten im Poble Espanyol. Die ausgesprochen gefragte Open-Air-Disco gehört zu den Spitzenclubs der Stadt. Ungewöhnlich reizvolles Ambiente, aber strenge Türsteher und gesalzene Eintrittspreisen. Tech-House, Top-DJs. Bereits einmal von der Stadt wegen Lärmproblemen geschlossen, zuletzt aber wieder geöffnet. Betrieb etwa Mitte/Ende Mai bis Mitte Oktober, dann Do–Sa bis 6 Uhr. www.nightsungroup.com, www.laterrrazza.com.

Poble Sec

Coctelería Barcelona Rouge (4), unten im Stadtviertel Poble Sec. Kleiner, gemütlicher und von einem Münchner Exilanten geführter Nightspot mit schickem Publikum, entspannter Musik, prima Cocktails und gelegentlichen Aufführungen. Carrer Poeta Cabanyes 21 (klingeln), geöffnet Di–So bis 4 Uhr.

Ausflüge in die Umgebung

Auch wenn man Barcelona nur für ein paar Tage besucht, bietet sich ein Ausflug in die Umgebung an. Zu den Klassikern zählen das Bergkloster Montserrat und das quicklebendige Badestädtchen Sitges. Wer gerne wandert, ist in der Serra de Collserola richtig, und für alle Freunde des katalanischen Cava ist Sant Sadurní d'Anoia fast schon ein Pflichtziel. Schon etwas weiter weg, aber durchaus noch in Reichweite für einen Tagesbesuch liegen Tarragona, Girona und das Dalí-Museum in Figueres.

Serra de Collserola

Der bewaldete Höhenzug der Serra de Collserola liegt direkt im Hinterland der Metropole; seine größte Erhebung ist Barcelonas 512 Meter hoher Hausberg Tibidabo. Seit 1987 als Parc de Collserola ausgewiesen, wird die Serra zwar an allen Seiten völlig von Siedlungen eingeschlossen sowie von Landstraßen und sogar einer Autobahn durchzogen, umfasst aber immerhin eine Fläche von rund 80 Quadratkilometern und ist damit fast so groß wie das gesamte Stadtgebiet von Barcelona. Reichlich Raum für Streifzüge also. Vor allem an Wochenenden pilgern denn auch viele Bewohner Barcelonas zum Picknicken, Wandern und Mountainbiken hinauf in die grüne Landschaft der Hügelkette.

Durchquerung der Serra: Wanderung nach Sant Cugat

Charakteristik: Eine nicht allzu schwere, aber ausgedehnte Wanderung durch hügeliges Gelände, für die man eine reine Gehzeit von knapp vier Stunden einkalkulieren sollte. Zu Beginn wartet ein Anstieg von etwa 200 Höhenmetern, dann verläuft die Strecke weitgehend abwärts oder eben. Am Ziel in Sant Cugat del Vallès lohnt das sehenswerte Benediktinerkloster Monestir de Sant Cugat del Vallès (→ unten im Anschluss an die Wanderbeschreibung; Mo geschlossen) einen Besuch. Überwiegend schattig unter einem Wald aus Steineichen und Kiefern führt die Tour durch ein Gebiet, in dem die Vegetation der Serra bestens erhalten ist. Etwas Wandererfahrung und Orientierungssinn sind nötig, da die Region von vielen kleinen Wegen und Pfaden durchzogen wird und die Hinweisschilder unterwegs schon mal gestohlen werden. Einige steilere und felsige Teilstrecken verlangen festes Schuhwerk mit gutem Profil; ausreichenden Wasservorrat nicht vergessen. Einkehrmöglichkeit besteht unterwegs im Bauernhof-Restaurant Masia Can Borrell (→ unten, nur Mi–So) und natürlich am Ziel im Städtchen Sant Cugat.

Verlauf: Die Wanderung beginnt an der FGC-Station *Baixador de Vallvidrera* (→ oben). Im Gebiet oberhalb der Station ist der Weg zum Centre d'Informació beschildert. Er steigt in östlicher Richtung durch den Wald an und erreicht nach fünf Minuten die *Vil.la Juana* bzw. *Casa Verdaguer* (Sa/So 10–14 Uhr; gratis), ein Landgut des 18. Jh. und das Sterbehaus von Jacint Verdaguer (1845–1902), eines der bedeutendsten katalanischen Poeten. Ein kleines Stück oberhalb liegt rechts das *Centre d'Informació del Parc* (Öffnungszeiten → oben), etwas weiter links die Schule Escola Xiprer.

Wandern in der Serra de Collserola

Gerade Wanderern bietet die von zahlreichen Wegen (und sogar mehreren Fernwanderwegen wie dem GR 6) durchzogene Serra wirklich erstaunliche Möglichkeiten. Das hügelige Gebiet ist reich an Wäldern, Quellen und Zeugen vergangener Zeiten. Eine erste Anlaufstelle bildet das Informationszentrum des Parks, doch finden erfahrene Wanderer auch auf der guten Karte von Editorial Alpina reichlich Anregungen, zum Beispiel die unten vorgeschlagene Durchquerung des Parks (in der Karte Tour Nr. 3) vom Infozentrum nach Sant Cugat de Valles, wo wieder FGC-Anschluss besteht.

• *Information* **Centre d'Informació del Parc**, Carretera de l'Església 92, ✆ 932 80 3552. Das Infozentrum liegt etwa zehn Fußminuten östlich oberhalb der FGC-Station Baixador de Vallvidrera (Linien S 1 Terrassa, S 2 Sabadell, S 5 Sant Cugat/Rubí, S 55 Universitat Autònoma ab Pl. Catalunya oder Gràcia, eine Station hinter der bei unserer Tour 12 benutzten Peu del Funicular), die noch zum Tarifgebiet von Barcelona zählt. Geöffnet ist täglich 9.30–15 Uhr, am 25./26. Dezember sowie 1. und 6. Januar geschlossen. Einfache Übersichtskarten des Gebiets gibt es kostenlos, auch Verkauf detaillierter Wanderkarten wie der hier genannten Karte.

• *Wanderkarte* **Serra de Collserola**, von Editorial Alpina, erhältlich z. B. bei der Reisebuchhandlung Altaïr (→ Eixample/Einkaufen) und im Centre d'Informaciò del Parc. Im detailreichen Maßstab 1:20.000.

Sant Cugat del Vallès
Monestir de Sant Cugat
Ziel
Sant Cugat
115
Riera de Sant Medir
Pi d´en Xandri
197
Torrent de Can Codonyrs
Turó de Torrefera
196
Turó Lluc
181
Turó de la Torre
188
Riera de Can Trabal
Can Borrell
234
Turó de Sant Adjutori
265
Serrat d´en Bell
Serra de Sant Vicenç
Pantà de Can Borrell
Riera de Sant Medir
Serra de Sant Medir
236
La Floresta
283
Sant Medir
Serra del Pedregal
Torrent de l´Arrabassada
Turó del Mallol
357
Turó del Fumet
359
399
Serra de l´Arrabassada
417
Viaducte de Can Ribes
Can Ribes
Turó del Soldat
368
Riera de Vallvidrera
Turó del Penitent
409
Coll del Gravat
406
465
Turó del Puig
477
Turó del Miralluny
Serra de Can Balasc
Les Planes
Torrent de les Tres Serres
Turó de l´Alzinar
397
Turó dels Mussols
378
Tibidabo
512
Baixador de Vallvidrera
Escola Xiprer
Start
Vil.la Joana
Turons de Can Pasqual
467
Vallvidrera
Vallvidrera
Vallvidrera
300 m
Durch die Serra de Collserola

50 Meter hinter dem Schulgelände verlässt man die Fahrstraße nach links aufwärts in den Wald, beschildert u. a. „Turó del Puig". Drei Minuten weiter hält man sich an einer Gabelung rechts aufwärts, nach weiteren drei Minuten und nochmal nach zwei Minuten an weiteren Gabelungen jeweils geradeaus aufwärts (nicht rechts); im Zweifel immer der Beschilderung „Turó del Puig" folgen. Etwa eine halbe Stunde hinter der Casa Verdaguer trifft man bei mehreren Häusern auf den „Pass" *Coll del Gravat,* an dem mehrere Wege zusammenlaufen; wir halten uns rechts aufwärts. Der weite Blick hier reicht bis zur Serra de Montserrat.

Sechs Minuten hinter dem Coll del Gravat nimmt man an einer Gabelung den linken, unteren der beiden Wege, nach 50 Metern geht es an einer weiteren Gabelung links abwärts, beschildert u. a. „Casa Sant Josep" und „Ctra. de l'Arrabassada". Im Abstieg gelangt man, vorbei an einer Abzweigung rechter Hand, in wenigen Minuten zu einer Asphaltstraße, der man mit etwas Vorsicht nach links folgt. 150 Meter weiter zweigt im Gebiet *Can Ribes* bei einem Parkplatz ein Sträßchen in nördlicher Richtung (rechts) ab, beschildert u. a „Sant Medir"; wir nehmen jedoch nicht dieses Sträßchen, sondern folgen den Schildern „Font d'en Ribes" und „Font de l'Arrabassada" auf den anfangs etwa parallel verlaufenden Fußweg 15 Meter weiter. Dieser wendet sich bald abwärts und erreicht den *Viaducte de Can Ribes.*

Wir überqueren das aus dem frühen 20. Jh. stammende Viadukt, von dem sich einmal mehr eine weite Aussicht bis nach Montserrat bietet, und halten uns direkt dahinter rechts abwärts. Zehn Minuten hinter dem Viadukt geht es an einer Gabelung rechts, hundert Meter weiter links, beschildert „Sant Cugat" und „Can Borrell"; der Weg führt weiter abwärts, wird nun enger, steiler und streckenweise etwas geröllig. Nach etwa einer Viertelstunde taucht wieder eine Gabelung auf; hier links, beschildert wie oben. Nun geht es kurz aufwärts und an der nächsten Gabelung, die nur 50 Meter weiter liegt, rechts. Nach einem kurzen, mäßigen Anstieg des schmalen, hier tunnelartig überwucherten Wegs folgt ein längerer Abstieg von gut zwanzig Minuten, an dessen Ende man auf einen breiteren Weg trifft; hier links, erneut beschildert mit „Sant Cugat" und „Can Borrell". Vorbei an einer schmalen Abzweigung nach links bleiben wir auf diesem Weg, der nun durch weiß-rote Markierungen als Fernwanderweg (GR) kenntlich ist, und kommen so in zwei Minuten zum Bauernhof *Masia Can Borrell.* Wer zum richtigen Zeitpunkt eintrifft, kann im hiesigen, rustikalen Restaurant auch gut katalanisch essen, Spezialität sind Fleischgerichte; Betriebszeiten Mi–Fr 13–16, Sa/So 13–17 Uhr, Fr/Sa auch abends ab 21 Uhr. Da hier häufig Familienfeiern stattfinden, lohnt sich evtl. vorherige Anfrage und Reservierung unter ✆ 936 929723; www.canborrell.com.

Auf dem Weiterweg hält man sich an der Gabelung 50 Meter hinter der Masia links. Die Landschaft öffnet sich zu einem landwirtschaftlich genutzten Tal, später geht es wieder in den Wald. Vorbei an zwei Abzweigungen nach rechts folgt man nun immer dem Hauptweg. Wieder in offenerem Gelände, steht unterwegs rechter Hand die Riesenpinie *Pi d'en Xandri,* die mehr als zwei Jahrhunderte alt sein soll und von einer Holzkonstruktion gestützt wird. Wenig später, insgesamt rund eine halbe Stunde hinter der Masia Can Borrell, erreicht man bei einem Kreisel den Ortsrand von *Sant Cugat del Vallès.*

Die bisherige Wegrichtung beibehaltend, folgt man der Avinguda Pla del Vinyet und hält sich am nächsten Kreisel weiter geradeaus. Zum Kloster *Mo-*

nestir de Sant Cugat geht es hinter dem rechter Hand gelegenen Park Parc Ramon Barnils rechts ab. Wer stattdessen gleich weiter zum FGC-Bahnhof *Estació de Sant Cugat* möchte, folgt noch ein ganzes Stück dem Straßenverlauf geradeaus, über die Avinguda de Gràcia hinweg und auf der Rambla Ribatallada bis zu einer Gabelung; dort rechts in den Carrer Àngel Guimerà.

Rückfahrt Für die Rückfahrt nach Barcelona (Linien S1, S2, S5, S55) sind die Tickets des städtischen Tarifgebiets (z. B. T-10) nicht mehr gültig, da man sich außerhalb dessen Zone befindet. Das stattdessen nötige Zweizonenticket kostet etwa 2 € und ist an Automaten erhältlich.

Sant Cugat del Vallès

Das Städtchen nördlich der Serra del Collserola wird in erster Linie wegen seines uralten Benediktinerklosters besucht.

Sant Cugat del Vallès, ab Barcelonas Plaça de Catalunya mit FGC-Nahverkehrzügen der Linien S1, S2, S5 und S55 zu erreichen, ist fast schon ein Vorort der katalanischen Hauptstadt, liegt auch in unmittelbarer Nachbarschaft der neuen Trabantensiedlung Valldoreix. Zentrum des Orts, der in seinem Kern teilweise verkehrsberuhigt wurde, ist die Plaça d'Octavià mit dem Kloster; dort gibt es auch eine Infostelle (Juni bis September Di–Sa 10–14, 17–20 Uhr, So 10–14 Uhr, in der übrigen Zeit Di–Sa 10–13.30 bzw. Sa bis 14 Uhr, 16–18 Uhr, So 10–14 Uhr; ✆ 936 759952), die auch geführte Touren anbietet.

Monestir de Sant Cugat del Vallès: Schon eine Urkunde des 9. Jh. erwähnt ein Kloster in Sant Cugat, eine erste christliche Kirche soll gar schon viele Jahrhunderte früher bestanden haben. Der Bau der heutigen Anlage zog sich von Anfang des 11. Jh. bis ins 14. Jh. hin und überschritt damit die Schwelle der Romanik zur Gotik. So besitzt die dreischiffige, mit großer Rosette geschmückte *Klosterkirche* des 14. Jh. einen eher romanischen Grundriss, während architektonische Details wie die spitzbogigen Kreuzgewölbe der Gotik entstammen; leider ist die Kirche selbst nur 9–12 und 18–20 Uhr geöffnet. Außer der oberen Galerie (16. Jh.) durchgängig romanisch ist noch der schöne *Kreuzgang* des 12. Jh. mit seinen 144 reizvollen Kapitellen, die vorwiegend nicht-biblische Motive wie Fabeltiere oder ornamentalen Blumenschmuck tragen. Sie sollen alle von einem einzigen Meister namens Catell oder Gatell stammen, zumindest behauptet das eine Tafel, die der Künstler in der Nähe seines Selbstbildnisses in der Nordostecke angebracht hat. Der *Kapitelsaal* beherbergt ein Allerheiligen-Retabel von Pere Serra aus dem Jahr 1375. Ein *Museum* ist angeschlossen.

Öffnungszeiten Di–Sa 10–13.30, 15–19 Uhr (Sommer bis 20 Uhr), So 10–14.30 Uhr; Eintritt 3 €.

Montserrat

Die unbestrittene Nummer eins unter den Ausflugszielen ab Barcelona. Das Kloster, fantastisch in wuchtiger Felslandschaft gelegen, ist das bedeutendste Wallfahrtsziel Kataloniens und, nach Santiago de Compostela, das zweitwichtigste ganz Spaniens.

Allein der wunderbare Blick bei der Anreise lohnt bereits den Weg. Knapp 40 Kilometer nordwestlich von Barcelona erhebt sich der graue Felsstock des Montserrat steil aus der hügeligen Umgebung. Das mächtige, bis zu 1236 Meter hohe Massiv ist heute als Naturpark geschützt. Zu Recht trägt es seinen Namen

„Zersägter Berg“: Tiefe Einschnitte trennen das Gestein in übereinander stehende Blöcke, in steil aufragende Türme, in Kegel, rundgeschliffen von der Zeit. Gut zu verstehen, dass eine Legende auf dem Montserrat die geheimnisvolle Gralsburg des Parzival vermutete. Am Ausgang einer besonders tiefen Spalte liegt in 725 Meter Höhe das ebenso sagenumwobene Kloster *Abadia de Montserrat*, dem der Berg seinen Beinamen „Montsagrat“ (Heiliger Berg) verdankt. Den Katalanen ist das Kloster neben seiner religiösen Bedeutung auch Symbol ihrer Nation, deren Sprache und Kultur es in den schlimmsten Zeiten geschickt verteidigte, das „Wunder Kataloniens“ (Joan Maragall). In den Sommermonaten wird das Kloster von Besuchern – rund eineinhalb Millionen sind es jährlich – geradezu überflutet: Majestätische Einsamkeit ist dann natürlich nicht zu erwarten. Es lohnt sich dennoch, hierher zu kommen, und wer dem Rummel entfliehen will, findet eine Reihe von Wanderwegen zu abseits liegenden Einsiedeleien.

Hort katalanischer Kultur: Kloster Montserrat

Geschichte: Der Legende zufolge wurde das Kloster erstmals um 880 gegründet, nach dem Fund einer dunklen Madonna, die, wie es heißt, vom Evangelisten Lukas höchstpersönlich geschnitzt worden war. Ab dem 11. Jh., das Kloster war im Jahr 1025 nach einem Nachfolgestreit durch Abt *Oliba* aus Ripoll neu angelegt worden, entwickelte sich ein kräftiger Marienkult um „Unsere Liebe Frau vom Montserrat“. In den folgenden Jahrhunderten strömten Pilger aus nah und fern scharenweise zu *La Moreneta*, der „kleinen Braunen“, die Madonna avancierte zur Schutzpatronin Kataloniens. Nach Ansicht der Fachwelt stammt die Statue übrigens aus dem 12./13. Jh. ... Anfang des 19. Jh. erlitt das Kloster in den napoleonischen Kriegen schwerste Verwüstungen und musste neu aufgebaut werden. Auf diese Zeit gehen auch die meisten der heutigen, architektonisch wenig beeindruckenden Gebäude zurück. Mit der kulturellen Wiedergeburt Renaixença entwickelte sich Montserrat zu einer Bastion des katalanischen Nationalismus. Selbst unter Franco wurden Messen nur in Català gelesen, gab das Kloster eine Zeitschrift in der verbotenen Sprache heraus, trafen sich hier heimlich die Widerständler.

• *Information* **Central de Reserves i Informació**, im „Zentrum“ der Klostersiedlung. Geöffnet Mo–Fr 9–18.45 Uhr, Sa/So 9–19.30 Uhr. Hier auch Infos über Quartiere und die vielen Wandermöglichkeiten der Umgebung. ✆ 938 777777, für Reservierungen ✆ 938 777701, www.montserratvisita.com.

• *Verbindungen* **FGC-Nahverkehrszüge** der Linie R 5 ab der Plaça Espanya, Kombi-Tickets dort oder im FGC-Büro im Bahnhof an der Pl. Catalunya. Abfahrten tagsüber etwa stündlich, Fahrtdauer rund eine Stunde. Weiter wahlweise mit der noch recht neuen Zahnradbahn **Cremallera de Montserrat** (FGC-Station Monistrol de Montserrat, Kombiticket hin & zurück mit Zugfahrt etwa 15 €, Einzelfahrten hin und zurück 6,50 €) oder schon eine Zugstation vorher mit der Seilbahn **Telefèric de Montserrat** (FGC-Station Aeri de Montserrat, identische Preise). Die FGC bietet noch weitere Kombitickets an, u. a. „TransMontserrat" (ca. 21 €), das auch die Benützung der für Wanderungen nützlichen Seilbahnen „Funiculars" oben am Kloster sowie den Eintritt zum „Espai Audiovisual" beinhaltet.

Bus: JULIÀ (✆ 934 904000) fährt täglich um etwa 9 Uhr ab der Busstation bei Barcelonas Bahnhof Sants, Rückfahrt je nach Saison um 17/18 Uhr, Fahrpreis etwas niedriger als mit dem günstigsten Angebot der FGC. Die Gesellschaft veranstaltet auch organisierte Touren mit Führung.

Mit dem Auto: Autobahn A 2 bis Martorell, weiter über die C 55. Einige Kilometer hinter Olesa folgt rechts die Abzweigung zur Seilbahn Telefèric (s.o.), beschildert „Aeri"; zur Cremallera-Station in Monistrol (siehe ebenfalls oben) geht es geradeaus. Die Direktanfahrt erfolgt über eine Bergstraße ebenfalls ab Monistrol, die Parkplätze oben sind gebührenpflichtig.

• *Kleidung* Dass man sich beim Besuch einer Wallfahrtsstätte entsprechend kleidet, also auf Shorts, Träger-T-Shirts und tiefe Ausschnitte verzichtet, ist wohl selbstverständlich. Ein Pullover im Gepäck kann angesichts der Höhenlage nicht schaden.

Sehenswertes

Montserrat besteht aus einem ausgedehnten Komplex von Gebäuden, in dem vom Selbstbedienungsrestaurant über die Erste-Hilfe-Station bis zur Polizeiwache alles Nötige und weniger Nötige geboten ist. „Hauptplatz" des noch immer von etwa achtzig Mönchen bewohnten Klosters ist die Plaça Santa María, die von der Seilbahn aus hinter der ersten Gebäudereihe liegt.

Espai Audiovisual: Eine moderne und gut gemachte Dokumentation, untergebracht im Gebäude der Info- und Reservierungsstelle, die in Wort, Bild und Ton das Kloster samt seiner Umgebung und seiner Geschichte vorstellt und das Leben der Mönche beschreibt.

Öffnungszeiten Mo–Fr 9–19 Uhr; Sa/So 9–19.30 Uhr, Eintrittsgebühr 2 €.

Basilika: Zugang von der Plaça Santa María. Die zum Platz weisende Fassade wurde erst 1968 fertiggestellt, links von ihr die Reste des gotischen Kreuzgangs. Hinter der Fassade folgt zunächst ein enger Innenhof, an den sich die eigentliche Klosterkirche anschließt. Sie stammt aus dem 16. Jh., wurde aber so stark zerstört beziehungsweise beim Wiederaufbau verändert, dass ihr ursprünglicher Renaissance-Stil kaum mehr zu erkennen ist. Auch die durchaus aufwändige Ausstattung des dunklen, nur von zahlreichen Kerzen beleuchteten Inneren stammt aus jüngerer Zeit: Der direkte Zugang zur Statue **La Moreneta** erfolgt nicht durchs Hauptportal, sondern durch einen Eingang an der rechten Kirchenseite. Meist herrscht ziemliches Gedrängel, so dass man es gern bei einem kurzen Blick auf die von Katalanen wie „Restspaniern" gleichermaßen verehrte Madonna mit Kind bewenden lassen wird. Die berühmte Musikschule **Escolania** hält auf katalanische Tradition, wurde bereits im 13. Jh. oder frühen 14. Jh. gegründet und gilt deshalb als älteste Musikschule Europas. Zu hören ist der etwa 50 Mitglieder umfassende Knabenchor Mo–Fr gegen etwa 13 Uhr (Salve und „Virolai"), Mo–Do auch 18.45 Uhr (Vespergottesdienst) sowie So um 12 Uhr und um 18.45 Uhr.

Catalunya Bus Turístic

Der große Bruder des städtischen Bus Turístic erschließt auf zwei Ganztagestouren und einem Halbtagesausflug weitere, entfernter gelegene Attraktionen Kataloniens. Die Route „La ciutat de Dalí i Girona" (ca. 70 €) führt in Dalís Geburtsstadt Figueres, zu seinem berühmten Museum und in die schöne Provinzhauptstadt Girona; Glanzlichter der Tour „Ruta Montserrat, Bodegues i Sitges" (ca. 70 €) sind Besuche in in der bekannten Weinkellerei Torres bei Vilafranca del Penedès, die „Cremallera"-Fahrt nach Montserrat sowie ein Besuch in Sitges. Abfahrten jeweils von etwa Mitte März bis Mitte November täglich außer Montag. Die „Ruta Wine & Tasting" (ca. 50 €) findet von etwa Anfang Juni bis Mitte November täglich außer Montag statt und beinhaltet Besuche der Weinkellereien Jean Leon und Torres. Infos und Tickets in allen Fremdenverkehrsämtern von Turisme de Catalunya (→ Kapitel A–Z, Stichwort „Information"). Die Eintrittsgebühren sind teilweise im Preis inbegriffen.

Museu de Montserrat: Das Klostermuseum unterhalb der Plaça de Santa María zeigt neben liturgischen Gegenständen und archäologischen Funden vorwiegend katalanische Gemälde des 19. und 20. Jahrhunderts. Zu den Prunkstücken zählt das fast vier Quadratmeter große Ölbild „Der Matrose", ein Frühwerk von Salvador Dalí aus dem Jahr 1926. Das Gemälde (Schätzwert rund 1,75 Millionen Euro) wurde dem Museum von „anonymer Seite" gestiftet, vermutlich von einer Freundin der Schwester des Meisters.

Öffnungszeiten Mo–Fr 10–17.45 Uhr, Sa/So 10–19 Uhr; Eintrittsgebühr 6,50 €.

Sant Sadurní d'Anoia

Sant Sadurní nennt sich zu Recht die „Hauptstadt der Cavas": Insgesamt rund hundert Fabrikanten widmen sich hier der Produktion von feinstem Sekt nach katalanischer Art.

Das Städtchen liegt etwa 30 Kilometer westlich von Barcelona in der Weinbauregion Penedès, direkt an der Autobahn A 7 und der Bahnlinie Richtung Tarragona. Vom Ortsbild her eher belanglos, ist Sant Sadurní dennoch Ziel aller echten Cava-Liebhaber, bieten sich hier doch gute Gelegenheiten, einmal eine Kellerei zu besichtigen. Die Lagerstollen unterhalb der Stadt erstrecken sich über viele Kilometer.

- *Information* **Oficina Municipal de Promoció i Turisme**, Carrer de L'Hospital 26, im Zentrum; ✆ 938 913188. Geöffnet Di–Fr 10–14, 16.30–18.30 Uhr, Sa/So 10–14 Uhr.
- *Verbindungen* **Zug**: Tagsüber stündlich RENFE-Nahverkehrszüge (Rodalies) der Linie 4 ab Barcelona Sants oder Plaça de Catalunya in Richtung Sant Vicenç de Calders; Fahrtdauer etwa 45 Minuten.
- *Kellereibesichtigungen* Die größeren Kellereien sind im Ort ausgeschildert, eine komplette Liste ist beim Fremdenverkehrsamt erhältlich. Beste Besuchstage sind Mo–Do, Fr ist teilweise nur vormittags geöffnet, Sa/So häufig zu; im Juli oder August schließen viele Kellereien für einige Wochen ihre Pforten. Gruppen sollten sich vorher telefonisch anmelden. Führungen dauern normalerweise etwa eineinhalb Stunden, erfolgen oft nur auf Català und Spanisch und sind oft (nicht immer) gratis. In der Regel finden zwei bis drei Führungen pro Vormittag statt, am Nachmittag nochmals zwei; abgeschlossen werden sie durch ein oder zwei Probe-Gläschen.

Codorníu, die älteste von allen, in einem schönen, als Nationalmonument ausgewiesenen Modernismebau von Puig i Cadafalch. Nordöstlich etwas außerhalb der Stadt an der Avinguda Cordorníu s/n, ab der Umgehungsstraße Richtung Torrelavit und Sant Pere beschildert; für Fußgänger leider schlecht zu erreichen. Geöffnet Mo–Fr 9–17 Uhr, Sa/So 9–13 Uhr. Führung gratis, für die anschließende Degustation kleine Gebühr, das Glas darf man als Souvenir behalten. Das Weingut geht bis 1551 zurück, seit 1872 wird hier Cava zum Verkauf hergestellt – Codorníu ist damit der älteste Produzent Spaniens. Während der Besichtigung geht es mit einer Art Kleinbahn durch die mehr als 30 Kilometer langen Kellergänge, deren Temperatur konstant bei 14 Grad liegt. Angeschlossen ist natürlich auch ein gut sortiertes Verkaufsgeschäft. ✆ 938 913342, www.codorniu.es.

Freixenet, die wichtigste Konkurrenz, in günstiger Lage gleich beim Bahnhof. Häufig wechselnde Zeiten (Kalender auf der Website), zwischen 10 Uhr und 13 Uhr ist aber fast täglich (wichtigste Ausnahmen: Weihnachten und Ostern) geöffnet, Mo–Do meist auch am Nachmittag bis mindestens 16 Uhr. Gebühr 5 € p. P. Auch hier gibt es natürlich einen Laden. Carrer Joan Sala 2, ✆ 938 917096, www.freixenet.es.

Sitges

Sitges macht Spaß! Durch die engen Gassen des hübschen, rund 35 Kilometer südwestlich von Barcelona gelegenen Badestädtchens flaniert ein angenehm gemischtes Publikum, Tendenz „schräg". Im Sommer herrscht Betrieb fast rund um die Uhr.

Den Ruf des Ortes begründete eine Künstlerkolonie, die sich Ende des 19. Jh. um den Maler Santiago Rusiñol geschart hatte. Mit Galerien, Ausstellungen und kulturellen Veranstaltungen bemüht sich die Stadtverwaltung, die Tradition aufrecht zu erhalten. Das Bild im Ortskern beherrschen weiße Häuser, oft mit Kacheln geschmückt, gepflasterte Gassen und Fußgängerzonen. Sie bieten Bühne und Laufsteg für ein Publikum, das in dieser Mischung seinesgleichen sucht. Eis schleckende spanische Familien, skurrile Selbstdarsteller, Schönheiten aus Barcelona, graubärtige Intellektuelle mit Zweitwohnsitz, Punks, Designer und Krawattenträger: Geboten ist alles. Auffallend die große Zahl an Gays beiderlei Geschlechts, für die Sitges fast eine Art europäische Ferien-Hauptstadt darstellt. Die Infrastruktur ist auf die amüsier- und ausgabefreudigen Gäste zugeschnitten. Sitges besitzt reichlich schicke Boutiquen der neuesten Trends, dazu Bars und Music-Pubs jeder Couleur, die sich an Lautstärke ebenso überbieten wie in den Preisen. Im Juli und August, wenn die Strände neben Urlaubern noch Tagesbesucher aus Barcelona anziehen, gerät das Städtchen an die Grenzen seiner Kapazität. Weniger überfüllt, aber dennoch lebendig, zeigt sich Sitges im Mai und Juni sowie im September und Oktober. Frühsommer und Frühherbst sind denn auch die besten Zeiten für einen Besuch. Am Wochenende, wenn halb Barcelona anrollt, tanzt dann wieder der Bär.

• *Information* **Oficina Municipal de Turisme**, Sínia Morera 1, an der Straße nach Sant Pere und Vilafranca, bei der Eisenbahnunterführung. Vom Bahnhof sind es nur 250 Meter in Fahrtrichtung Tarragona. Öffnungszeiten von Mitte Juni bis Mitte September Mo–Sa 9–20 Uhr, restliche Zeit Mo–Fr 9–14, 16–18.30 Uhr. ✆ 938 944251, www.sitgestur.com. In einem Häuschen in Strandnähe liegt die Zweigstelle **La Fragata**, in den Sommermonaten öffnet auch eine Filiale beim Bahnhof.

• *Verbindungen* **Zug**: Der Bahnhof liegt landeinwärts unweit des Zentrums. Von Barcelona mehrmals stündlich mit RENFE-Nahverkehrszügen Rodalies (Cercanías) C 2 Richtung Sant Vicenç de Calders: Zusteigestellen u. a. Passeig de Gràcia und Barcelona-Sants, Fahrzeit etwa 35 Minuten. Etwas schneller geht es mit einem der regulären Küstenzüge, aber Achtung: Längst nicht jeder Fernzug hält!

• *Essen* **Restaurant Maricel**, vielleicht das beste Speiselokal des Ortes. Exzellente, variationsreiche Küche, gute Weinauswahl, aufmerksamer Service. Menü à la carte ab etwa 40 € aufwärts. Passeig de la Ribera 6, unweit der Kirche, ✆ 938 942054; Di-Abend und Mi geschlossen.

Restaurant El Revés, am Eingang zur Altstadt. Hübsch dekorierter Familienbetrieb mit solider, moderner Küche. Nicht teuer,

Badestädtchen mit Charme: Sitges

auch feste Menüs. Insgesamt ein Lokal der allseits beliebten Kategorie „bbb" (bueno, bonito, barato: gut, hübsch, günstig). Carrer Sant Francesc 35.

Bar Lizarrán Eguzki, eine baskische Tapas-Bar und Keimzelle einer fantastischen Erfolgsstory: 1992 gegründet, eröffnete die Lizarrán-Kette bis heute mehr als 150 Filialen in fast ganz Spanien, auf den Balearen, aber auch in Portugal, Frankreich und Deutschland. Carrer Sant Pau 3, eine Seitenstraße meerwärts des zentralen Carrer de Parellades.

• *Kneipen, Nachtleben* Der **Carrer Primer de Mayo**, im Volksmund immer noch Carrer Dos de Mayo genannt, bildet zusammen mit seiner Verlängerung Carrer Marqués de Montroig das Zentrum der Abendaktivitäten. In dieser kaum zweihundert Meter langen Fußgängerzone zwischen der Strandpromenade und dem Carrer Parellades reihen sich die verschiedenen Pubs und Disco-Bars.

Pacha, etwas landeinwärts in der Urbanisation Vallpineda. Ein berühmter Name, der in Sitges seine Heimat hat: Hier nämlich (und nicht etwa auf Ibiza, wie viele meinen) eröffnete bereits 1967 das „Ur-Pacha", die allererste Disco der Kette. Das Pacha auf Ibiza folgte erst 1973. Nur im Sommer geöffnet. www.pacha.com.

Atlàntida, eine Open-Air-Disco an der Küste ein paar Kilometer südwestlich des Zentrums. Immer mal wieder gibt es Gerüchte über eine Schließung, bis zuletzt blieb das Atlàntida jedoch geöffnet. Nur im Sommer.

• *Gay* **Parrots** an der Plaça Industria ist Infobörse und Treff am frühen Abend; Bars konzentrieren sich am Carrer Bonaventura, z. B. das **Bourbon's** auf Nr. 13, in dem auch Frauen willkommen sind. Nachts dann die Gay-Disco **Trailer** im Carrer Angel Vidal oder das **Organic** im Carrer Bonaire.

• *Baden* Entlang dem **Passeig Marítim**, dem 2,5 Kilometer langen Strandboulevard von Sitges, liegen insgesamt acht durch Molen getrennte, gut gepflegte Sandstrandabschnitte, an denen es im Juli und August freilich eher eng zugeht.

Platja de l'Home Mort: Ein Nacktbadestrand, überwiegend gay. Er liegt einige Kilometer südwestlich; der Weg beginnt kurz vor dem westlichen Ende der Strandpromenade beim Hotel Apts. Playa Golf (hier am Strand entlang), führt vorbei am Kieselstrand Playa de la Atlàntida und dauert etwa eine Stunde. Eine Bucht weiter und ähnlich im Charakter ist die **Platja de la Desenrocada**.

Platja de Sant Sebastià, ein kleinerer, recht hübscher Sandstrand im Osten gleich jenseits der Kirche. Gute Infrastruktur.

Sehenswertes

Dazu zählen in erster Linie bauliche Details wie die vielen schönen Kachelbilder im Altort und die teilweise kuriosen Häuser der aus den Kolonien zurückgekehrten „Americanos". Die Ursprünge des Ortes liegen zum Meer hin, um die barocke Pfarrkirche an einem kleinen Kap.

Museu Can Ferrat: Nahe der Kirche, oberhalb der Küste. Das frühere Wohnhaus des Modernisme-Malers und Dichters *Santiago Rusiñol*, der Sitges ab 1891 für sich und seinen Freundeskreis, darunter Picasso und Casas, entdeckte und bekannt machte. Das Haus quillt über vor fantastischem schmiedeeisernen Kunsthandwerk aus den Pyrenäen, Keramik und ähnlichem, sowie von Gemälden des Künstlers selbst und seiner Freunde. Prunkstücke sind zwei Werke von El Greco.

Öffnungszeiten Di–Sa 9.30–14, 16–19 Uhr bzw. 15.30–18.30 Uhr (Okt.–Juni), So 10–15 Uhr. Eintrittsgebühr 3,50 €, Kombiticket für alle drei Museen der Stadt etwa 6,50 €, am ersten Mi im Monat jeweils gratis.

Museu Maricel: Gleich neben Can Ferrat gelegen. Ausgestellt sind eine Reihe von Kunstwerken von der Romanik bis zum 20. Jh. Optisch besonders attraktiv wirkt die Platzierung einer liegenden Frauenskulptur von *Rebull* vor einem großen Fenster mit Meerblick. Öffnungszeiten und Eintritt wie oben.

Museu Romàntic: Im Ortszentrum, Carrer Sant Gaudenci 1. Anhand von Möbeln, Musikinstrumenten und Haushaltsgeräten, darunter teils sehr originelle Stücke, wird der Lebensstil reicher Gutsherrenfamilien des 18. und 19. Jh. demonstriert. Im ersten Stock ist eine Sammlung von Spiel- und Modellpuppen zu sehen. Öffnungszeiten und Eintrittsgebühr wie oben.

Tarragona

Älter und in der Antike weit bedeutender als Barcelona, besitzt die Provinzhauptstadt zahlreiche Baudenkmäler vor allem aus römischer Zeit, die Tarragona auf die Liste des Weltkulturerbes brachten.

Tarragona, rund hundert Kilometer südwestlich von Barcelona gelegen, ist heute vor allem eine Industriestadt mit Schwerpunkt auf Petrochemie. Die Neustadt wirkt mit ihren schnurgeraden Straßen ziemlich reizlos. Anders die hübsche Altstadt *Casc Antigua*, die sich ihre Identität weitgehend bewahrt hat. In erster Linie allerdings wird Tarragona wegen seiner Baudenkmäler besucht. Die römischen Relikte in Stadt und Umgebung sind neben denen von Mérida in der Extremadura die bedeutendsten des ganzen Landes, schließlich war Tarragona als *Tarraco* jahrhundertelang die Hauptstadt einer der beiden römischen Provinzen Spaniens. Einen Besuch lohnt auch die mächtige Kathedrale.

Orientierung: Tarragona gliedert sich deutlich in drei Gebiete. Die Unterstadt liegt beim Hafen, die Oberstadt, die heute das eigentliche Stadtzentrum darstellt, auf einem Hügel oberhalb der Küste. An sie schließt sich die noch höher gelegene Altstadt an. Das Herz der Oberstadt ist der breite Boulevard *Rambla Nova*, ein besonders am frühen Abend belebter Treffpunkt. Nordöstlich parallel markiert die *Rambla Vella* den unteren Rand der Altstadt. Einen Straßenzug ins Gassengewirr hinein liegt mit der *Plaça de la Font* der Hauptplatz dieses ältesten Stadtgebiets.

• *Information* **Oficina Municipal de Turisme**, Carrer Mayor 39, in der Altstadt unterhalb der Kathedrale. Öffnungszeiten von

Karte Seite 229

Juni bis September Mo–Sa 9–21 Uhr, So 10–14 Uhr; Rest des Jahres Mo–Sa 10–14, 16–19 Uhr, So 10–14 Uhr. ✆ 977 250795, www.tarragonaturisme.es.

• *Verbindungen* **Zug**: Hauptbahnhof an der Plaça de la Pedrera in der Unterstadt. Verbindungen ab Barcelona Sants stündlich bis mehrmals stündlich, Fahrtzeit im Regionalexpress knapp 1,5 Stunden, Preis einfach um die 6 €. Fraglich, ob es sich angesichts der geringen Zeitersparnis lohnt, einen der teureren Schnellzüge zu nehmen; das gilt erst recht für die Fahrt mit dem AVE zum zwölf Kilometer vom Stadtzentrum (Busverbindung) entfernten Ave-Bahnhof Camp de Tarragona.

• *Übernachten* ** **Hotel Plaça de la Font (3)**, eines von mehreren Quartieren am lebendigen Hauptplatz der Altstadt. 20 Zimmer, nicht allzu groß, aber angenehm eingerichtet; am schönsten sind natürlich die mit Blick zur Plaça. DZ kosten je nach Lage (innen/zum Platz) und Saison 55–70 €. Plaça de la Font 26, ✆/✆ 977 246134, www.hotelpdelafont.com.

** **Pensió Noria (5)**, ebenfalls an der Plaça. Gut eingerichtete Zimmer, am schönsten die fünf mit Blick auf den Platz. Beliebt und oft belegt. Ganzjährig geöffnet. DZ/Bad nach Saison etwa 40–50 €. Plaça de la Font 53, „Rezeption" in der Bar, ✆ 977 238717.

• *Essen* **Restaurant Aq (1)**, bei der Kathedrale. Modernes Dekor, kreative Küche mit Pfiff. Das Mittagsmenü kommt auf rund 20 €, à la carte legt man etwa 40 € an. Carrer Les Coques 7, So/Mo geschlossen; ✆ 977 215954.

Restaurant Barquet (4), in einem wenig ansehnlichen Stadtteil, jedoch den kleinen Abstecher von der Rambla wert. Gute, ortstypische Küche (prima Reisgerichte) zu vergleichsweise niedrigen Preisen. Menü à la carte ab etwa 30 €, günstiges Tagesmenü. Carrer Gasòmetre 16, So, Mo-Abend sowie in der zweiten August- und der ersten Septemberhälfte geschlossen.

Bar Lizarrán (2), am Hauptplatz der Altstadt. Ein viel besuchter Vertreter dieser Kette von Lokalen mit typisch baskischen Tapas. Preisgünstig, abgerechnet wird nach Zahl der Zahnstocher, auf denen die Häppchen stecken. Plaça de la Font 16.

• *Feste/Veranstaltungen* **Tarraco Viva**, an etwa zehn Tagen Mitte/Ende Mai. Bedeutendes Römerfestival, mit dem die Stadt an ihre Wurzeln erinnert; Gladiatoren, kulinarische Spezialitäten, Theater, Musik etc. www.tarracoviva.com.

Sant Magi, um den 19. August, mit Prozession, Theater, Musik und Tanz.

Santa Tecla, in der Woche um den 23. September. Das quicklebendige Hauptfest der Stadt, eines der bedeutendsten ganz Kataloniens. Eine besondere Attraktion sind die berühmten Menschentürme „Castellers".

Luftig: Über den Dächern von Tarragona

Ausflüge in die Umgebung
Karte Seite 229

Sehenswertes

Ein Aussichtspunkt, von dem der Blick an sehr klaren Tagen bis nach Mallorca reichen soll, ist der *Balcó del Mediterrani* am Ende der Rambla Nova. Die kompakte Altstadt beginnt gleich jenseits der Rambla Vella.

Casa Museu Castellarnau: Am Carrer Cavallers 14, einige Parallelgassen hügelwärts der Plaça de la Font. Der Palast des 14./15. Jh. wurde in ein Museum verwandelt, das Glas, Münzen, Keramik etc. ausstellt, allerdings besonders des Gebäudes selbst wegen interessant ist.

Öffnungszeiten Ostern bis September Di–Sa 9–21, So 9–15 Uhr, sonst Di–Sa 9–19 Uhr, So 10–15 Uhr. Eintritt 2,50 €.

Passeig Arqueològic: Eingang beim Portal del Roser; im Umfeld etwas Vorsicht, hier ist ein Treffpunkt der Drogenszene. Der Spazierweg führt durch Gartenanlagen entlang der auf rund einem Kilometer Länge erhaltenen, wuchtigen Stadtmauern, vorbei an Kopien römischer Statuen. Die treffend „Zyklopenmauern" genannten *Murallas Ciclópeas* wuchsen mit den Jahrhunderten und sind gewissermaßen ein Konzentrat der Geschichte Tarragonas. Die unterste, roh behauene Schicht aus Riesenblöcken soll entweder noch aus der iberischen Zeit des 6. Jh. v. Chr. oder aber aus den römischen Anfängen des 3. Jh. v. Chr. stammen.

Öffnungszeiten Ostern bis September Di–Sa 9–21 Uhr, So 9–15 Uhr, sonst Di–Sa 9–17 Uhr, So 10–15 Uhr. Eintritt 2,50 €.

Catedral de Santa María: Architektonisch bedeutsam ist Tarragonas Kathedrale als Beispiel des Übergangs von der Romanik zur Gotik. Mit dem Bau begonnen wurde ab 1171, doch zogen sich die Arbeiten bis 1331 hin. So zeigt nicht nur die über eine Freitreppe zu erreichende Hauptfassade romanische wie gotische Stileinflüsse: romanisch präsentieren sich noch die Seitenportale (über dem rechten eingemauert ein Sarkophag des 4. Jh.), gotisch das große Hauptportal unter der schönen Rosette. Der fast quadratische Kreuzgang ist ebenfalls romanisch und gotisch beeinflusst; ungewöhnlich der Einbau eines Mihrâb, einer maurischen Gebetsnische, in eine Seitenwand. Vom Kreuzgang gelangt man ins *Museu Diocesa* im Kapitellsaal, das kirchliche Kunst präsentiert; ebenfalls vom Kreuzgang führt ein besonders schönes romanisches Portal ins Innere der Kirche.

Öffnungszeiten Von Juni bis Mitte Oktober täglich 10–19 Uhr, an Sonn- und Feiertagen geschlossen; außerhalb dieser Zeit gestaffelte Öffnungszeiten, Mitte November bis Mitte März nur 10–14 Uhr. Eintritt 3,50 €, deutschsprachige Broschüre inbegriffen.

Museu Nacional Arqueològic: An der Plaça del Rei, am südöstlichen Altstadtrand. Klar, dass die Sammlung von Fundstücken der Römerzeit zu den bedeutendsten Spaniens zählt, stark vertreten vor allem Keramik und Münzen. Besonders bemerkenswert mehrere Mosaiken, darunter eine fein gearbeitete Medusa.

Öffnungszeiten Von Juni bis September Di–Sa 9.30–20.30 Uhr, So 10–14 Uhr, sonst Di–Sa 9.30–18 Uhr, So 10–14 Uhr; Eintrittsgebühr 2,50 €, www.mnat.cat.

Pretori Romà/Circ Romà: Neben dem Museum erhebt sich der so genannte *Turm des Prätoriums* aus dem 1. Jh. n. Chr., der damals Teil des Provinzforums war. Im 12. Jh. wurde er zu einer Königsresidenz umgebaut, ab dem 15. Jh. militärisch genutzt und diente später als Gefängnis. Heute ist hier auf mehreren Geschossen ein Museum untergebracht, das z. B. im ersten Stock einen Sarkophag ausstellt, der mit dem Mythos des Hippolytus verziert ist. Der römische Circus *Circ Romà* diente bis zum fünften Jahrhundert als Schauplatz u. a. für Wagenrennen. Die teilweise unterirdischen Reste sind schon allein aufgrund ihrer Ausdehnung beeindruckend, manche Gänge erstrecken sich über fast hundert Meter.

Öffnungszeiten Von Ostern bis September Di–Sa 9–21 Uhr, So 9–15 Uhr; übrige Zeit Di–Sa 9–19 Uhr; So 10–15 Uhr; kombinierte Eintrittsgebühr für Pretori und Circ Romà 2,50 €.

Amfiteatre Romà: Im Parc del Miracle, unterhalb des meerseitigen Endes der Rambla Vella. Das 1952 ausgegrabene Amphitheater, einst Schauplatz blutiger

Gladiatorenkämpfe, bot Platz für 12.000 Zuschauer und ist recht gut erhalten. Zu sehen sind hier auch die Reste einer romanischen Kirche des 12. Jh. und ihrer westgotischen Vorgängerin; zum Bau beider Gotteshäuser mussten Steinblöcke des Theaters herhalten.

Öffnungszeiten Ostern bis September Di–Sa 9–21 Uhr, So 9–15 Uhr; im Winter Di–Sa 9–17 Uhr, So 10–15 Uhr. Eintritt 2,50 €.

Fòrum Romà: Unterhalb der Plaça Corsini liegt eines der beiden römischen Foren Tarragonas. Verblieben sind nur Grundmauern und einige Säulen – immerhin mehr als an dem anderen Marktplatz, der Plaça del Fòrum südöstlich der Kathedrale.

Öffnungszeiten Wie das Amphitheater, Eintrittsgebühr 2,50 €.

Necròpolis Romana/Museu Paleocristià: Weit im Westen der Stadt, an der Avinguda Ramon y Cajal gelegen; Eingang am Passeig de la Independencia. 1923 wurden hier ein ausgedehntes Feld von über 2000 Gräbern des dritten bis sechsten Jahrhunderts sowie das Fundament einer frühchristlichen Basilika freigelegt. Die Grabfunde sind im angeschlossenen Museum zu sehen, darunter prunkvolle Sarkophage, Mosaiken und Skulpturen.

Öffnungszeiten Juni bis September Di–Sa 10–13.30, 16–20 Uhr, sonst Di–Sa 9.30–13.30, 15–17.30 Uhr; So jeweils 10–14 Uhr. Eintrittsgebühr 2,40 €.

Girona

Hinter den Industrieanlagen und hässlichen Wohnkästen der Außenbezirke von Girona versteckt sich eine mittelalterliche Altstadt, die zu den reizvollsten Spaniens zählt.

Die uralte Provinzhauptstadt, rund hundert Kilometer nordöstlich von Barcelona gelegen, hat eine Menge zu bieten. Malerisch hängen rote, gelbe und ockerfarbene Häuser über dem Riu Onyar, und hinter dieser Uferfront, umgeben von einer teils noch römischen, teils mittelalterlichen Stadtmauer, wartet ein wahres historisches Schatzkästlein, die Altstadt *Barri Vell*. Winklige Gassen und Bogengänge, prächtige Kirchen und Bürgerpaläste bilden ein von modernen Einflüssen nahezu unberührtes Ensemble. Mittendrin ein Bonbon besonderer Art: Das ehemalige Judenviertel *El Call*, ein einziges Labyrinth engster Treppenwege.

Orientierung: Der Riu Onyar teilt die Stadt in eine westliche und eine östliche Hälfte. Auf der Westseite liegt das moderne Girona. Sein Zentrum, wenn auch nicht im geographischen Sinn, ist die arkadengesäumte *Plaça de la Independéncia* in Flussnähe. Die Ostseite des Flusses, über zahlreiche Brücken oder die im Flussbett aufgeschüttete *Plaça Catalunya* zugänglich, gehört der hügelwärts strebenden Altstadt. Als Treffpunkt und abendliche Flanierstraße dient hier die parallel zum Riu Onyar liegende Fußgängerzone *Rambla de la Llibertat*.

• *Information* **Oficina de Turisme**, Rambla de la Llibertat 1, unweit der Plaça Catalunya; Öffnungszeiten Mo–Fr 8–20 Uhr, Sa 8–14, 16–20 Uhr, So 9–14 Uhr. ✆ 972 226575, www.ajgirona.cat/turisme. Weitere Infostellen im Bahnhof (nur Juli bis September, kein Tel.) und Airport (ganzjährig, ✆ 972 186708).

• *Verbindungen* **Zug**: Bahnhof an der Plaça d'Espanya, südwestlich des Zentrums und jenseits der Durchgangsstraße. Zur Altstadt sind es etwa 15 Minuten Fußweg. Züge ab Barcelona etwa stündlich, Fahrtzeit etwa eineinhalb Stunden (im „Catalunya Expres" etwas kürzer), Fahrpreis einfach um die sechs bis sieben Euro.

• *Übernachten* ****** Hotel Històric (1)**, südlich nahe bei der Kathedrale. Hübsches kleines Hotel mit nur sechs Zimmern und zwei Suiten. DZ etwa 125 €. Zum Haus gehören mehrere Apartments in verschiedenen Gebäuden der Umgebung, die auch nur für eine Nacht vermietet werden und für zwei

Ausflüge in die Umgebung
Karte Seite 229

bis drei Personen etwa 90–100 € kosten. Carrer Bellmirall 4 A, ✆ 972 223583, ✆ 972 200932, www.hotelhistoric.com.

* **Pensió Viladomat (5)**, in der Altstadt, fast direkt neben der Jugendherberge. Von außen wenig begeisternd, innen jedoch durchaus gepflegt und angenehm – eine gute Wahl in dieser Kategorie. Nur acht Zimmer, bessere DZ/Bad etwa 60 €, ohne Bad 40 €. Carrer Ciutadans 5, ✆ 972 203176.

Jugendherberge Alberg de Joventut (4), (IYHF), renoviertes historisches Gebäude. Anmeldung von 8–11, 18–21 Uhr; über Weihnachten geschlossen. Carrer dels Ciutadans 9, nahe Plaça del Ví, ✆ 972 218003.

• *Essen* **Rest. Boira (2)**, beliebter Treffpunkt an der Plaça Independencia. Verwinkeltes Gebäude mit modern eingerichteter Bar und einem großen Speisesaal mit Blick auf Fluss und Altstadt. Kreative Küche, gute Tapas. Das Tagesmenü kostet rund 13 €, à la carte ist man ab etwa 25 € dabei. Plaça Independencia 10. Im Umfeld noch weitere gute Restaurants, z.B. „Casa Marieta" auf Hausnummer 5–6.

Rest. La Penyora (6), in der Altstadt. Hübsch und mit künstlerischen Anklängen dekoriertes Restaurant. Tagesmenü oder vegetarisches Menü jeweils knapp 15 €, die Karte leider nur auf katalanisch. Carrer Nou del Teatre 3.

Bar-Rest. La Llibrería (3), einmal etwas anderes – dieses nette Lokal ist einer Bücherei angeschlossen. Tische innen und im kleinen Gässchen dahinter, im Angebot vorwiegend Backofengerichte wie Lasagne etc. Tagesmenü etwa 11 €. Auch Internet-Zugang. Carrer Ciutadans 15, Eingang auch auf der Rückseite.

• *Feste und Veranstaltungen* **Procesión de Semana Santa**, am Karfreitag. Die Osterprozession beginnt an der Kathedrale und wird von ca. 100 „Manaiaes" angeführt, die als römische Soldaten gekleidet sind.

Girona Temps de Flors, an wechselnden Terminen etwa Mitte Mai. Fantastische, teilweise sehr moderne Blumen- und Grünpflanzeninstallationen lassen historische Gebäude, Plätze und Parks Gironas in floralem Schmuck leuchten.

Festival de Músiques Religioses del Món, ein Festival religiöser Musik aus allen Teilen der Welt, über rund zwei Wochen Ende Juni, Anfang Juli.

Sehenswertes

Fast alle Sehenswürdigkeiten liegen auf der Altstadtseite und sind üppig beschildert. Ein guter Ausgangspunkt für einen Rundgang ist die Plaça Catalunya.

Carrer de la Força: Die Hauptgasse der Altstadt entspricht in ihrem Verlauf immer noch der römischen Via Augusta. Gleichzeitig bildete sie auch die untere Grenze des ehemaligen Judenviertels *El Call*, eines der besterhaltenen Europas. Seit dem 9. Jh. bestand in Girona eine große jüdische Gemeinde. Ab dem 11. Jh. von der christlichen Stadtbevölkerung stark angefeindet und mehrfach sogar Pogromen ausgesetzt, musste sich das Viertel auch baulich immer mehr isolieren. 1492 schließlich unterzeichneten die „Katholischen Könige" Isabella und Ferdinand ein Verdikt, das alle Juden Spaniens zur Taufe oder zur Auswanderung zwang.

Centre Bonastruc Ça Porta: Im Gassengewirr oberhalb des Carrer de la Força ist dieses Museum ausgeschildert, das die leidvolle Geschichte der Juden Gironas dokumentiert. Auch der verwinkelte Gebäudekomplex selbst, errichtet im 15. Jh., lohnt den kleinen Abstecher.

Öffnungszeiten Mai–Oktober Mo–Sa 10–20 Uhr, sonst bis 18 Uhr; So 10–15 Uhr; Eintritt 2 €.

Museu d'Història de la Ciutat: Wieder zurück am Carrer de la Força, etwa 200 Meter weiter auf der linken Seite. Das vielfältig ausstaffierte Museum für Stadtgeschichte präsentiert nicht nur einen Überblick über den historischen Werdegang der Stadt, es besitzt auch eine sehenswerte Sammlung alter Technik.

Öffnungszeiten Di–Sa 10–14, 17–19 Uhr, So 10–14 Uhr; Eintrittsgebühr 3 €.

Catedral: Ab dem 14. Jh. an Stelle eines romanischen Vorgängerbaus errichtet, wurde an der Kathedrale fast ein halbes Jahrtausend lang gebaut. Doch so unterschiedlich die einzelnen

Karte Seite 229

Stilrichtungen des Gebäudes auch sein mögen, so harmonisch mutet erstaunlicherweise das Ganze an. Verblüffender noch zeigt sich das Innere der Kirche: ein einziges gigantisches Schiff statt der üblichen drei – das größte gotische Gewölbe der Welt! Der Kreuzgang ist, neben dem Turm nördlich des Chors, der letzte Rest des romanischen Vorgängerbaus. Im 12. Jh. entstanden, gilt er als einer der schönsten Kataloniens. Das Museum der Kathedrale, dessen Eingang nahe dem Kreuzgang liegt, birgt mittelalterliche Schätze wie den um 975 entstandenen Kommentar zur Apokalypse des Mönches Beatus von Liébana und den wahrscheinlich im 12. Jh. gewebten Schöpfungsteppich Tapiz de la Creación.

Öffnungszeiten Mo–Fr 10–20 Uhr, im Winter bis 19 Uhr, Sa ganzjährig 10–16.30 Uhr, So 10–20 bzw. 19 Uhr (Kirche dann erst ab 14 Uhr). Eintrittsgebühr für Kathedrale, Kreuzgang und Museum 5 € (Audioguia inkl.), So Eintritt frei.

Museu d'Art de Girona: Untergebracht im *Palau Episcopal*, dem ehemaligen Bischofspalast südlich auf Höhe der Kathedrale. Das Kunstmuseum beherbergt vor allem sakrale Kunstschätze, Gemälde, Goldschmiede- und Schnitzarbeiten des Mittelalters und der Renaissance, doch reicht der zeitliche Rahmen bis hin zum Modernisme und der zeitgenössischen Kunst.

Öffnungszeiten Di–Sa 10–19 Uhr (im Winter bis 18 Uhr), So 10–14 Uhr; Eintritt 2 €.

Sant Feliu: Die wehrhafte Kirche des 13. und 14. Jh. war einst ein Bestandteil der Stadtbefestigung. Ins Auge fällt besonders der vieleckige Glockenturm, der oben abgeflacht ist, da seine Spitze im 16. Jh. durch Blitzschlag zerstört wurde. Im Chor sind mehrere römische Sarkophage zu sehen.

Banys Àrabs: Die „arabischen Bäder" entstanden erst im 12./13. Jh., also lange nach Vertreibung der Mauren, und zeigen, wie dauerhaft deren Einfluss auch im so früh „befreiten" Katalonien anhielt. Die Anlage besteht aus Dampfräumen sowie Bädern für verschiedene Temperaturen.

Öffnungszeiten April bis September Mo–Sa 10–19 Uhr, So 10–14 Uhr, im restlichen Jahr täglich 10–14 Uhr; Eintritt etwa 2 €. www.banysarabs.org.

Sant Pere Galligants und Museu Arqueològic: Das ehemalige Benediktinerkloster liegt jenseits des Flüsschens Galligants. Es wurde schon 992 urkundlich erwähnt, der dreischiffige romanische Bau, der heute zu sehen ist, stammt jedoch aus dem 12. Jh. Hier ist das Archäologische Museum Gironas untergebracht.

Öffnungszeiten Juni bis September Di–Sa 10.30–13.30, 16–19 Uhr, sonst 10–14, 16–18 Uhr, So jeweils 10–14 Uhr; Eintrittsgebühr etwa 2,50 €. www.mac.es.

Passeig de la Muralla: Der etwa halbstündige Spaziergang auf der alten Stadtmauer eröffnet einen völlig neuen Panoramablick auf die Stadt. Zugänge (täglich 10–20 Uhr) bestehen unter anderem im Norden am Portal de Sant Cristòfol und bei den nahen Jardins d'Alemanys, im Süden an der Placa General Marvà; ratsam jedoch, im Norden zu starten, da es von hier aus bergab geht.

Museu del Cinema: Das Kino-Museum, auf der Neustadtseite im Carrer Sèquia 1 und unweit der Plaça Constitució, gilt als eines der wichtigsten Europas. Zu verdanken ist es der Sammelleidenschaft des Cineasten Tomás Mallol, der im Laufe der Jahrzehnte rund 7500 Gerätschaften sowie 15.000 Plakate, Zeitschriften, Filme und Dokumente aus der Frühzeit des Kinos zusammengetragen hat.

Öffnungszeiten Mai bis September Di–So 10–20 Uhr, restliche Monate Di–Fr 10–18 Uhr, Sa 10–20 Uhr, So 11–15 Uhr; Eintrittsgebühr 4 €. www.museudelcinema.org.

Figueres

Die Kleinstadt nahe der französischen Grenze liegt etwa 140 Kilometer von Barcelona entfernt und damit eigentlich etwas weit für einen Tagesausflug. Wahre Dalí-Fans werden die Mühe jedoch gerne auf sich nehmen.

Figueres nämlich ist die Heimatstadt des weltberühmten katalanischen Surrealisten, dessen Werke in Barcelona leider kaum zu sehen sind. Und hier steht auch das vom Meister selbst konzipierte „Teatre-Museu", mit dem Salvador Dalí sich sein eigenes Denkmal setzte und in dem er auch begraben liegt.

• *Information* **Oficina Municipal de Turisme**, ein kioskartiger Bau an der Plaça del Sol s/n, nahe der Durchgangsstraße. Öffnungszeiten im Juli/August Mo–Fr 8–20 Uhr, Sa 10–14 Uhr; in der restlichen Zeit je nach Jahresbudget leicht bis deutlich eingeschränkt und evtl. auch unter der Woche nachmittags geschlossen. Im Sommer öffnen Infokioske am Busbahnhof und am Dalí-Museum. ✆ 972 503155, www.figueresciutat.com.

• *Verbindungen* **Zug**: Bahnhof an der Plaça Estació im Südosten des Zentrums. Züge ab Barcelona etwa stündlich, Fahrtzeit etwa zwei Stunden (im „Catalunya Expres" etwas kürzer), Fahrpreis einfach um die neun bis zehn Euro.

• *Übernachten* *** **Hotel Durán (2)**, stilvolles und gut geführtes, vor wenigen Jahren renoviertes Haus mit einem Touch von Dalí.

Ausflüge in die Umgebung
Karte Seite 229

Ein katalanisches Genie des 20. Jahrhunderts: Salvador Dalí

Salvador Dalí wurde am 11. 5. 1904 in Figueres geboren. Schon als Vierzehnjähriger stellte er seine ersten Gemälde aus. 1921 begann Dalí ein Studium an der Kunstakademie Madrid, bei dem er auch Federico García Lorca und Luís Buñuel kennenlernte. Seinen Rausschmiss dort leitete Dalí selbst ein, als er sich der Prüfungskommission verweigerte: „Da keiner der Professoren der Akademie San Fernando kompetent ist, mich zu prüfen, gehe ich wieder." 1929 traf Dalí in Cadaqués die gebürtige Russin Elena Diakanoff, genannt Gala – und war sofort unsterblich verliebt. Die exzentrische, fast ein Jahrzehnt ältere Diva wurde nicht nur zur Geliebten und zum meistgemalten Modell Dalís, sondern auch zum stabilisierenden Element im Leben des weltfernen Künstlers. Die beiden zogen zunächst nach Paris, wo Dalí sich den Surrealisten anschloss, kehrten dann jedoch nach Katalonien zurück. Sein Haus in Port Lligat bei Cadaqués wurde zu einem Treffpunkt der Avantgarde, die hier wilde Parties feierte. Dalís Werke jener frühen Jahre, (Alp)traumbilder zerfließender Formen, ungewöhnlicher Konstellationen und falscher Perspektiven, gelten als von der Psychoanalyse Sigmund Freuds beeinflusst. Er selbst sprach von „Kritischer Methode der Paranoia". Aus den Dreißigern stammen auch die wohl bekanntesten Bilder, zum Beispiel das berühmte Motiv der „weichen Uhren". 1940 siedelten Dalí und Gala in die Vereinigten Staaten um; Auslöser der Emigration war der Einmarsch Hitlers in Frankreich. Dalí wurde zu einem der bestbezahlten Künstler der USA. 1948 kehrte ein vom Surrealismus ab- und der katholischen Kirche zugewandter Dalí aus den Staaten zurück nach Port Lligat, gefeiert vom Regime Francos, dem er öffentlich Sympathie bekundet hatte. Seine Werke zeigten sich nun einerseits von der Religion, andererseits von der neuen Atomwissenschaft inspiriert – die Kunstkritik, anders als das Publikum, wandte sich großteils mit Grausen ab. In den Achtzigern wurde es still um ihn. Am 10. Juni 1982 starb Gala. Dalí zog sich völlig deprimiert von Port Lligat nach Schloss Púbol zurück. Wenig später ernannte König Juan Carlos ihn zum Marqués. 1984 wurde Dalí bei einem Brand auf Púbol schwer verletzt. Einsam, verbittert und krank verbrachte Dalí die letzten Jahre im Turm seines Museums, der Torre Galatea. Am 23. Januar 1989 starb Dalí im Krankenhaus von Figueres. Seine letzte Ruhestätte fand er, anders als vorgesehen, nicht in Schloss Púbol neben Gala, sondern in einer Gruft im Untergeschoss des Museums. Sie ist mit einer schlichten Tafel geschmückt.

In zentraler Lage, gutes Restaurant angeschlossen. DZ etwa 90–120 €. Carrer Lausaca 5, ✆ 972 501250, ℻ 972 502609. www.hotelduran.com.

** **Pensió Hostal La Barretina (3)**, wenige Schritte weiter, einem Bar-Restaurant angeschlossen. Eher schlicht möblierte, aber mit Klimaanlage/Heizung ausgestattete und sehr saubere Zimmer, für den Preis durchaus eine Empfehlung: DZ/Bad etwa 45 €. Im November geschlossen. Carrer Lausaca 13, ✆ 972 673425 www.hostallabarretina.com.

• *Essen* **Restaurant Durán (2)**, im gleichnamigen Hotel. Gediegene Atmosphäre unter Kronleuchtern, umsorgt von beflissenen Obern. Sehr gute, traditionell katalanische Küche. Menü à la carte ab etwa 35 € aufwärts, relativ günstiges Tagesmenü für rund 17 €.

Restaurant Antaviana (1), eine Alternative. Kleines Lokal mit gerade mal dreißig Plätzen und gehobener, marktabhängiger Küche, das Preisniveau liegt etwa wie im Restaurant Duran. Carrer Llers 5, ✆ 972 510377. Di-Abend und Mi geschlossen.

Rest. L'Ou d'Or (4), südöstlich der Ramblas. Das „Goldene Ei" serviert mediterrane Küche mit gutem Preis-Leistungs-Verhältnis, darunter wechselnde Mittagsmenüs für etwa 10–13 €. So Ruhetag. Carrer Sant Llàtzer 16.

Teatre-Museu Dalí

Zwischen 1961 und 1974 wandelte Dalí das Stadttheater von Figueres, das 1939 durch einen Brand zerstört worden war, in sein „Theater-Museum" um. Mit diesem Museum, das im Ganzen als großes surrealistisches Kunstwerk zu betrachten ist, schuf Dalí seiner Heimatstadt eine Besucherattraktion ersten Ranges. Schließlich handelt es sich um eine der meistbesuchten Kunstausstellungen ganz Spaniens: Mehr als eine Million Eintrittskarten werden pro Jahr verkauft.

Ganz im Stil des Künstlers zeigt sich schon das Äußere des Museums mit seinen blutroten Wänden, den steinernen Broten an der Fassade und den typischen weißen Beton-Eiern auf dem Dach. Im Inneren erwartet den erstaunten Besucher Dalí in Reinkultur – wer nur eine Gemäldegalerie erwartet, unterschätzt den Einfallsreichtum des Meisters. Zuviel sei hier nicht verraten, nur dies: Absolut erlebenswert ist das Potpourri verschiedenster Wahnwitzigkeiten allemal, ob es sich nun um das „Regentaxi" am Eingang oder den „Mae-West-Saal" handelt... Einen bestimmten, vorgegebenen Rundgang gibt es ohnehin nicht: Der Besucher muss sich, wie noch von Dalí persönlich angeordnet, schon selbst seinen Weg durch diesen surrealistischen Traum suchen. Im selben Gebäude, jedoch über einen separaten Eingang an der Pujada del Castell zu erreichen, ist die so genannte „Col.lecció Dalí-Joies" untergebracht, eine Sammlung von Dalís Goldschmiedearbeiten.

• *Lage und Öffnungszeiten* An der Plaça Gala i Dalí, zu erreichen auch über Treppen von der Fußgängerzone, gut beschildert. Besonders zur Saison am besten schon vor Öffnung oder während der Essenszeit kommen, vor dem Eingang sonst oft schier endlose Warteschlangen. Zugang von Juli bis September 9–19.15 Uhr, im Oktober 9.30–17.15 Uhr, November bis Februar Di–So 10.30–17.15 Uhr, März bis Juni 9.30–17.15 Uhr, Achtung, von Oktober bis Juni ist Montag geschlossen! Eintritt inkl. der „Col.lecció Dalí-Joies" 11 €; für Studenten und Rentner gelten jeweils ermäßigte Preise. Im August ist das Dalí-Museum zu etwas erhöhter Eintrittsgebühr auch nachts von 22–1 Uhr zugänglich – ein Erlebnis für sich! www.salvador-dali.org.

Ei, Ei: Dalís Museum hält viele Überraschungen bereit

Kleiner Sprachführer

Català, die traditionelle Sprache Barcelonas, bildet für die vielen Zuwanderer aus anderen Regionen Spaniens oft ein Problem. Castellano hingegen, seit dem 15. Jahrhundert Amtssprache des Königreichs Spanien und oft schlicht als Español (Spanisch) bezeichnet, wird von praktisch allen Barcelonesen gesprochen. Katalanische Ausdrücke sind im Folgenden fett gedruckt.

• *Aussprache des Katalanischen* Die Akzente, egal, in welche Richtung sie weisen, zeigen immer diejenige Silbe (oft nur ein einzelner Vokal) an, die betont wird. Die Vokale werden ungefähr wie im Deutschen ausgesprochen;
Ausnahme: o = u (olímpic = ulimpic)

c: vor a,o und u wie k, vor e und i wie s

ç: immer wie ss; also plaça = plassa

g: vor e und i wie sch, sonst wie das deutsche g

j: immer weich, wie beim französischen „jean"

ll: wie j, „l.l" jedoch wie l.

ny: ersetzt das spanische ñ; Catalunya = Katalunja

tg, **tj**: „dsch" (platja = pladscha)

x: wie „sch" (això = aischo)

• *Aussprache des Spanischen* Für die Akzente gilt dasselbe wie im Katalanischen.

c: vor a, o, u wie k, vor e und i wie engl. „th" (cero = thero)

ch: wie tsch (mucho = mutscho)

g: vor a,o,u wie das deutsche g, vor e und i ählich dem deutschen ch, nur tief im Rachen etwa wie in „Ach du liebe Güte"

h: ist stumm (helado = elado)

j: wie ch (rojo = rocho)

ll: wie j (calle = caje), manchmal auch wie lj

ñ: wie nj (año = anjo)

qu: wie k (queso = keso)

v: wie leichtes b (vaso = baso), manchmal wie w (vino = wino)

y: wie j (yo = jo)

z: wie engl. „th" (zona = thona)

Minimal-Wortschatz

Ja	**sí**/sí
Nein	**no**/no
Bitte	**si us plau**/por favor
Vielen Dank	**moltes gràcies**/ muchas gracias
Entschuldigung	**perdó**/perdón
groß/klein	**gran**/**petit**/ grande/pequeño
gut/schlecht	**bo**/**dolent**/ bueno/mal(o)
billig/teuer	**barat**/**car**/barato/caro
mehr/weniger	**mes**/**menys**/ mas/menos
mit/ohne	**amb**/**sense**/con/sin
offen/geschlossen	**obert**/**tancat**/ abierto/cerrado
Frau	**senyora**/señora
junge Frau	**senyoreta**/señorita
Herr	**senyor**/señor
Sprechen Sie Deutsch (Englisch)?	**Parleu alemany (anglès)?**/ Habla usted alemán (inglés)?
Ich verstehe nicht	**No entenc**/ no entiendo

Grüße & Small Talk

Guten Morgen (bis Mittag)	**bon dia**/ buenos días
Guten Tag (bis zum Abend)	**bona tarde**/ buenas tardes
Guten Abend/ gute Nacht	**bona nit**/ buenas noches
Hallo	**hola**/hola
Auf Wiedersehen	**adéu**/adiós
Wie geht's?	**Com va?**/ Cómo está?
Sehr gut, danke	**Molt bé, gràcies**/ muy bien, gracias

Fragen & Antworten

Gibt es ... ?	**hi ha...?**/hay...?
Was kostet das?	**Cuant costa això?**/ Cuánto cuesta esto?
Wissen Sie ...?	**Vostès saben...?**/ Sabe usted ... ?
Ich weiß nicht	**Yo no sé**/Yo no sé
Haben Sie ... ?	**Té ...?**/Tiene ... ?
Ich möchte ...	**Voldria...**/Quisiera ...
Kann/darf man ...?	**Es pot...?**/ Se puede...?
wo?/wann?	**on?/quan?**/ dónde?/cuando?
links/rechts	**esquerra/dreta**/ izquierda/derecha
geradeaus	**tot dret**/ todo derecho
hier/dort	**aquí/allí**/aquí/allí

Zeiten & Tage

Morgen (bis Mittag)	**matí**/mañana
Nachmittag/Abend	**tarda**/tarde
Nacht	**nit**/noche
Montag	**dilluns**/lunes
Dienstag	**dimarts**/martes
Mittwoch	**dimecres**/miércoles
Donnerstag	**dijous**/jueves
Freitag	**divendres**/viernes
Samstag	**dissabte**/sábado
Sonntag	**diumenge**/domingo
Werktage (Mo–Sa)	**feiners**/laborables
Feiertage	**festius**/festivos
heute	**avui**/hoy
morgen	**demà**/mañana
gestern	**ahir**/ayer

Unterwegs

Ich möchte mieten...	**voldria llogar...**/ quisiera alquilar
ein Auto	**un cotxe**/un coche
ein Motorrad	**una moto**/una moto
Tankstelle	**benzinera**/ gasolinera
bleifreies Benzin	**benzina sense plom**/ gasolina sin plomo
Diesel	**gas-oil**/gasoleo
volltanken	**ple**/lleno
parken	**aparcar**/aparcar
Autobus	**autobús**/autobús
Bahnhof	**estació**/estación
Haltestelle	**parada**/parada
Fahrkarte	**bitllet**/billete
hin und zurück	**anada i tornada**/ ida y vuelta
Abfahrt	**sortida**/salida
Ankunft	**arribada**/llegada
Ich möchte aussteigen	**voldria baixar**/ quisiera salir

Im Hotel & Restaurant

Haben Sie ... ?	**té ...?**/tiene ...?
ein Doppel- (Einzel-) Zimmer	**una habitació doble (individual)**/ una habitación doble (individual)
... für eine Nacht (Woche)	**... per una nit (una setmana)**/para una noche (semana)
mit Dusche/Bad	**amb dutxa/bany**/ con ducha/baño

Frühstück	**l'esmorzar**/desayuno	*Toiletten*	**serveis**/servicios
Pension (Voll/Halb)	**pensió (completa/ mitja)**/pensión (completa/media)	*Damen/Herren*	**Dones/Hombres/** Señoras/Hombres
Die Rechnung bitte	**el compte, si us plau**/ la cuenta por favor		

Zur Speisekarte und den katalanischen und spanischen Spezialitäten siehe im ausführlichen Kapitel „Essen und Trinken" vorne im Buch.

Krankheit & Hilfe

Arzt	**metge**/médico	*Unfall*	**accident**/accidente
Zahnarzt	**dentista**/dentista	*Ich habe Schmerzen (hier)*	**em fa mal (aquí)**/ me duele (aquí)
Krankenhaus	**hospital**/hospital	*Apotheke*	**farmàcia**/farmacia
Krankenwagen	**ambulància**/ ambulancia		

Zahlen

0	**zero**/cero	*18*	**divuit**/ dieciocho	*80*	**vuitanta**/ ochenta
1	**un (una)**/ un/una	*19*	**dinou**/ diecinueve	*90*	**novanta**/ noventa
2	**dos (dues)**/dos	*20*	**vint**/veinte	*100*	**cento**/cien
3	**tres**/tres	*21*	**vint-i-un**/ veintiuno	*110*	**cent deu**/ ciento diez
4	**quatre**/cuatro	*22*	**vint-i-dos**/ veintidós	*200*	**dos-cents**/ doscientos
5	**cinc**/cinco	*23*	**vint-i-tres**/ veintitrés	*300*	**tres-cents**/ trescientos
6	**sis**/seis	*30*	**trenta**/treinta	*500*	**cinc-cents**/ quinientos
7	**set**/siete	*31*	**trenta-i-un**/ treinta y uno	*1000*	**mil**/mil
8	**vuit**/ocho	*32*	**trenta-i-dos**/ treinta y dos	*2000*	**dos mil**/ dos mil
9	**nou**/nueve	*40*	**quaranta**/ cuarenta	*5000*	**cinc mil**/ cinco mil
10	**deu**/diez	*50*	**cinquanta**/ cincuenta	*10.000*	**deu mil**/ diez mil
11	**onze**/once	*60*	**seixanta**/ sesenta	*100.000*	**cento mil**/ cien mil
12	**dotze**/doce	*70*	**setanta**/ setenta	*1.000.000*	**un milló**/ un millón
13	**tretze**/trece				
14	**catorze**/ catorce				
15	**qinze**/quince				
16	**setze**/ dieciséis				
17	**disset**/ diecisiete				

Register

Die (in Klammern gesetzten) Koordinaten verweisen auf die beigefügte Barcelona-Karte.

Museen und Kulturzentren